A INVENÇÃO DO NORDESTE E OUTRAS ARTES

CB138611

Obra em conformidade ao ACORDO ORTOGRÁFICO da Língua Portuguesa

Concurso Nelson Chaves de Teses
sobre o Norte e Nordeste brasileiro

CÓPIA NÃO AUTORIZADA É CRIME
ABDR
ASSOCIAÇÃO BRASILEIRA DE DIREITOS REPROGRÁFICOS
RESPEITE O DIREITO AUTORAL
EDITORA AFILIADA

Dados Internacionais de Catalogação na Publicação (CIP)
(Câmara Brasileira do Livro , SP, Brasil)

Albuquerque Júnior, Durval Muniz de
A invenção do nordeste e outras artes / Durval Muniz de Albuquerque Júnior ; prefácio de Margareth Rago. — 5. ed. — São Paulo : Cortez, 2011.

Bibliografia
ISBN 978-85-249-1485-0 (Cortez)

1. Brasil - Nordeste - Civilização 2. Brasil - Nordeste - Condições sociais I. Rago, Margareth. II. Título.

09-01188 CDD-305.8009812

Índices para catálogo sistemático:

1. Brasil : Nordeste : Aspectos econômicos :
Sociologia 305.8009812

Durval Muniz de Albuquerque Jr.

A INVENÇÃO DO NORDESTE E OUTRAS ARTES

Prefácio de
Margareth Rago

5ª edição
8ª reimpressão

CORTEZ EDITORA

A INVENÇÃO DO NORDESTE E OUTRAS ARTES
Durval Muniz de Albuquerque Jr.

Capa: DAC
Preparação: Dirceu Scali Jr.
Revisão: Maria de Lourdes de Almeida
Composição: Linea Editora Ltda.
Coordenação editorial: Danilo A. Q. Morales
Ilustrações do texto: acervo do Departamento de Iconografia da Fundação Joaquim Nabuco e coleções da Fundação Gilberto Freyre

Texto revisto a partir da 4ª edição em maio de 2009.

Nenhuma parte desta obra pode ser reproduzida ou duplicada sem autorização expressa do autor e do editor.

© 1999 Durval Muniz de Albuquerque Júnior

Direitos para esta edição
CORTEZ EDITORA
Rua Monte Alegre, 1074 — Perdizes
05014-001 — São Paulo - SP
Tel.: (11) 3864-0111   Fax: (11) 3864-4290
E-mail: cortez@cortezeditora.com.br
www.cortezeditora.com.br

Impresso no Brasil — junho de 2024

Para Maria minha mãe, que me pariu "Nordeste" e me fez sonhar "São Paulo", com a mesma saudade que sinto dela agora.

Sumário

Agradecimentos

Este livro é uma versão resumida de minha tese de doutoramento defendida em abril de 1994 na UNICAMP com o título *O Engenho Antimoderno: A Invenção do Nordeste e Outras Artes*. É fruto do encontro tenso e frutífero de duas áreas do país que foram inventadas como antagônicas e excludentes. Sou filho desse encontro seja física ou intelectualmente falando. Filho de um amor que nasceu migrante, de um pau(pai)-de-arara por uma paulistinha que, por serem fervorosos católicos, tiveram seus caminhos cruzados numa missa, numa tarde paulistana, em 1954. Após ter crescido convivendo com as enormes diferenças que os separava, mas também com o grande amor que os unia, decidi-me por complementar meus estudos na terra em que minha mãe vivera toda a primeira parte de sua vida, da qual em inúmeras tardes traçara uma geografia afetiva, falando de uma São Paulo onde deixara todos os seus amigos e parentes. E eu viajava com ela, em seu colo, pelo Viaduto do Chá, pela rua Direita, pela Galeria Prestes Maia, onde ela ia passear aos domingos e flertar com os rapazes. Lembro ainda com que satisfação ou desapontamento minha mãe percorreu estes mesmos espaços, em 1968, após dez anos de ausência. E eu, num misto de deslumbramento e medo, procurava naquela metrópole, cujo barulho me fizera estremecer, os espaços que havia imaginado, a geografia imaginária que construíra a partir das narrativas da minha mãe. Que surpresa foi descobrir como eram diferentes os lugares, mas como guardavam ao mesmo tempo algum traço de semelhança com o que imaginara, como às vezes até os cheiros lembravam algo daquele espaço que sonhara.

Após terminar a graduação na Paraíba, resolvi fazer a pós-graduação em São Paulo, mais especificamente em Campinas, tornando-me também, do ponto de vista acadêmico e intelectual, filho desse encontro; um migrante em busca do conhecimento, um "baiano enxerido" que muitas vezes teve de ouvir a frase: "Mas você não parece nordestino". Por isso quero iniciar estes agradecimentos lembrando meus pais e meus professores, que possibilitaram o encontro entre "o Nordeste e o São Paulo" que estão em mim, desde a geografia de meu corpo até o espaço da minha mente. Como todo trabalho, este surgiu do amor e ao mesmo tempo da inquietude que me causam estes espaços em que foi repartido o país e parte de seus habitantes. Amor que se amplia à medida que, para realizar um trabalho como este, encontramos muitas pessoas dispostas a ajudar, tanto em São Paulo, onde realizei grande parte da pesquisa, como no Nordeste, onde redigi o texto final.

Quero agradecer aos funcionários das instituições onde realizei a pesquisa: do Arquivo Edgar Leuenroth, principalmente a Cleusa; da Cinemateca Brasileira, onde Iara se dispôs a passar suas tardes dividindo comigo uma sala escura e rolos de filmes; da Biblioteca Central da UNICAMP, onde Vera e Teresa foram mais do que auxiliares: amigas e incentivadoras; aos funcionários do CEDAE, Centro de Estudos Migratórios, Pinacoteca do Estado, Museu de Arte Moderna, Museu de Arte de São Paulo, Museu da Imagem e do Som, Casa Mário de Andrade, Casa Lasar Segall, IEB, que tornaram possível minha garimpagem de informações.

Meus colegas de Doutorado tiveram participação direta na trajetória que levou a este trabalho por meio do estímulo, do afeto e do alto nível das discussões que mantivemos ao longo do curso. Regina, principalmente, com sua doçura e inteligência.

Aos meus colegas professores do Departamento de História e Geografia da Universidade Federal da Paraíba, que se desdobraram em meio a tanta carência para possibilitar o meu afastamento para cursar o doutoramento, entre estes Josefa, Eliete, Martha, Socorro, Fábio e Nilda. Agradeço ainda a todos os professores da UNICAMP, notadamente a Edgar de Decca, pela disponibilidade em ler este trabalho ainda no rascunho e proporcionar valiosas iluminações; e especialmente a Margareth Rago que, mais do que professora, tornou-se cúmplice nas minhas viagens intelectuais ou existenciais, prova maior de que o encontro entre "Nordeste" e "São Paulo" com amor e humor é possível.

Quero agradecer especialmente ao meu orientador Robert Slenes, uma pessoa acima de tudo humana, amiga, simpática e competente.

Aos meus irmãos, Carlos, Solange e Marcus, amigos e alunos, seja em Campinas, seja em Campina, meus sinceros agradecimentos pelo apoio e pela sustentação psicológica indispensável para a conclusão de um trabalho como este.

À minha "secretária" Socorro, que só não fez chover para que eu pudesse terminar este livro.

Contribuíram de forma valiosa para a apresentação final deste texto profissionais competentes e amigos como: Agostinho, Aurizete, Cassandra e Alarcon.

Agradeço à CAPES que, pelo Programa de Capacitação Docente, financiou minha estada em Campinas e todo o período de redação do trabalho, permitindo minha dedicação integral a esta árdua tarefa.

Por fim, quero expressar minha gratidão ao professor, amigo e orientador Alcir Lenharo, de quem sentimos uma grande saudade agora. Este livro é uma pequena homenagem a quem soube vencer qualquer fronteira para semear o saber e o afeto. Este livro é um pequeno fragmento não só da minha vida, mas da sua também. Ele é a prova de que o Alcir vive.

Prefácio

Sonhos de Brasil

"Eu ouço as vozes
eu vejo as cores
eu sinto os passos
de outro Brasil que vem aí"

(O outro Brasil que vem aí.
In: *Talvez Poesia*, Gilberto Freyre)

Até meados da década de 1910, o Nordeste não existia. Ninguém pensava em Nordeste, os nordestinos não eram percebidos, nem criticados como uma gente de baixa estatura, diferente e mal adaptada. Aliás, não existiam. As elites locais não solicitavam, em nome dele, verbas ao Governo Federal para resolver o problema de falta de chuvas, da gente e do gado que morriam de fome e de sede, como registra Graciliano Ramos, em *Vidas Secas*, livro que se tornou filme famoso. Ademais, o problema mal era anunciado; era apenas vivido. Sem grande visi/dizibilidade.

É a esta difícil questão — a emergência do Nordeste — que este livro vem dar explicação. Vem contar, poética e cientificamente, como nasce esta vasta região ensolarada, cheia de vida, de calor humano e de musicalidade, espaço sociopolítico diferenciado e contrastante, carente, pesado, responsável pela existência de tantos problemas, misérias e conflitos. Não se trata, contudo, de um trabalho de geografia física ou de história econômica. Poderíamos dizer que o autor faz *história sentimental*, se o gênero existir e tiver estatuto científico. Seja como for, é no campo da produção histórica do imaginário social, da construção subjetiva de uma cartografia sentimental, do delineamento dos territórios existenciais, da análise das configurações discursivas, que o autor opera, visando mostrar discursivamente "o que os olhos não veem, mas o coração sente". Com inteligência e paixão.

O livro, feliz resultado de um imenso trabalho de pesquisa para a realização do doutorado em História na UNICAMP, defendido em 1994, ousa colocar e buscar respostas para uma inusitada questão: *a invenção do Nordeste*, o surgimento de um recorte espacial, de um lugar imaginário e real no mapa do Brasil, que todos nós conhecemos profundamente, não importa de que maneira, mas que nunca pudemos imaginar com uma existência tão recente. O Nordeste de Gilberto Freyre, Jorge Amado, Gabriela, Cravo e Canela; de Dorival Caymi, Caetano Veloso, Gilberto Gil e Carlinhos Brown; de Rachel de Queiroz, Graciliano Ramos, João Cabral de Melo Neto, Ariano Suassuna; do cangaço, de Lampião e Maria Bonita; das praias maravilhosas, das festas religiosas e da literatura de cordel; esse Nordeste que vive-em-nós não existiu desde sempre, ou pelo menos, desde a "descoberta do Brasil", por Pedro Álvares Cabral, em 1500?

Durval responde que não e propõe uma outra data de nascimento para esta região: o final da década de dez, deste século. Mas, muito mais do que sinalizar o momento da emergência do Nordeste, este brilhante historiador leva seu argumento muito mais longe, mostrando como a produção deste lugar e de seus habitantes não pode ser explicada se nos colocamos apenas numa perspectiva econômica ou política. Trata-se, como ele aponta incisivamente, da produção histórica de um espaço social e afetivo, ao longo de muitas décadas, a partir de diferentes discursos que lhe atribuíram determinadas características físicas e que o investiram de inúmeros atributos morais, culturais, simbólicos, sexualizantes, às vezes, enervantes. Afinal, falar do Nordeste é mencionar o clima quente, a sexualidade do "Brasil tropical", das mulatas e negras sensuais, que muitos estrangeiros admiram; é referir-se ao carnaval, que dura o mês inteiro, e lembrar-se do povo "melancólico", como define Paulo Prado em *Retrato do Brasil*, para se referir ao estado de prostração sexual em que vive os brasileiros, amantes dos excessos libidinosos; é falar da gente preguiçosa, promíscua, mole, improdutiva e violenta. Em outras palavras, é inventariar os muitos estereótipos e mitos que emergiram com o próprio espaço físico reconhecido no mapa, composto por alguns estados e cidades. É mobilizar todo o universo de imagens negativas e positivas, socialmente reconhecidas e consagradas, que criaram a própria ideia de Nordeste.

Durval se propõe, portanto, a um trabalho arqueológico e genealógico de descobrimento do Nordeste, de descrição de suas inúmeras histórias, estigmas, imagens que atuaram na instituição de sua história e que perdem sua intensidade e eficácia produtiva na era global. Trabalha no sentido da desconstrução foucaultiana dos discursos que deram visibilidade e que tornaram dizível a região nordestina, nos marcos da modernidade, definindo sua identidade, ou impondo seu atraso, como supostamente naturais e resultantes de difíceis condições geográficas e climáticas, dos efeitos da miscigenação da raça, da herança biológica dos antepassados, do predomínio do negros sobre os brancos, de uma natureza irrecuperável, perdida para sempre...

Leitor obstinado do filósofo Michel Foucault, mas também de Deleuze e Guattari, e não menos de Paul Veyne e Roger Chartier, o autor não apenas nos faz acompanhar passo a passo, ao longo de nosso século, a instituição cultural e social da região nordestina e dos próprios nordestinos. Instalando-se nas margens, enunciando ele mesmo um discurso de fronteiras, este historiador-filho-de-pai-nordestino-e-mãe-paulista, como informa na Introdução, não apenas nos põe em contato com as inúmeras fantasias sociais, culturais e científicas que definiram o Nordeste. Mostra como, no mesmo movimento, recortaram-no e designaram-no, na maior parte das vezes negativa e pejorativamente, como lugar do atraso, do rural e do passado persistente, valorizando em contrapartida o Sudeste e o Sul agilizados como espaços do progresso, da razão e do futuro. Nesse sentido, opera a destruição da ideia de Nordeste.

Para além desse inventário das diferenças, Durval pratica um novo modo de explicação histórica; inventa um outro modo de produção historiográfica, preocupado em romper com a lógica identitária e encontrar a diferença lá onde ela se aloja, decifrando suas próprias condições de possibilidade, decodificando suas regras enunciativas. Ao contrário dos "inventores do Nordeste", conhecedor de suas próprias regras de construção discursiva, sabe a que vem e que efeitos quer produzir. Expliquemos por partes.

Apenas se iniciam, no Brasil, os estudos que problematizam a produção histórica e cultural de uma região geográfica, a partir da construção de sua identidade enquanto alteridade, a exemplo do excelente livro *Orientalismo*, de Edward Said. Diferentemente das explicações tradicionais que orientaram os estudos históricos, trata-se, aqui, de libertar-se de várias crenças teóricas, como a determinação dos diferentes níveis da realidade objetiva, a aposta no sujeito único, racional e universal; a crença na transparência do real e na ideia do documento como reflexo da coisa, signo do referente. Assim, a aposta positivista na hierarquia dos níveis de estruturação social cede lugar a uma concepção em que o autor integra as múltiplas dimensões que compõem a atividade humana. Longe da análise das "condições objetivas", supõe que a subjetividade é uma dimensão fundamental na construção das relações sociais e que, nesse sentido, estas são tanto relações de poder quanto emanações de afetos, de sentimentos, de vontade. Escapando de uma análise centrada na figura do Sujeito, personagem acabado, situado nos bastidores da História, aqui se assume que também os atores são efeitos das práticas discursivas e não-discursivas que os integram na cultura e na instituição do social e que, portanto, em muitos momentos, devem ser eles mesmos explicados mais do que ser fonte de toda interpretação verdadeira.

A análise arqueo-genealógica inspirada em Foucault permite, então, perceber as relações de força que atravessam os discursos instituintes da ideia de Nordeste enquanto um espaço natural; possibilita percebê-los na dimensão de práticas discursivas, que o recortam, classificam, definem, o incluem na História, simultaneamente excluindo-o da Cultura e da Civilização. O Nordeste pode existir a partir de um momento histórico e de um enquadramento que o localiza e aprisiona em um lugar outro, nem sempre vantajoso. Em outros termos, Durval denuncia os mecanismos insidiosos do poder presentes nas configurações discursivas e envolvidos numa negociação em que se paga um alto preço por uma forma particular de nascimento, que implica simultaneamente em aceitação e rejeição, em incorporação e exclusão.

Este estudo não se reduz, porém, a uma história de acusações e culpabilizações, especialmente de uma classe sobre outra, mas propõe-se como uma história de denúncia, que não desconhece, por sua vez, a existência das enormes diferenças sociais no país. Trata-se, nesse sentido, de uma história política, mas na qual a política se desenha a partir de formas e jogos sofisticados e sutis, poucas vezes percebidos e que o autor sabe ler nos enunciados discursivos estrategicamente construídos e agenciados. Nesta história política, os nordestinos não são vitimizados, o que suporia repor todo o imaginário preconceituoso que se quer denunciar e implodir. Eles aparecem também como partícipes da construção cultural do Nordeste, na medida em que se subjetivam enquanto "nordestinos", ou seja, a partir de todas as referências sociais que de fora ou de dentro foram estabelecidas, para o bem ou para o mal. Novamente, o conceito de subjetivação, desenvolvido por Foucault em seus últimos estudos, permite-lhe perceber como os próprios nordestinos constroem uma identidade que não é natural, nem essencial, como enfim eles se "nordestinizam", ao mesmo tempo em que são "nordestinizados", instalando-se na dicotomia binária que opõe Nordeste e Sudeste, improdutivos e trabalhadores, rural e urbano, atraso e progresso, pobreza e riqueza.

Portanto, é um livro de História duplamente pioneiro: de um lado, pelo tema que elege e que se enuncia pela primeira vez, que dá visibilidade à questão, que inaugura a problemática: *a invenção do Nordeste*. De outro, pelo modo de produção historiográfica que propõe. As referências teóricas que informam este estudo, sem dúvida, se colocam como um grande desafio, pois demandam e inauguram novas práticas do fazer a História. Forçam a repensar a atividade do historiador e sua relação com o passado. Desestabilizam antigas convicções teóricas e políticas. Obrigam a nos darmos conta de que vivemos um movimento de desidentificação com a memória nacional e regional, como diria Pierre Nora, uma profunda sensação de perda e de estranhamento diante de uma tradição em que já não nos reconhecemos, que já não nos diz, que deixou de ser transmitida naturalmente e da qual não nos sentimos mais portadores. Novamente como "uns desterrados em sua própria terra", na feliz expressão de Sérgio Buarque de Holanda, mas desta vez visando borrar e desmanchar os espaços psíquicos e as referências emocionais em que fomos alocados.

Diferentemente de uma História Social, este trabalho inscreve-se como uma História Cultural do Nordeste, desfazendo noções essencialistas que instauram a região nordestina no campo fixo e irrecuperável da Natureza e que a localizam hierarquicamente em relação ao Sudeste e ao Sul do país. Nesse sentido, é ainda um livro essencialmente político, que denuncia múltiplas e sofisticadas formas de exclusão social e cultural: não aquelas exercidas pelas ações e ideologias de sujeitos históricos racionais, definidas em função de suas específicas inserções no quadro das relações produtivas, mas as dos inúmeros mecanismos construídos culturalmente, das tecnologias disciplinares, das estratégias invisíveis e moleculares do poder no campo discursivo, que nos capturam, através das quais somos falados, sem que muitas vezes percebamos suas redes e armadilhas. Está em jogo, aqui, uma crítica do discurso da modernidade, da ciência que se diz progresso na maneira pela qual define e institui o Nordeste; uma crítica da historiografia que se pretende reveladora, desveladora, e que não se percebe limitada por uma leitura inconsciente do real como transparência. Duplamente contestador, duplamente irreverente, este livro desfaz explosivamente o Nordeste, entendendo com Foucault, "que o saber não é feito para compreender, ele é feito para cortar".

Seria o caso de se perguntar, para finalizar, o que está em jogo na "destruição" proposta pelo autor. *"Não quer este trabalho defender o Nordeste, mas atacá-lo; ele não quer sua salvação, mas sua dissolução..."*, explica ao final do livro. Várias vezes, Durval se refere ao seu profundo amor pela terra natal e, várias vezes, percebemos que o impulso que o move advém da paixão. Então, por que afirma que não quer salvar o Nordeste, por que não quer salvar os nordestinos? Sugiro que o leitor vá direto às fontes, procurando as respostas nas páginas deste livro. De qualquer forma, posso adiantar um pouco e indicar que nele se encontra, também, uma proposta política libertária e radical: a de desligitimar a tradição, de detonar o passado para "complicar" a região, investindo-a a partir de novos olhares e de novas potencialidades. *"Se o Nordeste foi inventado para ser este espaço de barragem da mudança, da modernidade, é preciso destruí-lo para poder dar lugar a novas espacialidades de poder e de saber"*, recriá-lo diferentemente, livre das pesadas heranças do passado, sem estigmas, sem preconceitos, por si só, *"em nome do amor aos homens, que ainda não nos deixa em dúvida..."*. Com amor e com humor.

São Paulo, 20 de novembro de 1996

Margareth Rago

Paulo Prado. *Retrato do Brasil:* ensaio sobre a tristeza brasileira. São Paulo, s. ed., 1928.

Edward Said. *Orientalismo*. São Paulo: Companhia das Letras, 1990.

Sérgio Buarque de Holanda. *Raízes do Brasil*. 26 ed. Rio de Janeiro: José Olympio, 1982, p. 3.

Michel Foucault. Nietzsche, a genealogia e a história, in *Microfísica do Poder*. Rio de Janeiro: Graal, 1978.

Apresentação à 4ª edição

Invenção, invenções

> (...) o lugar provisório do intelectual é o domínio de uma arte exigente, resistente, intransigente, na qual, lamentavelmente, ninguém pode se refugiar, nem buscar soluções. Mas apenas nesse exílio precário é possível compreender de fato a dificuldade do que não pode ser compreendido, e continuar a seguir em frente mesmo assim.
>
> Edward W. Said

Uma nota *pessoal*

Era manhã já alta, quase meio dia, quando eu encontrei com Durval Muniz, no meio da rua. Eu era aluno do curso de História da então UFPB, hoje UFCG, no qual ele era professor e já nos conhecíamos razoavelmente. Nossos caminhos então se cruzaram por acaso: eu ia à faculdade e ele ia para casa, ou era o contrário. Paramos para conversar um instante e ele me disse, não sem certa sofreguidão, que naquele dia havia terminado de ler Graciliano Ramos. Era um dos movimentos de sua pesquisa de doutorado, e não seria o último; ainda seriam lidos outros grandes blocos de textos, conforme ele me disse. Não tenho como saber o que conversamos mais, mas sei que em seguida tomamos rapidamente nossos rumos — e sei também que, desde aquele dia, eu não paro de me espantar com a capacidade de trabalho deste autor.

Capacidade de trabalho que pude verificar de perto em inúmeras outras ocasiões, como aluno, como orientando, como colega de departamento, como subordinado administrativamente, como observador de sua rotina de pesquisador e de escritor. Não conheço outro leitor tão faminto, nem tão satisfeito consigo mesmo. Vasculha arquivos e bibliotecas como quem não vê outra coisa a fazer (e sei que, no entanto, ele atua em inúmeras outras frentes), registrando, anotando, pensando. Ter guardado na memória a alegria e a sensação de cumprimento da meta que ele expressava ao me dizer que havia lido Graciliano Ramos, e que muito mais o esperava, é apenas um sintoma, em mim, do modo como sinto a presença de Durval: alguém que define muito de si pelo que faz nos campos e canteiros do seu ofício de eleição, e que procura cumprir tudo com rigor, cuidado e muito prazer. Muito prazer.

Isso acaba por atravessar seus textos. Desde os títulos, passando pelas epígrafes, indo aos relatos, às análises, à relação com as fontes e com a literatura de apoio, a escrita de Durval Muniz parece se organizar em torno da ideia de que a sua feitura e a sua fruição se dão e devem se dar com disciplina, mas, sempre, como uma frequentação dos mistérios gozosos do nosso ofício. A *sua* operação historiográfica é uma mescla de concentração e gargalhadas; ali não se encontra nenhum ar de corveia, de palavras arrumadas contra a vontade, de burocracia. A sensação que me atravessa como seu leitor, é a de quem frequenta um pensamento tornado possível pelo riso — pelo riso da alegria, da surpresa, do encontro, bem entendido; não do riso malvado do aniquilamento do outro, não do riso que deriva da crítica maldosa face à suposta falta constitutiva do outro. Durval Muniz não ri nem faz rir a não ser do que, tornando-se risível, fortalece o pensamento, empresta brilho à vida, desloca as certezas e permite a emergência de novos olhares, de novas palavras, de novas verdades sobre o vivido e o por viver.

A leitura do seu livro primeiro, *A invenção do Nordeste e outras artes*, me suscita tais ideias e impressões. Aquele volume me lembra disso que acabei de mencionar: a alegria do seu autor, a sua condição de resultado de um trabalho duro, mas realizado com prazer, a atualização sob a forma de um impresso de uma erótica do saber e do viver que se espalha desde ali por órbitas que se expandem e se multiplicam.

Isso é o que me vem à mente, ao pensar naquela publicação, e é do que tratarei aqui.

Pensar o pensamento

Com a publicação, em livro, da sua tese de doutorado em história, Durval Muniz de Albuquerque Júnior teve reorientada a sua condição de *autor*. Ele já havia, até então, escrito os seus trabalhos acadêmicos e já tivera mais de uma dúzia de artigos incluídos em periódicos diversos; a edição de *A invenção do Nordeste e outras artes*, entretanto, fez enorme diferença na sua carreira. A partir dali, graças à repercussão do livro, Durval Muniz viu abertas à sua frente possibilidades de publicação e de exposição inauditas e intensas. Multiplicaram-se os convites para que ele falasse e escrevesse sobre o Nordeste (o que ainda ocorre hoje). O livro multiplicou-se, dispersou-se, transformou-se num acontecimento que permitiu outros acontecimentos.

Esta a primeira questão a que desejo dar visibilidade: um livro, quando é o primeiro, e quando emerge como este, como uma ruptura, contribui para a redefinição do rosto de quem carrega consigo o nome *do autor*. Aquela pessoa, antes descrita com outros termos, torna-se quase siamesa do volume impresso: chamam-na continuamente para dizer de novo, ainda uma vez mais, o que já foi dito, reatualizando a pronúncia primeira. Esta, por seu turno, se desloca em relação a si mesma, desliza, enfronha-se pelo mundo e se compromete com a invenção de novos sentidos. Não foi diferente com o *autor* Durval Muniz, que se transformou num historiador ainda mais loquaz do que o que sempre foi, a partir da edição de *A invenção do Nordeste*, mas que não se repete, conseguindo permanentemente diferir, ainda que pareça estar compondo variações sobre um mesmo tema, o que tem afetado um variado e crescente conjunto de outros leitores-autores.

E disso decorre o segundo ponto que desejo destacar. Não só a autoria de Durval Muniz emergiu na cena do pensamento social brasileiro desde ali. Ao contrário, *A invenção do Nordeste* pode ser vista, também, como a inauguração de uma série de interlocuções do seu *autor* com outras pessoas, desejosas, elas, também, da escrita dos seus próprios textos. Assim, como professor, mentor ou orientador Durval Muniz tem visto, nos últimos dez anos, a proliferação de trabalhos, acadêmicos ou não, que de algum modo tangenciam e reverberam as ideias articuladas na sua tese e no seu livro. Ao seu redor circulam ouvintes e leitores atentos, tão encantados com o que ouvem e leem quanto estimulados a alçar os seus próprios experimentos do pensar. Durval Muniz, o *autor* de *A invenção do Nordeste* pode ser visto como responsável, enfim, pela formação de uma quase família historiográfica (e sociológica, e artística), marcada pela aproximação plástica em relação às suas ideias.

Aos que apreciam a quantificação, a consulta ao seu Currículo na Plataforma Lattes informa que, desde 1999, ano da primeira edição do seu livro, ele contabilizou sete orientações de iniciação científica, trinta orientações de trabalhos de conclusão de curso de graduação, vinte e seis orientações de mestrado e treze orientações de doutorado. Isso para falar, apenas, nos trabalhos já concluídos. Em todos, e falo não apenas com base na minha própria experiência, mas, principalmente, por conviver com uma parcela razoável de seus orientandos, Durval Muniz contribuiu com referências temáticas e metodológicas fundamentais, sem, no entanto, podar as experimentações dos seus alunos. A ele não interessa a produção de uma vulgata a partir de sua própria obra; ao contrário, o que lhe seduz é pensar em si próprio — na sua condição de *autor* — como *uma* condição de possibilidade de pensamentos outros, válidos por sua beleza singular, por sua ousadia única.

Cabe lembrar, ainda, que muitos dos (ex-)orientandos de Durval Muniz têm alcançado algum destaque acadêmico, ora publicando trabalhos em periódicos e/ou anais de eventos, ora atuando como docentes no ensino das ciências sociais e humanas, em seus variados níveis. Aí também eles têm oportunidades de fazer menção à obra pioneira de seu mentor, o que acaba por estabelecer outro canal de difusão da obra.

Tantos, e tão variados, acorrem ao seu olhar e à sua orientação, entre outras razões, porque é sabido, no meio historiográfico, o quanto a produção daquele *autor* promoveu um deslocamento no campo historiográfico — na medida em que outras questões foram colocadas, novos modos de se construir as fontes e as metodologias de análise foram experimentados e novas palavras foram ditas sobre o Nordeste e sobre outros recortes espaciais. Porque este talvez seja o maior legado do seu *A invenção do Nordeste*, e é a última questão de que me ocupo aqui.

Ao propor uma história do Nordeste, campo já percorrido por um razoável número de autores, Durval Muniz correu o risco, como sabem seus leitores, de frequentar e, no limite, repercutir uma historiografia que, apesar de seus méritos, pouco ia além da repetição de um mesmo relato. Mas a pergunta que moveu o seu estudo lhe permitiu tomar distância disso, na medida em que não lhe pareceu interessante escrever a história do Nordeste como uma sucessão de eventos encadeados sabe-se lá por qual racionalidade, mas, ao contrário, lhe seduziu a possibilidade de historicizar a própria prática de espacialização que empresta(va) sentido à ideia de Nordeste. Aí estava o ponto-chave que tornaria realizável compor a história dos modos pelos quais, ao longo de certa temporalidade, o Nordeste fez-se a si mesmo — e, o que não é menos importante, uma exploração de um rol heterogêneo de efeitos daquela invenção. Assim se fez a obra, como um estudo de história: o mapeamento das forças, a descrição dos seus entrelaçamentos, o inventário das diferenças que elas implicaram, permitiram, inventaram.

Para dar conta da missão que se colocou, Durval Muniz se valeu dos ritos mesmos da operação historiográfica, tais como propostos a partir da interlocução com autores variados, entre os quais se sobressaiu o nome de Michel Foucault. Mas, longe de capturar fragmentos de fontes que se encaixassem nas grandes linhas sugeridas para uma questão como a sua por Foucault, ou por qualquer outro *teórico*, entretanto, Durval Muniz procurou em todos os momentos cruzar fontes e literatura de apoio, produzindo assim efeitos de verdade e não efeitos de opinião. Quanto a isso cabe ressaltar o volume impressionante de materiais compulsados na pesquisa. Hoje, quando consulto o livro, ainda me surpreendo, juntamente com meus alunos, com a amplitude do *corpus* e com a sua multiplicidade. E, tanto quanto isso, nós nos vemos às voltas com uma sincera admiração com o olhar meticuloso que foi vertido por sobre aquilo tudo, o qual é apresentado na Introdução do livro e praticado por todas as suas páginas, numa demonstração inequívoca da condição do *autor* de prometer e cumprir o seu gesto de historiador.

Porque aí se encerra uma lição. Se cabe ao historiador propor novas questões, ou seja, estabelecer as condições de possibilidade de reinventar o passado por meio de sua escritura, é também parte do seu ofício transitar entre as fontes munido das regras do ofício, sabendo ajustá-las entretanto ao novo que se anuncia no estudo. E *A invenção do Nordeste* me parece um caso exemplar de tal movimento. Obra que desloca o Nordeste em relação a si mesmo, que permite à região e aos seus personagens uma nova experimentação de si, este livro foi construído mediante uma expedição monumental por sobre e por entre os destroços de um passado que há muito não se permitia novos rostos. Dali em diante, muitas derivas se tornariam palpáveis, sonháveis, realizáveis; muitos nordestes se apresentariam à cena de história, como sonhos a capturar, como heterotopias a experimentar. O Nordeste, implodido ao ser de público emprenhado de historicidade, não seria mais o mesmo, ao menos nos campos e canteiros da história.

Durval Muniz é o responsável, assim, por uma obra que não se vem reeditando à toa. Seu livro fez ver a todos nós, seus leitores, ainda uma vez mais, o quanto o que somos não é mais nem menos do que o resultado de nossa história. A partir da leitura de *A invenção do Nordeste* nós nos vimos na condição de pensadores da dimensão humana, demasiado humana do espaço, do tempo, das subjetividades, das corporalidades, do que chamamos arte, política, ciência. Somos, por ele, chamados a pensar na historicidade dos sentidos que emprestamos à vida e aos seus lugares, na fugacidade eventual das nossas tradições, na ambiguidade de nossas saudades e de nossas esperanças. Somos chamados, por ele, a amar o fogo e os enigmas da história, este saber que nos descentra, nos inquieta, nos desmonta — e que nos seduz, que nos faz amar à vida e a nós mesmos, que nos ensina que, sempre, algo é possível.

Enfim...

Como diria Edward Said, interlocutor importante na construção de *A invenção do Nordeste*, cabe ao pensamento lembrar aos homens que muito da credibilidade de certas noções deriva apenas de sua repetição, e que os estereótipos e as categorias redutoras que emergem das verdades naturalizadas nos limitam ao invés de nos favorecer. Uma das mitologias mais resistentes — e, como sabemos, mais úteis na fabricação das guerras — diz respeito às identidades espaciais, no mais das vezes habilmente orquestradas para emprestar algum sentido de coesão a certas formações históricas que tramam a si mesmas a partir do desejo do aniquilamento do outro. O historiador, ensina Durval Muniz, é um pária em relação a estes espaços sacralizados, a estes lugares condenados à imobilidade e aos sentidos pretensamente eternos. Ele é um exilado dali: o seu território é móvel, instável, segue os humores da história. Seu chão é o palco de dramas nem sempre compreensíveis a todos, mas que, pelo brilho de sua beleza e pela estranheza de sua presença, permite que o mundo se reinvente a cada instante.

Não, Durval Muniz não inventou nada disso; ele *apenas* soube entender o que se passa(va) e soube dizer isso sob as regras de Clio; ele *apenas* soube, e vem sabendo, articular o seu pensar com pensares outros, num fluxo que é o do seu discurso e o do discurso alheio, num espraiamento às gargalhadas de uma forma de se fazer a história que, mais que nunca, nos tempos brutais que correm, é urgente ser conhecida, ecoada, respeitada.

Campina Grande, 20 de janeiro de 2009.

Alarcon Agra do Ó

Introdução

"Pelos mundos nossa lenda. Mesmo que nunca se aprenda. Eu te ensino a fazê renda. Que mais posso te ensinar. Eu que não porto outra prenda. Que só sei dar vida à trama vã."

Tenda (Caetano Veloso)

Liguemos a televisão. Um "careca do ABC", de aproximadamente 1,65m de altura, olha fixo para a câmera e dispara: "Você já viu um nordestino com 1,80m de altura e inteligente?". O que ele se considerava, obviamente. Mudemos de canal. Em cidade nordestina, a pretexto de cobrir as festas juninas, dois humoristas procuram insistentemente por alguém que tivesse visto o cangaceiro Antônio Silvino; aproximam-se de um velho e à queima-roupa perguntam: "Antônio Silvino era cabra macho mesmo?". Continuemos assistindo, pois é um programa de humor. Na feira da cidade ressurge Antônio Conselheiro, com um aspecto enlouquecido, vocifera uma pregação desencontrada, vestido com um roupão branco e trazendo um enorme bordão de madeira, com que ameaça as pessoas. Esquecidos da cidade e da festa que vieram cobrir, procuram ceguinhas cantadoras de embolada e uma procissão em louvor a Santo Antônio. Termina o programa com Lampião e Maria Bonita, no Rio de Janeiro, atirando para todo lado, para acabar com a imoralidade na praia e porque é bom ver gente cair. Mudemos outra vez de canal. A novela das oito horas é mais uma vez sobre o "Nordeste", pois lá estão presentes o coronel, muitos tiros e tocaias, o padre, a cidadezinha do interior e todos os personagens falam "nordestino", uma língua formada por um sotaque postiço e acentuado e um conjunto de expressões pouco usuais, saídas do português arcaico, de uma determinada linguagem local ou de dicionários de expressões folclóricas, de preferência. Mudemos de canal, à procura do noticiário. Está havendo seca no Nordeste. Que bom, temos a terra gretada para mostrar, a caatinga seca com seus espinhos e crianças brincando com ossinhos, como se fossem bois, chorando de fome, dá até para o repórter chorar também e quem sabe promover mais uma campanha eletrônica de solidariedade. É, parece que a nossa escritora, defensora da "nordestinidad", Rachel de Queiroz, tem razão: a mídia tem o olho torto quando se trata de mostrar o "Nordeste", pois eles só querem miséria. Mas será que nossa escritora tem mesmo razão?[1]

O que podemos encontrar de comum entre todos os discursos, vozes e imagens que acabamos de arrolar, é a estratégia da estereotipização. O discurso da estereotipia é um discurso assertivo, repetitivo, é uma fala arrogante, uma linguagem que leva à estabilidade acrítica, é fruto de uma voz segura e autossuficiente que se arroga o direito de dizer o que é o outro em poucas palavras. O estereótipo nasce de uma caracterização grosseira e indiscriminada do grupo estranho, em que as multiplicidades e as diferenças individuais são apagadas, em nome de semelhanças superficiais do grupo.[2]

Podemos, então, concordar com nossa escritora quando afirma que a mídia não vê o Nordeste como ele é? Não, porque isso seria pleitear a existência de uma verdade para o Nordeste, que não existe. É esquecer que o estereótipo não é apenas um olhar ou uma fala torta, mentirosa. O estereótipo é um olhar e uma fala produtiva, ele tem uma dimensão concreta, porque, além de lançar mão de matérias e formas de expressão do sublunar, ele se materializa ao ser subjetivado por quem é estereotipado, ao criar uma realidade para o que toma como objeto. Não podemos cair, como faz nossa escritora, no discurso da discriminação do Nordeste e dos nordestinos. O que este livro interroga não é apenas por que o Nordeste e o nordestino são discriminados, marginalizados e estereotipados pela produção cultural do país e pelos habitantes de outras áreas, mas ele investiga por que há quase noventa anos dizemos que somos discriminados com tanta seriedade e indignação. Por que dizemos com exaltação e rancor que somos esquecidos, que somos menosprezados e vítimas da história do país? Que mecanismos de poder e saber nos incitam a colocarmo-nos sempre no lugar de vítimas, de colonizados, de miseráveis física e espiritualmente? Como, por meio de nossas práticas discursivas, reproduzimos um dispositivo de poder que nos reserva o lugar de pedintes lamurientos, produzimos e reproduzimos um saber em que sentimos prazer de dizer e mostrar que somos pobres coitados? Que masoquismo é esse que faz nos orgulharmos dessa discriminação, que faz aceitarmos felizes o lugar de derrotados, de vencidos? E, principalmente, o que leva uma classe dominante a se deleitar em afirmar sua impotência e se assumir como subordinada e dependente?

O Nordeste e o nordestino miserável, seja na mídia ou fora dela, não são produto de um desvio de olhar ou fala, de um desvio no funcionamento do sistema de poder, mas inerentes a este sistema de forças e dele constitutivo. O próprio Nordeste e os nordestinos são invenções destas determinadas relações de poder e do saber a elas correspondente. Não se combate a discriminação simplesmente tentando inverter de direção o discurso discriminatório. Não é procurando mostrar quem mente e quem diz a verdade, pois se passa a formular um discurso que parte da premissa de que o discriminado tem uma verdade a ser revelada. Assumir a "nordestinidad", como quer Rachel, e pedir aos sulistas que revejam seu discurso sobre o nordestino, porque ele é errado, por ter nascido de um desconhecimento do nordestino verdadeiro, vai apenas ler o discurso da discriminação com o sinal trocado, mas a ele permanecer preso. Tentar superar este discurso, estes estereótipos imagéticos e discursivos acerca do Nordeste, passa pela procura das relações de poder e de saber que produziram estas imagens e estes enunciados clichês, que inventaram este Nordeste e estes nordestinos. Pois tanto o discriminado como o discriminador são produtos de efeitos de verdade, emersos de uma luta e mostram os rastros dela.[3]

Nós, os nordestinos, costumamos nos colocar como os constantemente derrotados, como o outro lado do poder do Sul, que nos oprime, discrimina e explora. Ora, não existe esta exterioridade às relações de poder que circulam no país, porque nós também estamos no poder, por isso devemos suspeitar que somos agentes de nossa própria discriminação, opressão ou exploração. Elas não são impostas de fora, elas passam por nós. Longe de sermos seu outro lado, ponto de barragem, somos ponto de apoio, de flexão. A resistência que podemos exercer é dentro desta própria rede de poder, não fora dela, com seu desabamento completo. O que podemos provocar são deslocamentos do poder que nos impõem um determinado lugar, que reserva para nós um certo espaço, que foi estabelecido historicamente, portanto, em movimento. Até que ponto a melhor forma de provocar um deslocamento nesse dispositivo e nesse saber é nos postarmos como o outro do poder, assumir a posição de sujeito vencido e discriminado? Não seria melhor se negar a ocupar este lugar?[4]

Mas a grande questão é: existe realmente este nós, esta identidade nordestina? Existe realmente esta nossa verdade, que os estereótipos do cabeça-chata, do baiano, do paraíba, do nordestino, buscam traduzir? O Nordeste existe como essa unidade e essa homogeneidade imagética e discursiva propalada pela mídia, e que incomoda a quem mora na própria região? Se existe, desde quando? *O que faremos neste texto é a história da emergência de um objeto de saber e de um espaço de poder: a região Nordeste.* Buscaremos estudar a formação histórica de um preconceito, e isto não significa previamente nenhum sentido pejorativo. O que queremos estudar é como se formulou um arquivo de imagens e enunciados, um estoque de "verdades", uma visibilidade e uma dizibilidade do Nordeste, que direcionam comportamentos e atitudes em relação ao nordestino e dirigem, inclusive, o olhar e a fala da mídia. Como a própria ideia de Nordeste e nordestino impõe uma dada forma de abordagem imagética e discursiva, para falar e mostrar a "verdadeira" região.[5]

Trata-se de pensar como a região se tornou uma problemática, que práticas discursivas e não-discursivas fizeram esta questão emergir e a constituíram como objeto para o pensamento. Como emergiram estas questões prementes às quais se devia dar uma resposta: O que é a região? Qual sua identidade? O que particulariza e individualiza o Nordeste? Esse livro pretende levantar as condições históricas de possibilidade dos vários discursos e práticas que deram origem ao recorte espacial Nordeste. Longe de considerar esta região como inscrita na natureza, definida geograficamente ou regionalizada "pelo desenvolvimento do capitalismo, com a regionalização das relações de produção", que é outra forma de naturalização, ele busca pensar o Nordeste como uma identidade espacial, construída em um preciso momento histórico, final da primeira década do século passado e na segunda década, como produto do entrecruzamento de práticas e discursos "regionalistas". Esta formulação, Nordeste, dar-se-á a partir do agrupamento conceitual de uma série de experiências, erigidas como caracterizadoras deste espaço e de uma identidade regional. Essas experiências históricas serão agrupadas, fundadas num discurso teórico que pretende ser o conhecimento da região em sua essência, em seus traços definidores, e que articula uma dispersão de experiências cotidianas, sejam dos vencedores, sejam dos vencidos, com fragmentos de memórias de situações passadas, que são tomadas como prenunciadoras do momento que se vive, de "ápice da consciência regional".[6]

O nosso objetivo é entender alguns caminhos por meio dos quais se produziu, no âmbito da cultura brasileira, o Nordeste. O nexo de conhecimento e poder que cria o nordestino e, ao mesmo tempo, o oblitera como ser humano. O Nordeste não é recortado só como unidade econômica, política ou geográfica, mas, primordialmente, como um campo de estudos e produção cultural, baseado numa pseudo-unidade cultural, geográfica e étnica. O Nordeste nasce onde se encontram poder e linguagem, onde se dá a produção imagética e textual da espacialização das relações de poder. Entendamos por espacialidade as percepções espaciais que habitam o campo da linguagem e se relacionam diretamente com um campo de forças que as institui. Neste trabalho, o geográfico, o linguístico e o histórico se encontram, porque buscamos analisar as diversas linguagens que, ao longo de um dado processo histórico, construíram uma geografia, uma distribuição espacial dos sentidos. É preciso, para isso, rompermos com as transparências dos espaços e das linguagens, pensarmos as espacialidades como acúmulo de camadas discursivas e de práticas sociais, trabalharmos nessa região em que linguagem (discurso) e espaço (objeto histórico) se encontram, em que a história destrói as determinações naturais, em que o tempo dá ao espaço sua maleabilidade, sua variabilidade, seu valor explicativo e, mais ainda, seu calor e efeitos de verdade humanos.[7]

Não podemos esquecer que *dis-cursus* é, originalmente, a ação de correr para todo lado, são idas e vindas, *démarches*, intrigas e que os espaços são áreas reticulares, tramas, retramas, redes, desredes de imagens e falas tecidas nas relações sociais. As diversas formas de linguagem, consideradas neste trabalho, como a literatura, o cinema, a música, a pintura, o teatro, a produção acadêmica, o são como ações, práticas inseparáveis de uma instituição. Estas linguagens não apenas representam o real, mas instituem reais. Os discursos não se enunciam, a partir de um espaço objetivamente determinado do exterior, são eles próprios que inscrevem seus espaços, que os produzem e os pressupõem para se legitimarem. O discurso regionalista não é emitido, a partir de uma região objetivamente exterior a si, é na sua própria locução que esta região é encenada, produzida e pressuposta. Ela é parte da topografia do discurso, de sua instituição. Todo discurso precisa medir e demarcar um espaço de onde se enuncia. Antes de inventar o regionalismo, as regiões são produtos deste discurso. Este trabalho tematiza, pois, o estabelecimento de uma nova forma de dizer e ver o regional, que abre caminho para novas formas de sentir e de conhecer. Estas novas formas de ver e dizer estão relacionadas, portanto, com outras séries de práticas, desde as econômicas, as sociais, as políticas, até as artísticas, que não estabelecem entre si qualquer determinação, apenas se conectam, se afastam ou se aproximam, formando uma teia de práticas discursivas ou não-discursivas; relações de força e de sentido, que, seguindo Foucault, chamaremos de dispositivo, para ressaltar seu caráter estratégico.[8]

Quando falamos na emergência de uma nova visibilidade e dizibilidade, falamos da emergência de novos conceitos, novos temas, novos objetos, figuras, imagens, que permitem ver e falar de forma diferenciada da forma como se via e dizia o sublunar, anteriormente. Que permitem organizá-lo de uma nova forma, que colocam novos problemas, que, por sua vez, iluminam este sublunar com novos focos de luz, que iluminam outras dimensões da trama histórica, da rede de relações que compõem a trama do espaço. Tanto na visibilidade quanto na dizibilidade articulam-se o pensar o espaço e o produzir o espaço, as práticas discursivas e as não-discursivas que recortam e produzem as espacialidades e o diagrama de forças que as cartografam. *Definir a região é pensá-la como um grupo de enunciados e imagens que se repetem, com certa regularidade, em diferentes discursos, em diferentes épocas, com diferentes estilos e não pensá-la uma homogeneidade, uma identidade presente na natureza.* O Nordeste é tomado, neste texto, como invenção, pela repetição regular de determinados enunciados, que são tidos como definidores do caráter da região e de seu povo, que falam de sua verdade mais interior. Uma espacialidade, pois, que está sujeita ao movimento pendular de destruição/construção, contrariando a imagem de eternidade que sempre se associa ao espaço. Nossa preocupação com o poder não implica, no entanto, uma análise do que está oculto sob os textos ou imagens, mas, ao contrário, do que elas criam em sua exterioridade e da própria diferença com que descrevem. Não tomamos os discursos como documentos de uma verdade sobre a região, mas como monumentos de sua construção. Em vez de buscar uma continuidade histórica para a identidade de nordestino e para o recorte espacial Nordeste, este livro busca suspeitar destas continuidades, pondo em questão as identidades e fronteiras fixas, introduzindo a dúvida sobre estes objetos históricos canonizados.[9]

Em nenhum momento, as fronteiras e territórios regionais podem se situar num plano a-histórico, porque são criações eminentemente históricas e esta dimensão histórica é multiforme, dependendo de que perspectiva de espaço se coloca em foco, se visualizado como espaço econômico, político, jurídico ou cultural, ou seja, o espaço regional é produto de uma rede de relações entre agentes que se reproduzem e agem com dimensões espaciais diferentes. Além disso, devemos tomar as relações espaciais como relações políticas e os discursos sobre o espaço como o discurso da política dos espaços, resgatando para a política e para a história, o que nos aparece como natural, como nossas fronteiras espaciais, nossas regiões. O espaço não preexiste a uma sociedade que o encarna. É através das práticas que estes recortes permanecem ou mudam de identidade, que dão lugar à diferença; é nelas que as totalidades se fracionam, que as partes não se mostram desde sempre comprometidas com o todo, sendo este todo uma invenção a partir destes fragmentos, no qual o heterogêneo e o descontínuo aparecem como homogêneo e contínuo, em que o espaço é um quadro definido por algumas pinceladas.[10]

A noção de região, antes de remeter à geografia, remete a uma noção fiscal, administrativa, militar (vem de *regere*, comandar). Longe de nos aproximar de uma divisão natural do espaço ou mesmo de um recorte do espaço econômico ou de produção, a região se liga diretamente às relações de poder e sua espacialização; ela remete a uma visão estratégica do espaço, ao seu esquadrinhamento, ao seu recorte e à sua análise, que produz saber. Ela é uma noção que nos envia a um espaço sob domínio, comandado. Ela remete, em última instância, a *regio* (rei). Ela nos põe diante de uma política de saber, de um recorte espacial das relações de poder. Pode-se dizer que ela é um ponto de concentração de relações que procuram traçar uma linha divisória entre elas e o vasto campo do diagrama de forças operantes num dado espaço. Historicamente, as regiões podem ser pensadas como a emergência de diferenças internas à nação, no tocante ao exercício do poder, como recortes espaciais que surgem dos enfrentamentos que se dão entre os diferentes grupos sociais, no interior da nação. A regionalização das relações de poder pode vir acompanhada de outros processos de regionalização, como o de produção, o das relações de trabalho e o das práticas culturais, mas estas não determinam sua emergência. *A região é produto de uma batalha, é uma segmentação surgida no espaço dos litigantes. As regiões são aproveitamentos estratégicos diferenciados do espaço.* Na luta pela posse do espaço ele se fraciona, se divide em quinhões diferentes para os diversos vencedores e vencidos; assim, a região é o botim de uma guerra.[11]

Trata-se, neste livro, de desnaturalizar a região, de problematizar a sua invenção, de buscar a sua historicidade, no campo das práticas e discursos. Tentar fazer com que este espaço cristalizado estremeça, rache, mostrando a mobilidade de seu solo, as forças tectônicas que habitam seu interior, que não permitem que a vejamos como efeito da sedimentação lenta e permanente de camadas naturais ou culturais, buscando apreender os terremotos no campo das práticas e dos discursos, que recortam novas espacialidades, cartografam novas topologias, que deixam vir à tona, pelas rachaduras que provocam, novos elementos, novos magmas, que se cristalizam e dão origem a novos territórios. Longe de ver a região como um terreno firme, em que se pode apoiar o fervilhar, o movimento da história, mostrá-la também como solo movente, pântano que se mexe com a história e a faz mexer, que traga e é tragado pela historicidade.[12]

A região não é uma unidade que contém uma diversidade, mas é produto de uma operação de homogeneização, que se dá na luta com as forças que dominam outros espaços regionais, por isso ela é aberta, móvel e atravessada por diferentes relações de poder. Suas fronteiras são móveis e o Estado pode ser chamado ou não a colaborar na sua sedimentação. O Estado é, na verdade, um campo de luta privilegiado para as disputas regionais. Ele não demarca os limites político-institucionais das regiões, mas pode vir a legitimar ou não estas demarcações que emergem nas lutas sociais.

Este livro é mais uma história de conceitos, de temas, de estratégias, de imagens e de enunciados, do que de homens. Claro que estes estão presentes, como uma condição de possibilidade destas mudanças conceituais acontecerem, além de que esta história afeta tanto estes conceitos quanto estes homens, que veem seu solo epistemológico se mover, que veem sua visibilidade abrir-se para novos horizontes e sua linguagem ter acesso a novos enunciados, para falar do mundo e compor o real. Este trabalho é a história da luta em torno dos conceitos de nação e de região, em torno dos conceitos de cultura nacional, regional e internacional. É a história da luta, em torno da ideia de identidade nacional e regional, de identidade cultural. Foi em torno destas ideias mestras que emergiu, no Brasil, um conjunto de regras de enunciação que chamamos de *formação discursiva nacional-popular* e todo o dispositivo de poder que a sustentou, que chamamos de *dispositivo das nacionalidades*, em torno dos quais, por sua vez, se desenvolveu grande parte da história brasileira, entre as décadas de vinte e sessenta. O que fazemos é a história das práticas e enunciados que deram conformação a estas ideias, que lhes deram uma visibilidade e uma linguagem. Privilegiamos, no entanto, neste debate, aquele que se trava especificamente em torno da ideia de Nordeste, como ele foi inventado, no cruzamento de práticas e discursos e os sucessivos deslocamentos que a imagem e o texto desta região sofreram, até a sua mais radical contestação com os tropicalistas, no final da década de sessenta. Buscamos perceber como determinados enunciados audiovisuais se produziram e se cristalizaram, como "representações" deste espaço regional, como sua essência. Perceber que rede de poder sustentou e é sustentada por essa identidade regional, por este saber sobre a região, saber estereotipado, que reserva a este espaço o lugar do gueto nas relações sociais em nível nacional, região que é preservada como elaboração imagético-discursiva como o lugar da periferia, da margem, nas relações econômicas e políticas no país, que transforma seus habitantes em marginais da cultura nacional.

Questionamos a própria ideia de identidade, que é vista por nós como uma repetição, uma semelhança de superfície, que possui no seu interior uma diferença fundante, uma batalha, uma luta, que é preciso ser explicitada. A identidade nacional ou regional é uma construção mental, são conceitos sintéticos e abstratos que procuram dar conta de uma generalização intelectual, de uma enorme variedade de experiências efetivas. Falar e ver a nação ou a região não é, a rigor, espelhar estas realidades, mas criá-las. São espaços que se institucionalizam, que ganham foro de verdade. Essas cristalizações de pretensas realidades objetivas nos fazem falta, porque aprendemos a viver por imagens. Nossos territórios existenciais são imagéticos. Eles nos chegam e são subjetivados por meio da educação, dos contatos sociais, dos hábitos, ou seja, da cultura, que nos faz pensar o real como totalizações abstratas. Por isso, a história se assemelha ao teatro, onde os atores, agentes da história, só podem criar à condição de se identificarem com figuras do passado, de representarem papéis, de vestirem máscaras, elaboradas permanentemente.[13]

Pretendemos, com este livro, questionar um olhar e uma fala regionalistas, que ora aparecem como um olhar e uma fala novos, surgidos recentemente, como querem fazer crer várias análises sobre os separatismos regionais que afloram com intensidade periodicamente no país, ora como formas de ver e falar que sempre existiram na história do país. Este trabalho busca perceber as inflexões ocorridas no discurso regionalista, mas particularmente no discurso nordestino, afirmando a sua novidade e seu caráter de descontinuidade na história brasileira. O regionalismo é muito mais do que uma ideologia de classe dominante de uma dada região. Ele se apoia em práticas regionalistas, na produção de uma sensibilidade regionalista, numa cultura, que são levadas a efeito e incorporadas por várias camadas da população e surge como elemento dos discursos destes vários segmentos. Por isso, procuramos nos afastar de fazer a chamada "História Regional", porque esta, por mais que se diga crítica do regionalismo, do discurso regionalista, está presa ao seu campo de dizibilidade. Longe de constituir uma ruptura com esta dizibilidade, suas críticas são apenas deslocamentos no interior do próprio campo do regionalismo. Ao criticar o regionalismo, mas assumir a região como uma "proposição concreta", como uma conscrição histórica, e fazer dela um referente fixo para seu discurso, de onde retira sua própria legitimação, esta História está presa à dizibilidade regionalista e à rede de poderes que sustenta a ideia de região como referencial válido para instituir um saber, um discurso histórico. A "História Regional" vem contribuir, sim, para colocar a ideia de região em outro patamar, legitimá-la, atribuir-lhe veracidade, dando a ela uma História, tentando lhe dar, inclusive, uma base material. Em vez de questionar a própria ideia de região e a teia de poder que a institui, ela questiona apenas determinadas elaborações da região, pretendendo encontrar a verdadeira.[14]

A "História Regional" participa da construção imagético-discursiva do espaço regional, como continuidade histórica. Ela padece do que podemos chamar de uma "ilusão referencial", por dar estatuto histórico a um recorte espacial fixo, estático. Mesmo quando historiciza este espaço, valida-o como ponto de partida para recortar a historicidade. Ela faz uso de uma região "geográfica" para fundar uma região epistemológica no campo historiográfico, justificando-se como saber, pela necessidade de estabelecer uma história da origem desta identidade regional, afirmando a sua individualidade e sua homogeneidade. Por isso, o questionamento da região, como uma identidade fixa, passa pela crítica desta "História", que participou desta cristalização identitária, e passa pela retirada das fronteiras do campo historiográfico. O nacional e o regional não são critérios de validação de uma produção historiográfica, não são referências pertinentes para fundar uma epistemologia. Uma história serial não se pode ater a estas divisões, visto que as séries históricas desconhecem estas fronteiras. A unidade que interessa ao historiador é a unidade de enredo, de trama, não estas unidades identitárias forjadas no próprio processo histórico e que são elas também pluralidades de séries.[15]

O procedimento que preside a "História Regional", o de definir uma região, um espaço geográfico ou um espaço de produção, como um *a priori*, que é anacronicamente remetido para antes de sua própria constituição, sendo transformado numa transcendência, naturalizado, não leva em conta o fato de que uma época ou um espaço não preexistem aos enunciados que os exprimem, nem às visibilidades que os preenchem. A "História Regional", nesse sentido, pode ser vista como um modo de existir, como um modo de visão e estudo regularizado, dominado por perspectivas e imperativos ostensivamente adequados à reprodução do Nordeste. O Nordeste é pesquisado, ensinado, administrado e pronunciado de certos modos a não romper com o feixe imagético e discursivo que o sustenta, realimentando o poder das forças que o introduziu na cultura brasileira, na "consciência nacional" e na própria estrutura intelectual do país. A "História Regional" é produto de certas forças e atividades políticas, às vezes, antagônicas, mas que se encontram na reprodução dessa ideia de região. O Nordeste passou a ser, assim, objeto de uma tradição acadêmica que o ajuda a se atualizar.

O campo historiográfico, como campo de produção do saber, está recortado por relações de poder que incidem sobre o discurso historiográfico. Ele é a positividade de um lugar no qual o sujeito se articula, sem, no entanto, se reduzir a ele. Ele é produto de um lugar antes mesmo de o ser de um meio ou de um indivíduo. E é este lugar que deve ser questionado constantemente pelo especialista em história. A operação historiográfica deve se constituir também desta volta crítica sobre si mesma. A "História Regional" não faz este questionamento do lugar de produção do saber historiográfico. Os historiadores que trabalham com esta perspectiva aceitam participar da divisão entre história nacional (História do Brasil) e história regional (História do Nordeste), que além de significarem o estabelecimento de lugares hierarquicamente diferenciados no campo historiográfico, conectam-se e reproduzem as relações desiguais de poder entre as diferentes áreas do país; reproduzem uma subordinação, no campo acadêmico, que diz da própria subordinação do espaço que representam em nível nacional.

Ao se colocarem como historiadores regionais, eles estariam reconhecendo sua incapacidade de fazer História do Brasil ou o caráter limitado desta produção? Por que os historiadores paulistas e, em menor número, os historiadores cariocas podem fazer história nacional e os das outras áreas apenas "História Regional"? Continuamos presos, assim, a uma hierarquia de saberes e de espaços que se definiu no início do século. Não é se colocando como vítimas do "imperialismo paulista" ou reivindicando o direito de também fazer História do Brasil que romperemos com o lugar que foi reservado para nós historiadores de outras áreas do país, nesta configuração de saber-poder. Não é também proliferando o número de "histórias regionais", sempre que determinado grupo de historiadores se sente marginalizado no campo historiográfico, que conseguiremos romper com esta posição de inferioridade no campo historiográfico, mas sim se negando a ocupar estes lugares, questionando-os e reivindicando o direito de apenas produzir saber em história, sem mais adjetivos.

Utilizamos diversas fontes: desde o discurso acadêmico, passando pelas publicações em jornais de artigos ligados ao campo cultural, à produção literária e poética de romancistas e poetas nordestinos ou não, até músicas, filmes, peças teatrais, que tomaram o Nordeste por tema e o constituíram como objeto de conhecimento e de arte. As obras de arte são tomadas, neste trabalho, como discursos, como produtoras de realidade, já que como historiador não temos conhecimento específico destes vários campos que trilhamos. Este é o enorme risco que corremos e que procuramos suprir pela leitura de uma bibliografia especializada em cada área, procurando trazer as informações no campo da estética, sempre e somente quando julgamos que estas interessavam para a compreensão da problemática que estava em discussão. As obras de arte têm ressonância em todo o social. Elas são máquinas de produção de sentido e de significados. Elas funcionam proliferando o real, ultrapassando sua naturalização. São produtoras de uma dada sensibilidade e instauradoras de uma dada forma de ver e dizer a realidade. São máquinas históricas de saber.

Estas várias práticas discursivas foram, sempre que possível, cruzadas com práticas não-discursivas, sem que estabelecêssemos nenhuma espécie de hierarquia ou determinação entre elas. O que procuramos ver foi o nível de interferência destas muitas práticas, na instituição e no deslocamento da ideia de Nordeste, e a sua relação com a ideia de nação. Embora nos detenhamos em análises estéticas, já que não se pode separar forma de conteúdo, e a própria forma é significante, nossa preocupação central foi tomar tais práticas culturais como produtoras de textos, imagens, sons, que formaram um agregado sensível em torno da ideia de Nordeste. Elas tornam possível ver-se e falar-se de Nordeste como uma materialidade, como uma identidade, como uma homogeneidade, ou, ao contrário, elas o contestam.

Talvez o leitor estranhe o fato de encontrar poucas citações textuais e a colocação de notas no final de praticamente todos os parágrafos e, só no seu final, além de encontrar poucas aspas, denotando citações alheias. Isto se deve ao método que adotamos: o de tomar estas fontes não como documento, nem como fonte de prova, mas tomá-las como material de trabalho, como monumentos a serem destruídos e reconstruídos, ou seja, construímos os parágrafos com enunciados e imagens retirados dos próprios textos em análise, tomando-os para nós, utilizando-os como nossos, pelo método de bricolagem e de torção, dessacralizando estas fontes, pondo estes enunciados para funcionarem de outro modo. O trabalho também não se prende a um dado sistema de pensamento, nem busca a coerência absoluta entre suas partes. A história é incoerência, lança mão de fragmentos de discurso, porque, longe de querer afirmar identidades discursivas, ela quer destruí-las. Não queremos construir sistemas discursivos, mas despedaçá-los, ordenando-os de outra forma. Os autores e artistas escolhidos para análise de suas obras o foram, à medida que se constituíram em grande emissores de signos, que deram textos e imagens à região. Por isso, pouco se levou em conta a trajetória de cada um como indivíduo, a não ser aquelas informações que tiveram ressonância em suas obras e interferiram nessa forma de ver e dizer a realidade regional.[16]

O que procuramos ressaltar foram as condições que se impuseram a estes sujeitos, que os introduziram e fizeram funcionar como tal em determinado momento; como, ao mesmo tempo que inventavam o Nordeste, iam se inventando como sujeitos nordestinos. Procuramos vê-los como um nó, num rendilhado de séries históricas, como laçadas na variada rede de relações que atravessam o social. Não os consideramos como alguém que se colocasse fora da trama, da renda da história, para tecê-la com suas mãos e agulhas soberanas da consciência transcendental, mas os consideramos como alguém que tecesse uma rede de dentro dela mesma, como se fosse um dos seus fios, como um nó em que vários fios do processo histórico viessem a se encontrar. Tanto para se pensar a emergência do objeto Nordeste, como para se pensar a emergência dos sujeitos que tomaram este objeto como tema, tem de se estar atento ao fato de que o que permite a emergência de objetos e sujeitos históricos são as relações estabelecidas entre instituições, processos econômicos e sociais, formas de comportamento, sistemas de normas, técnicas, tipos de classificação, modos de caracterização, ou seja, uma dispersão de práticas e enunciados coexistentes, laterais, como fios soltos de diferentes cores que vão se encontrando em determinados pontos e vão dando origem a um desenho sem que para isso seja necessária a convergência de todos para o mesmo ponto; que todos estejam interligados. *A história aqui tecida, como uma renda, é feita de fios, nós, laçadas, mas também de lacunas, de buracos, que, no entanto, fazem parte do próprio desenho, são partes da própria trama.*[17]

O leitor pode achar estranho neste trabalho, também, o uso constante de metáforas e a não preocupação em definir rigorosamente os conceitos utilizados. Defendemos o ponto de vista de que os conceitos, em história, não podem ser passíveis de definição. Eles apenas servem para melhor configurar, tecer a urdidura do passado, já que não se pode definir nem esquematizar a trama histórica, porque o conceito em história é apenas um conector de uma série de eventos. As metáforas, por sua vez, não são sujeiras num discurso que se queria rigoroso e límpido. Elas funcionam no sentido de abrir o pensamento para a ambivalência, mostrando a sua androginia; no sentido de abrir o pensamento para novas relações, chegando ao mais abstrato, através do mais concreto. É a imagem a serviço do pensamento. As metáforas no discurso historiográfico podem servir mais do que os conceitos para dar conta das transformações e interações do concreto. O conceito como abstração tende a estabelecer uma identidade e um ser que se dizem num só sentido. As metáforas nos permitem captar as mudanças de sentido desse ser e as diferenças em detrimento das identidades. Recorremos, pois, neste trabalho, a conceitos ou metáforas, dependendo do que nos possibilite melhor compreender a trama histórica que se está abordando; isso faz parte de nossa estratégia de narração.[18]

O uso de metáforas em história permite que esta não seja apenas representação, analogia de um real que serviria de referente, mas uma história produtora de sentido, de realidade. Elas desfazem os objetos familiares, com um golpe de força que é o trabalho do historiador. Neste discurso metafórico tudo significa e, no entanto, tudo é surpreendente. Elas forçam a pensar o diferente, destroem as familiaridades dos conceitos consagrados, surpreendem a seriedade do discurso acadêmico. Elas podem até fazer rir; e que descentramento maior em relação à verdade instituída do que uma gargalhada? As metáforas proliferam sentido, porque interiorizam diferenças. Elas são inseparáveis de uma história que se quer antropofágica, porque interrogam a relação entre dois objetos diferentes, ressaltando esta justaposição de contrários. As metáforas são risos dos conceitos, são dobras, dissonâncias, rompendo com o conceito como único lugar da verdade. Elas são formas de comunicar o "real" em sua complexidade de significação, que nos falam da impossibilidade do conhecimento do mundo somente por meio do conhecimento empírico ou conceitual, superando a relação direta entre sujeito e objeto, propondo, pois, uma nova "metodologia" de conquista da "realidade".[19]

Buscaremos, sempre que possível, fazer a história dos próprios conceitos e categorias que emergiram em cada momento histórico aqui abordados, que fundamentaram a própria explicação do momento. Se questionamos os conceitos de identidade, cultura, civilização, nação, região, não abandonamos o seu uso, ao contrário, fizemos questão de utilizá-los para explicitar a que maquinaria discursiva pertencem, de que estratégias são peças. Entendemos que a crítica da linguagem, em história, se faz pelo uso dos conceitos emersos em cada época, conservando como instrumento aqueles conceitos cujo valor se critica, pondo-os para funcionar em novos sentidos, dando a eles novos lugares, fazendo bricolagens, questionando a validade permanente destes. Não se pode fazer uma crítica à ideia de região permanecendo preso a esta armadilha de sentido que é o próprio conceito. Produzir o seu desgaste pelo uso revelador de seus limites é a única possibilidade. Tomar a própria ideia de região como invenção histórica, e não apenas a ideia de uma dada região. O que está por trás destas máscaras não é o rosto sério de uma origem verdadeira, mas o riso do disparate, da discórdia, do embate surdo que possibilitou a emergência de tais verdades. Ao se tomar, por exemplo, o capitalismo como causa única e determinante da regionalização, significa pressupor que, antes da região, existia uma unidade anterior que se dissolveu, quando, na verdade, tanto esta ideia da existência de uma unidade anterior, que seria a nação, como a ideia da regionalização posterior, são efeitos de relações discursivas que se estabelecem, por volta do início do século XIX, e se estendem até o nosso século.[20]

Os documentos foram, antes de tudo, desierarquizados; não se fez diferença entre um filme, uma poesia, uma música ou um artigo de jornal, todos foram tomados como discursos produtores de realidade e, ao mesmo tempo, produzidos em determinadas condições históricas. Eles foram tomados como formas em debandada, materialidade do sonhado, como obras a serem fecundadas pela imaginação, retirados de sua cobertura de inocência. Tomaremos um quadro, um livro, um filme, para analisá-los, tão amorosamente quanto um canibal prepara para si um bebê. Não nos preocuparemos em usar os documentos como prova, mas como matérias de expressão, como material a ser trabalhado, despedaçado em sua inteireza de sentido. Queremos apenas problematizar o estatuto de verdade de cada um, levantando, ao mesmo tempo, o significado consagrado que este adquiriu, fazendo uso para isso de uma gama de comentadores, de críticos, de trabalhos acadêmicos, que consagraram um dado lugar para cada artista, para cada autor e sua obra e, a partir de então, tentaremos provocar um deslocamento nestas leituras consagradas, tomando-as para funcionar em outra estratégia discursiva. Não nos deteremos a fazer permanentemente uma crítica explícita à bibliografia utilizada. Esta crítica procuraremos deixar implícita, na própria forma como usamos o texto, com amor, humor e terror.

Dividi o livro em três capítulos: "Geografia em Ruínas", "Espaços da Saudade" e "Territórios da Revolta". No primeiro capítulo, acompanharemos as transformações históricas que possibilitaram a emergência da ideia de Nordeste, desde a emergência do dispositivo das nacionalidades, porque sem as nações é impossível se pensar as regiões, passando por uma mudança na sensibilidade social em relação ao espaço, à mudança da relação entre olhar e espaço trazido pela modernidade e pela sociabilidade burguesa, urbana e de massas. Estas mudanças permitem a emergência deste novo regionalismo, não mais provinciano no campo político e pitoresco no campo artístico, que possibilitou a invenção do Nordeste.

No segundo capítulo, abordaremos esta invenção regional; o surgimento do Nordeste como um novo recorte espacial no país, rompendo com a antiga dualidade Norte/Sul, estabelecendo uma redistribuição das espacialidades no país, que acompanhava, por sua vez, as próprias redefinições na estrutura de forças sociais no âmbito nacional, com a crise da sociabilidade pré-industrial e o desenvolvimento de códigos burgueses, notadamente, nas cidades. A desterritorialização das forças sociais do Norte do país, processo que se arrasta, pelo menos, desde a metade do século XIX e atinge, no começo do século, o seu cume com as alterações trazidas pelo fim da escravidão, pela crise da produção açucareira, e pelo surgimento das usinas, que põem os banguezeiros em processo falimentar. Tudo isso acompanhado da emergência de um novo polo de poder no país: o Sul, com a Proclamação da República. Os discursos políticos dos representantes dos estados do Norte, antes dispersos, começam a se agrupar em torno de temas que sensibilizam a opinião pública nacional e podem carrear recursos e abrir *locus* institucionais no Estado. A seca, o cangaço, o messianismo, as lutas de parentela pelo controle dos Estados, são os temas que fundarão a própria ideia de Nordeste, uma área de poder que começa a ser demarcada, com fronteiras que servirão de trincheiras para a defesa dos privilégios ameaçados. A elaboração da região se dá, no entanto, no plano cultural, mais do que no político. Para isso contribuirão decisivamente as obras sociológicas e artísticas de filhos dessa "elite regional" desterritorializada, no esforço de criar novos territórios existenciais e sociais, capazes de resgatar o passado de glória da região, o fausto da casa-grande, a "docilidade" da senzala, a "paz e estabilidade" do Império. O Nordeste é gestado e instituído na obra sociológica de Gilberto Freyre, nas obras de romancistas como José Américo de Almeida, José Lins do Rego, Rachel de Queiroz; na obra de pintores como Cícero Dias, Lula Cardoso Ayres etc. O Nordeste é gestado como o espaço da saudade dos tempos de glória, saudades do engenho, da sinhá, do sinhô, da Nega Fulô, do sertão e do sertanejo puro e natural, força telúrica da região.

No terceiro capítulo, abordaremos uma série de reelaborações da ideia de Nordeste, feitas por autores e artistas ligados ao discurso da esquerda. Nordestes gestados, a partir dos anos trinta, por meio de uma operação de inversão das imagens e enunciados consagrados pela leitura conservadora e tradicionalista que dera origem à região. Nordestes onde não mais se sonha com a volta ao passado, mas com a construção do futuro, e que guarda com aquele familiaridades, como a negação da modernidade e do sistema capitalista, em nome da construção de uma nova sociedade. Obras como as de Jorge Amado, Graciliano Ramos, Portinari, João Cabral de Melo Neto produzem Nordestes vistos pelo avesso; Nordestes como região da miséria e da injustiça social; o *locus* da reação à transformação revolucionária da sociedade. Nordestes dos coronéis e comendadores discricionários e dos Fabianos e Severinos amarelos, servis, quase animais a grunhir em seu estado absoluto de alienação. Nordestes que, mesmo assim, fundamentavam com seus mitos populares o sonho de se constituir em territórios de revolta contra a exploração e a dominação burguesas. Estes Nordestes, construídos pelo avesso, ficam presos, no entanto, aos mesmos temas, imagens e enunciados consagrados e cristalizados pelos discursos tradicionalistas. Aprofunda, de certa forma, a própria elaboração regional, feita pelos discursos tradicionalistas, que haviam escolhido o lugar de vítimas, de coitadinhos, de pedintes, de injustiçados, para ocuparem nacionalmente. Estes "revolucionários" ajudam os "reacionários" a consagrarem uma dada imagem e um texto da região, que se impõem, até hoje, como verdade; uma visibilidade e uma dizibilidade das quais poucos, como os tropicalistas, conseguiram fugir.

NOTAS

1. Programa *Documento Especial* (Sistema Brasileiro de Televisão); *Programa Legal* (Rede Globo); as novelas *Tieta do Agreste, Pedra sobre Pedra, Renascer* (Rede Globo); *Globo Repórter* (Rede Globo). Ver Rachel de Queiroz, "Os olhos tortos da mídia", *O Estado de S. Paulo* (*OESP*), 17/6/1988, s/p.

2. Ver Roberto da Matta, *O Que Faz o brasil, Brasil?*, p. 13; Dante Moreira Leite, *O Caráter Nacional Brasileiro*, p. 96 e segs.; Roland Barthes, "A escritura do visível", in *O óbvio e o Obtuso*, p. 9 e *Fragmentos de um Discurso Amoroso*, p. 24.

3. Sobre a relação entre poder e saber, ver Michel Foucault, *História da Sexualidade I (A Vontade de Saber)*, p. 88 e segs.

4. Para esta visão das relações de poder, ver Michel Foucault, *Microfísica do Poder*, p. 209 a 228.

5. Sobre os conceitos de visibilidade e dizibilidade, ver Gilles Deleuze, *Foucault*, e Michel Foucault, *A Arqueologia do Saber*.

6. Sobre a relação entre práticas discursivas e não-discursivas no pensamento de Foucault, ver Roberto Machado, *Ciência e Saber (A Trajetória da Arqueologia de Foucault)*.

7. Para a noção de espacialidade, ver Michel Foucault, "Sobre a Geografia", in *Microfísica do Poder*, p. 153 a 166; Eni Pulcinelli Orlandi, *Terra à Vista*, p. 55 e segs.; Fernand Braudel, "O espaço e o tempo", *OESP*, 29/7/1947, p. 6, c. 5.

8. Ver Michel Foucault, *Microfísica do Poder*; Roland Barthes, *Fragmentos de um Discurso Amoroso*, p. 1; Haroldo de Campos, "Parafernália para Hélio Oiticica", *Folha de S. Paulo* (*FSP*), Folhetim, 13/5/1984, p. 11; Dominique Maingueneau, *Novas Tendências em Análise de Discurso*; Eni Pulcinelli Orlandi, Op. cit., p. 25 e segs.

9. Ver Paul Veyne, *O Inventário das Diferenças*; Luiz B. Orlandi, "Do enunciado em Foucault à teoria da multiplicidade em Deleuze" in *Foucault Vivo* (Ítalo Tronca, org.), p. 11 a 42.

10. Ver Celina Albino & Nísia Werneck, "Anotações sobre espaço e vida cotidiana", in *Espaço e Debates* n. 17, ano VI, p. 33 a 43; Margareth Rago, *Os Prazeres da Noite*, p. 23.

11. Ver Michel Foucault, "Sobre a Geografia", in *Microfísica do Poder*, p. 153 a 166.

12. Idem, ibidem.

13. Sobre a relação entre identidade e diferença, ver Gilles Deleuze, *Diferença e Repetição*, p. 71 e segs. e 185; Luiz Carlos Maciel, "O esvaziamento da realidade", *Folha de S. Paulo*, Folhetim, 27/2/1977, p. 23.

14. Ver Ademir Gebara, *História Regional: uma discussão*; Rosa Maria Godoy Silveira, *O Regionalismo Nordestino*; Francisco de Oliveira, *Elegia para uma Re(li)gião*.

15. Para a noção de ilusão referencial, ver Paul Veyne, *Como se Escreve a História*, p. 11.

16. A utilização do método de torção de enunciados e imagens nos foi sugerido pela leitura do livro de Roberto Machado, *Deleuze e a Filosofia*, p. 250 e segs.

17. Sobre a relação entre sujeitos e condições de possibilidade históricas, ver Michel Foucault, *As Palavras e as Coisas*, p. 384 e segs.

18. Ver Jeanne Marie Gagnebin, "Origem da alegoria, alegoria da origem", *Folha de S. Paulo*, Folhetim, 9/12/1984, p. 8; José Américo Mota Pessanha, "Bachelard: as asas da imaginação", *Folha de S. Paulo*, Folhetim, 10/6/1984, p. 9; Walter Benjamin, "As imagens de Proust" in *Magia e Técnica, Arte e Política* (Obras Escolhidas, v. I), p. 36.

19. Ver Roland Barthes, "A escritura do visível", in *O Óbvio e o Obtuso*, p. 9; Scarlett Marton, "Foucault leitor de Nietzsche" in *Recordar Foucault* (Renato Janine Ribeiro, org.).

20. Ver Michel Foucault, *Microfísica do Poder*, p. 15 e segs.; Roberto Machado, *Ciência e Saber (A Trajetória da Arqueologia de Foucault)*.

Capítulo I

GEOGRAFIA EM RUÍNAS

O Nordeste é filho da ruína da antiga geografia do país, segmentada entre "Norte" e "Sul". No início dos anos vinte, a percepção do intelectual que desembarca no Recife, vindo do Estados Unidos, é de que a própria paisagem, o próprio físico da região, alterara-se profundamente. Seria outra, a sua crosta. Outra, a fisionomia. Seu olhar que entrara em contato com o mundo moderno é obrigado a admitir que a paisagem perdera o ar ingênuo dos flagrantes de Koster e de Henderson para adquirir o das modernas fotografias de usinas e avenidas novas. O espaço "natural" do antigo Norte cedera lugar a um espaço artificial, a uma nova região, o Nordeste, já prenunciada nos engenhos mecânicos ciclópicos usados nas obras contra as secas, no final da década anterior.

Beirando os canaviais e algodoais, corriam agora linhas telegráficas, fios de telefone, vias férreas. E ao longo dos caminhos movimentados pela "Great Western" e pelos "Hudsons", "Fords" e "Studbakers" contrastavam os montes a sangrar e como que raspados à unha de sua vegetação. Rompem-se padrões de sociabilidade tradicional. As cidades muito se modificavam com a construção, sobre modelos europeus do século XIX, de gares, de mercados, bancos; com os novos tipos de arquitetura de confeitaria, com a preocupação da linha reta à americana, que por completo alterara, no Recife, o à-vontade de antigas ruas. Os casarões vastos de outrora, de uma alvura franciscana ao sol, eram agora substituídos pelas arrivistas usinas, fumando seus indolentes charutos.[1]

A invenção do Nordeste, a partir da reelaboração das imagens e enunciados que construíram o antigo Norte, feita por um novo discurso regionalista, e como resultado de uma série de práticas regionalistas, só foi possível com a crise do paradigma naturalista e dos padrões tradicionais de sociabilidade que possibilitaram a emergência de um novo olhar em relação ao espaço, uma nova sensibilidade social em relação à nação, trazendo a necessidade de se pensar em questões como a da identidade nacional, da raça nacional, do caráter nacional, trazendo, ainda, a necessidade de se pensar uma cultura nacional, capaz de incorporar os diferentes espaços do país.

O olhar regionalista

Assistimos, na década de vinte, à emergência de um novo regionalismo, não mais aquele difuso e provinciano do século XIX e início do século XX, mas um regionalismo que reflete as diferentes formas de se perceber e representar o espaço nas diversas áreas do país. Com mudanças substanciais no campo econômico e técnico, como a industrialização, a urbanização, a imigração em massa, o fim da escravidão, o Centro-Sul, notadamente São Paulo, vai se tornando uma área bastante diferenciada do restante do país. Somem-se a isso as novas formas de sensibilidade artística e cultural trazidas pelo modernismo; os novos códigos de sociabilidade que aí se desenvolvem mais intensamente; as novas concepções acerca da sociedade, da modernização e da modernidade.

No antigo Norte, vive-se um período de crise acentuada, com mudanças também substanciais que advêm do processo de aprofundamento de sua dependência econômica, de sua submissão política em relação às outras áreas do país, do seu problema de adoção de uma tecnologia mais avançada e de assegurar mão de obra suficiente para suas atividades. A resistência maior de padrões mais tradicionais de sensibilidade e sociabilidade diferenciam a maneira de ver, de dizer e de pensar a questão da nação, quando esta se coloca com ênfase após a Primeira Guerra.

A guerra havia trazido como consequência a própria redistribuição mundial de poder com a ascensão dos Estados Unidos e a rearrumação do mapa europeu. Com ela, a história parecia ter definitivamente penetrado o espaço. Tempo e espaço, que eram vistos na *epistéme* clássica como dimensões antagônicas, se encontram. Na *epistéme* moderna, a história passa a ser o lugar de todas as coisas, inclusive das espacialidades.

No Brasil, a guerra vai contribuir para a ruína progressiva da sensibilidade *belle époque*, que olhava para o espaço brasileiro como natureza e tropicalidade exótica e que colocava o meio ao lado da raça como fatores determinantes para o atraso da sociedade e da cultura brasileira.

A partir deste momento, para visualizar a nação em toda a sua complexidade, os vários discursos, tanto no Norte quanto no Sul, partem para a análise do próprio espaço de onde são emitidos. Buscam nas partes a compreensão do todo, já que se vê a nação como um organismo composto por diversas partes, que deviam ser individualizadas e identificadas. A busca da nação leva à descoberta da região com um novo perfil. Diferentes saberes, seja no campo da arte ou da ciência, são mobilizados, no sentido de compreender a nação, a partir de um jogo de olhares que perscruta, permanentemente, as outras áreas e volta-se para si próprio, para calcular a distância, a diferença, e para buscar as formas de apagar estas descontinuidades que bloqueiam a emergência da síntese nacional. Cada discurso regional terá um diagnóstico das causas e das soluções para as distâncias encontradas entre as diferentes áreas do país.

O antigo regionalismo, inscrito no interior da formação discursiva naturalista, considerava as diferenças entre os espaços do país como um reflexo imediato da natureza, do meio e da raça. As variações de clima, de vegetação, de composição racial da população explicavam as diferenças de costumes, hábitos, práticas sociais e políticas. Explicavam a psicologia, enfim, dos diferentes tipos regionais.

As grandes distâncias, a deficiência nos meios de transporte e comunicação, o baixo índice de migrações internas entre Norte e Sul, tornavam estes espaços completamente desconhecidos entre si, verdadeiros mundos separados e diferentes que se olhavam com o mesmo olhar de estranhamento com que nos olhavam da Europa.

O nacionalismo vai acentuar, na década de vinte, as práticas que visavam ao conhecimento do país, de suas particularidades regionais. Cogita-se, nesse momento, da publicação até de uma Enciclopédia Brasileira que reunisse informações acerca de nossas diversas realidades como ponto de partida para se pensar uma política de nacionalização, de unificação, de superação dessas distâncias que impediam a emergência da nação. Os regionalismos são sempre pensados como um entrave a esse processo, embora só se acentuem à medida que a constituição da nação não era um processo neutro, mas um processo politicamente orientado, que significava a hegemonia de uns espaços sobre outros.[2]

Torna-se comum a visita de "especialistas e curiosos" a outras áreas do país. Como a centralização do poder, no Rio de Janeiro, obrigava a vinda dos políticos dos Estados do Norte, pelo menos para essa cidade, o desconhecimento do restante do país era mais acentuado entre as populações dos Estados do Sul, que, em sua maioria, apenas ouviam falar do Norte pela imprensa, sobretudo daquilo que os discursos de seus representantes, no Parlamento, diziam e faziam ver.

O próprio desenvolvimento da imprensa e a curiosidade nacionalista de conhecer "realmente" o país fazem com que os jornais encham-se de notas de viagem a uma ou outra área do país, desde a década de vinte até a de quarenta. O que chama a atenção é exatamente os costumes "bizarros e simpáticos" do Norte ou "estrangeiros e arrivistas" do Sul. Esses relatos fundam uma tradição, que é tomar o espaço de onde se fala como ponto de referência, como centro do país. Tomar seus "costumes" como os costumes nacionais e tomar os costumes das outras áreas como regionais, como estranhos. São Paulo, Rio de Janeiro ou Recife se colocam como centro distribuidor de sentido em nível nacional. As "diferenças" e "bizarrias" das outras áreas são marcadas com o rótulo do atraso, do arcaico, da imitação e da falta de raiz.[3]

Esses relatos do estranhamento funcionam também no sentido de criar uma identidade para a região de quem fala, em oposição à área de que se fala. Inventa-se o paulista ou o nordestino, por exemplo, atentando para as diferenças entre o espaço do sujeito do discurso e o que ele está visitando, ao qual, quase sempre, se impõe uma imagem e um texto homogêneo, não atentando para suas diferenças internas. Muitas vezes o que se descreve são aspectos, costumes encontrados em um Estado ou uma área que são apresentados e descritos como "costumes do Norte ou do Nordeste" ou "costumes de São Paulo". Veja-se, por exemplo, esta nota de viagem ao Nordeste de um articulista do jornal *O Estado de S. Paulo*:

> "*...algo sabíamos por leitura sobre a terra do sofrimento*, que tem prados só de urzes, tem montanhas de penhascos, habitações só de colmos, céu que nunca se encobre...chão que nunca recebe orvalho, rios que não têm água. *O Nordeste brasileiro só foi divulgado com tal designação após a última calamidade que assolou em 1919*, determinando a fase decisiva das grandes obras contra as secas. (...) quando levas de esquálidos retirantes vieram curtir saudades infindas na *operosidade do generoso seio sulino*, quem sabe se ainda em dúvida, *entre a miséria de lá e a abundância daqui...*"[4]

O autor vai, ao mesmo tempo, reafirmando uma imagem que já possuía do Nordeste, por meio de leituras anteriores e, em contraponto, construindo uma imagem para o Sul. Ele chama atenção para o próprio momento de invenção daquele espaço, com a mudança de designação de Norte para Nordeste e insiste em qualificá-lo depreciativamente.

Esses novos discursos regionalistas foram acompanhados de novas práticas regionalistas, que só podem ser entendidas se levarmos em conta que, na década de vinte, quando o Nordeste é definitivamente instituído, mudanças importantes se verificavam também nas relações sociais:

1920. Folheando o principal jornal paulista, lemos:

> "...Incontestavelmente o Sul do Brasil, isto é a região que vai da Bahia até o Rio Grande do Sul, apresenta um tal aspecto de progresso em sua vida material que forma um contraste doloroso com o abandono em que se encontra o Norte, com seus desertos, sua ignorância, sua falta de higiene, sua pobreza, seu servilismo".[5]

Esta diferença acentuada na vida material e social das duas áreas quase sempre é atribuída à presença do trabalho dos imigrantes no Sul e à falta deles no Norte. O fim das relações escravistas de trabalho e a questão da transição para o trabalho livre são detonadores não só da reordenação dos vários espaços do país, bem como fundamentais para entendermos a emergência destes regionalismos cada vez mais militantes. A regionalização do mercado de trabalho com a abolição e a concentração do processo imigratório no Sul, notadamente em São Paulo, induz a emergência de práticas regionalistas e querelas que atravessam todas as primeiras décadas deste século.

Encantados com a superioridade dos imigrantes e tendo uma visão depreciativa do nacional, intelectuais como Oliveira Vianna e Dionísio Cerqueira veem no nordestino o próprio exemplo de degeneração racial, seja do ponto de vista físico ou intelectual. Eles consideram a miséria uma consequência do encontro entre um hábitat desfavorável e uma raça, fruto do "cruzamento de indivíduos de raças extremas e da submestiçagem". Comparando a situação econômica de São Paulo com a dos Estados do Norte do país, eles atribuem ao maior eugenismo da raça "paulista", à sua superioridade como meio e como povo, a ascendência econômica e política no seio da nação. A superioridade de São Paulo era natural, e não historicamente construída. O Nordeste era inferior por sua própria natureza, sendo o "bairrismo paulista" uma lenda.[6]

Essas notas de viagem mostram como o pensamento naturalista continuava povoando muitas mentes e como as mudanças representadas pelo modernismo, que emergiu em oposição a esta visibilidade e dizibilidade do país, ainda não haviam se generalizado.

Paulo de Moraes Barros, jornalista de *O Estado de S. Paulo* enviado a uma visita a Joaseiro, considera a inferioridade racial dos nordestinos como responsável pelo aparecimento dos "fanáticos boçais que se disseminavam por toda parte na região" e pelas "turbas que os assediavam, homens e mulheres de aspectos alucinados, olhos esbugalhados, com os braços estendidos, atirando-se por terra, tentando tocar a barra da batina do beato", como também pela "violência dos bandidos facinorosos". Questionava-se como podia tal povo ser a base de construção de uma nação.[7]

Logo após essa série de artigos intitulados "Impressões do Nordeste", o mesmo jornal inicia outra série intitulada "Impressões de São Paulo", com o nítido objetivo de construir uma imagem para São Paulo, em contraposição às descrições do Nordeste feitas por Paulo Moraes. A estratégia era demonstrar a superioridade de São Paulo e de sua população, formada por elementos europeus. Nesses artigos, São Paulo aparece como um espaço vazio que teria sido preenchido por populações europeias. Assim, a escravidão e os negros parecem não ter aí existido; os índios e os mestiços menos ainda. São Paulo e todos os paulistas seriam europeus: "Eles chegaram do Atlântico, radicaram-se na terra fértil, fizeram o seu engrandecimento e muitos, a própria abastança". Mesmo os velhos paulistas que somariam no máximo 30% da população, descendentes das grandes famílias do I e II séculos, "foram sempre uma raça exuberantemente fértil em tipos moral e fisicamente eugênicos", o que os distinguia de outros grupos nacionais.[8]

O regionalismo paulista se configura, pois, como um "regionalismo de superioridade", que se sustenta no desprezo pelos outros nacionais e no orgulho de sua ascendência europeia e branca. São Paulo seria, para este discurso regionalista, o berço de uma nação "civilizada, progressista e desenvolvimentista". As mudanças urbanas que estavam ocorrendo na cidade de São Paulo, com a "destruição do quadro medievo, representado pela Igreja do Carmo, pelo Piques, pela rua da Santa Casa" e a emergência da "Pauliceia" "americanizada e fulgurante, mais de acordo com a sementeira metálica do Braz", são símbolos da modernidade, da civilização que São Paulo estaria em condição de generalizar para todo o país. Os modernistas são fruto deste deslumbramento dos sentidos com o novo mundo urbano que parecia nascer célere, na década de vinte, em São Paulo. Até para estes o Nordeste emerge como um "grande espaço medieval" a ser superado pelos "influxos modernizantes, partidos de São Paulo". O fenômeno urbano, a modernização de cidades do Nordeste, como ocorria em Recife, neste momento, que tanto espanto causou a Oswald de Andrade, são desconhecidos, porque o próprio discurso regionalista nordestino o mostra como uma grande região rural, devastada pelas calamidades, configurando seu "regionalismo de inferioridade".[9]

A curiosidade em torno desse Nordeste que era inventado, neste momento, como o "outro" de São Paulo, pode ser confirmada pelo sucesso do espetáculo de Cornélio Pires, apresentado no Teatro Fênix em 1926, que se chamava: "Brasil Pitoresco — Viagem de Cornélio Pires ao Norte do Brasil", feito para que o público risse das "coisas pitorescas, exóticas, esquisitas, ridículas, dos irmãos do Norte". Descobre-se o nordestino como um bom tipo para espetáculos de humor.[10]

É fundamental perceber, nessas narrativas de viagem, a tensão que se estabelece entre o arquivo de imagens e enunciados com o qual o turista chega à região — fruto, em grande parte, do próprio discurso regionalista nordestino — e o que vai encontrando pela frente, que nem sempre atende às suas expectativas e à visão que tinha da terra. As narrativas parecem, às vezes, sem sentido, tal a contradição que se estabelece no discurso, entre o visto e o previsto. Viajando pelo Nordeste, já na década de quarenta, a articulista de *O Estado de S. Paulo*, Chiquinha Rodrigues afirma, por exemplo: "Nas regiões do Nordeste, interessante verdade! (veja a admiração) estão as terras onde há mais chuva no Brasil. O que ocasiona as secas, dizem os técnicos e maldizem os leigos, é a má distribuição das chuvas"; no entanto, logo em seguida, ela lança mão da cristalizada imagem do deserto para se referir ao Nordeste: "Oásis desse deserto merece tamanha deferência". E continua: "Vamos desvendar os mistérios destas plagas singulares, onde um mundo de luz resplandece ao nosso olhar, onde o clima é ardente e quente ou temperado e doce".[11]

As contradições vão se acumulando e, à medida que a viagem prossegue, Chiquinha Rodrigues pergunta pela vegetação enfezada, pelas flores cor de sangue das palmatórias e dos cactos. É notório como procura uma página de Euclides da Cunha nos lugares por onde passa. Podemos flagrar frases inteiras de *Os Sertões* em sua descrição da paisagem: "O tapete de cordas duras e agressivas impedia que seja real o contato entre a criatura e a terra" ou "Como senhora em sua crueldade, surge em lugares destacados a Cabeça de Frade que abrolha à flor da caatinga, em pontos esverdeados, em atitudes agressivas. Tudo nela queima, fere e penetra em nossa mão", mas "às primeiras chuvas, tudo se transforma; são as mil flores, a variedade de pássaros e borboletas..."[12] Um Nordeste, pois, cheio de contrastes e confrontos euclidianos.

Esse texto deixa claro que o que se diz da região não é o reflexo do que se vê *na* e *como* "região". Os dois regimes de enunciação possuem uma independência, as palavras e as coisas são independentes; a região se institui, paulatinamente, por meio de práticas e discursos, imagens e textos que podem ter, ou não, relação entre si, um não representa o outro. A verdade sobre a região é constituída a partir dessa batalha entre o visível e o dizível. O que emerge como visibilidade regional não é representado, mas construído com a ajuda do dizível ou contra ele. Falar e ver são formas diversas de dominar este objeto regional, que podem se dirigir ou não no mesmo sentido. Nem sempre o enunciável se torna prática e nem toda prática é transformada em discurso. Os discursos fazem ver, embora possam fazer ver algo diferente do que dizem. São as estratégias de poder que orientam os encontros ou as divergências entre o visível e o dizível e o contato entre eles.[13]

Essa multiplicidade de focos de luz e falas que compõe a imagem de um dado espaço, de uma região, fica magistralmente explicitada nos artigos de Mário de Andrade, reunidos em *O Turista Aprendiz*, obra em que o autor descreve sua viagem de estudos aos Estados do Norte e Nordeste em 1927. Ele explorou o simultaneísmo dos pontos de vista (da intelectualidade urbana, da intelectualidade tradicional, do homem provinciano, rude, do "homem primitivo" etc.), evitando falar deste espaço, a partir só de seu olhar, de sua fala de estranho, de "sulista". Ele se coloca numa posição de aprendiz, não de distanciamento. Esse aprendizado dará como fruto o livro *Macunaíma*, no ano seguinte. Neste, o autor pensa a nação como um encontro de diferentes épocas, espaços, imagens e vozes.[14]

Por isso, o que interessa a este trabalho não é saber se estes primeiros discursos, que começam a criar imagens do Nordeste para consumo do "Sul", que fazem parte da institucionalização desse espaço pela visão do outro, seriam mentirosos ou falariam a verdade, estariam errados ou certos. O que interessa é entender como funcionaram e a serviço de que relações de força. Não se trata de buscar uma "verdadeira representação do Nordeste", sua verdadeira interpretação, mas tentar entender a produção desse conceito e como ele funciona, seja dentro ou fora de suas fronteiras.

O novo regionalismo

Os discursos regionalistas surgem na segunda metade do século XIX, à medida que se dava a construção da nação e que a centralização política do Império ia conseguindo se impor sobre a dispersão anterior. Quando a ideia de pátria se impõe, há uma enorme reação que parte de diferentes pontos do país. Este regionalismo se caracterizava, no entanto, pelo seu apego a questões provincianas ou locais, já trazendo a semente do separatismo.[15]

A década de vinte é a culminância da emergência de um novo regionalismo, que extrapola as fronteiras dos Estados, que busca o agrupamento em torno de um espaço maior, diante de todas as mudanças que estavam destruindo as espacialidades tradicionais. O convívio tranquilo entre olho e espaço era profundamente transtornado e transformado pelo crescente advento dos artifícios mecânicos. O espaço perdia cada vez mais sua dimensão natural, geográfica, para se tornar uma dimensão histórica, artificial, construída pelo homem. As cidades em crescimento acelerado, a rapidez dos transportes e das comunicações, o trabalho realizado em meios artificiais aceleravam esta "desnaturalização" do espaço. O equilíbrio natural do meio é quebrado. Nas metrópoles se misturavam épocas, classes, sentimentos e costumes locais os mais diversos. Os espaços pareciam se partir em mil pedaços, a geografia entrar em ruína. O real parecia se decompor em mil planos que precisavam ser novamente ordenados por homens atônitos. Para isso de nada valiam as experiências acumuladas, pois tudo na cidade era novo, era chocante.

Mas a emergência de uma nova ideia de região não nasce apenas da mudança na sensibilidade em relação ao espaço, da mudança de relação entre o objeto, a região e o sujeito cognoscente; mas esse novo regionalismo nasce da mudança mais geral na disposição dos saberes, a qual provoca, inclusive, a mudança nas posições recíprocas e o jogo mútuo entre aquele que deve conhecer e aquilo que é objeto do conhecimento. Mudança esta não apenas na forma de olhar para o referente, este espaço fixo, mas a emergência de um novo modo de olhar e um novo objeto para ser visto. A esta mudança geral na disposição dos saberes chamamos de emergência de uma nova formação discursiva.

A emergência da formação discursiva nacional-popular, a partir dos anos vinte, provoca o surgimento de uma consciência regional generalizada, difusa no espaço, que consegue ir se ligando às várias existências individuais, mas principalmente à própria vida coletiva.

No entanto, esta formação discursiva reservava para o recorte regional uma posição subordinada, quando não desarmônica. Ela participa do que poderíamos chamar de dispositivo das nacionalidades, ou seja, o conjunto de regras anônimas que passa a reger as práticas e os discursos no Ocidente desde o final do século XVIII e que impunha aos homens a necessidade de ter uma nação, de superar suas vinculações localistas, de se identificarem com um espaço e um território imaginários delimitados por fronteiras instituídas historicamente, por meio de guerras ou convenções, ou mesmo, artificialmente. Este dispositivo faz vir à tona a procura de signos, de símbolos, que preencham esta ideia de nação, que a tornem visível, que a traduzam para todo o povo. Diante da crescente pressão para se conhecer a nação, formá-la, integrá-la, os diversos discursos regionais chocam-se, na tentativa de fazer com que os costumes, as crenças, as relações sociais, as práticas sociais de cada região que se institui neste momento, pudessem representar o modelo a ser generalizado para o restante do país, o que significava a generalização de sua hegemonia.

A formação discursiva nacional-popular pensava a nação por meio de uma conceituação que a via como homogênea e que buscava a construção de uma identidade, para o Brasil e para os brasileiros, que suprimisse as diferenças, que homogeneizasse estas realidades. Esta conceituação leva, no entanto, a que se revele a fragmentação do país, a que seus regionalismos explodam e tornem-se mais visíveis.

Determinadas práticas diferenciadoras dos diversos espaços são trazidas à luz, para dar materialidade a cada região. A escolha de elementos como o cangaço, o messianismo, o coronelismo, para temas definidores do Nordeste, se faz em meio a uma multiplicidade de outros fatos, que, no entanto, não são iluminados como matérias capazes de dar uma cara à região. A escolha, porém, não é aleatória. Ela é dirigida pelos interesses em jogo, tanto no interior da região que se forma, como na sua relação com outras regiões. A questão da identidade nacional põe, na ordem do dia, a questão das diferentes identidades regionais no país, que deviam ser destruídas para uns e reafirmadas para outros, já que para a visão moderna a identidade é uma essência que se opõe à diferença, vista como superficial, ela é um "ser", uma função invisível e central. A imagem da região precisa, portanto, ser reelaborada seguindo estratégias variadas, sendo, portanto, móvel. O discurso regionalista não é apenas um discurso ideológico, que desfiguraria uma pretensa essência do Nordeste ou de outra região. O discurso regionalista não mascara a verdade da região, *ele a institui*. Ele, neste momento, não faz mais parte da mímese da representação que caracterizava a *epistéme* clássica e que tomava o discurso como cópia do real; na modernidade este discurso é regido pela mímese da produção em que os discursos participam da produção de seus objetos, atua orientado por uma estratégia política, com objetivos e táticas definidos dentro de um universo histórico, intelectual e até econômico específico. O Nordeste é uma produção imagético-discursiva formada a partir de uma sensibilidade cada vez mais específica, gestada historicamente, em relação a uma dada área do país. E é tal a consistência desta formulação discursiva e imagética que dificulta, até hoje, a produção de uma nova configuração de "verdades" sobre este espaço.

Essas figuras, signos, temas que são destacados para preencher a imagem da região, impõem-se como verdades pela repetição, o que lhes dá consistência interna e faz com que tal arquivo de imagens e textos possa ser agenciado e vir a compor discursos que partem de paradigmas teóricos os mais diferenciados. Vamos encontrar as mesmas imagens e os mesmos enunciados sobre o Nordeste em formulações naturalistas, positivistas, culturalistas, marxistas, estruturalistas etc.

Por isso, o discurso regionalista não pode ser reduzido a enunciação de sujeitos individuais, de sujeitos fundantes, mas sim a sujeitos instituintes. Nesse discurso, o espaço surge como uma dimensão subjetiva, como uma dobra do sujeito, como produto da subjetivação de sensações, de imagens e de textos por inúmeros sujeitos dispersos no social. Este discurso permite que as mesmas imagens e enunciados sejam agenciados por diferentes sujeitos e eles são apenas articuladores no meio desta dispersão de enunciados, conceitos, temas e formas de enunciação. A consciência regional nordestina, ou paulista, não surge com um indivíduo ou com um grupo específico, ela emerge em pontos múltiplos, que vão aos poucos se encaixando, sendo unificados pelas necessidades colocadas pelo tempo. Uma nova consciência do espaço surge, principalmente, entre intelectuais que se sentem cada vez mais distantes do centro de decisão, do poder, seja no campo político, seja no da cultura e da economia. Uma distância tanto geográfica quanto em termos de capacidade de intervenção. Um intelectual regionalista quase sempre é aquele que se sente longe do centro irradiador de poder e de cultura. Ele faz da denúncia dessa distância, dessa carência de poder, dessa vitimização, o motivo de seu discurso.

O regionalismo é, no entanto, visto com bons olhos por alguns intelectuais nacionalistas. Sampaio Ferraz, por exemplo, considera que o apego natural à terra natal não colide com a formação da nacionalidade, mas se constituiu num pré-requisito indispensável. Os próprios modernistas achavam que a consciência regional era a primeira forma de manifestação da consciência nacional. Só que esta era um estágio a ser ultrapassado, quando houvesse a criação da consciência brasileira. Para Graça Aranha, o regionalismo se constituía apenas em meio de expressão, mas não um fim para a arte, que devia aspirar ao universal.[16]

Os projetos modernistas passavam pela incorporação dos diferentes Brasis, que substituíssem o Brasil *camouflé*, Brasil de elite afrancesada. A pesquisa de matérias de expressão regionais seria inicialmente importante, mas visando, como dizia Mário de Andrade, superar o segmentário regionalista, na direção da criação do "todo brasileiro"; visando superar os diferentes tipos regionais e chegar a nos constituir como povo, homogêneo na alma e no corpo. Em *Macunaíma*, por exemplo, a estrutura do livro se constrói em torno de várias oposições espaciais ou "regionais", entre locais geográficos e culturais distintos; entre um espaço burguês, civilizado, capitalista e um espaço pré-capitalista, tradicional, "primitivo". Mata-Virgem *versus* cidade arlequinal. Mãe do Mato *versus* máquina. Bem de acordo com a percepção de Mário de que o Brasil não possuía uma identidade cultural por falta de tradição. Para ele, o trabalho do intelectual, do artista, se colocava como construtor desta tradição. Nosso modernismo não tinha como tarefa o rompimento com a tradição, como estavam fazendo as vanguardas europeias, mas criar esta tradição, instituí-la. A identidade brasileira é aí segmentada entre um espaço tradicional e um espaço moderno, em que este significa a inibição às nossas possibilidades de vir a nos constituir em civilização autônoma, construída a partir de elementos culturais populares. Embora tocando o seu alaúde, Mário não deixa de se encantar com o tupi.[17]

Para Mário, o Brasil era esse encontro em que não se podia esquecer a cor local, local e variada, razão da dificuldade de o artista sentir o Brasil, ver e dizer o país sem passar pelo dado regional.

Segundo essa mesma convicção, o crítico de arte João Ribeiro achava que o pintor nacional devia fixar os diferentes tipos e as paisagens regionais, que iam "produzindo o espaço nacional". Toda uma gente "que traça, lida e sofre, vai tecendo a rede de solidariedade da população brasileira sem rivalidades de nascimento, nem língua, nem religião". Portanto, o nacional não seria mais do que um somatório de tipos e paisagens regionais. A pintura seria esse inventário e a cristalização dessas diversas manifestações do nacional. Uma pintura naturalista, registrando o regional como o lado primitivo da nação, que tendia a desaparecer.[18]

O regionalismo era inclusive um tema permanente na produção artística naturalista, anterior ao modernismo. Obras muito ligadas à intelectualidade provinciana e oligárquica, mas que serão fundamentais para a produção da nova ideia de regional, após a Primeira Guerra.

A literatura regionalista

Na produção literária brasileira, o regionalismo já se manifestava, pelo menos desde as décadas de cinquenta e sessenta do século XIX, quando o realismo paisagístico dá lugar, diríamos, a um "paisagismo histórico", em que a simples descrição do Brasil como um conjunto de paisagens atemporais dá lugar a uma visão genealógica das diversas áreas do país e de sua população, mais precisamente de suas "elites". Emerge o narrador oligárquico, provinciano, que se especializa em escrever a partir da história de suas províncias e das parentelas dominantes. Esta vinculação dos intelectuais brasileiros a interesses locais é que, em grande medida, torna a segmentação regionalista um dos aspectos determinantes da produção artístico-cultural do país. Um regionalismo que, após a Proclamação da República, passa a se expressar cada vez mais sob o disfarce do nacionalismo. São visões e interpretações regionalistas que buscam se impor como nacionais, e cujo embate é um dado fundamental na história do país. Este embate é muito pouco estudado, porque, durante muito tempo, se deu maior ênfase a outros tipos de segmentações, como as de classe, de ideologia, de escolas de arte e estilos artísticos; ou mesmo à relação entre intelectual e Estado, já que este era pensado como o poder, não se alertando para estas relações de poder menores, na sociedade.[19]

Antonio Candido considera o regionalismo como uma das primeiras vias de autodefinição da consciência local.

> "O nosso nacionalismo foi antes forjado em posições regionalistas. Mas o regionalismo pré-modernista se mostrava, com seu 'conto sertanejo', artificial, pretensioso, criando um sentimento subalterno e fácil de condescendência em relação ao próprio país, encarando com olhos europeus nossas realidades mais típicas. O homem do campo é visto como pitoresco, sentimental, jocoso".[20]

O regional para o intelectual regionalista era um desfilar de elementos culturais raros, pinçados como relíquias em via de extinção diante do progresso. Uma narrativa antiquário que resgatava o que estava prestes a ser passado. Nele predomina um verbalismo de efeito, servindo o registro dialetal para marcar a diferença em relação ao homem culto e enfeitar uma prosa carente de matéria ficcional. Ele toma elementos do folclore e da cultura popular, notadamente rural, abordando-os com indisfarçável postura de superioridade, com um olhar distante que procura marcar, inclusive na própria escritura, o pertencimento a mundos diversos.

A literatura regionalista procura afirmar a brasilidade por meio da diversidade, ou seja, pela manutenção das diferenças peculiares de tipos e personagens; por paisagens sociais e históricas de cada área do país, reduzindo a nação a um simples somatório dessas espacialidades literárias diversas.

A produção regionalista do início do século evidenciava o projeto naturalista-realista de fazer uma literatura fiel à descrição do meio. Meio que se diferenciava cada vez mais e se tornava cada vez menos natural com o avanço das relações burguesas. Este naturalismo teria dado origem, no Brasil, a um estilo tropical, emocional, sensual, de produzir literatura. Nossa literatura seria diferente da fria e decadente literatura europeia, pela própria influência que o meio e a raça exerciam sobre nossa escritura e nossa psicologia.[21]

Os Sertões de Euclides da Cunha, publicado em 1906, é sempre tomado como um marco dessa produção nacional, tropical, naturalista. Nas décadas seguintes, os críticos vão atribuir a este livro o início da procura pelo verdadeiro país, pelo seu povo, tendo posto por terra a ilusão de nos proclamarmos uma nação europeia e mostrado a importância de sermos americanos. Com ele, teríamos iniciado a busca da nossa origem, do nosso passado, da nossa gente, da nossa terra, dos nossos costumes, das nossas tradições. Teríamos ficado conhecendo, com ele, a influência do ambiente sobre o nosso caráter e a nossa raça em formação.

Os Sertões é, sem dúvida, um marco, no sentido de que esboça os elementos com que vai ser pensado o problema de nossa identidade nacional. É um livro que fornece imagens e enunciados para os diferentes discursos regionais. Em Euclides aparece formulado o par de opostos que vai perpassar os discursos sobre nossa nacionalidade: o paulista *versus* o sertanejo. Essa dicotomia já surge, em seu livro, superada. Neste, a unidade nacional era garantida pela presença dos "paulistas", ou seus descendentes, no sertão do Norte do país, ou seja, o elemento de unidade nacional, nossa raça típica seria o sertanejo, mas este era um "paulista" isolado no sertão, livre das influências deletérias do litoral e dos cruzamentos raciais com o negro. Esse par de opostos é retomado à exaustão, posteriormente, e Euclides citado como aquele que demonstrou ser o sertanejo nordestino o herói nacional, a "chama viva de nossa nacionalidade", ou como aquele que demonstrou ser o paulista a base sobre a qual se ergueu a nação.

Dependendo da estratégia de quem fala, Euclides é atualizado de uma forma diferente, já que seu livro, tenso entre ambiguidades, entre mito e história, entre ciência e arte, assim o permite.[22]

Outra dicotomia sobre a qual se constrói o livro de Euclides é a que opõe litoral e sertão. Ela será tema de muitos discursos e trabalhos artísticos e torna-se uma questão arquetípica da cultura brasileira. Ela emerge da própria discussão nacionalista em torno da questão da cultura e sua relação com a civilização, sendo o litoral o espaço que representa o processo colonizador e desnacionalizador, local de vidas e culturas voltadas para a Europa. O sertão aparece como o lugar onde a nacionalidade se esconde, livre das influências estrangeiras. O sertão é aí muito mais um espaço substancial, emocional, do que um recorte territorial preciso; é uma imagem-força que procura conjugar elementos geográficos, linguísticos, culturais, modos de vida, bem como fatos históricos de interiorização como as bandeiras, as entradas, a mineração, a garimpagem, o cangaço, o latifúndio, o messianismo, as pequenas cidades, as secas, os êxodos etc. O sertão surge como a colagem dessas imagens, sempre vistas como exóticas, distantes da civilização litorânea. É uma ideia que remete ao interior, à alma, à essência do país, onde estariam escondidas suas raízes.[23]

O tema do sertão serve para os intelectuais nacionalistas lançarem uma crítica a toda a cultura de importação, à subserviência litorânea, aos padrões culturais externos. A busca do interior, do sertão; a "marcha para o Oeste" coloca-se como uma fixação desses intelectuais, e é adotada no pós-30, pelo Estado, com um nítido caráter geopolítico de integração dos grandes espaços interioranos à nação.

A relação entre o sertão e a civilização é sempre encarada como excludente. É um espaço visto como repositório de uma cultura folclórica, tradicional, base para o estabelecimento da cultura nacional. Para o próprio Euclides, como para Monteiro Lobato, a civilização devia, no entanto, ser levada ao sertão, resgatando essa cultura e essas populações que aí viviam. Lobato, em *Urupês*, uma das primeiras obras a contestar o regionalismo literário falso e exótico, das primeiras décadas do século, procura focalizar momentos da vida social do interior, com ironia, com sarcasmo, criticando a falta de políticas de modernização do interior do país, embora desacredite da própria capacidade destes homens pobres, vistos como, por natureza, preguiçosos, indolentes, sem iniciativa. Só uma vanguarda modernizadora podia recuperar o sertão para a civilização. Uma civilização nacional, não importada da Europa.[24]

Para Lobato, o verdadeiro Brasil, o que queria mostrar, era o Brasil do interior, não era o Brasil artificial, macaqueado do estrangeiro. Era o Brasil do campo, não o das grandes cidades.

> "O Brasil não era um São Paulo, enxerto do garfo italiano, nem o Rio artificial português. O Brasil está no interior, onde o sertanejo vestido de couro vasqueja nas coxilhas onde se domam potros. Está nas caatingas estorricadas pela seca, onde o bondiorno cria dramas, angústias e dores intermináveis à gente litorânea".[25]

Este regionalismo naturalista, esta visão do regional, altera-se profundamente com a emergência da nova relação entre espaço e olhar trazida pela modernidade, bem como todas as mudanças nas relações sociais e sua espacialização. O modernismo, fruto deste processo, condena esteticamente o regionalismo naturalista e busca integrar o elemento regional a uma estética nacional. No entanto, política e estrategicamente, o modernismo se deixa apanhar na rede das relações regionalistas. O próprio movimento pode ser encarado como uma reação regionalista, senão provinciana, contra a "grande camelot acadêmica, o sorriso da sociedade" que era comandada pelo Rio de Janeiro. Incomodava aos modernistas que o Rio continuasse sendo o centro cultural do país, quando São Paulo já era o grande centro econômico e detinha grande influência política. O modernismo se alimentou do regionalismo paulista, como reconhece Mário de Andrade, principalmente, da larga produção da *Revista do Brasil*.[26]

O primeiro livro do movimento, que é do próprio Mário, *Pauliceia Desvairada*, escrito ainda em 1921, canta a cidade materna, deixando claro que, mesmo esteticamente, o modernismo vai reelaborar o fato regional, mas não abandoná-lo. A gritaria modernista contra o regionalismo se inscreve muito mais em uma estratégia política, de unificação do espaço cultural do país, a partir de São Paulo e da linguagem e visão modernistas. Alguns projetos modernistas vão subsidiar as próprias ambições de hegemonia política paulista, no plano federal. O Departamento Municipal de Cultura de São Paulo, dirigido por Mário, é orientado no sentido de "contribuir para a formação do homem brasileiro, o ser geral e coletivo, que será o único capaz de conservar a nossa unidade nacional". Seus objetivos e as pesquisas que ele empreende ultrapassam em muito os de um simples departamento municipal, sendo declaradamente criado como um ensaio para a montagem do Instituto Brasileiro de Cultura (IBC), de onde os modernistas poderiam fazer seus códigos estéticos prevalecerem nacionalmente.[27]

O que o modernismo fez foi incorporar o elemento regional a uma visibilidade e dizibilidade que oscilavam entre o cosmopolitismo e o nacionalismo, superando a visão exótica e pitoresca naturalista. Esses elementos são retrabalhados ora para destruir sua diferença, ora para ressaltá-la, apagando aquela distância produzida pelo olhar europeizado. Entrando em empatia com o dado regional para diluí-lo ou integrá-lo a um discurso, a um texto e a uma imagem que os resgatasse como signos livres e soltos de suas antigas espacialidades, dos antigos territórios a que pertenciam. O cacto, por exemplo, passa a ser um signo de brasilidade, do primitivismo, da aspereza de nossa realidade nacional, nos quadros de Tarsila do Amaral, surgindo em paisagens que nada têm a ver com as paisagens naturais da caatinga nordestina onde é predominante.[28]

O regionalismo anterior ao modernismo, preso a uma visão naturalista da arte, voltava-se à descrição pormenorizada dos diferentes meios e tipos regionais. O Brasil era apenas uma coleção de paisagens sem síntese ou estrutura imagético-discursiva que dessem unidade. O modernismo vai tomar os elementos regionais como signos a serem arquivados para poder posteriormente rearrumá-los numa nova imagem, em um novo texto para o país. Uma centralização de sentidos. Uma significação de toda a dispersão do material regionalista pela central de distribuição de sentido modernista, o que Mário de Andrade chamava de "apagamento dos regionalismos pela descentralização da inteligência".[29] Isso deixa claro que o autor considerava que a inteligência estava centralizada com os modernistas. São Paulo é erigido como *a porta de chegada do moderno ao país*, por já vivenciar a cultura de massas e ser a "única cidade não folclórica e tradicionalista", embora autores como Oswald de Andrade e Mário de Andrade ressaltem as contradições e limites da própria modernidade de São Paulo.

O regionalismo literário naturalista, criticado pelo modernismo, bem como o sentimento regionalista que se aguçava tanto no Norte como no Sul do país, contribuem para a emergência do recorte regional Nordeste.

Norte *versus* Sul

A diferenciação progressiva entre o Norte e o Sul do país já era tema de diferentes discursos, desde o final do século XIX. Coerentes com os paradigmas naturalistas, colocam como responsável por tal distanciamento as questões da raça e do meio. Nina Rodrigues, por exemplo, já chamava a atenção para o perigo constante de dilaceramento da nacionalidade entre uma civilização de brancos no Sul e a predominância mestiça e negra no Norte. A imagem da guerra civil americana, ainda bem presente, fazia aumentar os temores de uma secessão entre dois espaços que claramente se desenvolviam em ritmos diferentes. Para Nina, isso se explicava pela presença majoritária do mestiço indolente, inerte, subserviente na área ao Norte do país e pela dominância do elemento branco, forte, empreendedor, dominador, nas áreas ao Sul.[30]

Oliveira Vianna, duas décadas mais tarde, também considera o Sul, notadamente São Paulo, como "o centro de polarização dos elementos arianos da nacionalidade", "local de uma aristocracia moral e psicologicamente superior". O Sul seria o fundamento da nação, em detrimento daquelas áreas "onde dominavam as camadas plebeias, mestiças, profusa mistura de sangues bárbaros", inferiores psicologicamente, ou desorganizadas em sua oralidade. Para Vianna, o destino do Norte era ficar cada vez mais subordinado à influência dominadora dos grandes campos de atração do Sul. Os elementos mais "eugênicos" do Norte, capazes de enfrentar as novas condições sociais que surgiam no Sul, tendiam a migrar, drenando para esta área os mais ousados, ativos, ambiciosos e enérgicos. Na área setentrional do país ficariam apenas os degenerados raciais e sociais. Estes movimentos migratórios são fundamentais para a própria reordenação das espacialidades no país. Áreas que praticamente se desconheciam e populações que pouco contactavam, embora compusessem o mesmo país, iniciam um contato e um conhecimento mais apurado. É nesse momento que muitos dos estereótipos que marcam os diferentes espaços e populações do país se gestaram.

Oliveira Vianna se preocupava com o fato de que esta divisão "racial, psicológica e moral", se refletisse na organização política do país, tornando-a caótica, regionalista, oligárquica, o que somada às pressões vindas do exterior, inibiria a formação de um espírito nacional e de um Estado verdadeiramente nacional.[31]

Para Nina Rodrigues, o próprio clima e o nível de civilização atingidos pelo Sul seriam responsáveis pela eliminação progressiva de possíveis manchas negras aí existentes. O Norte, por seu clima tropical e a pouca civilização, favorecia à manutenção dos elementos negros e mestiços, com sua inteligência viva e pronta, mas turbulenta, com sua inércia e indolência.[32]

O Norte, segundo este pensamento naturalista, e, para alguns, o próprio país estavam condenados pelo caráter mestiço de sua raça e também pela tropicalidade de seu clima. Segundo os seguidores da antropogeografia, bem como da biotipologia, os trópicos não eram adequados para o desenvolvimento de uma civilização e, muito menos, os mestiços e negros eram capazes de realizá-la. O calor e a umidade geravam abatimento físico e intelectual, levando à superficialidade e ao nervosismo.[33]

O Norte estaria condenado pelo clima e pela raça à decadência. Discursos partidos de ambos os espaços explicavam assim o atraso do país e reivindicavam a "realização providencial de injeção concentrada de sangue restaurador europeu, já que o nortista era geralmente pequeno e descarnado, com tendência à fixação do esqueleto defeituosa, sobretudo na ossatura torácica, cervical e craniana e tendendo a envelhecer precocemente".[34]

A questão da influência do meio era a grande arma política do discurso regionalista nortista, desde que a seca foi descoberta em 1877, como um tema que mobilizava, que emocionava, que podia servir de argumento para exigir recursos financeiros, construção de obras, cargos no Estado etc. O discurso da seca e sua "indústria" passam a ser a "atividade" mais constante e lucrativa nas províncias e depois nos Estados do Norte, diante da decadência de suas atividades econômicas principais: a produção de açúcar e algodão. A seca torna-se o tema central no discurso dos representantes políticos do Norte, que a instituem como o problema de suas províncias ou Estados. Todas as demais questões são interpretadas a partir da influência do meio e de sua "calamidade": a seca. As manifestações de descontentamento dos dominados, como o banditismo, as revoltas messiânicas e mesmo o atraso econômico e social da área, são atribuídos à seca, e o apelo por sua "solução" torna-se um dos principais temas dos discursos regionais.[35]

O ano de 1877 é erigido como marco da própria decadência regional, como um momento decisivo para a derrota do Norte diante do Sul. Um momento de transferência de poder de uma área para outra. Freyre, por exemplo, atribui a esta seca e ao fim "abrupto" e sem indenização da escravidão o declínio da produção nordestina. Para Freyre, a seca de 1877 contribuiu inclusive para acelerar a própria abolição, já que obrigou a transferência de uma grande quantidade de escravos para o Sul, regionalizando o mercado de trabalho, destruindo solidariedades escravistas ao Norte. Segundo Freyre, a subordinação nortista foi acentuada ainda mais pelo êxodo de inteligências; homens de elite que a seca de 1877 transferiu para o Sul.[36]

O discurso da seca, traçando "quadros de horrores", vai ser um dos responsáveis pela progressiva unificação dos interesses regionais e um detonador de práticas políticas e econômicas que envolve todos "os Estados sujeitos a este fenômeno climático". A descrição das "misérias e horrores do flagelo" tenta compor a imagem de uma região "abandonada, marginalizada pelos poderes públicos". Este discurso faz da seca a principal arma para colocar em âmbito nacional o que chama de interesses dos Estados do Norte, compondo a imagem de uma área "miserável, sofrida e pedinte". Este discurso da seca vai traçando assim uma zona de solidariedade entre todos aqueles que se colocam como porta-vozes deste espaço sofredor. Aproxima os grandes proprietários da Zona da Mata dos comerciantes das cidades, e estes dos grandes produtores de algodão ou criadores de gado. Forma o que Freyre vai chamar de "elite regional", capaz de sobreviver, durante décadas, com estes mesmos argumentos.

Já, no ano de 1919, a revista *Spartacus* atacava o discurso da seca, chamando-o de "uma das mais espantosas cavilações desses tempos de horror e de ódio" e "uma tremenda orgia às custas da nação".[37]

O cangaço e o messianismo, lidos pejorativamente tanto por "nortistas" como por "sulistas", surgem, no discurso da seca, ligados a esse fenômeno, tornando-se mais um argumento em favor dos "investimentos e da modernização no Norte". Para Lourenço Filho, articulista de *O Estado de S. Paulo*, no entanto, estes fenômenos se explicariam pela "violência e o fanatismo natural das populações do Norte".[38]

Os fenômenos messiânicos, notadamente Canudos, participaram decisivamente na construção da imagem do Norte e do nortista para as populações do Sul, devido à repercussão das reportagens de Euclides da Cunha, sobre o movimento, publicadas em *O Estado de S. Paulo*. Na década de vinte, o fenômeno do Padre Cícero também reforça esta imagem de fanatismo e loucura religiosa, que acompanha os nordestinos até hoje. O mesmo jornal envia a Juazeiro o repórter Lourenço Filho, que descreve o que "vê" em várias reportagens em que as imagens e enunciados euclidianos surgem constantemente.

O Norte aparece, para Lourenço Filho, como:

> "um recuo no tempo para os olhos de um filho do Sul, a vida parece desandar, girar ao inverso, vinte anos menos em cada dia de viagem... Povo, hábitos, manifestações estéticas e religiosas, ideias e preconceitos, tudo soa no vazio de eco, com as vozes indefiníveis de alongado pretérito" (...) "a linguagem sustenta formas quinhentistas, abandonadas de muito mesmo em Portugal, de onde vieram".

A descrição de Juazeiro segue de perto a narrativa euclidiana: "Todas elas (pessoas) resumem a mesma superstição, o mesmo fanatismo cego, doentio. O signo pedroso nem sempre é um marco de fé, nem já o atestado do sacrifício sangrento".

Ele associa o fanatismo religioso à loucura; o título de um de seus artigos é: "No reino da insânia", contra o qual sua "razão se revolta".

> "Não vendo ao redor senão rostos macerados, fisionomias impressionantes de iluminados e penitentes, o que se tem não é nenhuma vontade de rir, mas um furioso apelo à razão, que nos levaria a protestar, a gritar, a chamar à realidade aquele *estúpido rebotalho humano*, ensandecido e explorado na maior das covardias, se essa mesma razão não visse o perigo do desgraçado que ousasse ali esboçar que fosse um gesto de crítica ou dito de condenação".[39]

Seu olhar assustado e racionalizante recai sobre "os quadros de bizarria, disparates e estranhamentos". Ele seleciona aquilo que sai "fora do costume", que é "exótico", o que é "típico": a flor de cacto resplendente de graça e brancura ou sangrenta como uma chaga aberta na própria pedra, as "mulheres que catam insetos nas cabeças dos meninos", "o costume de encostar os pés nas paredes" etc. Todas imagens que preenchem a pré-concebida visão do atraso e da incivilidade do Norte, se comparado com o Sul.[40]

O banditismo ou o cangaço é também outro tema que, eleito pelo "discurso do Norte" para atestar as consequências perigosas das secas e da falta de investimentos do Estado na região, de sua não modernização, adquire uma conotação pejorativa que vai marcar o nortista ou o nordestino com o estigma da violência, da selvageria. Aliás, esse medo do nortista e, especialmente, do homem de cor negra emerge com a constante insubordinação dos escravos, importados do Norte para o Sul. Submetidos a um ritmo de trabalho mais intenso e relações sociais mais despersonalizadas, esses escravos tendem a se amotinar, notadamente num período em que a consciência do eminente fim da escravidão crescia até mesmo entre a massa escrava. A fama do "negro mau" vindo do Norte está presente nos discursos que abolicionistas ou antiabolicionistas fazem na Assembleia Provincial de São Paulo e marcam a imagem do "homem do Norte", desde o século anterior.[41]

O cangaço só vem reforçar essa imagem do nortista como homem violento e do Norte como uma terra sem lei, submetido ao terror dos "bandidos e facínoras", além da violência de suas "oligarquias". A descrição das façanhas dos bandidos, colhida principalmente entre amedrontadas populações urbanas daquela área, possui quase sempre a mesma estrutura: descrevem o que "os facínoras fizeram ao saquear as diversas localidades, matando gente e animais, incendiando propriedades, desordenando famílias numa série inenarrável de crimes dos mais pavorosos e hediondos". As narrativas sobre o cangaço são um dos raros momentos em que o Norte tem espaço na imprensa do Sul, assim como quando ocorria repressão a movimentos messiânicos, secas ou lutas fratricidas entre parentelas. Estas narrativas servem para marcar a própria diferença em relação ao "Sul" e veicular um discurso "civilizatório", "moralizante", racionalista, em que se remetem as questões do social para o reino da natureza ou da moral. O "Norte" é o exemplo do que o "Sul" não deveria ser. É o modelo contra o qual se elabora "a imagem civilizada do Sul".[42]

São essas imagens que impregnam o próprio Nordeste em construção, Nordeste das "áreas sedentas e implacáveis, onde o amor violento do sol trazia o vasto campo fendido e cortado em pedaços sem um fio de verde; por toda parte a secura e com ela a morte. Nem uma gota d'água para refrescar ao menos a vista". Um Nordeste onde "de espaço em espaço surge o deserto árido e triste e sobre ele se arrastando longos, esguios e sinuosos os caminhos feitos pelos pés dos homens e pelo rastro dos animais, esqueléticos, movendo os ossos num ruído desencontrado".[43]

Portanto, seja na imprensa do Sul, seja nos trabalhos de intelectuais que adotam os paradigmas naturalistas, seja no próprio discurso da seca, o Norte aparece como uma área inferior do país pelas próprias condições naturais, ainda que no discurso da seca essa deficiência de meio e de raça deveria ser compensada pela atuação do Estado, investindo na modernização da área, numa política de imigração, numa série de medidas para "solucionar" o problema das secas. A certeza de que o rápido desenvolvimento do Sul, notadamente de São Paulo, se explicava por sua superioridade de clima e de raça, por ser um Estado de clima temperado e raça branca, levava a que não se tivesse dúvidas do destino desta área, "puxar o trem descarrilhado de uma nação tropical e mestiça". O Norte ficaria "naturalmente" para trás. Só, pois, com a crise desses paradigmas naturalistas, com a emergência de um novo olhar em relação ao espaço, com uma nova sensibilidade social em relação ao país e à nação, capaz de incorporar os diferentes espaços do país, vai ser possível a invenção do Nordeste como reelaboração das imagens e enunciados que construíram o antigo Norte.

NOTAS

1. Gilberto Freyre, "Vida social no Nordeste: aspectos de um século de transição", in *O Livro do Nordeste*, p. 75.

2. Ver N/a, "A Enciclopédia Brasileira", *O Estado de S. Paulo (OESP)*, 2/8/1936, p. 4, c. 3.

3. Ver, por exemplo, Paulo Moraes Barros, "Impressões do Nordeste", *OESP*, 15/8/1923, p. 2, c. 2.

4. Idem, ibidem, 10/8/1923, p. 4, c. 4.

5. N/a, "O Bloco Político do Norte", *OESP*, 3/9/1920, p. 4, c. 5.

6. Ver Oliveira Vianna, "Impressões de São Paulo", *OESP*, 17/2/1924, p. 6, c. 6; Dionísio Cerqueira, "Impressões de São Paulo", *OESP*, 17/2/1924, p. 6, c. 6.

7. Ver Paulo de Moraes Barros, "Impressões do Nordeste", *OESP*, 16/8/1923, p. 3, c. 4.

8. Ver João Lima Verde, "Impressões de São Paulo", *OESP*, 14/1/1925, p. 3, c. 4; Oliveira Vianna, "Impressões de São Paulo", *OESP*, 17/2/1924, p. 6, c. 6; Dionísio Cerqueira, "Impressões de São Paulo", *OESP*, 28/10/1923, p. 4, c. 3.

9. N/a, "A colonização nacional em São Paulo", *OESP*, 15/10/1924, p. 4, c. 1; N/a, "A São Paulo que desaparece", *OESP*, 12/5/1927, p. 4, c. 1.

10. Ver N/a, "Hoje, no Phenix", *OESP*, 12/2/1926, p. 14, c. 1.

11. Ver Chiquinha Rodrigues, "Cortando o Nordeste", *OESP*, 16/11/1941, p. 7, c. 7.

12. Idem, ibidem.

13. Sobre a relação entre o dizível e o visível, entre poder, dizibilidade e visibilidade, e entre objeto e discurso, ver Gilles Deleuze, *Foucault*, p. 57 a 78.

14. Mário de Andrade, *O Turista Aprendiz*, e Raul Antelo, "A costela de Macunaíma", *OESP*, 17/9/1978, p. 3, c. 3 (Suplemento Cultural).

15. Ver Roberto Ventura, *Estilo Tropical*, p. 67.

16. Ver Sampaio Ferraz, *Cruzar e Nacionalizar*, p. 180; Mário de Andrade, "Oswald de Andrade", in *Brasil em Tempo Modernista* (Martha Rosseti Batista, org.), p. 219; Graça Aranha, *Espírito Moderno*, p. 24.

17. Ver Mário de Andrade, "O Movimento Modernista", *OESP*, 15/3/1942, p. 4, c. 1; Carlos Berriel, "A Uiara Enganosa", in *Revista Ensaio*, v. 17/18, s/d., p. 210; Maria Célia Leonel, "Antes que me falem d'*A Bagaceira*", *OESP*, 17/9/1978, p. 13, c. 3 (Suplemento Cultural).

18. Ver João R. Pinheiro, *História da Pintura Brasileira*, p. 87.

19. Ver Flora Süssekind, *O Brasil Não É Longe Daqui*, p. 187 a 221; Sérgio Miceli, *Intelectuais e Classe Dirigente no Brasil*, p. 1 a 56.

20. Ver Antonio Candido, *Literatura e Sociedade*, p. 113.

21. Ver Roberto Ventura, *Op. cit.*, p. 36 a 44 e Eni Yatsuda, "O caipira e os outros", in *Cultura Brasileira: Temas e Situações* (Alfredo Bosi, org.), p. 108 e segs.

22. Ver Cyro T. de Pádua, "Aspectos da liderança de Antônio Conselheiro", *OESP*, 22/10/1942, p. 4, c. 1; N/a, "Os Sertões", *OESP*, 5/3/1938, p. 4, c. 9.

23. Ver Paulo Dantas, "Os Sertões como tema literário", in *Revista Brasiliense*, n. 5, maio/jun. 1956, p. 86.

24. Ver Otávio Dias Leite, "Vidas Secas", in *Revista Acadêmica*, n. 34, abr./1938, p. 10 e Monteiro Lobato, *Urupês*.

25. Ver Monteiro Lobato, *Op. cit*.

26. Ver Mário de Andrade, "O Movimento Modernista", in *Aspectos da Literatura Brasileira*, p. 236.

27. Ver Mário de Andrade, "Departamento Municipal de Cultura", *OESP*, 21/2/1936, p. 3, c. 2; "O Movimento Modernista", in *Aspectos da Literatura Brasileira*, p. 236.

28. Ver, por exemplo, os quadros *Abaporu* (1928), *Lua* (1928), *Distância* (1928).

29. Ver Mário de Andrade, "O Movimento Modernista", in *Aspectos da Literatura Brasileira*, p. 237 e 248.

30. Ver Nina Rodrigues, *Os Africanos no Brasil*, p. 17 e 18.

31. Ver Oliveira Vianna, *Raça e Assimilação*, p. 231 e segs. e *Evolução do Povo Brasileiro*, p. 165 e segs.; Dante Moreira Leite, *O Caráter Nacional Brasileiro*, p. 220 a 236.

32. Ver Nina Rodrigues, *Op. cit.*, p. 261 e segs.

33. Ver Roberto Ventura, *Op. cit.*, p. 17 e 18 e Graça Aranha, *Canaã*, p. 214.

34. Ver Sampaio Ferraz, *Op. cit.*, p. 25.

35. Ver Durval Muniz de Albuquerque Jr., *Falas de Astúcia e de Angústia: A Seca no Imaginário Nordestino*, p. 285 e segs.

36. Ver Gilberto Freyre, Op. cit, p. 75.

37. Ver N/a, "O problema do Nordeste", in *Revista Spartacus*, n. 1, ago./1919, p. 1.

38. Ver Lourenço Filho, "Os milagres", *OESP*, 23/4/1920, p. 4, c. 3.

39. Idem, "No reino da insânia", *OESP*, 25/11/1925, p. 3, c. 3 (grifos nossos).

40. Idem, "Transpondo as trincheiras", *OESP*, 19/11/1925, p. 3, c. 1.

41. N/a, "O banditismo no Nordeste", *OESP*, 4/2/1927, p. 2, c. 3; Célia Maria Marinho de Azevêdo, *Onda Negra, Medo Branco: o negro no imaginário das elites do século XIX*.

42. N/a, "O banditismo no Nordeste", *OESP*, 15/6/1927, p. 2, c. 3; 16/06/1927, p. 5, c. 3; 22/06/1927, p. 3, c. 1; 23/06/1927, p. 2, c. 3; 11/7/1927, p. 3, c. 8; 28/08/1927, p. 3, c. 1.

43. N/a, "O banditismo no Nordeste", *OESP*, 4/2/1927, p. 6, c. 4.

Capítulo II

ESPAÇOS DA SAUDADE

Enredos da tradição

Reterritorialização tradicionalista

> "Mas há horas que marcam fundo.../ Feitas, em cada um de nós/ De eternidades de segundos,/ *Cuja saudade extingue a voz.*/ E a vida vai tecendo laços/ Quase impossíveis de romper/ *Tudo o que amamos são pedaços/ Vivos do nosso próprio ser*".[1]

A saudade é um sentimento pessoal de quem se percebe perdendo pedaços queridos de seu ser, dos territórios que construiu para si. A saudade também pode ser um sentimento coletivo, pode afetar toda uma comunidade que perdeu suas referências espaciais ou temporais, toda uma classe social que perdeu historicamente a sua posição, que viu os símbolos de seu poder esculpidos no espaço serem tragados pelas forças tectônicas da história.

A região Nordeste, que surge na "paisagem imaginária" do país, no final da primeira década deste século, substituindo a antiga divisão regional do país entre Norte e Sul, foi fundada na saudade e na tradição. Este livro trata da história da produção deste objeto. Como surgiu um Nordeste adequado para os estudos na academia, para exposição no museu, para o programa de televisão, para ser tema de romances, pinturas, filmes, peças teatrais, discursos políticos, medidas econômicas? Como se produziu este recorte espacial, seus sentidos e significados? E, principalmente, por que sua fundação se deu sob o signo da saudade, da tradição e que consequências políticas advieram deste fato?

O Nordeste não é um fato inerte na natureza. Não está dado desde sempre. Os recortes geográficos, as regiões são fatos humanos, são pedaços de história, magma de enfrentamentos que se cristalizaram, são ilusórios ancoradouros da lava da luta social que um dia veio à tona e escorreu sobre este território. O Nordeste é uma espacialidade fundada historicamente, originada por uma tradição de pensamento, uma imagística e textos que lhe deram realidade e presença.

Não se pode confundir, no entanto, este processo fragmentário com um processo ordenado, crescente, perpassado pela visão evolucionista da história que, partindo de um resultado final, passa a inscrever, no passado, sinais ou pegadas, que já prenunciavam este ponto final. Essa foi exatamente uma das estratégias utilizadas pelo discurso regionalista nordestino para legitimar o recorte espacial que fazia.

Antes que a unidade significativa chamada Nordeste se constituísse perante nossos olhos, foi necessário que inúmeras práticas e discursos "nordestinizadores" aflorassem de forma dispersa e fossem agrupados posteriormente. O que vamos acompanhar aqui é este processo de tecelagem de um novo tecido espacial, à medida que as mudanças históricas esgarçaram as antigas espacialidades.

Existe uma realidade múltipla de vidas, histórias, práticas e costumes no que hoje chamamos Nordeste. É o apagamento desta multiplicidade, no entanto, que permitiu se pensar esta unidade imagético-discursiva. Por isso, o que me interessa aqui não é este Nordeste "real", ou questionar a correspondência entre representação e realidade, mas sim a produção dessa constelação de regularidades práticas e discursivas que institui, faz ver e possibilita dizer esta região até hoje. Na produção discursiva sobre o Nordeste, este é menos um lugar que um *topos*, um conjunto de referências, uma coleção de características, um arquivo de imagens e textos. Ele parece ser uma citação, ter origem no fragmento de um texto, um extrato de imaginação anterior, uma imagem que sempre se repete. Nordeste, um feixe de recorrências.

A origem do Nordeste, portanto, longe de ser um processo linear e ascendente, em que "a identidade está desde o início assegurada e preservada", é um começo histórico no qual se encontra a discórdia entre as práticas e os discursos; é um disparate. Essa figuração de uma origem linear e pacífica para o Nordeste se faz preciso para negar que ele é algo que se inventa no presente. Visa negá-lo como objeto político-cultural, colocando-o como objeto "natural", "neutro" ou "histórico" desde sempre.[2]

O Nordeste surge como reação às estratégias de nacionalização que o dispositivo da nacionalidade e a formação discursiva nacional-popular põem em funcionamento; por isso não expressa mais os simples interesses particularistas dos indivíduos, das famílias ou dos grupos oligárquicos estaduais. Ele é uma nova região nascida de um novo tipo de regionalismo, embora assentada no discurso da tradição e numa posição nostálgica em relação ao passado. O Nordeste nasce da construção de uma totalidade político-cultural como reação à sensação de perda de espaços econômicos e políticos por parte dos produtores tradicionais de açúcar e algodão, dos comerciantes e intelectuais a eles ligados. Lança-se mão de *topos*, de símbolos, de tipos, de fatos para construir um todo que reagisse à ameaça de dissolução, numa totalidade maior, agora não dominada por eles: a nação. Unem-se forças em torno de um novo recorte do espaço nacional, surgido com as grandes obras contra as secas. Traçam-se novas fronteiras que servissem de trincheira para a defesa da dominação ameaçada. Descobrem-se iguais no calor da batalha. Juntam-se para fechar os limites de seu espaço contra a ameaça das forças invasoras que vêm do exterior. Descobrem-se "região" contra a "nação".[3]

A necessidade de reterritorialização leva a um exaustivo levantamento da natureza, bem como da história econômica e social da área, ao lado de todo um esforço de elaboração de uma memória social, cultural e artística que pudesse servir de base para sua instituição como região. Se o problema era fundar uma imagem e um texto original para o Nordeste e se o sublunar oferecia uma multiplicidade e uma riqueza em contrastes, o importante era construir uma dada forma de ver e de dizer, era ordenar uma visibilidade e uma dizibilidade que se tornassem códigos fixos de leitura, era ordenar um feixe de olhares que demarcassem contornos, tonalidades e sombreados estáticos. Toda a pesquisa, em torno da ideia de Nordeste, inicialmente será realizada no sentido de localizar estes elementos garantidores da identidade, da semelhança, da homogeneidade do espaço e da fixação deste olhar e deste falar "nordestino" e sobre o Nordeste.

De Norte a Nordeste

O termo Nordeste é usado inicialmente para designar a área de atuação da Inspetoria Federal de Obras Contra as Secas (IFOCS), criada em 1919. Neste discurso institucional, o Nordeste surge como a parte do Norte sujeita às estiagens e, por essa razão, merecedora de especial atenção do poder público federal. O Nordeste é, em grande medida, filho das secas; produto imagético-discursivo de toda uma série de imagens e textos, produzidos a respeito deste fenômeno, desde que a grande seca de 1877 veio colocá-la como o problema mais importante desta área. Estes discursos, bem como todas as práticas que este fenômeno suscita, paulatinamente instituem-no como um recorte espacial específico, no país.[4]

É a seca que chama atenção dos veículos de comunicação, especialmente dos jornais do Sul do país, para a existência do Norte e de seus "problemas". Ela é, sem dúvida, o primeiro traço definidor do Norte e o que o diferencia do Sul, notadamente, num momento em que o meio é considerado, ao lado da raça, como fatores determinantes da organização social. Nessas ocasiões, a população do Sul é chamada a contribuir em campanhas de arrecadação e são abertas subscrições pelos jornais, em que são publicadas as listas de nomes dos "beneméritos". Essa talvez seja uma das poucas formas de contato entre populações tão distanciadas, sem maior comunicação, dadas as deficiências nos meios de transporte. Oswald de Andrade, ao visitar o Recife, em 1925, fala da ignorância dos sulistas em relação àquela cidade, embora fosse uma das maiores do país. As primeiras imagens do Norte para a maioria dos sulistas eram aquelas trazidas pelos jornais sobre seu "flagelo" e suas vítimas. Era por meio de espetáculos, jogos, festas feitas para arrecadar fundos para as vítimas do flagelo, que os sulistas ouviam falar de seus "irmãos do Norte".[5]

O que se nota, no início da década de vinte, é que os termos Norte e Nordeste ainda são usados como sinônimos, mostrando ser esse um momento de transição, em que a própria ideia de Nordeste não havia ainda se institucionalizado, cristalizado-se:

> "Realizou-se hoje à noite, no Hélio Cinema, um espetáculo infantil em benefício das vítimas da seca do Nordeste brasileiro ... diretores da Sociedade Harmonia e organizadores do grande baile em benefício das vítimas da seca do Norte ... da festa, que constituiu um verdadeiro acontecimento social e estava muito brilhante".[6]

Em 1920, a separação Norte e Nordeste ainda está se processando; só neste momento começa a surgir nos discursos a separação entre a área amazônica e a área "ocidental" do Norte, provocada principalmente pela preocupação com a migração de "nordestinos" para a extração da borracha e o perigo que isto acarreta para o suprimento de trabalhadores para as lavouras tradicionais do Nordeste:

> "A política brasileira aplicada ao Norte do Brasil é a negação formal da civilização, é completa e fundamentalmente errada em tudo e só serviu para plantar a desolação e o deserto na Amazônia, e abandono e a miséria social das populações do Nordeste..."[7]

A superação da visão provinciana de espaço a que estavam presas as oligarquias dos Estados do Norte é a grande tarefa política e cultural colocada pela necessidade de institucionalização do Nordeste. A visão restrita de espaço, como aquele sobre o qual se exerce o mando pessoal ou oligárquico, vai ter de se ampliar para unir forças contra o processo de subordinação crescente sofrido por estes grupos. Seus interesses particulares, antes identificados como os interesses de seu Estado, passam agora a ser pensados como interesses de um todo maior: o interesse regional; um recorte espacial, onde todos os sujeitos se inclinariam na mesma direção.[8]

O Sul é o espaço-obstáculo, o espaço-outro contra o qual se pensa a identidade do Nordeste. O Nordeste nasce do reconhecimento de uma derrota, é fruto do fechamento imagético-discursivo de um espaço subalterno na rede de poderes, por aqueles que já não podem aspirar ao domínio do espaço nacional.

A exclusão das províncias do Norte do Congresso Agrícola, realizado no Rio de Janeiro, em 1878, talvez seja o primeiro momento em que os discursos dos representantes das oligarquias desta área tematizam a diferença de tratamento e de situação econômica e política entre "Norte" e "Sul". A crise na produção açucareira, a seca e a venda de grande número de escravos para o "Sul" tornam o Congresso Agrícola de Recife, organizado como resposta ao anterior, um fórum de duras críticas à atuação discriminatória do Estado Imperial em relação a este espaço no que tangia a investimentos, política fiscal, construção de obras públicas e política de mão de obra.[9]

A seca de 1877-79, a primeira a ter grande repercussão nacional pela imprensa e a atingir setores médios dos proprietários de terra, trouxe um volume considerável de recursos para as "vítimas do flagelo" e fez com que as bancadas "nortistas" no Parlamento descobrissem a poderosa arma que tinham nas mãos, para reclamar tratamento igual ao dado ao "Sul". A seca torna-se a partir daí o problema de todas as províncias e, depois, dos Estados do Norte.[10]

As bancadas nortistas conseguem incluir, já na Constituição de 1891, o artigo 5º, que obrigava a União a destinar verbas especiais para o socorro de áreas, vítimas de flagelos naturais, abrangendo aí as secas. Esta institucionalização das secas consegue, progressivamente, abrir maiores espaços no aparelho de Estado para os grupos dominantes do "Norte". Isto fica claro com a criação do IOCS, em 1909. Esta instituição, destinada ao "combate às secas", torna-se o *locus* institucional da produção de um discurso regionalista que ganha tons cada vez mais inflamados, à medida que o Estado republicano, sob o domínio das oligarquias paulista e mineira, as beneficia no que se refere às políticas públicas.[11]

Com a criação do IFOCS, no governo Delfim Moreira, os intelectuais e políticos ligados a este órgão, como Guimarães Duque e João Palhano, tentam eliminar os sentidos díspares que se referiam àquele espaço, que nasciam da luta pela sua efetivação. Eles tentam construir uma imagem e um texto único, homogêneo para a região, acabando com os "vários Nordestes que entupiam as livrarias, uns sinceros, outros não".[12] O Nordeste devia ser visto e lido numa só direção para que seu efeito de verdade fosse eficiente politicamente.

No Congresso de Produtores de Açúcar, realizado em 1920, em Recife, o discurso de denúncia dos "privilégios do Sul, principalmente do café" adquire tons separatistas. Às voltas com uma enorme crise de mercado e com um processo de modernização da produção, empreendidos em grande parte em detrimento dos produtores tradicionais, com recursos apenas do governo estadual, os promotores deste Congresso buscam unificar seus discursos e falam em nome de um espaço único, sob o signo da discriminação e da vitimização. Esboça-se todo o eixo de confronto entre Nordeste e São Paulo que vai direcionar as discussões, a partir daí, em torno da questão da nação, da região e da identidade nacional.

Neste mesmo ano, em nome do combate a esta política discriminatória, as bancadas dos Estados nortistas no Congresso Nacional vão formar o chamado Bloco do Norte, que se propõe a unificar as reivindicações de seus Estados.[13]

O cangaço e o seu combate é outro motivo da veiculação crescente de um discurso solidário entre os parlamentares nortistas no Congresso. O combate ao cangaceiro, que não respeitava as fronteiras estaduais, vai exigir também a crescente atuação conjunta do aparelho repressivo dos Estados. O Nordeste é, pois, uma região que se constrói também no medo contra a revolta do pobre, no medo da perda de poder para a "turba de facínoras que empestavam o sertão". A sensação de fragilidade que tomava conta dos produtores tradicionais de açúcar e algodão trazia também o medo da perda de domínio sobre o seu próprio espaço e, por seu turno, levou a uma crescente preocupação de unir esforços, para combater as revoltas das camadas populares, advindas também das próprias mudanças na sociabilidade tradicional. Não só o cangaço, como também as revoltas messiânicas são fatores de construção de um espaço fechado de poder, uma região capaz de garantir a manutenção da mesma hierarquia de poderes, bem como a dominação tradicional.

Na verdade, o "intelectual regional", "o representante do Nordeste", começa a ser forjado quando filhos dos grupos dominantes nos Estados convergiam para Recife, por este ser, além de centro comercial e exportador, centro médico, cultural e educacional de uma vasta área do "Norte". A Faculdade de Direito do Recife e o Seminário de Olinda eram os locais destinados à formação superior, bacharelesca, das várias gerações destes filhos de abastados rurais. Desde o século XIX, estas instituições se constituíam em lugares privilegiados para a produção de um discurso regionalista e para a sedimentação de uma visão de mundo comum. Eram os lugares onde se formavam os intelectuais tradicionais da área, com exceção apenas daqueles que podiam estudar no exterior. Era aí que figuras influentes em nível nacional, bem como os futuros dirigentes dos Estados e localidades se conheciam, sedimentavam amizades, trocavam ideias acerca de política, de economia, de cultura e de artes. Estas instituições funcionavam como centro intelectual de aglutinação, em torno de temas políticos e econômicos, que ultrapassavam os limites de suas províncias ou Estados, notadamente a partir do momento em que o declínio traz a sensação de marginalização em âmbito nacional. Os aspirantes a ocupar cargos de direção em seus espaços se solidarizavam na indignação com a discriminação do governo central e se preocupavam com a própria incerteza de seus futuros, devido à crise que solapava as bases tradicionais de suas riquezas e poderio.[14]

Recife era também o centro jornalístico de uma vasta área que ia de Alagoas até o Maranhão, como pôde constatar Gilberto Freyre, ao pesquisar os anúncios publicados no *Diário de Pernambuco*, ao longo do século XIX e início do século XX. Ele usa a área de influência deste jornal para definir os limites do que seria a região Nordeste. José Lins do Rego chega a afirmar que o *Diário* teria servido para iniciar muitos filhos de senhor de engenho nas primeiras letras. Com o passar do tempo, este jornal torna-se o principal veículo de disseminação das reivindicações dos Estados do Norte, bem como vai se constituir num divulgador das formulações em defesa de um novo recorte regional: o Nordeste.[15]

Vai ser nas páginas do *Diário de Pernambuco* que Gilberto Freyre publicará a sua série de cem artigos numerados, enviados dos Estados Unidos, onde começa a delinear o que chama de pensamento regionalista e tradicionalista. Esse jornal também publica as novelas de Mário Sette, como *Senhora de Engenho*, ponto de partida para Freyre pensar na elaboração de um romance regionalista e tradicionalista. Foi em 1925, por ocasião da comemoração do centenário desse jornal, que se produziu a primeira tentativa de dar ao recorte espacial Nordeste, mais do que uma definição geográfica, natural, econômica ou política. *O Livro do Nordeste*, elaborado sob a influência direta de Gilberto Freyre, dará a este recorte regional um conteúdo cultural e artístico, com o resgate do que seriam as suas tradições, a sua memória, a sua história. Para José Lins, foi aí que "o Nordeste se descobriu como pátria". No editorial de abertura de *O Livro do Nordeste*, Freyre afirma ser esse um "inquérito da vida nordestina; a vida de cinco de seus Estados, cujos destinos se confundem num só e cujas raízes se entrelaçam nos últimos cem anos", período de vida não só do jornal, como da própria Faculdade de Direito.[16]

O Livro do Nordeste, de certa forma, antecipa o que iria ocorrer no Congresso Regionalista do Recife, em 1926. Embora indefinido entre um encontro artístico-cultural e um encontro político, o Congresso serviu, segundo Joaquim Inojosa, "para unir cearenses, norte-riograndenses, paraibanos, pernambucanos, alagoanos, sergipanos, em torno de um patriotismo regional", estimulando "o amor ao torrão natal de cujo salubre entusiasmo, de cujo grande ardor se faz a estrutura das grandes pátrias". O Congresso teria em vista salvar o "espírito nordestino" da destruição lenta, mas inevitável, que ameaçava o Rio de Janeiro e São Paulo. Era o meio de salvar o Nordeste da invasão estrangeira, do cosmopolitismo que destruía o "espírito" paulista e carioca, evitando a perda de suas características brasileiras.[17]

Este Congresso será organizado pelo Centro Regionalista do Nordeste, fundado em 1924, que se propunha a "colaborar com todos os movimentos políticos que visassem ao desenvolvimento moral e material do Nordeste e defender os interesses do Nordeste em solidariedade". Dizia o programa do Centro que a unidade do Nordeste já estava claramente definida, embora assumisse também, como uma de suas tarefas, acabar com os particularismos provincianos para criar a comunhão regional. Perante o governo e os outros Estados, era fundamental que esta unidade do Nordeste se apresentasse, realizando movimentos em busca de uma melhoria material e moral. O Centro devia funcionar como uma instituição capaz de congregar os "elementos de vida e cultura nordestinas, organizando conferências, excursões, exposições de arte, uma biblioteca com a produção dos intelectuais da região no passado e no presente e editar a revista *O Nordeste*".[18]

A explosão do Movimento Autonomista em Pernambuco, a criação do Centro Regionalista e o combate violento ao messianismo posterior à realização do Congresso Regionalista levam ao surgimento, na imprensa paulista, por exemplo, de inúmeras críticas ao separatismo nordestino. Esta imprensa preocupa-se sobretudo com as críticas levantadas contra uma República "que não sabia conter os desmandos para-imperiais dos Estados grandes e ricos" e o fato de estes movimentos defenderem que "os Estados brasileiros só deviam ser governados por homens radicados em suas terras e não por políticos profissionais que moravam no Rio de Janeiro e desdenhavam os Estados". A radicalização do regionalismo nordestino pode ser constatada pela participação de elementos de classe média e até líderes operários no Movimento Autonomista de Pernambuco. Em *O Moleque Ricardo*, José Lins reproduz as cenas a que assistiu como estudante na Faculdade de Direito do Recife, a justaposição de reivindicações políticas de classe com reivindicações regionalistas.[19]

Essa série de eventos e práticas dispersas fazem emergir e se institucionalizar a ideia de Nordeste, inclusive entre as camadas populares. Essa ideia vai sendo lapidada até se constituir na mais bem acabada produção regional do país, que serve de trincheira para reivindicações, conquistas de benesses econômicas e cargos no aparelho de Estado, desproporcionais à importância econômica e à força política que esta região possui. Mesmo o movimento de trinta será apoiado pelo discurso regional nordestino, como forma de pôr fim à Primeira República, e com ela a hegemonia de São Paulo, estando as forças sociais aí dominantes em condição de barganhar a montagem de um pacto de poder que lhes assegura a manutenção de importantes espaços políticos. Ao mesmo tempo, a política modernizante, industrializante e nacionalista do Estado, no pós-trinta, só faz aprofundar as distâncias entre essa área e o Sul do país e subordiná-la cada vez mais, obrigando-a a aceitar uma posição subalterna na estrutura de poder. São criadas políticas compensatórias, como o DNOCS e o IAA, instituições destinadas a falar em nome deste espaço e a distribuir migalhas que caem do céu do Estado indo parar nos bolsos dos grandes proprietários de terra e empresários, funcionando como incentivos a uma obsolescência tecnológica e a uma crescente falta de investimentos produtivos. Isto torna o Nordeste a região que praticamente vive de esmolas institucionalizadas através de subsídios, empréstimos que não são pagos, recursos para o combate à seca que são desviados e isenções fiscais.

O que podemos concluir é que o Nordeste será gestado em práticas que já cartografavam lentamente o espaço regional como: 1) *o combate à seca*; 2) *o combate violento ao messianismo e ao cangaço*; 3) *os conchavos políticos das elites políticas para a manutenção de privilégios* etc. Mas o Nordeste também surge de uma série de práticas discursivas que vão afirmando uma sensibilidade e produzindo um conjunto de saberes de marcado caráter regional.

A invenção do Nordeste

Imprimindo a região

"O Nordeste o que tem feito até hoje é se coser com suas próprias linhas".[20]

Essa frase, atribuída a Agamenon Magalhães, pode muito bem expressar o processo de que vamos tratar, ou seja, o da invenção imagético-discursiva do Nordeste.

Para legitimar o recorte Nordeste, o primeiro trabalho feito pelo movimento cultural iniciado com o Congresso Regionalista de 1926, denominado de regionalista e tradicionalista, foi o de instituir uma origem para a região. *Esta história regional retrospectiva busca dar à região um estatuto, ao mesmo tempo universal e histórico. Ela seria restituição de uma verdade num desenvolvimento histórico contínuo, em que as únicas descontinuidades seriam de ordem negativa: esquecimento, ilusão, ocultação. A região é inscrita no passado como uma promessa não realizada, ou não percebida; como um conjunto de indícios que já denunciavam sua existência ou a prenunciavam. Olha-se para o passado e alinha-se uma série de fatos, para demonstrar que a identidade regional já estava lá. Passa-se a falar de história do Nordeste, desde o século XVI, lançando para trás uma problemática regional e um recorte espacial, dado ao saber só no início do século XX.*

Gilberto Freyre, por exemplo, atribui à influência holandesa no século XVII um dos fatores de diferenciação do Nordeste. Esta área teria se diferenciado até do ponto de vista cultural do restante do país, a partir do momento em que Recife se constituiu em centro administrativo de uma área equivalente ao atual Nordeste, além de centro financeiro, comercial e intelectual judaico-holandês. Este mesmo autor atribui à administração portuguesa a formação de uma "consciência regional" mais forte do que uma consciência nacional, que, caso existisse, poria em perigo o domínio do colonizador. Faz assim, de uma maneira ou de outra, recuar ao período colonial a consciência regional, a própria existência do Nordeste e, ao mesmo tempo, coloca-a como um dos fatores de formação da própria consciência nacional. Para ele, a região teria nascido antes da nação.[21]

O próprio regionalismo é visto como um elemento da nacionalidade brasileira, desde seus primórdios, quando as enormes distâncias autonomizam "focos genéticos de povoamento" e a rivalidade entre as regiões teria seguido, lado a lado, a animosidade contra a metrópole. As regiões, no Brasil, se definiriam, então, por histórias diferentes, grupos espirituais típicos; com usos, heróis e tradições convergentes.

É fundamental notar que, se Gilberto Freyre, ao traçar a história da transição que levaria ao Nordeste de 1925, coloca a seca de um século atrás como um dos marcos, o faz mais por suas "consequências morais e sociais". Embora as secas, como a mestiçagem, continuem a fazer parte de qualquer história da região, não são mais os fatores naturais que definem, que dão identidade, que estão na origem da região. São os fatos históricos e, principalmente, os de ordem cultural que marcariam sua origem e desenvolvimento como "consciência". É a fundação da Faculdade de Direito, é a atuação do *Diário de Pernambuco*, é a invasão holandesa e a Insurreição Pernambucana, são as revoltas de 1817, 1824 e 1848, que são colocadas como origem desta identidade regional. A legitimação do recorte regional já não se dá com argumentos naturalistas, mas com argumentos históricos.[22]

A busca das verdadeiras raízes regionais, no campo da cultura, leva à necessidade de inventar uma tradição. Inventando tradições tenta-se estabelecer um equilíbrio entre a nova ordem e a anterior; busca-se conciliar a nova territorialidade com antigos territórios sociais e existenciais. A manutenção de tradições é, na verdade, sua invenção para novos fins, ou seja, a garantia da perpetuação de privilégios e lugares sociais ameaçados.[23]

O medo de não ter espaços numa nova ordem, de perder a memória individual e coletiva, de ver seu mundo se esvair, é que leva à ênfase na tradição, na construção deste Nordeste. Essa tradição procura ser uma baliza que oriente a atuação dos homens numa sociedade em transformação e impeça o máximo possível a descontinuidade histórica. Ao optar pela tradição, pela defesa de um passado em crise, este discurso regionalista nordestino fez a opção pela miséria, pela paralisia, mantendo parte dos privilégios dos grupos ligados ao latifúndio tradicional, à custa de um processo de retardamento cada vez maior de seu espaço, seja em que aspecto nos detenhamos.[24]

Vai se operar nestes discursos com um arquivo de clichês e estereótipos de decodificação fácil e imediata, de preconceitos populares ou aristocráticos, além de "conhecimentos" produzidos pelos estudos em torno da região. Usar-se-á sobretudo o recurso à memória individual ou coletiva, como aquela que emite a tranquilidade de uma realidade sem rupturas, de um discurso que opera por analogias, assegurando a sobrevivência de um passado que se vê condenado pela história.

A procura por uma identidade regional nasce da reação a dois processos de universalização que se cruzam: a globalização do mundo pelas relações sociais e econômicas capitalistas, pelos fluxos culturais globais, provenientes da modernidade, e a nacionalização das relações de poder, sua centralização nas mãos de um Estado cada vez mais burocratizado. A identidade regional permite costurar uma memória, inventar tradições, encontrar uma origem que religa os homens do presente a um passado, que atribuem um sentido a existências cada vez mais sem significado. O "Nordeste tradicional" é um produto da modernidade que só é possível pensar neste momento.

A perda é o processo pelo qual estes indivíduos tomam consciência da necessidade de construir algo que está se acabando. O fim do caráter regional da estrutura econômica, política e social do país e a crise dos códigos culturais desse espaço fazem pensar e descobrir a região. Um lugar criado de lirismo e saudade. Retrato fantasioso de um lugar que não existe mais, uma fábula espacial.

Não é à toa que as pretensas tradições nordestinas são sempre buscadas em fragmentos de um passado rural e pré-capitalista; são buscadas em padrões de sociabilidade e sensibilidade patriarcais, quando não escravistas. Uma verdadeira idealização do popular, da experiência folclórica, da produção artesanal, tidas sempre como mais próximas da verdade da terra.[25]

A obra de Luís da Câmara Cascudo se destaca quanto a essa idealização do elemento popular. Câmara Cascudo, em seus trabalhos, adota a visão estática, museológica do elemento folclórico. Seus estudos, longe de fazer uma análise histórica ou sociológica do dado folclórico, se constituem em verdadeiras coletâneas de materiais referentes à sociedade rural, patriarcal e pré-capitalista do Nordeste, vendo o folclore como um elemento decisivo na defesa da autenticidade regional, contra os fluxos culturais cosmopolitas. Embora se apresentem como defensores do material folclórico, são paradoxalmente estes folcloristas os seus maiores inimigos e detratores, ao marginalizá-lo, impedindo a criatividade em seu interior, cobrando a sua permanência ao longo do tempo, o que significa reivindicar sua obsolescência. Para estes estudiosos, o folclore serviria para revelar a essência da região, por ser ele uma sobrevivência emocional. Seria ele uma constelação de elementos pré-lógicos que preexistiam a toda cultura no seu esforço de afirmação conceitual. O folclore seria o repositório de um inconsciente regional recalcado, uma estrutura ancestral, permitindo o conhecimento espectral de nossa cultura regional. O folclore seria expressão da mentalidade popular, e esta, por sua vez, da mentalidade regional.[26]

Nesse discurso, a ideia de popular se confunde com as de tradicional e antimoderno, fazendo com que a elaboração imagético-discursiva Nordeste tenha enorme poder de impregnação nas camadas populares, já que estas facilmente se reconhecem em sua visibilidade e dizibilidade. O que esta construção de uma cultura regional institui é a própria ideia de uma solidariedade e de uma homogeneidade entre códigos culturais populares e códigos tradicionais dominantes. O povo só seria reativo ao elemento moderno.

O folclore seria um elemento de integração do povo nesse todo regional. Ele facilitaria a absorção dessa identidade regional pelas camadas que se buscava integrar à nova sociedade em gestação. O folclore apresenta, pois, neste discurso tradicionalista, uma função disciplinadora, de educação, de formação de uma sensibilidade, baseada na perpetuação de costumes, hábitos e concepções, construindo novos códigos sociais, capazes de eliminar o trauma, o conflito trazido pela sociabilidade moderna. O uso do elemento folclórico permitiria criar novas formas que, no entanto, ressoavam antigas maneiras de ver, dizer, agir, sentir, contribuindo para a invenção de tradições. Construir o novo, negando a sua novidade, atribuindo-o uma pretensa continuidade, como estavam fazendo com a própria região. Ele seria esse elo entre o passado e o presente. Ele permitiria "perpetuar estados de espírito".[27]

Esta construção do Nordeste será feita por vários intelectuais e artistas em épocas também as mais variadas. Ela aparece desde Gilberto Freyre e a "escola tradicionalista de Recife", da qual participam autores como José Lins do Rego e Ascenso Ferreira, nas décadas de vinte e trinta, passando pela música de Luiz Gonzaga, Zé Dantas e Humberto Teixeira, a partir da década de quarenta, até a obra teatral de Ariano Suassuna, iniciada na década de cinquenta. Pintores como Cícero Dias e Lula Cardoso Ayres, o poeta Manuel Bandeira, os romancistas Rachel de Queiroz e José Américo de Almeida, embora guardem enormes diferenças entre si, possuem em comum esta visão do Nordeste e dela são construtores.

Visibilidade e dizibilidade regional

Os artistas e intelectuais tradicionalistas vão apoiar a visibilidade e a dizibilidade regional no trabalho com a memória. É, na verdade, uma tarefa de organização do próprio presente, este presente que parece deles escapar, deles prescindir. É como se, no passado, seus ancestrais governassem a si e aos outros, a sua própria história e a dos outros, e eles agora se vissem perdendo este governo, fossem governados por outros; não conseguissem sequer governar a si mesmos. A busca por arrumar discursiva e artisticamente estas lembranças é a forma que encontram para organizar suas próprias vidas. Pensar uma nova identidade para seu espaço era pensar uma nova identidade para si próprios.

Quanto mais a história fazia este grupo social se aproximar de seu desaparecimento, mais se tornava perigosa. No momento em que a história se aproxima desses confins, ela só pode deter-se, sob pena de, pondo fim a este grupo social, à sua história, pôr fim a si própria. Por isso, como todo grupo social em crise, esta elite tradicional tenta deter sua morte, detendo a história. Lutar contra a história é lutar contra a finitude, e é justamente a memória a única garantia contra a morte, contra a finitude.

O discurso tradicionalista toma a história como o lugar da produção da memória, como discurso da reminiscência e do reconhecimento. Ele faz dela um meio de os sujeitos do presente se reconhecerem nos fatos do passado, de reconhecerem uma região já presente no passado, precisando apenas ser anunciada. Ele faz da história o processo de afirmação de uma identidade, da continuidade e da tradição, e toma o lugar de sujeitos reveladores desta verdade eterna, mas encoberta.

A história, em seu caráter disruptivo, é apagada e, em seu lugar, é pensada uma identidade regional a-histórica, feita de estereótipos imagéticos e enunciativos de caráter moral, em que a política é sempre vista como desestabilizadora e o espaço é visto como estável, apolítico e natural, segmentado apenas em duas dimensões: o interno e o externo. Interno que se defende contra um externo que o buscaria descaracterizar. Um interno de onde se retiram ou minimizam as contradições.

A volta para "dentro de si" do Nordeste, para buscar a sua identidade, o seu caráter, a sua alma, a sua verdade, dá-se à medida que o dispositivo da nacionalidade e a formação discursiva nacional-popular colocam como necessidade o apagamento das diferenças regionais e a sua "integração no nacional". Manter a "vida deste espaço" era, na verdade, manter viva esta dominação ameaçada. A memória espacial é, na verdade, a memória de uma dominação em crise. A região surge assim como uma "dobra espacial", como um espaço fechado às mudanças que vêm de fora. O Nordeste se voltaria para si como forma de se defender do seu outro, do espaço industrial e urbano que se desenvolvia notadamente no Sul do país. *O Nordeste é uma rugosidade do espaço nacional, que surge a partir de uma aliança de forças, que busca barrar o processo de integração nacional, feita a partir do Centro-Sul.*

O Nordeste dos "regionalistas e tradicionalistas" é uma região formada por imagens depressivas, de decadentes, como as presentes nas obras de José Lins do Rego. Imagens evocativas de um passado de tradição que estava se perdendo, como nestes versos de Bandeira:

> "Saí menino de minha terra
> Passei trinta anos longe dela
> De vez em quando me diziam
> Sua terra está completamente mudada
> Tem avenidas, tem arranha-céus...
> é hoje uma bonita cidade!
> Meu coração ficava pequenino.
> Revi afinal o meu Recife
> Está de fato completamente mudado
> Tem avenidas, tem arranha-céus
> É hoje uma bonita cidade.
> Diabo leve quem pôs bonita a minha terra."[28]

A produção sociológica de Gilberto Freyre, bem como a dos chamados "romancistas de trinta", têm no trabalho com a memória a principal matéria. Estes últimos vão tentar construir o Nordeste pela rememoração de suas infâncias, em que predominavam formas de relações sociais agora ameaçadas. Eles resgatam a própria narrativa como manifestação cultural tradicional e popular, ameaçada pelo mundo moderno, e a tomam como expressão do regional. Enquanto em São Paulo os modernistas procuravam romper com a narrativa tradicional, assumindo a própria crise do romance no mundo moderno, no Nordeste o movimento regionalista e tradicionalista volta-se para resgatar as narrativas populares, a memória como único lugar de vida para este homem moderno dilacerado entre máquinas, a narrativa como o lugar de reencontro do homem consigo mesmo, de um espaço com sua identidade ameaçada. Como numa épica, estes romances querem garantir a continuidade do que foi narrado, querem garantir a reprodução, por meio de gerações deste mundo desentranhado e suspenso na memória: o mundo "regional".[29]

Uma região que se constrói pela memória implica uma convivência entre a ideia de sobrevivência e a de vácuo. O passado aparece em toda a sua alegria de redescoberta, para, ao mesmo tempo, provocar a consciência triste do seu passar, do seu fim. Esta máquina de rememoração, que é o romance de trinta, é também a máquina de destruição, de ascensão à consciência de um tempo perdido.

A ênfase na memória por parte dos tradicionalistas nasce dessa vontade de prolongar o passado para o presente e, quem sabe, fazer dele também o futuro. Eles abominam a história, por ela estabelecer uma cisão entre as temporalidades. A descoberta da historicidade de todas as coisas e, portanto, o seu caráter passageiro e mutável é que provoca este sentimento de angústia.[30]

Essa memória espacial, esteticamente resgatada, inspiraria a criação de um futuro melhor, liberto dos arrivismos, artificialismos e utilitarismos burgueses. Um espaço regional, feito para permanecer no tempo; construído com o agenciamento de monumentos, paisagens, tipos humanos, relações sociais, símbolos e imagens que pontilham este território estriado pelo poder. É na memória que se juntam fragmentos de história, lembranças pessoais, de catástrofes, de fatos épicos que desenham o rosto da região. Um espaço sem claros, preenchido completamente por estes textos, imagens e sons que lhe dão espessura. Espaço onde nada é provisório, onde tudo parece sólido como a casa-grande de pedra e os móveis de mogno e jacarandá; onde tudo parece tranquilo, vagaroso como o balançar na rede ou na cadeira, região da permanência, do ritmo lento, da sedimentação cultural, da família, afetiva e infantil.

Essa visibilidade afetiva e infantil da região se expressa com destaque na poesia de Ascenso Ferreira, embora quanto à forma seja um dos primeiros artistas a trilhar os caminhos do modernismo em Pernambuco. Sua visão do Nordeste, segundo ele próprio,

> "foi se desenhando em contato com os passantes do Rancho de seu tio, onde trabalhava, onde homens de diferentes lugares se encontravam, trazendo toadas de engenho, toadas do sertão, coco, sapateados, ponteios de viola, histórias de mal-assombrado, caçadas, pescarias, viagens, narrações etc.".

Esse material de sua vivência de Fronteira (assim se chamava a casa comercial de seu tio), entre o campo e a cidade, essa gama de materiais populares e folclóricos será agenciada, à medida que a obra de Gilberto Freyre lhe "desperta o amor pelas coisas de nossa tradição rural". À forma de expressão modernista alia materiais de expressão tradicionais para constituir aquilo que seria "uma poesia, expressão da verdade regional".[31]

Para Ascenso, a região Nordeste seria o lugar de uma sociabilidade brasileira, atemporal, ameaçada de ser destruída pela "civilização estrangeira". Sua poesia queria contribuir para a preservação dessa alma "ora brincalhona, ora pungente do Nordeste, das festas, dos engenhos e do sertão". Tanto em sua poesia como na pintura de Cícero Dias, não há nenhuma intenção de reivindicação social. Eles querem apenas "compreender a totalidade da vida nordestina, exprimindo sua essência pura, sua alma não maculada pela modernidade".[32]

Compreender a "alma de sua terra", descobrir sua identidade também era a preocupação de José Lins do Rego. Para ele, organizar a memória pessoal era organizar a memória regional. A descoberta da "psicologia regional" era a descoberta da própria região, que passava também pela descoberta de si, de sua identidade como pessoa e como intelectual. O

Nordeste é essa imagem espacial interiorizada na sua infância no engenho Santa Rosa, território dos Carlos de Melo e dos Ricardos. Um espaço melancólico e cheio de sombras; um espaço de saudades.[33]

A intenção inicial de escrever a memória de seu avô, como contribuição para que as novas gerações não esquecessem estes homens que haviam feito a glória de uma época na região, transforma-se numa série de romances que surgem sob a influência direta do amigo Gilberto Freyre e da dizibilidade memorialística da região. É a pretensão de ser espontâneo, de ser verdadeiro que torna o seu trabalho com a memória um trabalho não crítico, nem problematizador. Ele pretende não estar sendo parcial, quando, na verdade, seus romances expressam uma forma de ver a realidade, um olhar de menino de engenho. É a partir da varanda da casa-grande, como fazia seu avô, que ele olha para a "sua terra", para o Nordeste.[34]

A preocupação em entender a alma da terra, a sua espiritualidade, assentada no sobrenatural, na transcendência e na religiosidade atravessa também toda a obra do poeta Jorge de Lima. Assumindo sua condição de poeta "católico", Jorge busca captar o que seriam as fontes negras da memória e do inconsciente de um catolicismo nordestino, sertanejo, em que o sagrado se mistura com a natureza e com os vínculos sociais concretos. Um Nordeste de alma negra, mística, espiritual e oprimida, em busca da redenção em Deus. Nordeste onde a mistura de sangue confundiu espíritos e papéis sociais:

> "Há no meu sangue:
> três moças fugidas, dois cangaceiros
> um pai de terreiro, dois malandros, um maquinista
> dois estourados.
> Nasceu uma índia,
> uma brasileira,
> uma de olhos azuis
> uma primeira comunhão."[35]

Rachel de Queiroz se preocupa com a dicotomia entre tempo e espaço. Para ela, o tempo, diferentemente do espaço, não tinha estabilidade, não se podia ir e voltar nele. O que se passa no tempo some, anda para longe e não volta nunca. É com profundo pesar que ela constata ser o passado uma substância solúvel, que se dilui dentro da vida, escorre pelos buracos do tempo — águas passadas. Para Rachel, a dimensão do tempo é aflitiva para o homem, pois seus únicos marcos são as lembranças, cujas testemunhas são as pessoas que também passam, também se transformam. O homem não tem sobre o tempo nenhum comando, apenas sofre o tempo, sem defesa. O tempo anda no homem, mas este não anda nele. O tempo nos gasta como lixa, nos deforma, nos diminui e nos acrescenta. Os olhos de trinta anos desaparecem, a forma de ver também. Razão por que o espaço é repositório da memória, das marcas do tempo; é a dimensão que, segundo ela, deve proteger o homem dessa sensação de vertigem. O espaço seria a dimensão conservadora da vida.[36]

Até nas músicas de Luiz Gonzaga esta consciência do caráter dilacerador do tempo, essa visão moderna da temporalidade, cede lugar, várias vezes, a uma visão cíclica, que advém da própria imagem da região estar muito próxima da natureza. Um Nordeste onde o tempo descreve um círculo entre a seca e o inverno. Tempo do qual participam não só o homem, mas os animais, as plantas, até os minerais. Uma região dividida entre momentos de tristeza e de alegria. Mesmo para quem dela sai, o migrante, o Nordeste aparece como este espaço fixo da saudade. O Nordeste parece estar sempre no passado, na memória; evocado como o espaço para o qual se quer voltar; um espaço que permaneceria o mesmo. Os lugares, os amores, a família, os animais de estimação, o roçado ficam como que suspensos no tempo a esperarem que um dia este migrante volte e reencontre tudo como deixou. Nordeste, sertão, espaço sem história, infenso às mudanças. Sertão onde a fogueira ainda esquenta o coração, sem rádio e sem notícia das terras civilizadas:

> "Ai quem me dera eu voltar
> Pros braços do meu xodó
> Saudade assim faz roer
> E amarga qui nem jiló
> Mas ninguém pode dizer
> Qui mi viu triste a chorar
> Saudade o meu remédio é cantar...".[37]

Tanto o trabalho teatral como o literário de Ariano Suassuna também se voltam para a construção do Nordeste como um espaço tradicional. Um Nordeste construído a partir de uma visão sacramental da memória, onde "uma aristocracia rude e as pessoas simples conviviam com o temporal e o atemporal, num mesmo plano de interesses particulares e imediatos". Para Suassuna, o tempo é uma dimensão da morte, que, ao lado da fome, da sede, das doenças, da nudez, do sofrimento, do acaso, do infortúnio e da necessidade, destruía a região que buscava preservar em seu trabalho. Nordeste que tinha como maior insígnia, como brasão, a morte. Uma morte selvagem, mãe de todos.[38]

O Nordeste de Ariano, ao contrário do freyreano, é o Nordeste sertanejo, do "reino encantado do sertão". Sua obra se volta para afirmar este espaço como o verdadeiro Nordeste, onde também existia "nobreza", não existiam "só profetas broncos e desequilibrados e cangaceiros sujos e cruéis". Nobreza comparável à que floresceu na civilização do açúcar, mas "sem as cavilações e as afetações dos ioiôs e sinhazinhas". Um "reino" bruto, despojado e pobre, com quem o autor se identifica e a partir do qual produz a sua obra, motivo de sua existência, motivo de sua epopeia e a de seus heróis pobres e extraviados.[39]

Na sua luta contra a história, Ariano constrói o Nordeste como o reino dos mitos, do domínio do atemporal, do sagrado, da indiferenciação entre natureza e sociedade. Lançando mão do gênero epopeico, das estruturas narrativas míticas e, principalmente, das estruturas narrativas e do realismo mágico da literatura de cordel, Ariano inventa seu Nordeste, "reino embandeirado, épico e sagrado". Um espaço sertanejo, inventado a partir da vivência do autor na cidade, do agenciamento de lembranças e reminiscências de infância e de uma grande quantidade de matérias de expressão populares. Um espaço ainda não desencantado, não dessacralizado, um reino dos mistérios, onde o maravilhoso se mistura à mais cruel realidade e lhe dá sentido.

Um Nordeste que se liga diretamente ao passado medieval da Península Ibérica. Um Nordeste barroco, anti-renascentista, antimoderno. A dizibilidade do Nordeste, a linguagem para expressá-lo deve ser buscada, pois, em formas teatrais ibéricas medievais, bem como nas formas populares, na tradição popular que guardaria muitas destas formas "arcaicas". A obra de Ariano reafirma o uso das formas narrativas do cordel como forma de dizer esta região do país. Forma adequada para se "representar" um espaço onde não existiriam fronteiras entre o real e o imaginário, entre o sentimental e o antipoético; entre o divino e o pagão; entre o trágico e o cômico; entre a loucura e a razão.[40]

Embora com obras muito diferentes, estes autores e artistas têm em comum o fato de serem construtores de um Nordeste, cujas visibilidade e dizibilidade estão centradas na memória, na reação ao moderno, na busca do passado como dimensão temporal; assinaladas positivamente em sua relação com o presente.

Este Nordeste é uma máquina imagético-discursiva que combate a autonomia, a inventividade e apoia a rotina e a submissão, mesmo que esta rotina não seja o objetivo explícito, consciente de seus autores, ela é uma maquinaria discursiva que tenta evitar que os homens se apropriem de sua história, que a façam, mas sim que vivam uma história pronta, já feita pelos outros, pelos antigos; que se ache "natural" viver sempre da mesma forma as mesmas injustiças, misérias e discriminações. Se o passado é melhor que o presente e ele é a melhor promessa de futuro, caberia a todos se baterem pela volta dos antigos territórios esfacelados pela história.

Regionalismo tradicionalista e modernismo

O movimento Regionalista e Tradicionalista de Recife teve início, oficialmente, com a fundação do Centro Regionalista do Nordeste, em 1924, congregando não apenas intelectuais ligados às artes e à cultura, mas, principalmente, àqueles voltados para as questões políticas locais e nacionais. Sua afirmação, no entanto, como um movimento de caráter cultural e artístico, destinado a resgatar e preservar as tradições nordestinas, só se dá com o Congresso Regionalista de Recife, ocorrido em 1926, sob a inspiração direta de Gilberto Freyre.

O regionalismo freyreano era um regionalismo de novo tipo, fruto da reorganização dos saberes, operada pela emergência da formação discursiva nacional-popular. Seu regionalismo não é mera justificativa ideológica de um lugar social ameaçado, e sim uma nova forma de ver, de conhecer e de dizer a realidade, só possível com a emergência da nação, como o grande problema a ser respondido.

O regionalismo é redefinido de simples representação pitoresca do dado local em forma de arte, de luta política em nome de uma província, de um Estado, para um novo discurso em que esses dois aspectos surgem articulados e superados. A produção cultural supera a visão exótica e procura dar ao regional uma formulação cultural que lhe permita, por sua vez, se posicionar politicamente de uma nova forma. O intelectual tradicionalista assume agora uma postura bovarista em relação ao seu espaço regional. Ele se vê como aquele capaz de amalgamar não só as imagens e os discursos de seu espaço, como também suas forças, fundando um bloco unitário, cultural, estética e politicamente.

O regionalismo anterior à década de vinte não tinha radicação no discurso sociológico. A região sociologicamente instituída ainda não tinha surgido. A região passa a ser pensada como um problema social e cultural, com a emergência de uma nova formação discursiva. Gilberto Freyre e sua definição sociológica da região só se tornam possíveis neste momento.[41]

Um Nordeste impressionista, onde as formas da região emergem e são inventadas entre o passado turvo e a confusão presente. Uma região social e culturalmente elaborada. Uma poética espacial, que reduz à semelhança de tipos e realidades características a diversidade espaço-sociocultural. Freyre procura estabelecer uma verdade de conjunto, trazendo à luz o que considera seus traços mais característicos, seus tipos mais representativos (desde o fidalgo dono de terras até a mulher do povo que faz renda). Ele encena o seu drama, síntese dramática da estrutura social inteira, síntese da cultura e natureza regional, síntese da personalidade do homem deste meio. Uma região não mais recorte naturalista, nem apenas recorte sociológico, e sim uma região qualitativa, com fisionomia, ritmo e harmonia. Uma região que, para se ver e dizer, precisaria arte. Região como expressão cultural, não apenas como reflexo do meio, da raça ou das relações sociais de produção. Região como "um ente cultural, uma personalidade, um *ethos*".[42]

Esse novo regionalismo é definido por José Lins do Rego como a busca da unidade do todo, a partir da observação profunda de suas partes fragmentadas. Ele surge das práticas políticas que levaram à descoberta da região como uma arma contra a excessiva centralização política e econômica, uma reação aos processos centralizadores do desenvolvimento capitalista. Afirma-se a diversidade, embora de forma reacionária, à medida que ela reivindica a volta ao passado, ou à paralisia da história, não uma diferença criativa, inventiva, mas uma diferença conservadora.[43]

José Lins, tratando de afirmar a novidade do movimento e do regionalismo freyreano, afirma não ser este a simples extravagância de linguagem ou traje, nem o caipirismo de Monteiro Lobato, nem um saudosismo de superfície. Ele seria, no plano político, contrário ao estadualismo; no plano artístico, seria uma "sondagem da alma do povo, nas fontes do folclore". Seria um regionalismo orgânico, revelador e vitalizador do "caráter brasileiro", que fortalecia a unidade brasileira, formando um povo que não seria uma massa uniforme e sem cor.[44]

O Regionalismo Tradicionalista não tem, quanto à forma, a linguagem, a mesma preocupação com a pesquisa expressa pelos modernistas. José Lins justificava esta simplicidade expressiva como fruto da busca de uma comunicação mais direta com o público. Ele critica, principalmente, o que considera o "artificialismo da linguagem" de Mário e Oswald de Andrade, a vontade de brilhar que dificultava a produção "de algo permanente em termos de literatura pelos modernistas". Oswald, ácido crítico do romance nordestino, notadamente de José Lins, considerava este um retrocesso, exatamente, no que tocava à pesquisa de novas formas de expressão literárias.[45]

Freyre acusa os modernistas de abandonarem a pesquisa histórica, sociológica e antropológica, de não se preocuparem com a caracterização histórico-social do país. Isso, evidentemente, não corresponde à verdade, porque, longe de terem "desprezado as tradições brasileiras", de "terem desprezo pelas coisas do passado brasileiro, como a arte colonial", como fala Freyre, os modernistas estiveram sempre preocupados com a questão da tradição, mas percebendo-a de forma diversa, como uma tradição ainda por ser sistematizada, uma tradição primitivista a ser reelaborada com o dado moderno e não apenas preservada como dado museológico e folclórico como queria o sociólogo pernambucano.[46]

O pensamento freyreano radica a nacionalidade na tradição e, por isso, considera o movimento modernista desnacionalizador, à medida que este não se radicaria na "tradição nacional". José Lins, que tem seu pensamento crítico intimamente ligado às formulações freyreanas, fazendo no campo literário o mesmo trabalho de "invenção do Nordeste" que Freyre realizou no campo sociológico, considerava que o modernismo fez muito barulho, agradou a ricos e esnobes, derrubou ídolos, para construir outros ídolos, fórmulas e preconceitos, mas não passou de "uma camada de mundanismo parisiense". O romance modernista "arrevesado e feito para eruditos" se diferenciava do romance nordestino, "romance vigoroso, que vinha da terra, da alma do povo e que era simples como esse. Uma produção que ligava o moderno ao eterno, um canto triste".[47]

Tanto José Lins como Gilberto Freyre tentam afirmar a autenticidade e a autonomia do movimento regionalista e tradicionalista, em relação ao modernismo paulista. Denunciam o caráter centralizador que o marco Semana de Arte Moderna ocupava na história da cultura brasileira, pois tudo o que se produzia de novo no país, a partir desta Semana, era a ela atribuído. José Lins sempre negou que o seu romance tenha sofrido qualquer influência dela, sempre creditou seu trabalho ao seu convívio com Freyre e o seu pensamento. Ele considerava, pois, profundamente artificial este centralismo do modernismo, porque o próprio caráter de "agitação transitória" que este teve não poderia dar a ele tal repercussão. Considerava aquele movimento "uma velharia, um desfrute que o gênio de Oswald de Andrade inventou para divertir seus sócios milionários". Fora talvez o despeito de um filho de milionário arruinado, o que se pode perceber nestas afirmações é o caráter de confronto regional que adquiriu a luta entre estes dois movimentos. Regionalismo que, embora fosse assumido apenas pelos "nordestinos", estava presente claramente em todas as críticas modernistas ao romance nordestino, ou aos "Búfalos do Nordeste" como queria Oswald.[48]

Para Freyre, o Nordeste voltaria a ser uma região criadora, desde que recuperasse suas tradições e praticasse o verdadeiro regionalismo, não o estadualismo. É clara a intenção do autor em unificar o discurso regional em torno de Pernambuco. O regionalismo, segundo ele, era uma reação ao processo de estandardização da vida, patrocinado pelo imperialismo, e resistência à visão de superioridade cultural que este carrega. Partindo da questão da cultura nacional, justifica o regionalismo como uma atitude contra a colonização cultural do país. O nacionalismo ou o internacionalismo que acompanhava o processo de modernização do país, de sua subordinação a padrões burgueses, era, para ele, descaracterizador de sua identidade cultural. Como a influência cultural se dava no âmbito regional, era aí que a defesa contra o colonialismo cultural se devia fazer, e não no âmbito nacional, já que este seria uma artificialidade política e não uma realidade cultural.[49]

Freyre chama de modernistas todos os intelectuais e as práticas culturais que tendem a transformar o Brasil numa área subeuropeia de cultura e ocidentalizar seus costumes. Fazendo uma distinção entre os termos moderno e modernista, Freyre considera o seu regionalismo moderno, mas não modernista, no sentido de uma reificação de um instante da modernidade. Para ele, moderno era apenas mudança de forma, embora defendesse a manutenção dos mesmos conteúdos. A cultura brasileira devia integrar não apenas o elemento europeu, mas o extraeuropeu, como já fizera Portugal, um povo não apenas mestiço na raça, mas na cultura; um povo ponte entre o Ocidente e o Oriente, a África e a América.[50]

O Nordeste seria esta região não especificamente europeia, como estava se tornando São Paulo, e, por isso, era a região verdadeiramente brasileira. Portanto, também do Nordeste estaria saindo o movimento de renovação das letras e das artes brasileiras. Um movimento com condições "ecológicas" próprias. As tradições desenvolvidas à sombra das casas-grandes, das senzalas, das igrejas, dos sobrados, dos mocambos, dos contatos "afetivos" de brancos com negros e índios eram o substrato verdadeiramente nacional de nossa cultura.[51]

Veja-se que a região, no regionalismo tradicionalista, afirma-se também a partir da questão da nacionalidade e da integração das camadas populares à cultura nacional, como área capaz de fornecer matérias e formas de expressão para produção de uma cultura não colonizada, assim como a nação era pensada pelos modernistas. Longe de ficar procurando que movimento foi precursor da nacionalidade no campo cultural, ou qual deles influenciou o outro, discussão bizantina, deve-se atentar para o fato de serem movimentos integrados a um mesmo campo de visibilidade e de dizibilidade, aos mesmos códigos de sensibilidade quanto ao espaço nacional e quanto à função da cultura e da arte. Eles tentam responder às mesmas problemáticas que emergem no campo cultural. A luta que se trava, por exemplo, entre Joaquim Inojosa e Gilberto Freyre em torno da paternidade da forma moderna nas artes pernambucanas e da prevalência do modernismo ou do regionalismo tradicionalista como movimento renovador das artes nacionais é profundamente inócua e provinciana.[52]

Freyre realmente tenta, em obras posteriores à década de quarenta, trazer para si o mérito de ter chamado atenção para uma necessidade de renovação das artes nacionais, ainda antes de 1920. Inojosa levanta toda a produção freyreana até o final desta década para provar que Freyre sempre foi um ferrenho crítico do modernismo e que só após a vitória deste movimento ele tentava se assenhorar de parte deste mérito. Toda a crítica de Inojosa é parcial, porque se faz no sentido de provar a sua centralidade no movimento no Nordeste. Freyre não atribui nenhuma importância ao proselitismo de Inojosa a favor do modernismo e considera o seu movimento regionalista e tradicionalista, a seu modo, modernista, já que, segundo ele, trouxera da Europa e dos Estados Unidos a forma nova. Inojosa, por sua vez, chega a afirmar a própria inexistência do movimento regionalista e tradicionalista, denunciando o fato de o Manifesto Regionalista de 1926 ter sido, na verdade, escrito e publicado em 1952, e o fato de que nunca fora lido no encerramento do Congresso Regionalista, como afirmava Freyre, no prefácio ao Manifesto.[53]

Na década de quarenta, quando o modernismo já é um movimento plenamente vitorioso, e ao mesmo tempo coisa do passado, em que as questões regionais que se cruzavam com estes movimentos haviam sido superadas pelo pacto estado-novista, a luta pelo espólio modernista no Nordeste se acirra. Um festival de personalismo, de vaidades em torno da construção de uma memória do modernismo, tendo como centro o espaço regional.[54]

Joaquim Inojosa foi realmente o primeiro intelectual a repercutir o movimento modernista paulista em Pernambuco por meio do artigo "O Que é Futurismo", publicado no jornal *A Tarde*, de 30 de outubro de 1922. Ele entrara em contato com alguns modernistas ao visitar São Paulo, após participar, no Rio de Janeiro, do I Congresso Internacional de Estudantes, que fazia parte das comemorações do centenário da Independência, passando a representar a revista *Klaxon* em Pernambuco e "a pregar o novo credo entre os gentios".

Inojosa era articulista do *Jornal do Comércio*, que pertencia à família Pessoa de Queiroz e um dos críticos do Movimento Republicano ou Movimento Autonomista, que reagia à tentativa de intervenção do governo Epitácio Pessoa no Estado, por ter sido derrotado pela oligarquia chefiada por Manoel Borba. Do outro lado do *front*, José Lins do Rego funda o jornal panfletário *Dom Casmurro*, que tinha como tarefa desbancar a oligarquia Pessoa e apoiar o movimento de "autonomia" pernambucano. Vê-se, pois, como os movimentos culturais se cruzam, inclusive com questões políticas nacionais e locais. Os modernistas vão estar inicialmente ligados a uma posição política favorável à intervenção "moralizadora" do governo federal no Estado. Não é por outro motivo que o regionalismo tradicionalista tem como antecessor a fundação do Centro Regionalista, cuja preocupação era com a "autonomia, o fortalecimento, e defesa da região contra a excessiva centralização política, além do favorecimento econômico a outras áreas".[55]

Joaquim Inojosa funda, em 1923, a *Revista Mauriceia*, lembrando o título da poesia de Mário de Andrade. Nela começam a ser publicados trabalhos de novos adeptos do movimento, como os poetas Austro-Costa e Joaquim Cardoso, que faziam de Recife "objeto do canto novo". A prédica de Inojosa chega à Paraíba por meio de uma carta que ele escreve para a revista *Era Nova*, depois transformada em uma plaquete de grande sucesso chamada *A Arte Moderna*. Neste Estado, José Américo de Almeida, embora faça críticas ao texto de Inojosa, recebe-o com entusiasmo. José Américo é, às vezes, equivocadamente apontado como introdutor da forma nova no Nordeste, seja por seu relatório *A Paraíba e seus Problemas*, seja por seu livro de estreia *Reflexões de uma Cabra*.[56]

Inojosa é autor ainda da plaquete *Brasil Brasileiro*, onde dirige uma crítica frontal aos tradicionalistas, dizendo da necessidade de se criar um Brasil preocupado com o contemporâneo e não se deter na contemplação das glórias passadas. Defende ainda a necessidade de uma cultura nacionalista, diante da quebra da solidariedade entre as nações, trazida pela guerra.[57]

Gilberto Freyre, assim que chega ao país, escreve um artigo no *Diário de Pernambuco*, de 22 de abril de 1923, onde critica o modernismo em nome do tradicionalismo. Tanto o Congresso Regionalista de 1926 quanto o Congresso Afro-Brasileiro de 1928, por ele organizados, têm grande repercussão, não só no âmbito da província, mas também nacional. Os jornais de São Paulo dão enorme cobertura, embora com notória má vontade. Isso desmente o argumento do historiador do modernismo e crítico paulista Wilson Martins, que no afã de reafirmar o centralismo do modernismo na cultura brasileira, diante das crescentes críticas de Freyre, chega a afirmar que este movimento não teve nenhuma repercussão, além das fronteiras provincianas, antes que, na década de quarenta, Freyre tenha a ele se referido.[58]

Freyre já fazia o elogio da tradição, desde os artigos que enviou dos Estados Unidos, cujo título era "Da Outra América", entre 1918 e 1922, sobre a vida cultural de Pernambuco. Foi nos Estados Unidos que ele entrou em contato com a obra regionalista de Lafcádio Hearn que, ao lado dos integralistas portugueses e o regionalista francês Maurras, exercerá profunda influência em sua obra, tão importante quanto a influência de Franz Boas e dos irmãos Joaquim e Vicente do Rego Monteiro, pintores modernistas com quem ele tem oportunidade de entrar em contato, quando viaja a Paris, em 1922. Outro autor que Freyre admirava era Mário Sette, autor dos livros *Senhora de Engenho* (1921) e *Palanquim Dourado* (1923), ao qual Freyre elogia pelo seu "espírito regionalista", em artigo publicado no *Diário de Pernambuco*, em 22 de abril de 1923. Inojosa, empenhado em retirar qualquer pioneirismo às formulações freyreanas, atribui a Mário Sette a fundação da visão regionalista e tradicionalista na literatura nordestina.[59]

Os regionalistas e tradicionalistas se diferenciavam dos modernistas por tomar o passado como um simples espetáculo, negando o fato de que a seleção de uma dada tradição obedece a um ponto de vista político. Essa dubiedade entre uma forma moderna e conteúdos tradicionais, a crítica à ética e sociabilidade burguesas, no entanto, não é privilégio apenas do regionalismo tradicionalista, ela está presente também nas correntes mais conservadoras do modernismo paulista. Tomar, pois, estes movimentos como antitéticos é assumir a imagem que cada movimento quis construir para si, em oposição ao outro, e embarcar nas posturas regionalistas que fizeram emergir estes discursos, além das próprias disputas que envolveram modernistas e regionalistas pela hegemonia cultural, não só em nível nacional, mas também da própria região. São movimentos culturais que defendem a dominação de espaços regionais diferentes, embora ocorram num mesmo campo discursivo. Daí girarem em torno dos mesmos temas, conceitos, estratégias e problemáticas.[60]

A instituição sociológica do Nordeste

À medida que o saber naturalista, de base evolucionista e biológica, entra em crise, é o saber sociológico, preocupado com as questões sociais e culturais, que vai assumindo um papel de suma importância na definição de uma identidade para o brasileiro e para o Brasil, bem como na definição de suas regiões e de seus tipos regionais.

A expansão imperialista e a Primeira Guerra levam a uma grande preocupação com as pesquisas em torno das sociedades "exóticas", estranhas, não-europeias. O problema da aculturação e da identidade cultural passa a ser estudado não só pela sociologia, como também pela etnografia e pela antropologia. Quer-se entender a psicologia desses povos e "as leis" que regem suas sociedades e culturas.[61]

É dentro deste contexto que surgem as formulações culturalistas de Franz Boas, crítico ácido do naturalismo gobineano. Boas levanta, principalmente, a questão da visão etnocentrista dos estudos europeus sobre outras sociedades não-europeias e não-brancas. Ele critica as formulações biopsicológicas e antropogeográficas que pretendiam encontrar características gerais de um povo, fundamentando-se na predominância de uma dada raça ou na influência do meio. Ele traz para o campo da sociologia o relativismo cultural.

Gilberto Freyre é, reconhecidamente, um discípulo das formulações de Franz Boas no Brasil, embora sua sociologia seja bem menos relativista do que a do seu mestre. Para ele, havia características gerais nos povos que nasciam das interações entre raça e ambiente, que se não eram determinantes como dados naturais, eram indicadores de relações sociais e culturais. Para Freyre, a sociedade brasileira se caracterizava, por exemplo, não só pela miscigenação racial, mas também pela miscigenação cultural que daí adveio. É exatamente no campo cultural que ele buscará compreender nossa identidade como nação e a contribuição do regional nessa formação da nacionalidade.[62]

Para Freyre, o ponto de vista regional devia nortear os estudos de sociologia e história, porque a noção de região é aproximada à de meio ou local, hábitat, um espaço da natureza sem o qual era impossível pensar a sociedade. A região é vista como a unidade última do espaço. Um espaço genético, fundante de qualquer atividade humana. Como ele mesmo define sua sociologia como uma sociologia genética, a região vai surgir, ao lado da tradição, como pontos de partida para qualquer trabalho de interpretação de nossa sociedade. Seu trabalho seria a extensão ou ampliação de uma memória ou de uma experiência pessoal, bem como da memória e experiência de um dado grupo e de um dado espaço.[63]

Sua sociologia seria um esforço de pensar nossa diferença em relação ao processo civilizatório do Ocidente, buscando nos dados "autenticamente regionais, tradicionais e tropicais" os nossos processos singularizadores e, ao mesmo tempo, integradores de uma nova civilização que surgia à revelia da decadente civilização europeia. Freyre opõe o trópico à Europa e busca internamente ao país aqueles processos sociais e aquele espaço que prenunciam esse processo de singularização. É com estas preocupações que a ideia de região e, mais especificamente, a ideia de região Nordeste vai ser tomada como base para a formulação de sua sociologia.

Como um pensamento de transição, o de Freyre dialoga o tempo inteiro com o saber anterior, dele se afastando em muitos pontos, mas também reproduzindo vários de seus conceitos, temas e estratégias. Mesmo procurando combater o uso de noções como raça e atavismo étnico, para definir comportamentos sociais, Freyre muitas vezes se deixa contaminar por tal discurso (surgem teses como o da origem semita do impulso mercantil, demonstrado pelos jesuítas na colonização). Sua principal tese, a da superioridade do mestiço, é ainda uma leitura que tenta conciliar uma nova aparelhagem teórica com um saber anterior já estabelecido.

A instituição sociológica do Nordeste, empreendida por Freyre, terá de questionar as hierarquias determinadas a partir da raça e do meio, bem como questionar a superioridade inexorável das nações e das regiões brancas sobre as mestiças. A estratégia de seu discurso é a de inverter essa formulação, dotar de positividade a mestiçagem em detrimento das raças puras, isto por que, para ele, calcar a nacionalidade brasileira numa raça pura era impossível, já que não a possuíamos. Todos eram mestiços, até mesmo o português aqui aportado.[64]

Freyre inaugura, pois, todo um discurso de revalorização do mestiço, que era também a própria revalorização do seu espaço, marcado pela mestiçagem. Ele contesta a tese de que os mestiços não eram aptos ao trabalho mecânico, a novas técnicas, e tributa à educação aristocrática a pouca habilidade diante das novas exigências econômicas, tanto por parte dos "senhores como de seus subordinados". A própria obra de civilização, empreendida nos trópicos pelo português, já demonstrava a capacidade dos elementos mestiços.[65]

Para Freyre, a diferenciação quanto à raça só fazia sentido à medida que expressasse uma divisão de classes ou uma diferenciação regional, já que a hierarquia das cores e das classes podia variar conforme cada região. A situação regional modificava a situação de raça e de classe desde a colônia, sendo estas configurações culturais e mentais que se sobrepunham às determinações naturais.

A ênfase de Freyre se desloca da questão do conflito de raças ou de classes para o conflito regional de culturas. Embora nunca tenha negado a existência de luta de classes no Brasil, como fizera Vianna a pretexto da luta entre raças, Freyre vai tomar a resistência dos escravos, por exemplo, como uma luta mais do que de raças ou de classes; uma luta de mentalidades e culturas. Para ele, se a raça era um elemento dinâmico, a cultura era mais do que esta um fator que não permitia servir de referenciação estática para o social. Para ele, era exatamente no campo social e cultural que residiam as diferenças e antagonismos que geravam atitudes de rivalidade entre as regiões; atitudes essas advindas dos conflitos entre as fases ou os momentos de cultura e diferenças regionais de progresso técnico. O desenvolvimento industrial, bem como as diferenças ecológicas, também acentuariam estas desigualdades.[66]

Aliás Freyre é também um dos fundadores do discurso que tenta modificar a negatividade das condições ecológicas do Brasil e, principalmente, do Nordeste. Ao considerar a obra portuguesa nos trópicos, como uma importante obra civilizatória, Freyre estava invertendo o enunciado naturalista da impossibilidade do desenvolvimento civilizatório autônomo nos trópicos. Sua visão é oposta à de Paulo Prado, por exemplo, para quem o meio era responsável pela tendência de o brasileiro ser teimoso, taciturno, triste, desconfiado, anulado. Para Prado, a tropicalidade nos condenava ao fracasso como nação, para Freyre ela nos singularizava como civilização, nos dava identidade, nos dava caráter próprio.

A identidade nacional, em Freyre, aparece ligada a estes dois temas: o da mestiçagem e o da tropicalidade. Em ambos, o Nordeste deixava de ocupar uma posição de subalternidade na formação da nacionalidade, lugar reservado a ele pelo discurso naturalista, para se tornar o próprio cerne deste processo. O mito da mestiçagem transforma a construção da identidade nacional num processo de homogeneização cultural e étnica. O Brasil, assim como o Nordeste, é pensado como o local do fim do conflito, da harmonização entre raças e culturas, e para isso concorreriam as três raças formadoras da nacionalidade.

A maior importância da obra freyreana reside talvez no reconhecimento da importância da participação do negro no processo de "formação da nacionalidade". Embora dê àquele um papel de coadjuvante dócil e servil, não deixa de reconhecer sua participação na economia e na cultura brasileiras, nem, em instante algum, nega o caráter violento da instituição da escravidão, seus efeitos deletérios e a resistência negra contra esta sociedade. Como para ele o berço da civilização brasileira era a sociedade açucareira nordestina, e toda ela foi assentada sobre o trabalho do negro, este teria sido um dos pilares de nossa nacionalidade e aquele espaço, um espaço negro por excelência. Segundo Freyre, esta sociedade "rural e patriarcal" garantia um perfeito controle sobre a população negra e a "docilidade" das relações entre senhores e escravos. Desse modo, era nas cidades ou na produção cafeeira paulista que os conflitos entre escravos e senhores seriam constantes: nas primeiras, pelo predomínio do elemento mestiço, instável racial e socialmente, em virtude da perda das relações de acomodação entre escravos e senhores, garantidas pelas relações patriarcais. Na segunda, pelo caráter mais mercantil e mais violento do uso dos negros.[67]

Trabalhando num momento em que o discurso científico não se havia separado radicalmente do discurso literário, pela reduzida divisão de trabalho intelectual no país, Freyre lança mão do uso das imagens como forma de superar, em nível de discurso, o despedaçamento, a mistura e a desordem em que a realidade do país surge a seus olhos. São imagens simbólicas e não alegóricas, que buscam resolver a falta de identidade entre forma e conteúdo; entre empiria, cotidianidade e sua interpretação do nacional.[68]

Essa visão plástica da realidade condiz com a sua principal postura política: a da busca da harmonização dos conflitos, da superação dos antagonismos por uma interpenetração conciliatória dos contrários. Longe de pensar numa dialética em que a síntese seja a negação da negação, ele pensa numa harmonização entre tese e antítese, buscando encontrar sempre os pontos de comunicação entre os aspectos antagônicos da realidade ou estabelecer um *continuum* por meio de uma lógica concreta que dissolve os antagonismos abstratos.[69]

Esta procura da harmonia alia-se à procura da permanência, da manutenção da ordem, por isso o pensamento freyreano se orienta mais pelo sentido espacial do que temporal. Ele se preocupa com a repartição e constituição dos espaços, bem como com suas transformações. Uma abordagem "ecológica" em torno do domínio e ocupação dos espaços. Está permanentemente atento para a relação entre poder e espacialidade e, principalmente, atento aos desequilíbrios na harmonia entre os elementos naturais, sociais e culturais que comporiam esta dimensão do real.[70]

Por isso, a sociedade patriarcal será tomada como exemplo de sociabilidade, em que o conflito seria superado, as relações de poder estariam baseadas na relação entre pessoas, e não entre classes, grupos ou instituições sociais. Uma relação não despersonalizada como a que caracteriza a sociabilidade burguesa, sendo fundamental para a manutenção da ordem social, para evitar os enfrentamentos sociais. A cidade é mostrada como local de libertinagem, de rompimento com os padrões morais, de importação de costumes artificiais, desnacionalizadores e corrompedores dos códigos tradicionais tidos como brasileiros.[71]

A modernização ou o progresso são considerados por Freyre como agentes perturbadores do equilíbrio social. O capitalismo, as relações sociais burguesas de produção e consumo, as instituições sociais e políticas burguesas, bem como sua sensibilidade e cultura são consideradas por ele como desagregadores e não formadores de nossa nacionalidade. A nação não é entendida, em Freyre, como o espaço burguês e capitalista construído em sua plenitude, mas sim como a manutenção de um espaço tradicional que garantisse um progresso dentro da antiga ordem; como um espaço que ligasse passado, presente e futuro num contínuo; como um espaço que estivesse a salvo das descontinuidades históricas, ou mesmo que garantisse a construção de uma nova ordem que se alimentasse do passado e com ele tivesse compromisso, ou seja, compromisso com quem dominava na antiga ordem. Sua ênfase se dá sempre na necessidade de uma transição ordenada entre as diferentes temporalidades, sem nenhum corte radical, uma acomodação do presente com o passado e com o futuro. A sua sociologia é, pois, uma busca de constantes históricas que atravessariam o nosso processo de formação.[72]

A família patriarcal é, para Freyre, esta constante que atravessa a história do país em suas várias regiões. O latifúndio patriarcal como empreendimento econômico, como organização social e cultural, sob a chefia da "aristocracia branca", com a participação também decisiva dos negros, foi responsável pela formação da "personalidade brasileira", única. Freyre chama atenção para o fato de que dentro da diferenciação regional de colonização e da história brasileira, foi o caráter familiar o único traço de união. A família desempenhou decisivo papel civilizador, foi ela uma instituição predominante de poder e influência econômica, política e moral em nossa formação. Ela era o elemento sociológico da unidade brasileira, capaz de articular os diversos passados regionais brasileiros num "passado compreensivamente nacional, caracteristicamente luso-afro-ameríndio em seus traços principais de composição cultural e de expressão social".[73]

Escrevendo uma trilogia que começa com *Casa-Grande e Senzala* (1933), passa por *Sobrados e Mocambos* (1936) e termina com *Ordem e Progresso* (1959), Freyre toma a história da produção açucareira da Zona da Mata nordestina, ou mais precisamente pernambucana, e generaliza sua análise para todo o passado colonial não só do Nordeste, como do Brasil. Ele encontra nesta sociedade não só a célula original da civilização brasileira, como, a partir dela, abstrai constantes que caracterizariam toda a sociedade brasileira. Para Freyre, foi o fim desta sociedade que deu início ao processo de desequilíbrio entre as regiões do país. Seu trabalho sociológico visa denunciar esta perda da harmonia entre as regiões do país e a necessidade de restabelecimento do equilíbrio perdido. A decadência desta sociedade teria potencializado outros fatores de diferenciação regional como as condições físicas e de solo, configuração de paisagem e de clima, diferenças culturais e de meio social, além das diferentes atividades econômicas. Para ele o regional é mais do que um recorte físico ou geográfico; ele nasce de um modo de vida, de uma cultura e de uma sociabilidade específicos.[74]

Para Freyre, a nação surge como um pacto harmônico entre regiões que estabelecem sua realidade, devendo garantir a preservação dos seus espaços diferenciados e da dominação que neles se exerce. A consciência da diferença está submetida, de saída, à lógica da identidade. A diferença é vista como uma situação momentânea de afastamento de uma situação de equilíbrio, de dilaceramento da identidade, que deve ser superada pela volta a uma nova identidade, em que o equilíbrio se refaça.[75]

O principal livro de Freyre, quando se trata da institucionalização sociológica da região Nordeste e de sua invenção, é sem dúvida *Nordeste*, publicado em 1937. Em seu prefácio se explicita o objetivo político da obra que resume toda a estratégia que presidiu sempre o discurso freyreano: o de "sensibilizar os brasileiros para a situação de um conjunto espacial que começava a degradar-se socioecologicamente. Um grito contra o desvirtuamento da Federação" com a concentração de poder e investimentos em alguns Estados.[76]

Ele esboça a fisionomia do Nordeste agrário, decadente, que fora o "centro da civilização brasileira". As relações do homem com a terra, com o nativo, com as águas, com as plantas, com os animais; a adaptação do português e do africano ao meio. Uma abordagem histórica que pretende instituir um processo de formação para este espaço; uma origem comum para os diferentes Estados em declínio em nível nacional. Uma região cujo perfil havia sido dado pela monocultura latifundiária e escravocrata, e ainda monossexual — o homem nobre dono do engenho, fazendo quase sozinho os benefícios de domínio sobre a terra e sobre os escravos. Uma região, pois, de perfil aquilino, aristocrático, cavalheiresco; aristocratismo às vezes sádico e mórbido.[77]

O Nordeste seria uma unidade psicológica nascida da vida dos engenhos. O Nordeste visto por Freyre tinha uma paisagem enobrecida pela capela, pelo cruzeiro, pela casa-grande, pelo cavalo de raça, pela palmeira imperial, mas ao mesmo tempo deformada pela monocultura latifundiária e escravocrata, esterilizada em suas fontes de vida, devastada em suas matas, degradada em suas águas. Um Nordeste em que a fuga da terra pela erosão e das matas pelas queimadas parecia macular aquele que aparentava ser o único aspecto de permanência: a natureza, o espaço. Para Freyre, esta degradação física do Nordeste era um dos indícios da própria decadência daquela sociedade tradicional. A busca do equilíbrio social, da permanência, da estabilidade passavam pela própria conservação da natureza. Eram os pequenos rios sem arrojo quixotesco, sem surpresas desagradáveis, constantes, fixadores, sedentarizadores, traço de ligação entre famílias abastadas. Rios amigos dos banguezeiros, força-motriz que garantia a estabilidade deste mundo. Estes rios agora emporcalhados e maculados pelos novos senhores, os usineiros, homens desrespeitosos em relação ao espaço, à natureza e aos antigos donos, eram o símbolo desta decadência social que o espaço testemunhava. Estes homens de costas para o rio, para o passado da região, homens da modernização degradante, ameaçavam apodrecer o próprio Nordeste. Nordeste verdadeiro que Freyre quer resgatar por baixo de tanta calda fedorenta de usina, de progresso, de estrangeirices, de mudanças nas relações sociais. Contra o Nordeste, fruto podre do capitalismo, Freyre traz o odor do Nordeste, fruta de conde e torrão de açúcar.[78]

Reconhecendo a diversidade interior ao próprio Nordeste ao se referir ao outro Nordeste de areias rangentes e escaldantes, Freyre tece uma unidade imagético-discursiva que toma como base o Nordeste açucareiro, já que a região de terras duras e secas seria mais propícia para servir de base a um discurso cuja estratégia fosse a denúncia das condições sociais da região. O Nordeste do açúcar serve mais prontamente para seu projeto de resgate de um passado de poder e riqueza que viesse compensar exatamente os problemas sociais e a decadência crescente dessa área do país. Terra que se deixava marcar mais facilmente pelos rastros da tradição. Terra que guardava, na sua pele mole, as marcas da memória de uma "aristocracia" que precisava construir uma nova espacialidade diante das mudanças em curso. Espacialidade que não rompesse radicalmente com o passado, que mantivesse os traços possíveis de uma sociabilidade em que predominavam seus valores. Espaço que mantivesse as estrias da dominação que não deveria ser alterada. Massapê acomodatício, integrativo. Lama social que não provocasse repulsa ou conflitos. A doçura da dominação preservada, contrastando com o ranger da raiva terrível das areias e conflitos sociais do sertão. Relações sociais em que as pessoas se atolavam e apodreciam; em que só o patriarca possuía solidez; em que gerações de senhores de engenho se sucediam, tendo sempre uma massa de empobrecidos e de escravos para explorar.[79]

A construção sociológica do Nordeste, por Freyre, é presidida, pois, por uma estratégia política: a defesa da conciliação, a condenação da disciplina burguesa e dos conflitos sociais que esta sociabilidade acarreta. Um Nordeste cuja dizibilidade e visibilidade buscam dissolver as contradições sociais, regionais e culturais, explicitando-as, levando-as em conta inicialmente, para depois, sobre elas, operar no sentido estético do apagamento, da diluição. Nordeste onde a água dissolve as contradições, amolece os homens. Por outro lado, uma região contra a despersonalização cultural trazida pela generalização dos fluxos da modernidade, da defesa do sobrado e até dos mocambos contra os arranha-céus. Sua utopia é o surgimento de uma sociedade na qual a técnica não seja inimiga da tradição, em que técnica e arte se aliem, e tradição e modernidade andem juntas, sempre sob o controle da primeira.[80]

Identidade e olhar do outro

A instituição sociológica e histórica do Nordeste não é feita apenas por seus intelectuais, não nasce apenas de um discurso sobre si, mas se elabora a partir de um discurso sobre e do seu outro, o Sul. O Nordeste é uma invenção não apenas nortista, mas, em grande parte, uma invenção do Sul, de seus intelectuais que disputam com os intelectuais nortistas a hegemonia no interior do discurso histórico e sociológico.

Como vimos, a origem da nacionalidade é buscada na história de cada região. As lutas regionalistas atravessam a leitura da história do Brasil, que é feita para estabelecer a prevalência de uma área e de um "tipo regional", na construção da nação e de seu povo. Nessa leitura, parte-se quase sempre das questões e características atuais de cada espaço, para buscar suas raízes no passado. Produz-se toda uma mitologia em torno da origem de cada região e da nação, em torno de fatos históricos e pessoas que são afirmadas como precursores da nacionalidade, como heróis fundadores do Brasil. Estes mitos lançam mão da memória histórica de cada área, das manifestações folclóricas, das narrativas populares e da memória pessoal de seus autores. Cada região é esse conjunto de fragmentos imagéticos e enunciativos, que foram agrupados em torno de um espaço, de uma ideia inicialmente abstrata de região.[81]

No Sul, a partir da década de vinte, pensa-se a identidade nacional dividida em polos antagônicos. São Paulo, Pernambuco e Bahia são tomados como células iniciais do tecido nacional. O discurso historiográfico centra-se na história dessas três áreas, para construir a história do Brasil.

Verdadeiros mitos de origem serão criados pelos intelectuais de cada área, afirmando a diferença em relação ao seu espaço antagônico desde o início, explicando assim as profundas diferenças regionais que começavam a vir à tona, além de colocá-lo no centro do processo histórico do país.

A oposição entre nomadismo e sedentaridade perpassa toda esta literatura de interpretação do Brasil das décadas de vinte e trinta. O Brasil colonial é abordado a partir de uma das duas perspectivas, dependendo da posição regional de quem fala. Se é para enfatizar São Paulo, como polo dinâmico do Brasil colonial, da origem nacional, dá-se ênfase ao nomadismo, e o oposto ocorre se se quer destacar o papel do Nordeste como célula inicial de nossa civilização, embora todos vejam com reserva o nomadismo, que predispunha o brasileiro a estar sempre a se derramar pela superfície, sem deitar raízes, sem criar algo sólido.[82]

Para Freyre, o senhor de engenho foi um dos poucos exemplos de fixação e que deu densidade à nacionalidade. O bandeirante, se havia conquistado verdadeiros luxos de terras, comprometeu a saúde econômica da colônia e quase compromete a unidade política, não fosse o trabalho de manutenção da unidade nacional das forças ligadas ao latifúndio, como a Igreja, sendo o catolicismo o cimento de nossa unidade. No Nordeste, o português teria regressado ao feudalismo com seus métodos aristocráticos de colonização, com seu apego à terra, ao contrário do que teria ocorrido em São Paulo, onde os aventureiros, desapegados da terra, deram origem ao tipo bandeirante, um explorador, não um construtor.[83]

Se as bandeiras alargaram as fronteiras em seu impulso nomádico, só a sedentaridade nordestina, canavieira, deu sentido a estas fronteiras, deu conteúdo ao país, construiu seu território social e politicamente, dotou o país de profundas raízes "em casas quase fortalezas onde se sentiam tão autossuficientes que se sentiam capazes de criar seu próprio país, fixar as suas próprias fronteiras, nascido do desejo de estabilidade e permanência". Os nordestinos teriam cristalizado o país dos pães de açúcar. A Independência e o Império teriam se sustentado sobre esses homens, "barões de gênero de vida quase feudal, num patriarcalismo devoto temente a Deus e ao Imperador".[84]

Este caráter aristocrático tão decantado por Freyre quando se refere à elite açucareira nordestina é outro ponto de discórdia entre os intelectuais "sulistas" e "nordestinos". Para Oliveira Vianna, o mesmo luxo e pompa da aristocracia pernambucana podiam ser encontrados em São Paulo. Para ele, a aristocracia paulista descendia das famílias nobres de Portugal e de alguns plebeus aqui enriquecidos. Freyre negava essa origem aristocrática dos paulistas; para ele, a população paulista descendia de portugueses humildes, mestiços com mouros e judeus. Mesmo entre intelectuais paulistas, esta tese da origem nobre não encontra apoio. Cassiano Ricardo e Alcântara Machado, por exemplo, traçam uma imagem diferente do bandeirante: "homens pobres, grosseiros de modos, vivendo quase na indigência, duros para consigo mesmos e para seus semelhantes". A riqueza do presente em São Paulo é oposta à sua pobreza no passado, o que reforça a imagem de decadência do Nordeste onde a riqueza passada contrasta com a crise do presente.[85]

Para Ricardo, o tipo brasileiro nasceu exatamente da democratização biológica surgida na família patriarcal e cristã paulista. Esta democracia racial teria levado a uma tendência maior à democracia social em São Paulo, em comparação com o Nordeste, onde a família patriarcal fora aristocrática. Revertendo o enunciado freyreano, da aristocracia como uma positividade do passado nordestino, Ricardo atribui ao caráter democrático e patriarcal da família paulista a origem do individualismo entre nós, e não o seu refreamento como queria Freyre. Ricardo usa a família patriarcal para assentar aí a origem do "espírito burguês" no país. Freyre a toma como núcleo de uma sociabilidade antiburguesa. Portanto, dependendo do projeto de nação de cada um e do espaço que representam, a história do Brasil é lida e significada de forma diferenciada.[86]

Parte-se da situação presente da sociedade paulista, uma sociedade burguesa, projetando-se para o passado o que seriam suas raízes. O "espírito burguês" de São Paulo teria nascido na "civilização do Planalto, na vida ambiciosa dos bandeirantes". "São Paulo seguindo a indicação de sua geografia, continuava setecentos metros acima do Brasil".[87]

Mesmo Roger Bastide, um intelectual francês, também pensa o Brasil por meio dessa cisão dual entre São Paulo e Nordeste. Para ele, o Nordeste se caracterizaria por ser o lugar das normas arcaicas de relações raciais, de camaradagem afetiva, do trabalho comunitário, da manutenção de uma ética pré-burguesa. Para Bastide, a obra de conciliação, de harmonização do desenvolvimento técnico, da modernização capitalista com estes padrões "comunitários de convivência" seria uma das grandes originalidades do Nordeste. Como em toda a sua obra, ele fala de contrastes, mas elogia o que considera a capacidade brasileira de harmonizar contrários. O "nordestino" merece sua admiração pela capacidade de fundir culturas, raças, de sempre borrar as fronteiras entre o passado e o presente; o arcaico e o moderno.[88]

O Brasil seria um país cindido entre a inteligência do Sul, mais bem aparelhada em seus conceitos de realidade; e, de outro lado, o "nortista", fantasioso, imaginoso e sensitivo, delirante e compadecido. Razão e sentimento, dilema em que se cindia a identidade nacional, representada pela divisão entre suas duas regiões. Para Menotti del Picchia, o paulista era aventureiro, autônomo, rebelde, libérrimo, com uma feição perfeita de dominador de terras, emancipando-se da tutela longínqua e afastando-se do mar, investindo nos sertões desconhecidos. Já o sertanejo nordestino, em luta aberta com o meio, era extremamente duro, nômade e mal fixo à terra, sem capacidade orgânica para estabelecer uma civilização mais duradoura. Para Freyre, no pernambucano existiria, no entanto, este mesmo gosto do paulista pela iniciativa, pela descoberta, pela inovação, pela autocolonização. Ou seja, explicita-se a rivalidade entre Recife e São Paulo, no sentido de hegemonizarem a história do país. Sérgio Buarque critica a tese de Freyre, do caráter civilizador da atividade açucareira. Para ele, o senhor de engenho era um aventureiro que praticava agricultura de forma perdulária e tinha aversão ao trabalho produtivo.[89]

São Paulo é visto, na maioria das vezes, como a área da cultura moderna e urbano-industrial, omitindo-se sua cultura tradicional e a realidade do campo. Já com o Nordeste se verifica o inverso. Este é quase sempre pensado como região rural, em que as cidades, mesmo sendo desde longa data algumas das maiores do país, são totalmente negligenciadas, seja na produção artística, seja na produção científica. As cidades nordestinas, quando tematizadas, parecem ter parado no período colonial, são abordadas como cidades folclóricas, alegres, cheias de luz e arquitetura barroca. Já São Paulo é vista como uma cidade que passou do burgo pobre, feio, triste e sem luz do período colonial, para a cidade moderna, rica, movimentada, multicolorida, polifônica e cheia de luminosidades contemporâneas.[90]

Nos discursos dos intelectuais "sulistas", mesmo que por adoção como Bastide, o Nordeste é visto como a região "embebida em história", "em que a ânsia de possuir tudo novo, de modernizar-se, de ficar na última moda não inspira. Suas pedras cantam o passado, falam de um Brasil antigo, arquitetonicamente português". São Paulo era a realidade de artifício, de cimento, em contraposição à nordestina, "que foi Deus que fez e não o homem". Uma seria a região da memória; a outra, o lugar da história, do passar do tempo. Uma era natureza; a outra, cultura.[91]

O Nordeste é visto por alguns modernistas, como Mário e Oswald de Andrade, como último reduto da cultura brasileira, entendida como cultura luso-afro-ameríndia, por não ter passado pelo processo de imigração em massa. Oswald, entrando em contradição com seu cosmopolitismo cultural, praticamente reproduz o enunciado dos tradicionalistas nordestinos de que o Nordeste era a única área do país em que "a máquina capitalista ainda não picotou a renda, o crivo, o pano de costa, o que tínhamos de sagrado em autenticidade e beleza". Oswald parece ter deglutido Freyre e sofrido uma indigestão.[92]

Até mesmo o historiador francês Fernand Braudel, ao trabalhar em São Paulo na década de trinta e após visitar a Bahia, escreve uma série de textos que reforçam esta visão dicotômica do Brasil, cindido entre uma área moderna e uma arcaica, uma capitalista e a outra feudal. Dizendo já se sentir um pouco paulista, seu olhar parece contaminado pela visibilidade que aquele espaço instituíra para o Nordeste. Para ele, a Bahia era uma sociedade velha, com perfume de Europa, ao passo que São Paulo lembraria Chicago e Nova York. Para Braudel, a sociedade paulista era fluida, deixando-se arrastar ao sabor dos imperativos econômicos, já que a imigração em massa fizera submergir a antiga sociedade. Enquanto isso, na Bahia, o tecido social, por ser tradicional, era muito mais cerrado, coerente, capaz de movimentos de conjunto e inibidor dos processos de mudança.[93]

Mesmo fazendo observações pertinentes como a da maior resistência às mudanças na sociedade nordestina, certas afirmações de Braudel são criticáveis. Para sentir cheiro de Europa, na Bahia, é preciso que as narinas sejam muito seletivas. Afirmar que a migração europeia deu formato americano à sociedade paulista é um disparate. Em meio a tantos europeus, não era deles que sentia o perfume, mas o de Chicago. Enquanto o Nordeste era uma região onde o passado pesava sobre o presente, São Paulo era uma área radicada totalmente no presente e plantando o futuro. Como disse Oswald, São Paulo seria "a locomotiva que puxava os vagões velhos e estragados da Federação".[94]

Já em 1920, Amadeu Amaral denuncia a emergência de um novo surto de práticas e discursos regionalistas. Apesar de criticar preferencialmente o regionalismo separatista que surge em alguns Estados do Norte, ele admite a existência de um regionalismo paulista, embora o considere "gabola e superficial, sem maiores consequências". Ele atribui esta fragilidade do regionalismo em São Paulo ao fato de sua população ser quase toda composta de forasteiros. Mas esta própria consciência do acirramento do que chama de "um sentimento antipaulista" em outras áreas do país contribui para o reforço da identidade de São Paulo.[95]

Mas o único regionalismo que ultrapassa as fronteiras estaduais, que conseguiu unir intelectuais e políticos de vários Estados e atraiu outros grupos regionais como os da Bahia e do norte de Minas, é o nordestino. É importante, pois, acompanhar não apenas a institucionalização do Nordeste, feita pelo discurso de seus sociólogos e historiadores, ou pelo contraponto com o olhar dos intelectuais de outras áreas do país, mas também acompanhar o trabalho dos artistas e romancistas que produziram esta elaboração imagético-discursiva regional de real poder de impregnação e de reatualização. O Nordeste, espaço da saudade, da tradição, foi também inventado pelo romance, pela música, pela poesia, pela pintura, pelo teatro etc.

Páginas de Nordeste

O romance de trinta

Vamos tratar aqui de uma maquinaria literária que aparece fundada na representação de um referente tido como fixo: a realidade da região Nordeste. Este é tomado como um objeto preexistente, como uma espacialidade "natural", sobre a qual se constitui essa camada de discurso literário. Na verdade, essa literatura, longe de representar apenas este objeto, participa de sua invenção, de sua instituição.

O final da década de vinte e, principalmente, a década de trinta marcam a transformação da literatura regionalista em "literatura nacional". A emergência da análise sociológica do homem brasileiro, como uma necessidade urgente, colocada pela formação discursiva nacional-popular, dá ao romance nordestino o estatuto de uma literatura preocupada com a nação e com seu povo, mestiço, pobre, inculto e primitivo em suas manifestações sociais. A literatura passa a ser vista como destinada a oferecer sentido às várias realidades do país; a desvendar a essência do Brasil real.[96]

A crítica literária que funciona como um discurso institucionalizador de uma dada dizibilidade, que dita normas para a produção do discurso literário, vai tomar o regional como um referencial legítimo para se pensar a literatura brasileira. Viana Moog, por exemplo, propõe uma interpretação regionalista da literatura brasileira, sendo esta "uma expressão dos diferentes gênios locais que compunham o caráter nacional". A análise das obras literárias passa a ser feita por meio de analogias com as características estereotipadas de cada espaço. Cyro T. de Pádua propõe uma divisão geográfica da literatura brasileira, reforçando a ideia de que fosse ela uma "expressão espontânea de sua terra", como queria José Américo de Almeida. A crítica literária atua no sentido de legitimar a vinculação da produção literária a espaços que seriam "naturais" e fixos, a-históricos.[97]

Também para Bastide, a melhor forma de estudar a literatura brasileira era exatamente pensá-la como expressão das "diversas ilhas culturais que formavam o arquipélago harmônico" do Brasil. A crítica trata de legitimar e eleger a região como o lugar da produção literária da nação. Como bem percebeu Merquior, estilisticamente a literatura do Nordeste, a rigor, nunca existiu, ela é assim vista por uma identidade que foi criada pela crítica e assumida pelos próprios autores.[98] Mas o que Merquior não percebe é que esta identidade de grupo foi gestada nas lutas que se travavam no campo literário e fora dele. Embora sendo um grupo de autores muito diferenciados do ponto de vista estilístico, os romancistas do Nordeste se aproximam, pela posição que ocupam no campo literário e como representantes de uma área cultural do país em declínio em outros aspectos, e que elegem a politização da cultura como o caminho para se fazer presente no cenário nacional. Se, do ponto de vista estritamente literário, o regionalismo nordestino não existe, ele existe como discurso literário que procurou legitimar, artisticamente, uma identidade regional que havia sido gestada por inúmeras práticas regionalistas e elaborada sociologicamente por Gilberto Freyre.

A crítica literária passa a explicar até mesmo o estilo dos autores nordestinos, a partir das imagens ligadas a este espaço. Os autores são áridos, secos, pontiagudos, lembram o deserto, o cacto. A identidade do autor é estabelecida com base na relação dele e de suas obras com o espaço que quer representar, embora alguns, como Graciliano Ramos, procurem realmente afirmar no próprio estilo, na textura da linguagem, na sua forma de expressão, a imagem da região que constrói.[99]

O próprio surgimento do que passa a ser chamado de "romance de trinta" ter-se-ia dado pela identificação completa dos autores com sua paisagem, com seu meio, passando a senti-lo, a vê-lo, a dizê-lo como nunca se fizera antes. Para Paulo Cavalcanti, esse romance expressava uma realidade coletiva, fiel às tendências de um povo e às características de uma região, relacionando as lembranças dos autores ao que havia de mais essencial na estrutura da sociedade. Uma literatura verdadeiramente brasileira por estar ligada à região que menor influência estrangeira havia sofrido e também por ser a síntese de todas as suas contradições, os contrastes sociais e naturais.[100]

O Nordeste é definido como "uma província literária", legitimando assim não só a identidade do romance como nordestino, como a própria ideia de Nordeste, por "possuir uma literatura própria que é expressão de sua verdade". A literatura seria a expressão do "espírito" de cada área. A literatura paulista era uma literatura de aventura e de conquista, assim como o "espírito bandeirante"; já o romance nordestino era "rústico, inculto e forte como aquela área".[101]

A crítica nordestina vai caracterizar o "romance de trinta" como uma literatura que atendia às exigências do ambiente físico e social em que se produziu, como "expressão de seu espaço", como uma "reação nordestina aos cânones antigos sem perder o sentido universal da cultura brasileira", o encontro com os traços diferenciais em relação à realidade europeia, prosa brasileira nascida do encontro com suas paisagens, seus costumes e suas paixões. O Nordeste, espaço brasileiro, ao ser representado literariamente, produziria a originalidade de nossa produção literária. Espaço em crise que deveria se expressar por meio da denúncia e da polêmica. Espaço telúrico que deveria ser permanentemente recriado na memória e recuperado tal como deveria ser.[102]

O "romance de trinta" foi possível, na verdade, pelo surgimento de uma sociedade mais complexa e modernizada. A poesia, que predominava no campo literário até 1914, cede lugar ao romance ligado diretamente à necessidade nacionalista de entender e explicar a nação e seu povo. Os outros saberes que se desenvolvem em torno da mesma questão, como a sociologia, a história, a etnografia vão fornecer dados, sugestões e normas para esta produção literária. As práticas nacionalistas no campo cultural, como a criação de Faculdades, Institutos, realização de congressos, simpósios, debates em torno da língua nacional, da cultura nacional, dos problemas nacionais, estimulam a produção literária a enveredar por esse caminho, a se constituir em mais um discurso a indagar a verdade e a essência da nação. Os problemas do caráter nacional e do tipo brasileiro encontram no romance vasto campo de caracterização psicológica de tipos nacionais e regionais e do debate da miscigenação.[103]

À medida que a formação discursiva nacional-popular tinha como uma das problemáticas centrais pensar a nação na sua essência, e à medida que a diversidade das condições sociais se acentuava, o "romance de trinta" emerge preocupado em conhecer e definir os vários tipos humanos e as características sociais que compunham a nação. Ele cruzará o ponto de vista psicológico com o sociológico. No caso do romance nordestino, irão se cruzar a crise de uma sociabilidade com a de uma intelectualidade tradicional, o problema individual de filhos de proprietários rurais, em crise, com o problema social equacionado como "problema regional" pela produção sociológica freyreana e toda uma produção discursiva anterior. A desterritorialização pessoal e social se cruzam, tornando este romance um discurso que visa formar uma consciência crítica e ser uma atividade participante nas transformações históricas do país, seja para barrá-las, seja para dirigi-las numa dada direção.

O sucesso dos romancistas, na década de trinta, se deve também a uma significativa extensão do mercado editorial do país e da comercialização de livros. Esta produção estava concentrada no eixo Rio de Janeiro — São Paulo, para onde tinham de se deslocar os romancistas nordestinos, em busca da proximidade com o centro econômico e político do país. Esses romances terão como principais leitores toda uma camada média urbana que vinha se ampliando neste momento, e neles o enunciado nacionalista da "necessidade de se conhecer os problemas do país" encontrava enorme ressonância. Aquela camada, considerando-se "moderna, culta, urbanizada, civilizada", tem enorme curiosidade em relação "ao exótico, ao rústico", até como forma de marcar sua diferença, além de se interessar pelo conhecimento de "nossos problemas, de nossas angústias, de nossas misérias, de nossas tradições".[104]

O discurso monológico presente no "romance de trinta" permite ser este um discurso identitário, preocupado em elaborar personagens simbólicas, dotadas de uma individualidade coerente garantida pela ação; personagens que viessem exatamente suprimir esse dilaceramento das identidades sofrido nesse momento por seus autores. São personagens que querem garantir, na espessura do texto, a manutenção de uma essência e eliminar qualquer virtualidade. Os personagens do "romance de trinta" são típicos, tipos fixos que mesmo diante de todos os conflitos internos e dos dissabores externos que enfrentam ao longo da trama, nunca chegam a se negar a si mesmos; eles têm garantida a continuidade de "um modo de ser", de "um modo de pensar", de "um modo de agir" regional.[105]

O "romance de trinta" tem como tema central a decadência da sociedade patriarcal e sua substituição pela sociedade urbano-industrial. Seus autores procuram se engajar na luta entre os vários projetos que surgem para a nação neste momento de transição, desde propostas conservadoras até revolucionárias. Para isso eles tentam se aproximar do "povo", adotando temas e formas de expressão de origem popular como forma de denunciar as condições sociais em que vivia. Sendo em sua maioria descendentes de famílias tradicionais e decadentes, vivendo um processo de marginalização, estes intelectuais de classe média não estão mais comprometidos diretamente com os grupos dominantes. O campo literário adquire com a profissionalização uma certa autonomia, que faz com que a literatura, nas palavras de Candido, se "desoficialize", havendo, pois, uma maior independência e identificação do escritor em falar do povo, marginalizado como ele e, ao mesmo tempo, separado de uma vinculação direta com a burguesia. O romance passa a ser feito para um "público" e não para uma classe. Identificando-se com o sofrimento do povo, muitos terão a pretensão de ser seus porta-vozes numa nítida postura populista, oscilando entre a denúncia das condições de vida dos setores populares e o elogio da dominação paternalista.[106]

O "romance de trinta" aborda, a partir de enunciados sociológicos, as "várias realidades do Nordeste", levando à superação da tradicional dicotomia que atravessava a produção regionalista naturalista, entre litoral e interior. O homem do interior deixa de ser visto como um ser exótico, pitoresco, que não se encaixava nos padrões emanados das cidades, e passa a ser abordado na sua constituição sociológica e psicológica, denotando o seu pertencimento a um todo social e não mais um ser estranho, apartado da realidade da civilização.[107]

O chamado "romance de trinta", no entanto, não é monolítico, no que tange à sua visão do Nordeste, da construção desta região como um espaço da saudade, da tradição. Desta participam apenas alguns de seus autores, como José Lins, José Américo e Rachel de Queiroz. Estes também se diferenciam pela área do Nordeste que tomam como referente para pensar a região. Para José Lins e outros autores que nem fazem parte deste grupo, como Ascenso Ferreira, Jorge de Lima e Manuel Bandeira, o Nordeste tradicional é o Nordeste da cana-de-açúcar, da sociedade patriarcal e escravista que se desenvolvera na Zona da Mata, seja no campo, seja nas cidades do litoral. Entretanto, para José Américo e Rachel de Queiroz, embora se reportem também ao litoral, é o sertão o espaço tradicional por excelência e aquele que dá originalidade ao Nordeste.

Eles inventam um Nordeste tradicional, o que não significa que partam do nada. Significa que eles escolhem entre lembranças, experiências, imagens, enunciados, fatos, aqueles que consideram essenciais e característicos desta região, de um tipo regional. Na verdade selecionam imagens e enunciados, formas e materiais de expressão que se coadunam com uma dada visibilidade e dizibilidade do Nordeste, as do Nordeste como o lugar da conservação de uma identidade ameaçada de se perder. A eficácia, a veracidade do que dizem sobre a região, baseiam-se muito pouco no próprio "Nordeste", e não podem instrumentalmente depender dele. O que importa é a técnica de representação que utilizam, que o torna visível, claro e "lá". Para produzir seu efeito de instituição, este discurso literário lança mão de tradições formais, convenções imagético-discursivas e não de um amorfo "Nordeste".

O "romance de trinta" opera pela elaboração de personagens típicos, de tipos que falam do que consideram experiências sociais fundamentais, que constituíam identidades típicas do regional. São personagens exemplares que devem promover a própria identificação do leitor com os seus comportamentos, valores, formas de pensar. São personagens que pretendem ser reveladores de uma essência do ser regional ou de lugares sociais bem definidos. O típico faz parte do mecanismo de exemplaridade, da produção de uma subjetividade "regional". Mas para ser subjetivado, o tipo deve ser crível, deve lançar mão de enunciados e imagens, de experiências e práticas sociais que sejam reconhecidas pelo leitor. O romance "típico" atualiza nos personagens elementos consagrados pelos códigos perceptivos de sua época.[108]

Embora o tipo recorra quase sempre a figuras já estabelecidas, repetitivas, que remetem a uma ordem social e cultural dominante, antes da realização da obra, ele não é obrigatoriamente conservador, porque seu funcionamento pode ser de incitamento à produção do novo. As identificações com os tipos podem ser criativas, inventivas, por isso mesmo, neste discurso tipológico, a identidade nunca está garantida. Mesmo querendo ser um modelo para ser serializado, o tipo pode funcionar como matéria de expressão do novo. Os tipos regionais definidos por esta literatura, embora tendam a se repetir, sofrem deslocamentos criativos, por exemplo, quando são agenciados por outros discursos que os tomam como objetos.[109]

A própria escolha da forma romance para falar do Nordeste se impõe à medida que se quer resgatar toda uma tradição narrativa e imagético-discursiva que seja "representativa" deste espaço. A forma romanceada predominava entre as formas narrativas mais populares nesta área, as narrativas orais cantadas ou não. Elas surgem como a melhor forma de recriar a vida e as histórias deste espaço. Roberto Ventura mostra como, já no final do século XIX, a literatura popular, bem como a tradição dos cantadores e repentistas, ao lado das argumentações jurídicas, já enformavam os combates entre os bacharéis do Norte que polemizavam na imprensa e revistas do Rio de Janeiro. Sílvio Romero, Joaquim Nabuco, Araripe Júnior e outros travavam polêmicas em que se interpenetravam pressupostos evolucionistas e um código de honra característico da sociedade rural e patriarcal veiculado por aquela produção popular.[110]

O cordel fornece uma estrutura narrativa, uma linguagem e um código de valores que são incorporados, em vários momentos, na produção artística e cultural nordestina. Como a produção do cordel se exerce pela prática da variação e reatualização dos mesmos enunciados, imagens e temas, formas coletivas enraizadas numa prática produtiva e material coletiva, este se assemelha a um grande texto ou vasto intertexto, em que os modelos narrativos se reiteram e se imbricam e séries enunciativas remetem umas às outras. É, pois, este discurso do cordel um difusor e cristalizador de dadas imagens, enunciados e temas que compõem a ideia de Nordeste, residindo talvez nesta produção discursiva uma das causas da resistência e perenidade de dadas formulações acerca deste espaço. Esta produção popular funciona como um repositório de imagens, enunciados e formas de expressão que serão agenciadas por outras produções culturais "eruditas" como a literatura, o teatro, o cinema etc.[111]

Como uma manifestação cultural popular, o cordel ultrapassa a visão representativa para se tornar produção de linguagem, ultrapassa a noção de obra e autor. Ele produz uma "realidade" nascida da reatualização de uma memória popular que entrelaça acontecimentos das mais variadas temporalidades e espacialidades. Presentificando-as, colocando-as acima do tempo corrosivo da história, uma prática discursiva que inventa e reinventa a tradição e, como tal, interessava a um grupo de intelectuais também preocupados com a estabilidade espaço-temporal. A literatura popular possui uma estrutura narrativa com preceitos paradigmáticos que são manipulados de forma criativa ou não pelo narrador popular. É uma literatura que obedece a normas bem definidas, a um protótipo fabular que pode ser recoberto e "deformado" por enxertos e acréscimos individuais.

O cordel fornece inclusive a visão tradicionalista que impregnará parte da produção sobre esta região. O "primitivismo" ou o "barbarismo" da fabulação oral parece, pois, ser a forma mais adequada para expressar uma região cujo conteúdo também se vê como "primitivo" ou "bárbaro", uma forma não moderna de expressão para mostrar uma região também não moderna. Um Nordeste construído com narrativas de ex-escravos, de pessoas sem sobrenome, com histórias ouvidas na infância, com histórias que circulavam em toda aquela área; histórias de cangaceiros, de santos, de coronéis, de milagres, de secas, de cabras valentes e brigões, de crimes, de mulheres perdidas, do sertão mítico, repositório de uma pureza perdida, nostalgia de um espaço ainda não "desnaturalizado" pelas relações sociais burguesas.[112]

A estrutura narrativa do cordel permite também que o fato novo, o extraordinário, as descontinuidades históricas que vêm perturbar o cotidiano e a regularidade da vida sejam submetidos a imagens e enunciados que lhes dá um lugar tradicional, que retiram a sua novidade, que domam a sua diferença e que os submetem ao reino da semelhança. Uma maquinaria discursiva que, assim como o Nordeste, procurará instaurar sempre a continuidade.

O romance de José Lins do Rego, por exemplo, apoia-se nos processos narrativos populares dos cantadores e contadores de histórias.

Uma narrativa sem argumento centralizador e poucos diálogos, muito mais um depoimento interior, em que diferentes vozes, sejam populares ou não, comungam de uma mesma visão de mundo ainda não atravessada pelos embates e identidades de classe. Fala-se da casa-grande como um mundo onde as vozes, embora hierarquicamente dispostas, são pouco diferenciadas. Uma narrativa em que diferentes vozes falam para afirmar muito mais uma cordialidade, uma familiaridade entre elas, do que para afirmar suas dissensões, embora estas ocorram, notadamente, quando partem dos grupos marginais à sociedade patriarcal, como os grupos urbanos ou não ligados diretamente à terra, como os artesãos.[113]

Para ver e dizer a região "como ela era", estes autores pretendem estabelecer um estilo regional que beberá nestas fontes populares. Este estilo regional se rebela contra o estilo acadêmico, busca uma fala próxima à do cotidiano, abandonando também o que consideram a falsidade da linguagem modernista, sua artificialidade. Uma tentativa de fazer a linguagem voltar a ser expressão do real, de restabelecer o vínculo direto entre homens e coisas, de traçar um mundo que fosse imagem direta da realidade, em que tudo parecesse visível e donde emanasse um sentido de imediato. É a busca de transformar a linguagem em ponto de partida para o relançamento de uma realidade que escapava, que se tornava estranha, abolindo a distância entre coisa e significado, restabelecendo os antigos significados vistos como "naturais" e essenciais.[114]

Embora produto do olhar moderno, estes romances são nostálgicos em relação a uma visão naturalista e realista do real, em que tudo parecia claro, fixo, estável, e todas as hierarquias e ordenações no seu lugar. O que mais temem na modernidade é o dilaceramento, o conflito em torno do próprio espaço tido, até então, como referente natural e eterno. Não é por outro motivo que este romance tem como um dos seus temas constantes a luta pela terra, pelo poder sobre o espaço. As usinas e seu impulso expansionista, sua fome de terras, invadindo os banguês, maculando os espaços sagrados dos antepassados, são o símbolo maior desse processo em que a terra deixa de ser repositório fixo de tradições e relações seculares de poder para se tornar uma "vil mercadoria".[115]

Outro indício desta nostalgia do espaço naturalista, da reação à espacialidade moderna, é a visão negativa que estes romances têm em relação à cidade. Se o regionalismo anterior olhava para o campo a partir das cidades e o desdenhava, este novo regionalismo do "romance de trinta" olha para as cidades a partir do campo, e vê nelas o símbolo da "perdição". O Nordeste como o lugar da tradição é sempre tematizado como uma região rural, onde as cidades aparecem como símbolos da decadência, do pecado, do desvirtuamento da pureza e da inocência camponesas. Embora muito antigo, o fenômeno urbano e metropolitano no Nordeste é praticamente ignorado por sua produção artística e literária. Sendo o local de uma das primeiras manifestações industriais no país, a indústria é vista com desconfiança, como um corpo estranho numa "região agrícola". "Olhar o Nordeste da cidade grande é como olhar do lado avesso de um binóculo. Tudo longe, muito embaraçado".[116]

Em algumas formulações, o Nordeste aparece como o mundo "primitivo", em oposição à degenerescência do mundo "civilizado". O regional aí se torna sinônimo de rural ou de manifestações folclóricas quando ocorridas nas cidades. Alguns destes romances procuram afirmar a superioridade da vida do campo em relação à da cidade, bem como a superioridade das relações patriarcais em relação à sociabilidade burguesa que a cidade representa. Generaliza-se a sociabilidade rural como a sociabilidade "regional", escamoteando-se as fraturas no interior desta própria sociabilidade, bem como aquela entre interior e litoral. Constrói-se a imagem de uma sociabilidade rotineira em que apenas a irrupção da natureza vem quebrar a rotina, com as secas, as enchentes, os nascimentos, as mortes, os primeiros reclamos da carne.[117]

Quando se tematizam as cidades, faz-se como Ascenso Ferreira ou Manuel Bandeira, procura-se a cidade antiga, "o velho Recife que ficou atrás do arruado moderno, do rio batendo no cais, das casas fechadas". Cidades de "bondes puxados a burros e carroças, cheias de mato pela rua". Cidades "miúdas como sua gente, sempre as mesmas, nunca dando mais do que já deram, que só tinham de imponente a igreja matriz e o sobrado do coronel do lugar; com suas feiras, mexericos e maledicências". Nordeste dos "burgos apodrecidos, onde quando vinha uma melhora era para ficar pior do que estava".[118]

O Nordeste que os tradicionalistas inventam pode ser como a "terra de Ascenso Ferreira", de sua poesia inspirada nos cantadores populares, no martelo alagoano: um Nordeste de vida fácil, de homens que, para viver, basta pescar, armar o mondel e ir dormir e sonhar com a caça que irá amanhecer presa. "Nordeste do Deus de carne e osso, Padre Ciço do Joaseiro", dos homens que já nascem guerreiros, homens "para quem, brigar é destino: Cabeleira, Conselheiro, Lampião". A região de Ascenso é esta sem problemas sociais. Um Nordeste lírico, idealizado, poético; um Nordeste pelo direito; um Nordeste da mestiçagem e da tradição patriarcal; um Nordeste sem contradições sociais, sem luta pelo poder.[119]

Nordeste que surgia agora como um sonho que passou, que surgia nos nomes de seus engenhos de fogo-morto (Esperança, Estrela d'Alva, Flor do Bosque, Bom Mirar), que surgia no tropel dos tropeiros nas estradas, que surgia nas casas coloniais cheias de assombrações. Nordeste que morria sob o peso das rodas da Usina orgulhosa, do brilho dos aços, que derrubou as pedras lendárias e enxotou os fantasmas de saias de seda. Nordeste triturado nas lâminas das turbinas. Nordeste das casas-grandes, onde senhores eram abanados ou esquentados pelas escravas, "do mar de canas, cana-caiana, cana-roxa, cana-fita, cada uma a mais bonita e gostosa de chupar".[120]

Nordeste "para o qual o sertão era o outro lado do mundo, de onde chegavam, fugitivos das secas e homens briguentos corridos por terem cometido crimes de morte". Espaço sob o mando das famílias que eram donas de tudo e de todos. Famílias extensas que se espalhavam em muitos concubinatos e filhos bastardos. Nordeste do império da água, águas caudalosas, vermelhas, derrubando barreiras. Nordeste dos avôs patriarcais, generosos, brandos, de muita força e poder, de pouquíssima leitura, participando dos conchavos políticos do Império e início da República, que não ambicionavam o luxo. Senhores que desciam de sua arrogância para o contato com os pobres de sua bagaceira. O bom rico "que botava na cama as negrinhas que lhe lavavam os pés". Um mundo nobre sendo destruído e hostilizado por forças maquiavélicas de fora de suas fronteiras.[121]

Mas o Nordeste tradicional pode ser também o do sertão, da "paisagem nua, povoada de árvores magras sem folhas para o vento brincar;

paisagem crivada de espinhos como a fronte de Jesus; crivada de pedras disformes que lembram monstros que não couberam na arca de Noé". Sertão dos "vaqueiros, dos bodes patriarcais, das igrejas velhas, dos comboios de tangerinos, de cangaceiros e profetas, do sol vermelho como um tição". "Um mundo empapado de sangue, de sangue de Deus e dos homens". "Terra de uma raça maldita que pedia vingança, terra da bala, do fogo e da morte", "Nordeste onde nem paisagem se tem, onde nem se chega a ter campo com sua paisagem idílica. Um lugar igual à Terra Santa, onde homens rijos, ascéticos, tostados se concentram em torno de pequenas ilhas de água cercadas de terra por todos os lados". "Terra de ninguém dos retirantes", um Nordeste tecido de flagelos, de miséria, de fios de seca, cangaço, misticismo e prepotência. Terra "cujos marcos eram cadáveres, um espaço regido pela honra e pela vindita, não pela lei ou pelo direito". Nordeste "onde o sofrimento do homem era o sofrimento da própria terra, identificados na mesma desgraça".[122]

Um sertão que é o Nordeste, espaço mítico já presente na produção cultural popular, no cordel e em romancistas do século XIX, como Franklin Távora e José de Alencar, sistematizado definitivamente por Euclides da Cunha e, agora, agenciado para representar uma região. O sertão deixa de ser aquele espaço abstrato que se definia a partir da "fronteira da civilização", como todo o espaço interior do país, para ser apropriado pelo Nordeste. Só o Nordeste passa a ter sertão e este passa a ser o coração do Nordeste, terra da seca, do cangaço, do coronel e do profeta. "A negação do Brasil verde, do Brasil aquático, do Brasil de jardins amáveis. Terra angustiada pelo sol, gretada pela decomposição violenta, esboroada, desfazendo-se nos pés dos redemoinhos".[123]

O espaço nordestino vai sendo dotado de uma visibilidade e de uma dizibilidade; desenhado por um agrupamento de imagens rurais ou urbanas, do litoral ou do sertão, domadas em sua diversidade pelo trabalho integrativo de poetas e escritores.

Essa realidade devia ser dita em sua própria linguagem, com sua própria língua. O regionalismo tradicionalista terá como uma de suas empresas resgatar o linguajar regional, estabelecer uma "língua regional". O "falar nordestino" começa a ser sistematizado nestes romances e será, posteriormente, alvo de estudos de folcloristas, linguistas, glotólogos e etnógrafos. Esse "falar nordestino" se constitui, na elaboração paulatina de uma língua imaginária, um sotaque imaginário que abarcaria o todo regional, desconhecendo as variações de pronúncia e usos linguísticos no Nordeste. O romance de trinta tinha a preocupação de superar a visão exótica do falar regional, tomando-o como um material a ser trabalhado e como um meio de se construir um novo falar "culto".[124]

Gilberto Freyre já havia atribuído à influência do "complexo sócio-cultural da casa-grande e da senzala" a formação de um português brasileiro, ruralizado, uma língua adaptada aos trópicos, cheia de permanências e arcaísmos do português quinhentista. Uma língua amolecida e amaciada pela pronúncia dos negros que lhe teria retirado o "s" e o "rr". Para ele, como para José Lins, a linguagem seria uma forma de manifestação do regional, como o lugar da autenticidade. A região também seria o local do falar mais autêntico, mais brasileiro, marcado pela oralidade, mais próximo da realidade do homem brasileiro.[125]

É sob a influência direta de Gilberto Freyre e de José Lins do Rego que o filólogo Mário Marroquim vai partir da ideia de Nordeste para estudar a sua dialetação regional. Para ele, a diferente formação étnica e histórica dessa região permitia falar de um dialeto à parte e, ao mesmo tempo, de uma unidade interna ao seu falar. Por isso, embora seu estudo *A Língua do Nordeste* se baseie em pesquisas realizadas na região da mata alagoana e pernambucana, o modo ou modos de falar aí encontrados são generalizados incorretamente para toda a região.[126]

A filologia de Marroquim, segundo Freyre, servia para conhecer mais de perto o homem do Nordeste e as marcas que a história desse homem deixou nas palavras. A língua é tomada como um campo no qual indícios de regionalidade haviam se incrustado e deveriam ser revelados. Para falar do Nordeste, para dizê-lo, era preciso uma língua própria. Devido à extensão territorial do país e ao contato com diferentes grupos étnicos e linguísticos, a língua portuguesa teria se segmentado em línguas regionais, em torno dos diferentes núcleos de povoamento e colonização, dos quais o Nordeste teria sido o original. Estudar o dialeto do Nordeste significava voltar ao passado, estudar a memória de uma sociedade na qual aquelas expressões dialetais tinham se gestado e, pela primeira vez, tocado os ouvidos do autor.[127]

Marroquim caracteriza o "falar nordestino" como aquele marcado por uma pronúncia demorada, arrastada, em que se dizem todas as vogais marcadas e abertas, de onde vem a impressão do falar cantando. As locuções "de manhã", "de tarde" e "de noite" soariam sempre com o "e" transformado em "i": "di manhã", "di tarde", "di noite". O cogote do boi sob a canga no trabalho dos engenhos transformou-se em cangote. As vogais "a", "i" e "u" seriam sempre abertas ou nasalizadas pela presença de um "m" ou "n" posterior. Trocar-se-ia o "l" pelo "r", pela dificuldade de seu uso etc.

À medida que vai abordando a "língua do Nordeste", Marroquim faz emergir formas particulares de falar, às vezes restritas a uma única cidade, como, por exemplo, a de Água Branca, em Alagoas, onde se acrescentava um "i" ao "l" ou "r" finais: soli, doutori, sali, amori..., pondo por terra a pretensa língua regional. Menciona também diferenças de pronúncia de Estado para Estado: "coma" na Paraíba e "cuma", em Pernambuco; usa-se em Alagoas artigo antes dos nomes próprios e das palavras mamãe, papai, titio, titia, vovô e vovó, enquanto em Pernambuco não se usa. A própria divisão entre língua matuta e língua culta, com a qual Marroquim trabalha, nega a existência desta língua nordestina, "que seria expressão de seu caráter e de suas tradições, uma língua que expressava a alma deste povo".

A variação dialetal do Nordeste teria, para Marroquim, uma tríplice origem: o português arcaico, a derivação e a composição dialetais e a contribuição "estrangeira", notadamente, a africana e a indígena. Sendo uma região para onde não houve outras migrações estrangeiras mais recentes, a língua se estabilizou há mais tempo, além de que, em Pernambuco, o indígena foi obrigado a falar o português desde muito cedo, tendo acesso a formas arcaicas da língua que, ao serem levadas para o interior, ficaram imunes às mudanças ocorridas na língua portuguesa pós-renascentista. Palavras como agradecer, alifante, amenhã, apus, antão, coidado, distruí, dixe, fruita, ingrês, luitar, manteúdo, deferença, dispois, dereito, inxempro, esprementar, fremosura, premêro, entrudo, entonce, rudo, rezão, saluço, samiar, trouve, trouvesse, treição, inleição, areado, assentar, dona, função, reinar, punir (defender alguém) advieram deste português arcaico.

O "romance de trinta" dotará o Nordeste de uma visibilidade e uma dizibilidade que passa inclusive pelo trabalho com a linguagem e se apoia basicamente num trabalho com a memória que desenrola o presente e o passado e os estende como sucessão linear. Busca-se o sentido daquela dispersão de signos do passado na invenção do presente, que é a região. O cangaceiro que se viu na infância, a retirada dos famintos, o camponês pobre e mudo, o santo que passava com seus seguidores, o coronel que dava ordens de cima de seu cavalo, adquirem um sentido unificado ao serem pensados como manifestações de uma regionalidade, como indícios de uma essência regional. A região os explica, ao mesmo tempo em que está implicada neles.

"Uma região de pessoas voltadas para o passado, para a vida que era toda morte".[128]

Os temas regionais

O chamado "romance de trinta" institui como "temas regionais": a decadência da sociedade açucareira; o beatismo contraposto ao cangaço; o coronelismo com seu complemento: o jagunço e a seca com a epopeia da retirada. Esses temas, presentes na literatura popular, nas cantorias e desafios, no discurso político das oligarquias, foram agenciados por essa produção literária, tomando-os como manifestações que revelariam a essência regional.

Esses temas folclóricos, tradicionais, foram resgatados para participarem de uma estratégia política de denúncia das condições regionais. Estratégia de trazer à tona suas misérias e tudo aquilo que podia servir de indício de descontentamento com a nova sociedade que se instaurava. Além de impressionarem, de chamarem a atenção dos leitores de classe média e das grandes cidades, esses temas permitiam calcar a própria ideia de Nordeste no polo oposto da modernização capitalista. Estes ofereciam uma visão de síntese do que seria esta realidade social regional, pensada como totalidade. Além disso, as manifestações de revolta popular recebiam a solidariedade de intelectuais também indignados com as mudanças na sociedade tradicional, que, segundo eles, tinham mecanismos de controle mais eficazes.

As dicotomias Deus e Diabo, tradicional e moderno, mar e sertão, inferno de miséria, fome, seca e profecia de salvação atravessam a constituição desta identidade regional.

O tema da seca foi, sem dúvida, o mais importante, por ter dado origem à própria ideia da existência de uma região à parte, chamada Nordeste, e cujo recorte se estabelecia pela área de ocorrência deste fenômeno. Seja pelas práticas que suscitou, de "auxílio" aos flagelados, de controle de populações famintas, de adestramento de retirantes para o trabalho nos "campos de concentração", de organização institucional para o "envio de socorros públicos e particulares", de mecanismos de controle das "obras contra as secas", seja pela necessidade de unificação do discurso dos representantes desta "área da seca" em nível nacional, deu origem ao *discurso da seca*, que se transmutou paulatinamente num discurso regional orientado para outras questões. A seca foi decisiva para se pensar o Nordeste como um recorte inclusive "natural", climático, um meio homogêneo que, portanto, teria originado uma sociedade também homogênea.

A imagem do Nordeste passa a ser pensada sempre a partir da seca e do deserto, ignorando-se todas as áreas úmidas existentes em seu território. A retirada, o êxodo que ela provoca, estabelece uma verdadeira estrutura narrativa. Uma fórmula ritualística de se contar uma fuga de homens e mulheres do sertão que lembra a própria narrativa cristã da saída dos judeus do deserto. As estações das desgraças crescentes vão se sucedendo até se chegar ao litoral ou à terra prometida do Sul. Além disso, o fato de a seca ser um fenômeno que ocorria secularmente na área era fundamental para se instituir a região como um espaço também portador de uma história secular. Se as secas sempre existiram, o Nordeste, "terra das secas", também sempre estivera lá. Ela era a garantia da continuidade e da eternidade deste espaço regional, mesmo que fosse na desgraça e na miséria.[129]

A seca surge na literatura como aquele fenômeno detonador de transformações radicais na vida das pessoas, desorganizando as famílias social e moralmente. A seca é responsabilizada, inclusive, pelos conflitos sociais na região, pela existência do cangaceiro e do beato, naturalizando-se as questões sociais. Se o sertão pega fogo, é graças ao sol inclemente.[130]

O romance de trinta instituiu uma série de imagens em torno da seca que se tornaram clássicas e produziram uma visibilidade da região à qual a produção cultural subsequente não consegue fugir. Nordeste do fogo, da brasa, da cinza e do cinza, da galharia negra e morta, do céu transparente, da vegetação agressiva, espinhosa, onde só o mandacaru, o juazeiro e o papagaio são verdes. Nordeste das cobras, da luz que cega, da poeira, da terra gretada, das ossadas de boi espalhadas pelo chão, dos urubus, da loucura, da prostituição, dos retirantes puxando jumentos, das mulheres com trouxas na cabeça trazendo pela mão meninos magros e barrigudos. Nordeste da despedida dolorosa da terra, de seus animais de estimação, da antropofagia. Nordeste da miséria, da fome, da sede, da fuga para a detestada zona da cana ou para o Sul. Nordeste da polaridade seca/inverno, borralho camburante/paraíso florido, cheio de alegrias, sons e cores; do preto e do verde que se sucedem em ciclos. Nordeste do tempo circular da natureza, região cuja história parece ser um moto-contínuo.[131]

Nordeste onde qualquer quadro é marcado pela presença do sol. "Sol carrancudo tremeluzindo em círculos de fogo, as cacimbas dessedentadas, a lua de cara vermelha e congestionada, o incêndio no céu, o horizonte que crepita." Estes romances traçam um "painel do inferno", uma paisagem desértica, crestada, ressequida, desnudada. Imagens de um Nordeste que parece naturalmente condenado às cinzas, à desolação, ao martírio e à dor, cujos personagens têm destinos marcados, por esse encontro, com a desgraça irrecorrível, com um mundo de fatalidades, mas também com um mundo de injustiças sociais cometidas pelos novos grupos sociais dominantes, que deixam de exercer, neste momento, a proteção paternalista que os antigos senhores sabiam fazer. Um Nordeste vitimado pela incúria de um poder público federal que estava nas mãos de governantes de outra região, que não entendiam o "problema da seca", o "único problema do sertão", aquele que aniquilava tudo e todos, que animalizava os homens, que os transformava em "feras". O romance devia ser a denúncia desta realidade, devia dizer e fazer ver este Nordeste presente, em oposição a um Nordeste paraíso, no passado de glórias do açúcar.[132]

Mesmo assim o sertão é, para alguns tradicionalistas, o melhor lugar para viver. Livre das decadências trazidas pela civilização, lugar dos verdadeiros homens de fibra e das mulheres de honra. Para autores como Rachel de Queiroz e José Américo, o sertão aparece como o repositório do verdadeiro caráter nacional, reduto de uma sociabilidade comunitária, familiar e orgânica, onde os valores e os modos de vida contrastam com a civilização capitalista moderna, com a ética burguesa assentada no individualismo, no conflito e na mercantilização de todas as relações. O tema da dissolução, da decadência, seja física, seja moral, dos personagens submetidos a essas novas relações sociais, da perda do sentido das coisas, da falta de linguagem para expressar o novo mundo, o mundo da loucura e da morte provocada pela incapacidade total de assimilá-lo, é constante, seja em José Lins, mais voltado para abordar a sociedade açucareira, como protótipo desta sociedade comunitária, seja em Rachel de Queiroz e José Américo, que tomam o sertão como o último reduto desta sociabilidade após a decadência da sociedade canavieira.[133]

A queda do Nordeste faz desaparecer o "paraíso infantil" destes autores, a região do latifúndio patriarcal, ainda não maculada por usinas, fordes, vácuos e turbinas americanas. Nordeste do avô, "onde ninguém vadiava, mas ninguém passava fome, onde valsas embalavam as senzalas, onde negras velhas falavam da África e as donzelas loandas meio nuas naquela escuridão de pele abriam sexos vermelhos e mornos". Sociedade patriarcal que "fizera a grandeza do Brasil", expressão "do poder e da autenticidade brasileira", onde negros e senhores conviviam "harmoniosamente", onde coronéis e seus jagunços se respeitavam e se amavam como "pais e filhos".[134]

Tal discurso literário tende a valorizar essa sociedade totalmente hierarquizada, em que cada um "ocupa seu devido lugar" e as diferenças sociais são escamoteadas pelos mecanismos paternalistas, de relações diretas, pessoais, por isto vistas como mais "quentes", atravessadas pelo sentimento, mais do que pela racionalidade, sem lugar para a emergência da instância pública e das ideologias políticas racionalizadas, vistas como estabelecedoras da luta entre as classes. O autor branco, educado pela mãe negra que lhe deu de mamar, lhe curou as doenças, lhe fez as primeiras carícias e lhe contou as primeiras histórias e que depois aprendeu safadeza com os moleques, é o "democrata racial" e social, aquele que se solidariza e ajuda os hierarquicamente inferiores, desde que estes "o respeitem" e conheçam o seu lugar.[135]

Estes romances formadores, ainda hoje, da subjetividade das pessoas com acesso à leitura tendem a formar uma visão lírica da escravidão, ocultando o seu aspecto cruento, reconciliando o presente com este passado vergonhoso do país e da região. Eles tendem a enfatizar o caráter arbitrário do mundo burguês, a exploração do assalariamento, em nome da valorização dessa sociedade patriarcal e escravista.

Assim esses romances ajudam a formar subjetividades antimodernas e anticapitalistas. Veem esta sociedade como o fim de todos os territórios-refúgio, territórios sagrados, puros, de todas as ilhas de humanidade. O Nordeste seria este território a ser preservado contra o torvelinho das metrópoles, contra as máquinas. Seria o local onde o caboclo ainda ritma o trabalho com cantigas, onde "até a miséria era boa" e a "lama era amorosa". Seria o local onde a ordem estava preservada sempre, onde o mundo burguês era a perdição, a escravidão dos homens, principalmente os negros que, paradoxalmente, "viviam mais livres", mais bem vestidos e alimentados na escravidão.

Mesmo as manifestações de revolta, desespero e violência, presentes neste mundo de movimentos messiânicos e cangaço, serão lidas como consequência da seca, da incapacidade ou da negativa dos poderes públicos em dar solução ao problema, ou ainda como revolta contra a sociedade moderna que se instala. Elas serão denunciadas como consequência da não-existência da proteção patriarcal, da sua impossibilidade de se efetivar diante do empobrecimento e fragilização dos grupos agrários. Mesmo o acirramento das disputas entre as parentelas é tomado como indício da degeneração, inclusive moral, desta "aristocracia" diante do avanço das novas relações individualistas e mercantis que acirrara a sede por propriedades e o conflito entre homens com um padrão ético cada vez mais precário.

Esta literatura tradicionalista nordestina fala de um antigo equilíbrio no uso da violência entre senhores e pobres, valorizando-o em detrimento da nova violência na mão do Estado e dos novos patrões que dele se utilizam para impor seu mando, inclusive sobre os antigos poderosos. Encampa a visão da própria produção popular que tende a mitificar como os vingadores da pobreza aqueles criminosos que mais se destacavam, principalmente se estes "atacavam os ricos para distribuir para os pobres". Existia, na região, toda uma tradição literária de origem medieval de narrar crimes feitos em nome da honra, em defesa da família e de seus protetores, que tinham objetivos "moralizadores", narrativas exemplares, e, no entanto, iam de encontro à nova moral dominante, em que a narrativa de crimes populares e sua glorificação se tornam um segundo crime.[136]

Na sociedade burguesa, o crime do pobre, se ainda fascina e aterroriza, perde o seu caráter espetacular e singular, torna-se um ato banal, repetitivo, cotidiano, levando os pobres a não mais sentirem orgulho e admiração por seus criminosos, tornados comuns e atirados para o opróbrio das páginas policiais dos jornais. O crime perde a sanção que gozava em algumas circunstâncias na sociedade patriarcal. As façanhas dos cangaceiros, que são apresentadas com um misto de fascínio, admiração e medo pelas narrativas populares, passam a sofrer toda uma desqualificação pelo trabalho da imprensa, sendo retiradas do lugar do justo e do aceito, do perigoso lugar da reversibilidade entre o admitido e o proibido, onde violência, valentia e heroísmo não têm fronteiras muito bem definidas.

Este sequestro do heroísmo popular é visto pelos tradicionalistas como mais um indício do fim de um mundo em que predominavam a honra, a valentia, o destemor e os enfrentamentos pessoais sem a "proteção covarde do Estado". O cangaceiro era alguém que aspirava ao poder e à glória. Seus crimes deviam ser praticados e narrados, queriam ser fotografados e queriam seus bilhetes atrevidos às autoridades divulgados pelos jornais. Antônio Silvino lia os jornais para se certificar de que estes diziam a verdade sobre ele. Lampião queria que folhetos e cantorias cantassem o seu nome. Estas inúmeras versões sobre cada crime e cada cangaceiro ajudarão a compor uma figura mítica, complexa, múltipla, cuja identidade dilacerada entre Deus e o Diabo será tomada como emblema de uma sociedade que se degenerava e precisava ser socorrida por quem de direito.[137]

Para José Lins, a crueldade e a violência de Lampião já eram sinais da degeneração social da região. Antônio Silvino, outro tipo de cangaceiro, não perseguia a pobreza, vingava os pobres contra as atitudes discricionárias dos mais poderosos e do governo, restabelecia o direito do pobre quando desrespeitado, defendia o código de honra tradicional, obedecia a um código de justiça popular não imposto, como as leis, e sim consenso entre todos, tinha sentimento de família, já que fora por ela que ingressara no cangaço. O cangaceiro e o coronel tradicionais eram justos e paternais, embora violentos e terríveis quando tinham seus direitos e sua honra ameaçados e sua confiança traída.[138]

Para os setores urbanos da região e, principalmente, fora dela, o cangaceiro é interpretado a partir da oposição litoral *versus* interior, ou entre espaço civilizado e espaço primitivo. As narrativas sobre o cangaço seguem neste discurso uma estrutura narrativa em que primeiro adjetivam-no o mais pejorativamente possível (facínora, sicário, bárbaro), aproximam-no da animalidade (fera, bicho, praga), arrolam os crimes enfatizando sua gratuidade, a simultaneidade (caráter devastador, calamidade), recorrendo àqueles crimes mais arquetípicos (assassinatos de velhinhos, violação de moças desprotegidas, queima de crianças assistidas por mãe, castração de noivos na frente da futura esposa). Nessas narrativas o cangaço é destituído de qualquer conteúdo social, é produto de "um instinto" quase animalesco, por um prazer sádico de matar, de violar, de incendiar, de saquear. Escondem-se os motivos sociais do cangaço, procurando minar a solidariedade popular e denunciar o apoio dos coronéis tradicionais a tal prática. Os coiteiros passam a ser denunciados como símbolos do atraso da região, tão nocivos como os próprios cangaceiros.[139]

Além disso o cangaço vai marcar o Nordeste e o nordestino com o estereótipo da "macheza", da violência, da valentia, "do instinto animal", do assassino em potencial. Motivo de orgulho e de vaidade para os setores tradicionais, notadamente para os camponeses da região, o elogio ao cangaço servirá para estigmatizar o homem pobre e vindo do meio rural do Nordeste, especialmente quando chega nas grandes cidades do Sul. Estereotipá-los como homens primitivos, bárbaros, alheios à civilização e à civilidade, que, embora fossem homens comuns, escondiam uma fera pronta a se revelar, "às vezes nem pareciam gente". O Nordeste seria a terra do sangue, das arbitrariedades, região da morte gratuita, o reino da bala, do Parabelum e da faca peixeira.[140]

Estes romances tradicionalistas e outras manifestações culturais por eles influenciadas procuram mostrar, além das condições sociológicas de surgimento do cangaceiro, a degenerescência moral advinda das novas relações sociais, abordarão o cangaço muitas vezes como um "destino", uma determinação dos céus. Os cangaceiros seriam vingadores de Deus contra as imoralidades praticadas pelos poderosos, seria uma rebelião contra as injustiças e a vida feia e pequena; uma procura pela morte gloriosa e honrada, demonstração de coragem. As narrativas seguem também uma estrutura forjada na literatura popular, com o início narrativo marcado pelo relato da vida pacata e ordeira de um homem pobre e sua família, a agressão despropositada de um coronel ambicioso em busca da pequena terra que eles habitam, a morte dos familiares, o juramento de vingança, a entrada em um bando de cangaceiros e todo um rosário de matanças, demonstrações de valentia e bravura no bando, seus dramas psicológicos, suas alegrias quase infantis, suas demonstrações de religiosidade, suas superstições, até o relato do fim de sua vida, com a prisão ou a morte. A perseguição das volantes serve de pretexto para mostrar a arbitrariedade da presença do Estado, tentando apagar estas zonas de ilegalidade, já que não havia nenhuma diferença que separasse a atuação discricionária deste e a justiça tradicional ministrada pelos particulares, fossem de que classe fossem.[141]

O cangaceiro é tomado como símbolo da luta contra um processo de modernização que ameaçava descaracterizar a "região", ou seja, ameaçava pôr fim à ordem tradicional da qual faziam parte. Ao lutarem contra os correios, arrancarem fios de telégrafo e trilhos de trem, sequestrarem "gringos", enfrentarem os agentes do Estado, enquanto respeitavam os coronéis amigos e o padre, estes agentes de poder tradicional, os cangaceiros são vistos, por este romance, como uma figura trágica para quem o mundo também estava acabando. Quixotes em luta pela defesa de uma sociabilidade que se perdia.

Figuras tão trágicas como a dos beatos e profetas que vagavam pelo sertão, prometendo castigo aos pecadores, a quem desrespeitava os códigos tradicionais, aos que viam na sociedade burguesa o indício do fim dos tempos. Eles serão abordados, nestes romances tradicionalistas, como produtos da degeneração social trazida pelos fatores naturais como a seca e a introdução das novas relações sociais racionalizantes.

Esta produção literária transformará os movimentos messiânicos num tema regional, irá ligá-los à imagem do Nordeste, embora tenham ocorrido em várias partes do país. Isto se deve, em grande parte, à chaga aberta na memória nacional pelo movimento de Canudos e à narrativa feita por Euclides da Cunha, em *Os Sertões*. Esta "grande desgraça que feriu a pátria brasileira", que foi uma vergonha para a República burguesa que se instituía e que muito a desacreditou, permanecia viva também por meio de toda a produção cultural popular. Antônio Conselheiro, "figura sombria e trágica", continuava a ser "um vulto de grande destaque na vida do sertão", apesar de todas as invectivas dos vários saberes e estudiosos que tentaram explicá-lo e denegri-lo. A terra de beatos a morrer em defesa de seu mundo imaginário e sagrado passou a ser a terra seca do Nordeste.[142]

O misticismo e a visão sacralizada da natureza e da sociedade faziam parte deste mundo tradicional, onde a influência religiosa de todos os matizes, desde o catolicismo popular português, marcado pelo sebastianismo e pelo milenarismo, passando pelo animismo e o fetichismo negro e indígena, possuía uma lógica contrária ao materialismo e à racionalidade crescente da sociabilidade moderna que se instalava, notadamente, nos centros urbanos. O Nordeste é, pois, visto como o palco das crenças primitivas em oposição às crenças racionalizadas, às utopias político-sociais. Um espaço onde se busca a evasão da sociedade moderna, vista como sociedade pecaminosa.[143]

Os movimentos messiânicos instauram territórios sagrados, fixam fronteiras entre o sagrado e o profano. Territórios chefiados pelo "profeta" ou pelo "messias" que, assim como o cangaceiro, faz suas próprias leis e as aplica independentemente das autoridades constituídas, sejam leigas ou religiosas. O agrupamento de pessoas pobres causa pânico aos grandes proprietários vizinhos, que temem perder suas propriedades e as veem saqueadas pelos famintos que ali se juntam. Um território onde impera verdadeiro clima alucinatório, de "loucura coletiva". Um espaço sagrado dividido entre as forças do bem e do mal.[144]

As narrativas também seguem uma estrutura que normatiza uma dada dizibilidade para estes fenômenos e para a região. Nestas, misturam-se topos imagéticos e enunciativos pinçados da Bíblia, das narrativas exemplares de santos, do martírio de D. Sebastião e das aventuras de cavalaria medievais. Profetas de roupetas negras e sujas, homens barbudos, magros e de olhos arregalados, apoiando-se num grande bastão preto, caminhando à frente de um grupo de pessoas também maltrapilhas, sujas, descabeladas, com terços e crucifixos ao pescoço, cantando intermináveis "incelências", rezando o terço e segurando cruzes e estandartes; acampamentos em que reina a promiscuidade e o terror trazido pelo "santo", que tem poder de vida e de morte sobre as pessoas; que sacrifica, de preferência, a virgindade das donzelas e o sangue das crianças em honra a Deus, para que este perdoe os pecados de todos e venha, no dia do juízo, buscá-los para o seu rebanho. No dia do milênio, todos deviam estar purificados, para terem direito a entrar no reino da glória, onde se acabavam todas as dores e misérias, onde correriam rios de leite e haveria montanhas de cuscuz.[145]

Tanto nas narrativas em torno do cangaço, como nas narrativas em torno do messianismo, das secas ou da decadência da sociedade tradicional, o coronel é uma presença constante. Figura sempre ambígua entre o potentado discricionário, covarde, violento e mesquinho, e o homem paternal, dirigente sábio, educador e protetor dos mais fracos, mantenedor da ordem e promotor do progresso econômico e social. Figura que oscila entre o avô de José Lins, homem enérgico, mas justo, líder de um povo, sustentáculo de um mundo, e Dagoberto, de José Américo, um homem explorador, injusto, um homem emperrado, sem capacidade de transformar o mundo a sua volta, que assiste à ruína sem nada fazer.

Neste romance, o segundo tipo de coronel é mostrado como uma degenerescência do primeiro. Na verdade, o coronelismo, um sintoma da decadência do patriarcado rural, surge da dependência crescente dos senhores de terra das benesses do poder público, não só para manter seus privilégios, como para reproduzir os vínculos de dependência e solidariedade com as camadas populares. Surge da própria necessidade de compromisso e conciliação com os grupos urbanos emergentes, bem como com novos grupos econômicos rurais e com a manipulação política de um eleitorado bastante ampliado com o advento da República. Nasce o coronelismo da acomodação do poder privado com o fortalecimento progressivo do poder público.[146]

Embora também tenha ocorrido em todas as áreas de predomínio rural no país, o coronelismo vai também ficar associado à imagem do Nordeste. Ainda hoje, embora mecanismos políticos tradicionais imperem em todo o país, o Nordeste é visto como a região das oligarquias, como o lugar do coronelismo. Isto se explica talvez pela forma articulada como estas conseguem atuar no plano nacional. O Nordeste é a região das oligarquias, porque foi aí que elas conseguiram inventar uma região, em nome da qual falam e reivindicam. Esta região conseguiu funcionar com eficiência, como uma maquinaria imagético-discursiva destinada a evitar a marginalização econômica e a submissão política total destes grupos rurais e tradicionais. O Nordeste conseguiu ser o instrumento de conservação, por muito mais tempo, dos mecanismos tradicionais de poder e dominação, e com ele estes grupos minaram qualquer processo mais radical, no sentido da modernidade, seja na região, seja no país.

Esses temas regionais instituídos pelo "romance de trinta" sedimentaram uma visibilidade e uma dizibilidade regional de forte poder de impregnação. No entanto, os autores deste romance, longe de apresentarem um discurso plenamente semelhante, em toda a sua extensão, guardam enormes diferenças ao abordar a região e seus temas. Embora possuam identidades entre si, como vimos antes, é preciso destacar algumas diferenças internas a este discurso tradicionalista, para que não seja visto como um discurso homogêneo. *Esta identidade fechada para tal grupo de escritores veio corroborar a própria estratégia política que preside a maior parte dos discursos sobre o Nordeste; de pensar esta região e sua produção cultural como homogeneidades, como possuidoras de uma "personalidade", de uma essência generalizável.*

José Lins do Rego

José Lins do Rego nasceu no Engenho Corredor, no município de Pilar, na Paraíba, em 1901. Filho de senhor de engenho, muito cedo perdeu a mãe, tendo sido criado por uma de suas tias, no engenho do avô materno. Após estudar em Pilar vai para o Recife, onde cursa a Faculdade de Direito; aí entra em contato com Gilberto Freyre, de quem se torna grande amigo e admirador. É sob a influência do discurso sociológico freyreano, do seu regionalismo-tradicionalista, que José Lins vai se tornar um dos maiores e mais prolixos romancistas do país.

A sua abordagem dos personagens da sociedade canavieira se distingue de Freyre quanto à ênfase. Embora ambos partam de dados da memória pessoal ou coletiva sobre a sociedade tradicional dos engenhos, o sociólogo enfatiza, em sua análise, os quadros sociais que sustentaram esta memória, enquanto o romancista apela a esses quadros sociais para sustentar sua visão individual do processo de decadência de uma classe de proprietários rurais, do mundo patriarcal dos banguês no brejo da Paraíba. Os romances de José Lins não nascem de uma pesquisa sociológica, mas são livros feitos a partir de histórias que lhe foram contadas nas salas dos engenhos, nas cozinhas pelas negras; são livros de recordações de sua vida de infância. Recordações e reminiscências entrecruzadas e afloradas pelo sofrimento com o desmoronar destes seus territórios existenciais, com o seu mundo que caía, cuja ficção é a tentativa de simular um novo mundo para sua existência. Cada livro seu é a descrição de um processo de destruição e, ao mesmo tempo, um esforço de reconstrução de seu espaço interior e exterior com estes pedaços de passado. Ambos, no entanto, querem fazer de sua escritura uma ponte entre o passado e o presente, querem testemunhar a existência de um espaço que não deveria desaparecer. Para Lins, restabelecer a continuidade e a unidade de seu mundo era estancar o próprio dilaceramento pessoal, reencontrar-se consigo mesmo.[147]

Seus livros são rendas feitas de meadas de passado e linhas de sonhos de continuidade. Seu objetivo foi atingido em parte, pois sua obra participará da criação deste Nordeste filho da tradição, "afetivizado"; espaço sempre visto e dito a partir do sentimento de saudade; espaço "querido" mais do que "real". Terra que, quando se está nela, quase não se sente a sua existência, até se quer sair dela o mais rápido possível, mas basta estar longe, basta ela ser saudade, para seu rosto se tornar nítido e a vontade de voltar tornar-se um sonho acalentado.

Seus livros, notadamente aqueles cujo tema é a sociedade açucareira nordestina, são construídos a partir de memórias de infância, em que a vida idílica do engenho se misturava com os tormentos psicológicos, causados pela ausência da mãe e a culpa diante do desabrochar do sexo. Sua pretensão é ser o mais realista possível, é estabelecer a verdade do acontecido "como um grão de terra".[148]

Sua utopia é construir o mundo de seu avô outra vez, é fugir do desterro no presente. Um bacharel dilacerado entre o desejo de continuar sua gente, de continuar a obra de seus antepassados e a consciência de ser diferente deles; de ser incapaz de fazê-lo. Um citadino que sonha em ser senhor rural, mas sabe que as transformações sociais e aquelas sofridas por ele tornavam o mundo da casa-grande apenas um tema literário. Por isso, sua prosa é nitidamente judicativa. É uma forma de vingança contra aqueles que levaram a dissolução das relações sociais tradicionais, por isso espalha por seus livros dor, doença, melancolia, aleijões, tristezas, loucuras.[149]

A recriação que faz da sociedade de sua infância não é, no entanto, crítica. A evocação é nostálgica. A infância e o engenho surgem como presenças vivas, sempre atuais a oporem-se constantemente à realidade nova. Só nesta paisagem social seus personagens e ele próprio parecem se reconhecer.

Na obra de José Lins, a psicologia dos personagens se dá por meio da ação, "das meias sombras, dos esboços de impulsos, dos pensamentos que chegam a adquirir forma, de desejos que chegam a firmar-se". A análise da alma humana se liga diretamente à relação com a intervenção no espaço social e natural à sua volta. É pelos atos, frases e gestos que os personagens revelam suas características e a personalidade, inclusive naquilo que têm de regional. Sua movimentação serviria para documentar uma civilização e revelar a "psique nordestina", sendo a subjetividade dos homens do engenho testemunhos da "personalidade nordestina". José Lins, porém, não problematiza o interior de seus personagens. Eles são sempre "almas primitivas", espontâneas, naturais, cujas atitudes remetem ao orgânico, ao inconsciente, ao irracional. Personagens que se delineiam mais nos gestos do que nas falas e pensamentos. Homens perseguidos por forças ocultas que não conseguem desvendar, o que lhes confere uma visão fatalista do mundo.[150]

Suas narrativas, quase sempre sem diálogos, fazem com que o espaço que descreve apareça visto por um só ângulo e falado por uma única voz: a voz do narrador. Um espaço que surge iluminado por um único foco de luz, não problemático, percebido de uma única forma, que se impõe como a verdadeira, como a realidade. Só em *Fogo Morto* a visão de cima das narrativas anteriores, centradas no discurso do filho da elite rural, dá lugar a uma multiplicidade de visões, o que denota talvez o próprio dilaceramento do mundo tradicional que é tema do livro, a quebra do consenso tradicional. Embora todos se reportem ao mesmo problema, veem-no de formas diferenciadas, conflitantes. Homens que agora pareciam perdidos entre dois mundos, entre o mundo patriarcal e o burguês.[151]

A engrenagem da sociedade apresenta-se como um sistema fechado, dentro do qual não se admitem renovações. As ações de todos os personagens se dão no sentido de reforçar a antiga ordem ou de afrontá-la de forma esporádica e isolada. Aliás, o isolamento, a solidão diante dos outros e da sociedade que os cerca, parece ser a condição a que estão condenados todos os seus personagens: homens que não conseguem transpor as fronteiras de seu mundo ou do seu "eu", homens com dificuldade de comunicação, principalmente diante de um sistema que parece arranjado para fazê-los sofrer. Personagens para quem a realidade presente não parece existir, por viverem no mundo das lembranças ou da imaginação por verem o seu mundo diminuir, tornar-se sufocante. Personagens que parecem viver fora do mundo, negando-o, dele se evadindo em fuga desesperada para o passado, para o céu, para a loucura, para o crime, para o sexo.[152]

Em José Lins, ainda se faz sentir a influência da visão naturalista, da conaturalidade entre homem e meio. As atitudes de seus personagens aparecem, às vezes, determinadas pelo meio, quando não são vistas como "transmitidas pelo sangue", como hereditárias. Ele parece buscar nas almas de seus personagens a presença de uma "natureza humana"; parece tornar visíveis as emoções primitivas, naturais, dos homens, a camada de irracionalidade que a civilização moderna não conseguira suprimir. Civilização que seria uma camada superficial incapaz de significar a verdade do homem. Lins vê nas máscaras sociais burguesas a artificialidade que deveria ser transposta para se descobrir a essência do homem na sua relação com este meio particular, este meio regional. Sua obra divide o que seria vida natural, vista como a vida regional, e vida artificial, estranha, descaracterizadora deste espaço. Ele procura revelar uma camada interna ao homem que desconhece o tempo, que não está sujeita aos percalços do processo histórico. Almas presas ao eterno retorno do mesmo e da identidade.[153]

Essa aproximação do homem com o mundo natural se faz sentir, notadamente, nos personagens populares, e se são negros. A animalização do negro, do mestiço, do pobre denota o olhar hierárquico com que são focados e deixa claro como a teoria da miscigenação de Freyre, de quem José Lins é seguidor, longe de ser ponto de partida para a instauração de uma ordem democrática, serve para manter a ordem hierárquica anterior, já que a miscigenação, na maioria dos casos, não foi uma livre escolha dos parceiros, mas uma imposição, um símbolo do mando dos senhores brancos sobre os negros, que não tinham de volta a reciprocidade, ou seja, as mulheres brancas nunca estavam à disposição dos negros.[154]

O Nordeste construído por José Lins é o dos coronéis amados e respeitados por "sua gente", homens da voz possante a dar gritos em todo mundo, "que olhavam para suas posses com arrogância de donos".

Uma região marcada pela morte de pessoas, de animais, de famílias, de uma sociedade. Nordeste dos vaticínios de inferno e de céu, de padres lúbricos e apocalípticos. Nordeste onde "os retirantes caindo mortos de fome pela estrada era mesmo que conto de fada", onde "o sertão era o lugar em que havia queijo por toda parte". Um Nordeste visto a partir do engenho, esse "recanto do céu, qualquer coisa de uma história infantil, um reino fabuloso", o reino dos avôs, das boas e humanas camaradagens entre senhor e escravos ou agregados. Seu Nordeste é o da terra feliz do brejo, para onde fogem os infelizes do sertão. Terra da segurança e da proteção patriarcal.[155]

Sua região é aquela dos homens pobres submissos e contentes com o seu destino, "verdadeiros cordeiros, gente com quem se pode contar para o trabalho mais duro e a dedicação mais canina", desde que tratados de forma paternal. Miseráveis assistidos para permanecerem miseráveis, "abençoados por Deus por não morrerem de fome, tendo o sol, a lua, o rio, a chuva e as estrelas como brinquedos que não quebravam". Pobres que se orgulhavam da confiança dos senhores, da sua preferência, que se colocavam no seu lugar, que, quando se viam ultrajados ou desonrados pelos patrões, agiam individualmente, resolvendo o problema com sua valentia pessoal e sua destreza no uso da peixeira.[156]

Quando se trata da condição do homem pobre, José Lins oscila entre a compreensão social e humana do problema e a sua pretensa inevitabilidade. A pobreza é vista como uma situação irremediável, fruto de uma desigualdade natural entre os homens, sendo uma condição comum com a qual se deve conviver com dignidade, sem baixezas. Diante da pobreza, o rico pode exprimir humanidade ou desumanidade, atitudes de bondade e benevolência, ou atitudes de crueldade e desprezo. Mesmo reconhecendo que as relações sociais na região eram monstruosas, Lins as justificava, dizendo que os senhores não faziam mais porque não podiam. As relações patriarcais figuradas pelo engenho tradicional eram, no entanto, para ele, muito superiores às relações burguesas, representadas pelo trabalho nas usinas e nas grandes cidades.

Em *O Moleque Ricardo*, o autor faz o contraponto entre as relações no engenho e na cidade. Denuncia a falta de solidariedade dos patrões para com os empregados, a falta de assistência e de proteção que eram dedicadas aos pobres nos engenhos. Engenho em que "até o grito de ladrão do Coronel José Paulino era diferente da mesma coisa gritada por um patrão da cidade, pois este último tinha intenção de ofender".[157]

José Lins se sentia quase um expulso de sua geração por não acreditar em utopias de transformação da sociedade, que projetavam um futuro diferente para a humanidade. Sua utopia era a volta ao passado, era uma indisfarçável nostalgia de uma sociedade hierarquicamente dividida entre senhores e escravos. Em *O Moleque Ricardo* ele projeta uma visão muito crítica em relação ao movimento operário em Recife. Operários que não tinham líderes, mas chefes a quem seguiam cegamente e que dispunham deles como propriedades. Eram homens sem consciência política, que, na verdade, ainda seguiam os padrões tradicionais de relacionamento político entre lideranças e liderados, para quem as teorias racionais de transformação da sociedade se transformavam em práticas personalistas e passionais. O líder político operário surge em sua obra como um aproveitador que transforma os operários em simples capangas, sendo quase sempre estudantes que se vendiam como prostitutas para os chefes políticos. Era preferível o povo do engenho cuja "única utopia era a chuva para o roçado e as festas dos sábados". Diante da morte desta sociedade, que mais ele lamentava, a morte do militante político, em nome de uma utopia, lhe parecia sem sentido.[158]

Na obra de José Lins, a cidade surge como o lugar do desenraizamento; lugar a partir do qual projeta o espaço nostálgico do engenho; lugar em que a miséria era maior e as injustiças mais gritantes que no engenho; em que os códigos morais tradicionais ruíam. Lugar traiçoeiro onde a lei e a disciplina vigiavam e puniam aqueles homens acostumados com os códigos lábeis e informais da sociedade patriarcal. Faltava ao pobre, na cidade, alguém que velasse por ele, que o orientasse, que o controlasse de forma paternal. A cidade era o lugar do conflito, do acirramento das contradições entre patrões e empregados, protótipo das relações capitalistas que se implantavam. Lugar onde se formavam as novas gerações de senhores, cujos valores não mais se coadunavam com aqueles que fizeram a glória das casas-grandes. José Lins atribui a este despreparo das novas gerações uma boa parcela da responsabilidade pela decadência da sociedade açucareira. Eram homens que não sabiam comandar engenhos, não sabiam castigar os negros, alheios à vida que os cercava, que como Lula de Holanda, em *Fogo Morto*, não sabiam mandar, homens sem tino e sem forças, gente que só queria viver de sala, lordes, falando de política, mas distantes da terra.[159]

No entanto, o grande tema da obra de José Lins é, na verdade, a decadência, a degeneração de um mundo que se expressa de várias formas. Uma delas é a emergência do sexo como um problema. Com contornos físicos e psicológicos, o sexo passa a definir a nova subjetividade que se produz: a subjetividade do indivíduo burguês. A sociedade da sanguinidade não colocava o sexo como um problema. Ele era colocado com seus tabus, ou seja, com códigos permissivos para os homens e rigorosos para as mulheres. Uma prática quase ritual, submetida e dirigida por questões que transcendiam o indivíduo e a subjetividade destes. A angústia diante do sexo, típica dos personagens de José Lins, fala da passagem de um sexo acessório, sexo prático, sexo selvagem "feito de buliçosas curiosidades de menino", sexo sem culpa, de uma sociedade de sanguinidade, para uma sociedade de sexualidade, do sexo centro do indivíduo, do sexo problema, catalogado em espécies normais, anormais, aberrantes e doentias. Transição de um sexo natureza, quase animalidade, para o sexo definidor da humanidade, umbigo do ser. Sexo que é sequestrado pelo indivíduo e pela família burguesa, ele que campeava solto na bagaceira, nas famílias extensas patriarcais, onde pululavam concubinas e filhos bastardos.[160]

Essa mudança nos códigos que regem o sexo se expressa na própria imagem do enfraquecimento do sangue e da mestiçagem, como um dos fatores de decadência do mundo patriarcal. Os filhos doentes, mórbidos, fracos da cabeça, que surgem nas casas-grandes, ao lado dos mulatinhos atrevidos e pernósticos, que galgam postos de comando, denotam a falência dessa sociedade, em que reinaram os fortes patriarcas brancos. As práticas homossexuais também simbolizam a decadência de uma sociedade cujo núcleo era a família e nela o patriarca, o homem viril. Numa relação não reprodutiva entre "personas femininas" desaparecia a própria essência deste mundo de homens, pais e avôs.[161]

O homossexualismo fala da própria perda de virilidade de uma classe social e de uma sociedade, fala da sua feminização. Sociedade que se deixou estuprar por novos donos. Uma classe que se desmoralizava, abandonava os antigos códigos de moralidade, para fazer parte de novas práticas vistas como degradantes. Estas práticas remetem à imagem de um mundo fechado, marginalizado, em que as novas gerações eram degeneradas, impotentes, dominadas, submetidas. No engenho, nos códigos de sanguinidade, o homossexual não existia. Havia o sodomita, visto como um "bobo de Deus", pessoas destinadas e marcadas por desígnios sobrenaturais, que estavam aquém ou além da moral. A sodomia "era coisa besta de menino ou de homens tidos quase como sacerdotes" e originava práticas que beiravam o sagrado. Não era ela como o homossexualismo, esquadrinhado e classificado pelos códigos da sexualidade como algo fora da natureza, da normalidade, como uma perversão ou doença, mas era um mistério que só o destino explicava.[162]

Essa decadência também se expressava por meio da loucura, como a do Capitão Vitorino Carneiro da Cunha, em *Fogo Morto*, loucura que fala da alienação social de homens pertencentes a uma sociabilidade anterior, que não conseguem dar conta da racionalidade da economia, do poder e da sociedade que se estabelecia. Homens que não conseguem entendê-la; nada mais tem sentido, o saber que as pessoas possuem as torna estranhas, inadaptadas, incapazes de se comunicarem, de simularem novos mundos. Pessoas que, diante do fetiche das mercadorias, podem apenas rir ou escarnecer deste mundo que lhes parece desarrazoado, quando, no entanto, são eles que passam a ser encarados como loucos. A demência de Vitorino fala muito mais da irracionalidade que da racionalidade burguesa. Para ele, fora o mundo que perdera o juízo, porque tudo não estava mais como era antes; tudo se movia, saía do lugar. Os homens que compactuavam com a nova ordem lhe pareciam traidores e sem senso.[163]

Era José Lins "um corpo sacudido pelas paixões de homem feito e uma alma mais velha que o corpo". Um "menino perdido, menino de engenho".[164]

José Américo de Almeida

José Américo de Almeida nasceu no Engenho Olho d'Água, município de Areia, na Paraíba, em 1887. *A Bagaceira* é seu livro de maior repercussão. Uma obra nitidamente de transição entre duas estéticas: a naturalista e a modernista. Este romance aborda a transição entre duas sociabilidades: a patriarcal e a burguesa. Um livro, por isso, cheio de ambiguidades, no qual a influência da estética modernista e as pregações regionalistas de Gilberto Freyre surgem entrelaçadas com a nítida influência de Euclides da Cunha, seja no que toca a observações saídas de seu cientificismo positivista, seja no próprio estilo metafórico, apoiado em analogias extraídas da natureza e no uso insistente de proparoxítonos e de longos paroxítonos que marcavam o estilo daquele autor.[165]

É em Euclides que Américo vai buscar a tradicional dicotomia entre litoral e interior, para transformá-la na polarização entre brejo e sertão, dicotomia que atravessa toda a obra. O mito do sertão de Euclides é agenciado por Américo para fazer uma crítica à decadente sociedade açucareira, saída recentemente da escravidão. As teorias eugenistas encampadas por Euclides também permeiam toda a obra de Américo, de onde salta um nítido preconceito racial e uma visão depreciativa do negro e do mestiçamento com esta raça, que a escravidão, na Zona da Mata, proporcionara.

Além deste fator, outro aparece: o meio natural, fator de diferenciação entre brejo e sertão, denotando as concepções naturalistas do autor. O sertanejo, considerado um tipo racial superior por não ter sangue negro, é eleito como o tipo regional, capaz justamente de pôr fim ao único problema, também natural, que impedia a afirmação da sociedade sertaneja e, com ela, a do Nordeste em nível nacional: as secas.[166]

No entanto, a estas causas "naturais" da diferença entre brejo e sertão, *A Bagaceira* alia uma análise sociológica, assentada principalmente na falsa premissa da inexistência de escravidão no sertão e de sua presença no brejo, criando duas sociedades distintas. O homem do brejo, embrutecido pela herança da escravidão, era um homem incapaz de ter sensibilidade para com a terra, não conseguia amar o seu lugar, a sua região.

"A negralhada das senzalas, do recruzamento arbitrário, as escórias da mestiçagem, com sua balbúrdia de pigmentos" eram criaturas passivas, servis, incapazes de se constituírem em cidadãos regionais; incapazes de lutar contra a subordinação regional. Atravessada pela dicotomia entre ação *versus* passividade, a obra elege o escravo como culpado pela situação de ruína e subordinação em que se encontrava a região. Como ao lado de uma visão sociológica convivessem enunciados naturalistas, às vezes não é o sistema escravista, mas o próprio escravo, os negros, seu sangue, os culpados pela degenerescência da sociedade nordestina. Às vezes é o próprio brejo e a sua fisiografia que aparecem como causadores desta *débâcle*.[167]

Embora o livro fosse escrito como romance, a preocupação do autor era ensaística. Ele sentia necessidade de escrever um romance como meio de transmitir, de forma mais atraente e acessível, impressões que, vazadas num ensaio, perderiam este poder comunicativo. *Coiteiros* e *O Boqueirão*, por exemplo, foram pensados mais como documentos da "realidade nordestina" do que como ficção. O romance seria uma máscara mentirosa por trás da qual o autor poderia dizer verdades sobre a região sem sofrer restrições. Seu livro nasceria mais de uma estratégia de dissimulação do que de simulação, por isso mesmo ele alia ao discurso ficcional um discurso cientificista, radicalizando, de certa forma, o projeto euclidiano, já que a ficção é aí intencional, e não fruto dos impasses em que se viu colocado Euclides diante de Canudos. Ele esclarece no próprio prefácio da obra que seu livro tinha um fim definido: chamar atenção "do brasileiro, de regiões mais civilizadas para problemas graves que ainda não eram de conhecimento geral"; fazer conhecer e ver o Nordeste e suas problemáticas praticamente esquecidos.[168]

A Bagaceira trata do tradicional tema da retirada dos sertanejos para a Mata, onde iam trabalhar nos canaviais enquanto não chovia no sertão, explorando os conflitos entre sertanejos e brejeiros devido a suas diferenças sociais. *A Bagaceira* inaugura toda esta tradição literária do romance social nordestino, voltado para a denúncia da miséria como regional e espacial, onde todos estão incluídos e as responsabilidades dos poderosos são escamoteadas.[169]

A Bagaceira é, no entanto, profundamente contraditório quanto ao Nordeste que quer construir. Como parte de uma intelectualidade bacharelesca e modernizadora, Américo se bate pela eliminação de certos setores tradicionais que dominavam a política ou a cultura na região. Para ele, a racionalidade burguesa devia ser adotada como forma de sobrevivência e manutenção das relações sociais e de poder. Conciliar o tradicional com o moderno era o único caminho para evitar uma ruptura mais radical com o passado. O Nordeste devia se modernizar sem perder o seu caráter, leia-se, sem ter modificadas as suas relações de dominação. Uma modernização vinda de cima, feita por uma vanguarda bovarista capaz de conciliar as vantagens da técnica, com os laços paternalistas que evitassem a emergência do conflito social mais explicitado.[170]

Sua obra fica presa neste impasse entre um passado escravista, que condena, e as novas relações burguesas que ele teme. A tentativa de conciliar padrões tradicionais de sociabilidade com modernização técnica faz Américo eleger o sertão como o espaço-modelo para a sociedade nordestina, ao contrário de José Lins, que escolhe a sociedade do litoral. *O Boqueirão* é o livro onde esta utopia da transformação técnica do sertão fica mais explícita, em que aparece separada completamente de possíveis transformações nos códigos sociais tradicionais. Por ver o espaço como uma dimensão natural e não social, Américo considera ser possível uma utilização transformadora da técnica, sem que isto implicasse transformações sociais profundas. No entanto, o final de *A Bagaceira* deixa claro as dúvidas que dilaceravam o autor, porque, se a natureza era dócil e permitia que o modernizador previsse as consequências de um processo de modernização, o homem não era dócil, nem previsível; assim, o reformador demiurgo, após ter doado a modernidade, poderia ser vítima da ingratidão de quem beneficiara.[171]

A teoria da plasticidade da sociedade nordestina de Freyre parece se aproximar muito da visão política de José Américo. Era necessário que o Nordeste se amoldasse às transformações que estavam ocorrendo no país, para que não viesse a se quebrar, ou seja, não viesse perder completamente o controle sobre a situação. Ele tecia sérias críticas às práticas coronelistas, tanto por serem incapazes de promover este reaparelhamento econômico e a modernização política da região, como por serem um desvirtuamento das relações tradicionais de poder, cujos poderosos não viviam das benesses do Estado, nem se negavam ao atendimento paternal a seus agregados.[172]

Por isso, as mensagens dos livros de Américo são muito mais moralizantes do que sociais, visto que sua preocupação é ao mesmo tempo com uma mudança técnica e com a preservação de um código de valores tradicionais figurado pelo sertão. Lúcio, filho do senhor de engenho, que havia sido educado na cidade, padece deste mesmo dilaceramento entre uma visão romântica, seu apego à natureza e aos valores tradicionais e uma atitude de intelectual, preocupado com a ação transformadora do espaço em que vivia. Um homem que sonhava com a modernização, mas não com a modernidade; que defendia a índole progressista do latifúndio e da sociedade algodoeira do sertão; que via a desigualdade social como algo acidental, já que "galhos do mesmo tronco podiam ser diferentes". As mudanças que ele defende parecem muito mais destinadas ao latifúndio do que à sociedade como um todo.[173]

Américo apresenta, pois, o Nordeste como uma região a ser unificada a partir do modelo do sertão e modificada por uma ação modernizadora, que devia partir de cima, bem de acordo com a visão autoritária e demiúrgica do Estado pós-trinta, do qual participa. Estado em que as conquistas sociais do trabalhador surgem como dádivas paternalistas, e não como conquistas nascidas da ação política. Se Américo lamenta a passividade do brejeiro e decanta a valentia do sertanejo, isto ele faz a partir de uma visão pessoalizada e individualizada do conflito. Ainda é em nome da honra ultrajada que Valentim e Pirunga matam e morrem. Os personagens populares em sua obra não têm voz, falam com uma fala corrigida, eruditizada pelo narrador. São homens primitivos para quem ele receita a civilização.[174]

Diferentemente de Freyre, Américo não separa civilização de cultura. Ele constrói o Nordeste como um espaço cultural tradicional. Um espaço passível de civilização. Um espaço não apenas de memória, mas um espaço atravessado pela história. Um sertão dominado pela máquina, que com seu poder transformaria este espaço seco e ingrato no exemplo de civilização verdadeiramente brasileira. Isso porque aliaria a manutenção de seus valores tradicionais com o poder da máquina de ligar espaços. Ele sonhava com a chegada do automóvel ao sertão, trazendo com ele a velocidade das modificações para condições econômicas e políticas.

O Boqueirão é o romance do choque entre a modernização que chega ao sertão e as estruturas tradicionais que a ela resistem. Modernização que passa veloz e superficialmente sobre suas raízes profundas. Um livro escrito a partir de uma viagem de automóvel ao sertão e de toda uma utopia de mudanças. Um livro onde a velocidade do carro é obstaculizada pelo passo ronceiro de uma vaca, metáfora da realidade nordestina. Esse Nordeste, grande máquina do atraso, consegue que todo ímpeto reformador acabe se deixando tragar pela rotina. Nordeste em que a natureza parece sempre vencer a civilização, quando na verdade a vence porque tem como aliados os homens que não querem mudanças.[175]

A civilização com que Américo sonhava para o Nordeste, longe de antagonizar homem e natureza, conciliava-os; era um aperfeiçoamento sem desnaturalização, sem a perda das características tradicionais. Uma civilização capaz de transformar o povo do Nordeste em um grande mecanismo que dirigisse seus impulsos, suas energias para um mesmo objetivo. Uma civilização que o transformasse numa paisagem útil, em que as belezas naturais fossem aliadas às belezas técnicas, como a do grande boqueirão que deu lugar ao colossal açude. Um Nordeste, "paisagem do trabalho organizado. Terra dócil e fiel, afeiçoada ao seu cunho de bem-estar e de beleza. Só havia ordem nessa nova face da natureza educada por sua sensibilidade construtiva". Um Nordeste da técnica e da ordem.[176]

Rachel de Queiroz

Rachel de Queiroz nasceu em Fortaleza, no Ceará, em 1910, filha de famílias tradicionais dos municípios de Quixadá e Beberibe, como os Alencar e os Queiroz.

Sua obra literária é influenciada, segundo ela mesma, pelos romances regionalistas de Antônio Salles e pela sociologia de Djacir Menezes, seus companheiros de rodas literárias em Fortaleza. Tendo sido simpatizante do Partido Comunista na década de trinta, é, ao lado de Jorge Amado, um dos primeiros romancistas a colocar a "questão social" e a revolução como temas literários, embora com um registro bem diferente do autor baiano, por aliá-los a uma visão extremamente tradicionalista da sociedade, notadamente no que tange aos códigos de valores. Para Almir Andrade, Rachel de Queiroz busca encontrar um homem "natural", selvagem, livre de todos os códigos. Sua visão de revolução se assentava muito mais numa reação romântica à artificialidade do mundo moderno, à necessidade do uso de máscaras sociais. Ela queria uma mudança social que trouxesse o homem na sua verdade, que o recuperasse da ação degenerativa da civilização.[177]

Rachel trabalha com uma imagem idealizada do homem do sertão nordestino, o mito do sertanejo, ao mesmo tempo em que fala de ação e valentia, fala de reação ao urbano, às modificações tecnológicas, fazendo da denúncia das transformações sociais, trazidas pelo capitalismo e sua ética mercantil, o ponto de partida para a utopia de uma sociedade nova que, no entanto, resgatasse a pureza, os vínculos comunitários e paternalistas da sociedade tradicional. O seu socialismo se aproxima mais de uma visão paternalista de fundo cristão e exprime a revolta de uma filha de famílias tradicionais da região, que vê a vida dos seus degradada pelo avanço das relações mercantis e pelo predomínio das cidades. Seus personagens são subversivos à medida que contestam a ordem capitalista, mas a sua visão de sociedade futura mistura-se com uma enorme saudade de um sertão onde existia "liberdade", "pureza", "sinceridade", "autenticidade". Seus personagens se debatem mais contra o social do que pela mudança social. São seres sempre em busca desta verdade irredutível do homem contra as "mentiras" e o "artifício" do mundo moderno.[178]

Essa idealização da sociedade sertaneja, da qual Rachel é originária, vai encontrar somente na seca o grande obstáculo para atingir a sua perfeição. Em *O Quinze*, sua obra de maior repercussão, Rachel fala do drama pessoal e coletivo vivido pelos cearenses com a seca de 1915. Ela aparece como uma fatalidade que desorganiza toda a rotina da sociedade sertaneja, que leva ao dilaceramento das relações tradicionais de produção e de poder, bem como dos códigos sociais e morais. A seca substitui, como causa explicativa, em grande parte, todo o processo de decadência das relações tradicionais a que se assistia. A seca quebraria a ordem natural, inclusive em relação aos homens que tinham sua natureza violentada. Toda a utopia de Rachel gira em torno desta ideia de ordenamento da natureza, da construção de uma ordem social mais de acordo com a "natureza humana". Uma sociedade que permitisse ao homem se encontrar com sua essência. Uma sociedade sem máscaras.

Seus personagens são pessoas que corajosamente afrontam o artifício social em nome de uma verdade de si. São heróicos na sua luta contra o que há de jogo, de acaso no social. O social é perigoso porque nele nada é perene; nele só existe eternidade para o efêmero, só a natureza humana que este desvirtua é universal e atemporal, "os acasos do destino é que arrastam as pessoas para fora de si mesmas". Seus personagens afirmam a vida, apesar de todas as misérias sociais que os cercam, em nome dessa natureza última que um dia será reencontrada, essa verdade que um dia será restabelecida, esse encontro total entre ser e parecer que se restabelecerá com a superação da alienação das relações sociais. Seus personagens querem fazer história para um dia suprimi-la, torná-la um processo esgotado pelo reencontro do homem consigo mesmo.[179]

Vicente, de *O Quinze*, é exemplo deste homem quase natureza, "bom de se ver e de ouvir como uma bela paisagem, de quem só se exigisse beleza e cor", um sertanejo puro, viril, "de uma fortaleza quase animal". Homem capaz de construir seu espaço, de reconstruir a natureza à sua imagem e semelhança; homem e natureza se reencontrando sem a separação produzida pela modernidade. Um homem capaz de entender a natureza e ser entendido por ela. Homem bom e paternalista, que protege os mais fracos, que respeita a família, que vê o mundo a partir dos valores tradicionais sertanejos. Sertão do respeito filial dos empregados aos patrões, das senhoras carregadas de cadeirinha por seus moradores, da terra que se ama como um corpo querido, mas que também possuía males como a seca, a fome, o desprezo, a doença, as longas existências miseráveis.[180]

Mas é em *Caminho de Pedras* que ficará mais explicitada a profunda ambiguidade do projeto de transformação social de Rachel, que parece muito mais voltado para o passado do que para o futuro. O livro, ambientado em Fortaleza, trata da relação entre um intelectual de classe média, como a autora, e o movimento operário, notadamente a disputa em torno do controle do Partido Comunista local. Atualizando enunciados clássicos do discurso marxista, o livro tende a denunciar o uso artificial que deles se faz, bem como denuncia como a máquina partidária termina por reproduzir as relações sociais desiguais, existentes no seio da sociedade. Talvez por isso Rachel tenha se afastado cedo do Partido. Ela discute a tensão que se estabelece entre uma vanguarda intelectual que detém o "saber revolucionário" e os operários que quase sempre se veem usados como massa de manobra dos interesses escusos desses intelectuais.[181]

Ao mesmo tempo, é clara a postura de seus personagens em oposição não só à realidade das fábricas de Fortaleza, como contra o passado de eito e de senzala do homem do campo. Eles vivem, no entanto, à procura de restabelecer os antigos preceitos morais e éticos que estavam sendo solapados, inclusive pelos militantes de esquerda. A sua condenação aos intelectuais comunistas se dá basicamente em nome de uma ética e de uma moral tradicional, pré-burguesa. Daí a própria visão negativa da cidade como o local das vidas isoladas, particulares, pequenas ilhas, em geral sujas e feias. Cidade da pressa, do cativeiro e do medo.

Rachel de Queiroz critica as generalizações teóricas e as abstrações com que operam os intelectuais de esquerda, que também despersonalizam os operários, que os transformam em uma "classe" ou uma "massa" de rostos sem nome, de militantes sem endereço, de homens sérios, carrancudos e tristes a cumprirem tarefas independentemente de suas vidas pessoais. O lado "humano", comunitário, pessoal, de solidariedade individual entre os homens que lutam por um novo mundo, fica em segundo plano, e isso choca a autora que se preocupa em mostrar homens "de carne e osso", homens caprichosos, incoerentes, medrosos, desconfiados, dilacerados entre o cotidiano pobre de operário e a nobre tarefa de construir o futuro.[182]

Não vendo o movimento operário, suas ideologias e suas práticas como consequência da própria sociedade burguesa, Rachel tenta resgatá-lo como possibilidade de volta a um mundo "mais humano", mais natural, mais comunitário, que é encarnado pelo sertão tradicional. Partindo de uma ética de fundo cristão, ela reage à ética burguesa no que tange, por exemplo, ao próprio lugar ocupado pela mulher e à naturalidade com que se encara a miséria, a desigualdade e as injustiças sociais. A sociedade das disciplinas lhe parece degenerativa, opressiva, sem oferecer a mesma segurança que as relações tradicionais asseguravam aos homens pobres. Estes abdicavam do domínio sobre si sem a necessária contrapartida do outro. Transformavam-se em máquinas de produção, que, em nome do progresso, tinham a sua natureza, "sua parte bicho" completamente desrespeitada. Por isso, seu olhar de romancista, curioso, comovido, se volta paternalisticamente para estes homens pobres, situa-os de "fora", com eles se solidariza na sua revolta com o presente. Tem uma visão populista em que se condenam os intelectuais, que, sendo aqueles que detêm o "saber revolucionário", competem com o operário, não o auxiliam, com ele conflitam, inclusive no plano moral e ético, não exercendo a sua tarefa de doar ao povo um projeto, colocando mais pedras em seu caminho para a nova sociedade de homens reconciliados com sua natureza.[183]

O Nordeste de Rachel é, portanto, um espaço-natureza maculado pela cidade. Uma sociedade que ainda oferecia possibilidade ao homem de viver em seu "ritmo natural", embora sua miséria e injustiças sociais fossem enormes e advindas do cruzamento entre as condições climáticas adversas, com as novas relações sociais capitalistas que aí se instituíam, notadamente em suas cidades onde a manufatura já prenunciava o total processo de desnaturalização da sociedade. O nordestino, principalmente o sertanejo, era a única esperança de reação a esta sociedade moderna, de massas, despersonalizada, dilacerada por conflitos. Um homem para quem a família e a religião ainda embasavam seus valores morais e éticos. Um homem apegado ao pessoal, que sonha no futuro com a reconstrução dessa sociedade em que as pessoas se sentem responsáveis pelas outras. Um homem ainda próximo da verdade natural dos homens e por isso mais próximo do homem universal, que a futura mudança social faria ser reencontrado.[184]

Podemos dizer, pois, que Rachel de Queiroz se situa a meio caminho entre a construção do Nordeste como um espaço da tradição, um espaço da saudade do mundo do sertão dos seus antepassados, e o Nordeste como espaço da revolução social, como o espaço antiburguês, ponta de lança de uma transformação social mais profunda no país, por seu grau de injustiças e de misérias. Vive ela claramente os conflitos de uma geração suspensa entre o desabar dos territórios tradicionais e os vários projetos de reterritorialização que marcam a década de trinta. Uma nova sociedade que destruía o mundo natural. Mundo que a autora "via sumir-se, no nevoeiro dourado da noite, passando a galope, como um fantasma, por entre o vulto sombrio dos serrotes".[185]

Pinceladas de Nordeste

A instituição do Nordeste como o espaço da tradição, da saudade, não se faz apenas pelo discurso sociológico ou literário. Dela também participa, por exemplo, a pintura, que procura realizar plasticamente essa visibilidade do Nordeste. Ela é fundamental na transformação em formas visuais das imagens produzidas pelo "romance de trinta" e pela sociologia tradicionalista e regionalista. Cristalizará imagens e irá instituí-las como "imagens típicas da região", exercendo enorme influência na produção posterior, seja no campo do cinema ou da televisão. Contribui para a formação de um arquivo de imagens-símbolo da região, que serão agenciadas por outras formas de discurso artístico, sempre que se quiser fazer ver este espaço.[186]

Os quadros não são apenas representação de um real, de uma empiria, de uma coisa. Eles são descobertas de uma nova forma de ver, um novo ângulo para olhar os objetos familiares. Eles fazem ver aquilo que a visibilidade comum torna invisível, e em vez de serem representação de uma identidade, são invenção por meio da fratura, da quebra, de uma nova identidade, de uma nova forma de ver. Pensar a região requer vê-la, e vê-la não é olhar para sua empiria amorfa, variada e colorida, mas organizar uma dada visibilidade com imagens que sejam consideradas sintéticas, imagens que remetam a uma pretensa essência, imagens simbólicas, arquetípicas, que serão instituídas com seu vir à luz como o rosto da região. Os quadros são cintilações, iluminações, linhas de luz, cores, formas, que constroem um dado espaço pictórico para a região, que lhe atribuem formas "verdadeiras e definitivas"; formas que lhe dão corpo e falam de sua alma.[187]

Nestas telas não só figuram os traços regionais, como ensinam a vê-los, a desenhá-los. Elas educam a visão para descrevê-los, até para imaginá-los. Ensinam a outras pessoas a organizarem "paisagens regionais", a identificarem "tipos e ícones regionais", a fixarem o que seriam as cores e a luz "regional". Gilberto Freyre, autor no qual as imagens participam decisivamente na construção dos textos, sempre chamou atenção para a importância de uma pintura regionalista e tradicionalista que viesse fixar as formas regionais. Para ele, a constante presença da luz, do sol, dava ao Brasil, e ao Nordeste em particular, uma paisagem própria, uma luz própria, que implicavam formas de ver e de se expressar pictoricamente diferentes da forma europeia. A própria natureza da região e do país impunha uma outra forma de linguagem para expressá-los. Uma linguagem e um estilo mais tropical, embora não esquecendo suas raízes lusas, pois teriam sido justamente eles que primeiro tiveram a sensibilidade para descrever as nossas formas autênticas.[188]

Freyre se preocupa em fixar normas para a produção de uma pintura regionalista e tradicionalista, o que seria a "verdadeira paisagem e vida do Nordeste". Ele tenta, nas suas críticas de arte, fixar uma dada visibilidade regional: de paisagens de tons ocres ou de exuberância tropical que não se coadunaria nem com os cinzentos dos acadêmicos, nem com as cores carnavalescamente brilhantes do "impressionismo". Para ele, até então a pintura tinha passado ao largo dessa paisagem regional, com seus contrastes de verticalidade — as palmeiras, os coqueiros, os mamoeiros — e de volúpias rasteiras — o cajueiro do mangue, a jitirana. Uma paisagem animada de muitos verdes, vermelhos, roxos e amarelos. Uma "paisagem que parece ter alguma coisa de histórico, de eclesiástico e cívico". Uma pintura que devia se voltar, principalmente, para as cenas de engenhos, de negros trabalhando no meio daquela fábrica de aquedutos de pau ou trazendo carros de boi cheios de cana madura. Figuras de senhores de engenho, danças de negros, flagrantes de chamegos em que se prolongavam os gestos de se semear e plantar cana.[189]

Freyre sugere, pois, uma pintura evocativa da civilização do açúcar como aquela capaz de produzir formas verdadeiramente regionais, rompendo com a subserviência colonial dos pintores de mitos gregos e romanos. Pintar negras, caboclas, mulatas, em vez da nudez cor-de-rosa dos modelos europeus. Fixar a plasticidade destas figuras de negros de corpos meio nus em movimento, dorsos pardos e grossos, oleosos de suor, dourando-se ou avermelhando à luz das fornalhas. Pintura que participasse de seu esforço para salvar do esquecimento estas formas e figuras humanas e sociais do passado. Daí o grande elogio que faz do trabalho de ilustração realizado pelo pintor e desenhista Manoel Bandeira, homônimo do poeta, que foi o ilustrador de *O Livro do Nordeste*, organizado por Freyre. Trabalho preocupado em fixar as formas do Recife antigo, da civilização dos engenhos, os tipos regionais e a paisagem regional. Paisagem "a mais rica em cores de todas do país: verdes, vermelhos, roxos, amarelos e tudo em tufos, cachos, corolas, folhas, etc...". Mas era preciso ter olhos preocupados com a percepção da região e de suas tradições para conseguir ver as cores e as paisagens regionais não pelo seu lado pitoresco, mas por aquilo que significava de revelador do "caráter regional".[190]

Participando desta visibilidade, Cícero Dias faz uma pintura voltada para retratar a sociedade da casa-grande, dos sobrados, dos engenhos, da "plebe negróide e africanizada"; são quadros que transpiram uma visão poética, lírica, da sociedade açucareira, das relações idílicas, sem conflito entre os grupos sociais. Uma pintura que constrói, na harmonia de linhas, formas e cores, uma harmonização do próprio espaço social que retrata. Uma pintura feita por meio da colagem expressionista de cenas regionais, fragmentos imagéticos do cotidiano da vida rural, aliadas a imagens históricas que são como que coladas, justapostas, formando "paisagens" onde o espaço surge como produto de um encontro não conflitivo entre temporalidades. Paisagens nas quais uma roda convive com um velho jarro de enfeitar salas de casas-grandes, com trilhos de trem, mangueiras, ao lado de um sisudo casal aristocrático que centraliza todo o quadro e se volta para a proteção de um menino. Uma visibilidade do Nordeste centrada na família e na familiaridade de coisas, objetos, animais e pessoas. São gente de casa, tias gordas, bacharéis de *pince-nez*, primas filhas de Maria, negras velhas, cabriolés de engenho, vacas de leite, carros de boi. Em seus quadros predominam o azul e o vermelho, as cores folclóricas por excelência, de gosto popular. Uma pintura que lembra a dos pobres pintores de barcaças e de ex-votos. Cores berrantes e pobres, ligadas à estética dos cordões de pastoras, das cavalhadas, dos vestidos de mulheres, dos lenços de rapé, das flores de papel, dos tabuleiros de bolo, dos caixões de defunto de anjos.[191]

Ele faz emergir uma coleção de imagens "regionais": as árvores, como o cajueiro, a mangueira e o coqueiro; as igrejas, as mulheres prenhes, os moleques, os padres dizendo missa, as lapinhas, os fandangos, os catimbós, os papagaios de papel, os corrupios, o bumba-meu-boi. Imagens de um passado no qual se misturavam padre inglês, vestido de preto, a variedade de comidas e bebidas dos engenhos, as festas, as avós baronesas, o Doutorzinho, a mãe de criação, os irmãos bastardos, os parentes pobres

Família de Luto, óleo sobre tela. 1,60 x 1,42 cm.
Cícero Dias (1929). Fundação Gilberto Freyre.

em visita, os capangas, as beatas, a coceira de bicho-de-pé, o cafuné, o refresco de caju. Uma imagética escravista e patriarcal, na qual o mundo é desigual, mas sem conflito, em que há trabalho escravo belo plasticamente, a exploração sexual do negro se torna idílio de fim de tarde. Uma pintura que cria a imagem de um espaço multirracial, multicolorido, e os contrastes se harmonizam em cores líricas e sensuais. Em vez da tristeza e do trágico do sofrimento humano de Segall, há uma visão saudosa e feliz de um passado colorido, feito de figuras típicas, folclóricas. Uma paisagem fruto de sonhos, de sublimações, de sequestros da história, do passar do tempo, das transformações sociais. Como diz Mário, "um complexo bem nordestino de música, de adeus e da essência família".[192]

Já a pintura de Lula Cardoso Ayres se fixa na abordagem da relação entre homem e natureza, bem como no "desvirtuamento" que a civilização impõe nesta relação. Um homem que, segundo ele, dominou os trópicos menos pela técnica e mais pelo amor, pela identificação, pela simbiose com este espaço e que agora se via dele distanciado pelas relações artificiais que o mundo moderno implantava. Sua imagética do Nordeste constrói este espaço como aquele onde, segundo via, esta harmonia entre homem e natureza tropical havia se dado completamente, na sociedade dos engenhos.[193]

Na década de trinta, sua pintura se volta para a produção de quadros de fatura expressionista, onde se flagram paisagens e tipos, homens, mulheres e crianças na intimidade de seu cotidiano de trabalho ou de festas; na década de cinquenta modifica-se e se torna uma série de quadros surrealistas onde as paisagens de sonho falam destes bichos fantásticos da imaginação popular, estes bichos entre o humano e o natural: o jaraguá, o bicho foiará, o caipora com uma urupemba na cabeça, as caveiras de burro e de boi com mantos enormes sugerindo luto; a vegetação local que se humaniza; uma série de bichos extraídos do bumba-meu-boi; quadros noturnos iluminados pela presença de uma pequena luz de carbureto. São quadros que falam de uma revolta da natureza contra a sua despersonalização, com o fim dos bichos e espaços de estimação, domésticos, familiares. Um mundo onde também se perde o convívio com o maravilhoso, com a possibilidade de transição entre o sonho e a realidade, por uma racionalização crescente.[194]

Os Tuchauas do Carnaval de Recife, óleo sobre tela 73 x 97 cm (1942). Acervo de Lula Cardoso Ayres.

Representação do Bumba-Meu-Boi, óleo sobre tela 90 x 100 cm (1943). Acervo de Lula Cardoso Ayres.

Lula realiza, na década de trinta, estudos sobre o folclore da região, de onde extrai seus temas e o realismo mágico de seus quadros, que lembram a imagética do cordel, no qual a figura do boi é também uma figura central, assim como é constante a humanização de animais e da natureza, além da existência dos mal-assombrados. Este é outro tema constante na pintura de Lula, que ao lado de objetos de casa grande faz surgir sempre um fantasma a espreitar, como a denunciar a morte daquela sociedade. Fragmentos de sua memória infantil, como o grande relógio da sala de visitas, as cadeiras de espaldar alto do avô, as grandes camas patriarcais, o porta-chapéus, o guarda-louças, a grande escadaria que levava aos quartos, surgem povoados de fantasmas vindos talvez de sua própria memória. Quadros onde o passado vira sonho, torna-se suprarrealidade a assustar permanentemente os habitantes do presente.[195]

A pintura de Cícero Dias e Lula Cardoso Ayres participa, pois, da materialização de um Nordeste tradicional, patriarcal, folclórico, de um espaço harmônico, colorido, com saudade de um tempo de sinhazinhas e ioiôs; de um espaço de sonho, de reminiscências; de um espaço atemporal. Nordeste das cores e formas primitivas, ingênuas, populares, onde a integração homem e natureza parece completa e a relação entre eles aproblemática.

A música do Nordeste

O Nordeste foi construído como o espaço da saudade, do passado, não apenas por aqueles filhos de famílias tradicionais e seus descendentes que acabaram entrando em declínio com as transformações históricas, ocorridas neste espaço, desde o final do século passado. Ele é também o espaço da saudade para milhares de homens pobres, do campo, que foram obrigados a deixar seu local de nascimento, suas terras, para migrar em direção ao Sul, notadamente, São Paulo e Rio de Janeiro, para onde iam em busca de empregos, na pujante agricultura comercial, mas, sobretudo, no parque industrial que, a partir da Primeira Guerra, se desenvolve aceleradamente. Estes camponeses deixam um espaço em crise econômica, cujas atividades tradicionais não conseguem acompanhar o ritmo de desenvolvimento de produções concorrentes, seja no exterior, seja internamente ao país, uma região com problemas climáticos e de relações sociais e de poder que inibiam qualquer possibilidade de alteração no *status* social destes camponeses.

Para esta massa de homens pobres, a migração adquire muitas vezes um caráter libertador: a fuga de um mando insuportável, de uma exploração econômica violenta. Deixar de ser "gente de alguém", buscar novos horizontes para quem tem os seus limitados pelas propriedades dos "coronéis", buscar novas terras para quem não as possui, dá às retiradas um gosto amargo do abandono de seus territórios tradicionais, do seu lugar, sem saber o que vão encontrar depois do horizonte, mas dá também um gosto de esperança, de libertação de relações sociais de sujeição direta, pessoal; esperança de progresso material, de acesso a determinados bens de consumo e serviços, que não teriam a menor chance de conseguir permanecendo em seus lugares de origem. O Sul torna-se, principalmente a partir da década de quarenta, a miragem de uma vida melhor para estes homens pobres, já que o processo de decadência da economia nordestina só se acentuava, ao mesmo tempo que persistiam as relações tradicionais de poder aí imperantes.

A melhoria dos transportes e dos meios de comunicação, como: correios, jornais de circulação nacional e, principalmente, a presença do rádio como o grande veículo de comunicação de massas desde a década de trinta, torna as notícias das oportunidades no Sul, constantemente propagandeadas por governos e instituições interessadas na atração desta mão de obra, um estímulo crescente para a migração. Esta é festejada pelo discurso nacionalista como um fator de integração nacional, um fator de encontro e interpenetração dos "dois Brasis" que ameaçavam se distanciar irremediavelmente. As grandes cidades do Sul seriam enfim o lugar onde se gestaria a cultura nacional de há muito perseguida.

O rádio, por ser o veículo de comunicação de massas neste momento, será pensado como o veículo capaz de produzir não só esta integração nacional, com o encurtamento das distâncias e diferenças entre suas regiões, mas também como capaz de produzir e divulgar esta cultura nacional. Embora financeiramente liberado da tutela do Estado desde a década de trinta, tornando-se um veículo de fato comercial, sustentado pela propaganda, o rádio será tutelado, inclusive pela censura, para se engajar nesta política nacionalista e populista, partida do Estado. O rádio, ao mesmo tempo em que é estimulado a falar do país, revela a sua diversidade cultural. Estações de rádio, como a Rádio Nacional no Rio de Janeiro, vão se constituir em polos de atração para manifestações artísticas e em especial musicais de várias áreas do país. É nelas que nasce, concentra-se e se dispersa o que se vai chamar de Música Popular Brasileira. A música que até então se diferenciava da canção, era considerada apenas a de caráter erudito. A música produzida pelas camadas populares, no entanto, adquire nova importância num momento em que a preocupação com o nacional e com o popular passa a redefinir toda a produção cultural e artística.[196]

A sensibilidade nacionalista, com toda a estrutura de poder que a sustenta, investe numa mudança de gosto, não só por parte das camadas populares, mas também por parte das elites e da classe média, num novo conceito de belo em que a produção "nacional e popular" fosse valorizada. A década de trinta já marcara a busca de um som nacional no campo da música erudita, com os modernistas defendendo a criação de uma teia de significantes representativos da música brasileira em suas especificidades rítmicas, melódicas, timbrais e formais. Uma música que remetesse à identidade nacional e ao seu "povo", que fosse buscar nas canções populares sua matéria-prima, já que essas são vistas como reservas de brasilidade; como elemento de reação à produção de uma música atrelada a padrões estrangeiros.[197]

Nesse processo, as músicas, seja erudita, seja popular, deviam divulgar as noções de civismo, fé, trabalho, hierarquia, noções indispensáveis à "construção de uma nação civilizada". Não deveria ser atravessada pelos ruídos e dissonâncias do meio urbano, e, por isso, a música nacional seria a música rural, a música regional. Uma música modalista como aquelas produzidas pelos cegos de feira no Nordeste, que, embora fosse ligada remotamente aos cantos gregorianos europeus, era vista como uma manifestação musical autêntica do país.[198]

É na década de quarenta que surge Luiz Gonzaga como o criador da "música nordestina", notadamente do baião. Ele, depois de passar por São Paulo, onde compra uma sanfona que desejava havia muito tempo, chega ao Rio de Janeiro em 1939, após dar baixa do Exército, onde tinha sido corneteiro entre 1930 e 1938. Nascido na Fazenda Caiçara, município de Exu, Pernambuco, em 1912, Gonzaga era filho de camponeses pobres; Januário, seu pai, era sanfoneiro, artesão que consertava sanfonas e que animava bailes rurais nos fins de semana. Por isso, para sobreviver no Rio de Janeiro, ele toca em cabarés, *dancings* e gafieiras do Mangue, zona de meretrício, onde executa tangos, valsas, boleros, polcas, mazurcas, toda uma série de sons dançantes de origem estrangeira. Gonzaga participa ainda como músico dos programas de calouros de Ary Barroso, o que lhe rende no máximo cinco tostões. É neste programa, na Rádio Nacional, que em 1940, após executar o forró *Vira e Mexe*, conquista a nota máxima e é contratado pela rádio, a mais importante do país e que congregava artistas de todos os lugares.

Sob a influência de um destes artistas, o gaúcho Pedro Raimundo, Gonzaga resolve, em 1943, assumir a identidade de um artista regional, ser um representante do "Nordeste", criando para isso uma indumentária típica que reunia a roupa do vaqueiro nordestino com o chapéu usado pelos cangaceiros. Neste mesmo ano, grava seu primeiro disco como cantor, ao vencer a resistência da gravadora RCA Victor, que não achava comercial a sua voz anasalada e seu forte sotaque regional. Querendo "dar um rumo mais nordestino" às suas canções, Gonzaga procura um letrista que fosse capaz de transformar em poesia as suas lembranças de infância, os seus temas "regionais". Contactando Lauro Maia, compositor de sucesso, ele lhe apresenta Humberto Teixeira, com quem Gonzaga vai compor boa parte de seus grandes sucessos. Em 1946, com a música *Baião*, Gonzaga lança o ritmo que seria até o ano de 1954 o de maior sucesso no país e com repercussão até no exterior. Este sucesso leva Humberto Teixeira a se tornar deputado federal em 1949, o que afasta a dupla, passando Gonzaga a compor com o médico José Dantas, até a morte deste em 1962. Em 1951, Gonzaga assina contrato com a Colírio Moura Brasil. Este contrato foi o primeiro de um artista popular com uma empresa, o que ocorrerá posteriormente com a Shell, que lhe patrocina uma excursão de caminhão pelo interior do Brasil, apresentando-se em toda cidade com mais de quatrocentos mil habitantes.[199]

A música de Gonzaga é dirigida, sobretudo, ao migrante nordestino radicado no Sul do país e ao público das capitais nordestinas que podia consumir discos. Para vincular mais seu trabalho a esta colônia de migrantes, ele faz programas nas principais rádios, como a Rádio Record de São Paulo e a Rádio Nacional do Rio, onde apresenta o programa *No Mundo do Baião*. Seu primeiro programa de rádio como apresentador foi na Rádio Clube do Brasil e se chamava *Alma do Sertão*, e o último foi na Rádio Mayrink Veiga e se chamava *No Reino do Baião*, em 1951. Sendo um artista com nítida visão comercial de sua carreira, além de utilizar os veículos de comunicação e se associar às empresas, Gonzaga desenvolve, como estratégia de afirmação do seu trabalho, uma estreita ligação com a Igreja no Nordeste, já que era profundamente cristão, e também com as oligarquias tradicionais, fato que muito inibiu uma postura mais crítica de seu trabalho, bem como influiu consideravelmente na própria visão da região que irá veicular em suas músicas. É necessário chamar a atenção, no entanto, para o fato de que, não sendo o letrista de suas próprias composições, embora delas participasse, sendo parceiro de vários letristas, seu trabalho não apresenta uma unidade de pontos de vista no que tange a uma postura política.[200]

A música de Gonzaga vai ser pensada como representante desta identidade regional que já havia se firmado anteriormente por meio da produção freyreana e do "romance de trinta". Dará a este recorte uma sonoridade que ainda não possuía ao realizar um trabalho de recriação comercial de uma série de sons, ritmos e temas folclóricos desta área do país. O baião, que era o dedilhado da viola ou a marcação rítmica feita em seu bojo pelos cantadores de desafio entre um verso e outro, também conhecido como baiano, vai ser fundido com elementos do samba carioca e de outros ritmos urbanos que Gonzaga tocava anteriormente. Ele vem atender à necessidade de uma música nacional para dançar, que substituísse todas aquelas de origem estrangeira. Daí sua enorme acolhida num momento de nacionalismo intenso, fazendo-o frequentar os salões mais sofisticados em curto espaço de tempo. O baião será a "música do Nordeste", por ser a primeira que fala e canta em nome desta região. Usando o rádio como meio e os migrantes nordestinos como público, a identificação do baião com o Nordeste é toda uma estratégia de conquista de mercado e, ao mesmo tempo, é fruto desta sensibilidade regional que havia emergido nas décadas anteriores.[201]

Não é só o ritmo que vai instituir uma escuta do Nordeste, mas as letras, o próprio grão da voz de Luiz Gonzaga, sua forma de cantar, as expressões locais que utiliza, os elementos culturais populares e, principalmente, rurais que agencia, a forma de vestir, de dar entrevistas, o sotaque, tudo vai "significar" o Nordeste. O sotaque, a escuta da voz podem ser um som familiar que aproxima as pessoas ou provoca estranhamento, separação. Ele funciona como um dos primeiros índices de identificação e também de estereotipia. Remete a outras associações sonoras, imagéticas e discursivas que permitem construir, em torno da fala e de quem fala, pesados preconceitos. O sotaque permite identificar o migrante como um estranho por este estar associado, quase sempre, a um conhecimento prévio que permite enquadrar o falante em conceitos morais, em valores, num regime de escuta, em que não são as pessoas que falam, mas a fala que diz a pessoa. A música de Gonzaga, ao assumir este sotaque, provoca uma alteração substancial no regime de escuta em nossa sociedade.[202]

O migrante nordestino, vindo do meio rural, era geralmente familiarizado com a prática musical. Esta era para eles mais "muscular" que "auditiva", ou seja, eles não estavam acostumados a parar para ouvir música, mas para fazer ou dançar música. Tocar viola, sanfona, pandeiro, zabumba, instrumentos de bandas marciais, era uma prática generalizada, abandonada ou restringida pelo contato com a sociedade urbano-industrial, cuja música se torna cada vez mais recebida que praticada. O ouvir rádio impõe uma nova educação musical e auditiva e produz uma nova escuta social. Trabalhar na fábrica com o seu ruído constante, que dificulta ouvir música, é um trauma para ouvidos acostumados a acompanhar o trabalho com no mínimo o assovio de um forró. O radinho de pilha, símbolo de integração destes migrantes ao espaço urbano, é um indício do novo regime de escuta e um veículo de integração ao novo espaço social e cultural. A concentração da prática musical em instituições como o rádio e a gravadora diminui os espaços produtivos e criativos de práticas musicais, contra a qual lutam, por exemplo, os artistas de rua de origem nordestina. A disciplina do corpo para o trabalho industrial passa pela disciplina do ouvido, pelo desenvestimento do corpo da prática musical, privilégio cada vez maior de um ouvido receptivo, passivo, para as mensagens produzidas por outrem. O corpo que cantava, dançava, tocava, vai ser reduzido a um corpo que escuta e obedece.[203]

O escutar o Nordeste foi um processo de aprendizagem pelo qual passou o próprio Gonzaga, quando teve de ser desafiado por um grupo de estudantes cearenses, num cabaré do Mangue, para ter "coragem" de tocar alguma coisa "de seu pé-de-serra", tanto quanto para o migrante nordestino, que teve de educar os ouvidos para distinguir sonoridades familiares de estranhas, inclusive o próprio sotaque dos "conterrâneos", surgindo a própria ideia de identidade regional. Luiz Gonzaga se tornou aquele artista capaz de atender à necessidade do migrante de escutar coisas familiares, sons que lembravam sua terra, sua infância, sons que o levavam até este espaço da saudade em meio a toda a polifonia do meio urbano. Mas a atribuição desta identidade regional à sua música foi possível por uma produção discursiva que a tomou como objeto. Como música é intensidade, é diferença, requer preferências, submetê-la a uma identidade, produzir a semelhança, requer submeter a música a uma rede de comentários, desde comentários críticos das revistas especializadas em música, as revistas voltadas para fazer a cobertura do rádio, que eram, em grande número, nesse momento, comentários do próprio artista, através de suas entrevistas, bem como de todas as atitudes e hábitos que passam a compor sua identidade de artista.

A proliferação discursiva em torno do baião doma a sua diferença, institui-lhe um lugar. Essa produção discursiva das revistas, dos jornais, do rádio são espaços de instituição da voz como símbolo, como identidade de um artista e, por extensão, como identidade de uma região ou de uma nação. É preciso ter controle sobre a voz. O Estado pós-trinta quis ter o controle da "voz do Brasil". Esta nação deveria ser falada e falar, deveria ser cantada e cantar dentro de limites codificados pelo poder de Estado.

Como a relação com a voz é da ordem do desejo, portanto, é intensidade e não pode ser domada completamente, ela escapa por entre os dentes que a querem aprisionar, lança-se mão de outra estratégia de aprisionamento que é a produção da moda musical pelo rádio, pelas revistas especializadas e pelas gravadoras.[204]

O sucesso de Luiz Gonzaga foi fruto, por um lado, de um código de gosto que valorizava as músicas dançantes, as de natureza lúdica e, por outro, atendia ao consumo crescente de signos nordestinos e regionais como signos da nacionalidade. Mas seu maior sucesso se dá entre os migrantes nordestinos, pois se conecta com a saudade do lugar de origem, com o medo da cidade grande e, ao mesmo tempo, com o orgulho de estar enfrentando-a, com seus valores de origem rural como a religiosidade e a importância dos laços familiares.

Luiz Gonzaga assume a identidade de "voz do Nordeste", que quer fazer sua realidade chegar ao Sul e ao governo. Sua música "quer tornar o Nordeste conhecido em todo o país", chamando atenção para seus problemas, despertando o interesse por suas tradições e "cantando suas coisas positivas". Condizente com a visão populista que dominava a política brasileira neste momento e muito próximo da visão tradicional da política na região, Gonzaga se coloca como o intermediário entre o "povo do Nordeste" e o Estado, que deseja saber quais são os problemas deste povo, cabendo ao artista torná-los visíveis. A seca surge no discurso de Gonzaga como o único grande problema do espaço nordestino. Para chamar atenção para este fato, ele compõe em 1950, com Humberto Teixeira, *Asa Branca*, que chamou mais tarde de "música de protesto cristão". Durante a seca de 1953, compõe, com Zé Dantas *Vozes da Seca*, na qual cobra proteção e providência por parte do Estado, sugerindo inclusive soluções a serem dadas para o problema, agenciando claramente enunciados e imagens do já quase secular discurso da seca.[205]

Outra preocupação constante de Gonzaga é com "a conquista de espaço para a cultura nordestina", para sua música e com o "reconhecimento do Sul", expressando o já estabelecido complexo de inferioridade dos produtores culturais e intelectuais nordestinos, que precisam sempre da validação do Centro-Sul para seu trabalho. Portanto, existe uma estratégia, em seu trabalho, que é a de fixar uma dada imagem do Nordeste no Sul. Sua visão popular e tradicionalista, nascida de sua vivência de filho de camponeses no Nordeste, foi aliada, ao mesmo tempo, a todo um trabalho de divulgação e criação de formas musicais que partiam de matérias de expressão, vindas do Nordeste, urbanizando-as, tornando-as formas destinadas ao mercado de discos e shows.[206]

Gonzaga faz parte de uma geração de artistas da chamada *Música Popular Brasileira, assim entendida, não por ser feita pelas camadas populares, mas para as camadas populares. Uma música comercial, que tinha no rádio o seu principal veículo.* Num momento em que o problema da nacionalidade também se coloca no campo da música popular, as músicas consideradas até então como folclóricas e regionais, as canções, passam a ser incentivadas não só comercialmente, mas pela própria política do Estado.

Paradoxalmente, a "cultura nordestina" vai se revelar como uma das culturas regionais mais ricas e resistentes, diante do processo de generalização dos bens culturais produzido pela sociedade capitalista. Como uma "região" cada vez mais subordinada política e economicamente, com uma população que migra com constância dentro e para fora da região, portanto sofrendo sucessivos processos de desenraizamento cultural, conseguiu "preservar as suas raízes, as suas tradições culturais"? *Isto se deve exatamente ao fato de a "cultura nordestina" ser uma invenção recente, assim como o Nordeste, fruto em grande parte deste próprio desenraizamento. Esse espaço e essa cultura da memória, do passado, não são apenas evocação, mas principalmente, criação de um espaço imaginado e de tradições feitas em contraponto à realidade urbana e sulista, enfrentada pelos migrantes.* A migração reforça a identidade com este espaço e possibilita a invenção desta "cultura". A escuta é um dos principais mecanismos de delimitação desses novos territórios. Ela ajuda a delimitar novos espaços de segurança, que precisam ser defendidos. Ela é esta atenção prévia que permite evitar a perturbação e desorganização de um território. É uma prevenção contra a surpresa. Ela se aguça diante do perigo, da ameaça de dissolução.[207]

Por isso, a música de Gonzaga, ao trazer à tona a experiência deste povo pobre, ao buscar afirmar o que considera "uma cultura marginalizada", mais do que reproduzir uma visão tradicional camponesa, ajuda esta cultura a se atualizar, reafirmar-se em outro nível. Longe de ser uma visão do passado, é uma visão do presente, de um grupo social e regional marginalizado, que resiste à destruição completa de seus territórios tradicionais, mas que para isto tem de construir novos territórios que, imaginariamente, continuam os anteriores. Mais do que um fenômeno de resistência cultural, a música de Gonzaga participa da atualização de todo o arquivo cultural do migrante diante das novas condições sociais que enfrenta nas grandes cidades. O Nordeste de Gonzaga é criado para realimentar a memória do migrante. Não é por se ligar a estes setores marginalizados, no entanto, como quer Mundicarmo Ferretti, que após o seu auge, entre 1946 e 1954, a música nordestina vai ser também marginalizada pelo mercado. O samba que vem também das camadas populares continuou interessando e sendo aceito como o nosso som nacional. O que marginalizou a música feita por Gonzaga foi ter se identificado como uma música regional, como expressão de uma região que era vista como o espaço atrasado, fora de moda, do país; região marginalizada pela própria forma como se desenvolveu a economia do país e como foi gestada discursivamente.[208]

O sucesso de suas músicas entre os migrantes participa da própria solidificação de uma identidade regional entre indivíduos que são igualmente marcados, nestas grandes cidades, por estereótipos como o do "baiano" em São Paulo e o do "paraíba" no Rio. Eles começam, só na grande cidade do Sul, a se perceberem como iguais, como "falando com o mesmo sotaque", tendo os mesmos gostos, costumes e valores, o que não ocorria quando estavam na própria região. Mais do que agir no consciente de seus ouvintes, as canções gonzaguianas mexiam com o inconsciente desses nordestinos em transmutação nas grandes cidades. A sensação sonora presente traz pedaços de passado, cruza tempos e espaços, fazendo o Nordeste surgir no Sul ou o Sul no Nordeste, ou ainda, o Nordeste aparecer na Paraíba, em Pernambuco.[209]

Uma música que vai ligar subjetividades díspares, que vai produzir um "sentir nordestino", instituir uma certa "visão nordestina" das formas e dos sentimentos, cantando a "verdade nordestina" com seu timbre de dor, tornando a sua própria forma de cantar um índice de regionalidade.

São introduzidos em sua música signos sonoros que buscam produzir uma sensação de proximidade da "realidade regional", presentificando-a por meio de aboios, gritos, estalar de chicotes, tinir de chocalhos, latidos de cães, mugidos de vacas, cantorias, pinicar de violas. As letras, como os próprios arranjos, suscitam lembranças, emoções, ideias, ligadas a este espaço distante e abstrato nomeado de Nordeste.[210]

A música de Gonzaga fala ritmicamente de uma terra que se entranha na alma e no corpo do ouvinte, arrastando seu ouvido, sua cintura, seus quadris, arrastando seus pés. Nordeste da dor, que geme nas toadas, Nordeste da alegria que dança no forró, Nordeste sensual no esfregar-se dos corpos no xote. Músicas que agenciam, na verdade, diferentes experiências visuais e corporais, produzindo diferentes decodificações, diferentes Nordestes.[211]

O espaço desenhado por suas canções é quase sempre o do Nordeste e, no Nordeste, o do sertão. Este espaço abstrato surge abordado por seus temas e imagens já cristalizados, ligados à própria produção cultural popular: a seca, as retiradas, as experiências de chuva, a devoção aos santos, o Padre Cícero, o cangaço, a valentia popular, a questão da honra. Um Nordeste do povo sofrido, simples, resignado, devoto, capaz de grandes sacrifícios. Nordeste de homens que vivem sujeitos à natureza, a seus ciclos, quase animalizados em alguns momentos, mas em outros, capazes de produzir uma rica cultura. Região, fruto de uma verdadeira colagem de manifestações da cultura popular: versos de poetas populares (*Chegada de Inverno, Perfume Nacioná*), aboio de vaqueiros (*Algodão, Feira de Gado*), refrões de cocos (*Siri Jogando Bola*), trechos de cantigas de ninar, cantorias (*Xô, Pavão*), pregão de circo (*O Circo*), fragmentos de literatura oral como provérbios e ditos populares (*Cintura Fina, Café, Vou Casá Já*), lendas (*Lendas de São João*), fórmulas de passar fogueira (*Qué que tu qué*), crenças e superstições (*O Xote das Meninas, Acauã*), histórias humorísticas (*Derramaro o Gai, Forró de Mané Vito*).

Em vários momentos, a música de Gonzaga transmite uma visão bem-humorada da "vida matuta", em que o próprio nordestino ri de si mesmo, se autodeprecia, assume o papel de bufão, embora este humor também vitime o homem da cidade e o sulista. Aliás, este tipo bufão nordestino rende, desde a década de quarenta, no rádio e no cinema, e desde a década de sessenta, na televisão, um dos tipos mais constantes nos programas e filmes de humor. Tipos montados sobre todos os estereótipos construídos em relação ao nordestino nas grandes cidades do Sul, onde o preconceito torna-se risível e, por isso mesmo, mais impregnante ainda. O nordestino passa a encarnar sozinho o estereótipo ligado ao "matuto", ao jeca, gestado nas décadas anteriores.

Sua música contribui para reforçar a percepção do Nordeste como uma unidade e um espaço à parte no país, uma homogeneidade pensada em oposição ao Sul. Ela reforça não só a identidade regional entre seu público, mas a identidade entre eles e sua "região", entre ele e seu povo, vivendo "fora de sua terra". Esta identificação regional é facilitada pela generalidade espacial com que opera suas canções. Um espaço abstrato, sertão, Nordeste, Norte em oposição ao Sul, "terra civilizada", "cidade grande". Espaços aos quais os migrantes de diferentes Estados podem associar a sua própria vivência espacial singular. A topografia do Nordeste feita por Gonzaga é a do viajante, para quem as estradas compridas foram sempre uma realidade. Ele demarcou as fronteiras do território nordestino, instituindo a sua música, a sua linguagem, os seus ritmos, as suas danças em nível nacional, como uma região rural para quem as cidades sempre são ignoradas:

Já fais treis noite qui pru norte relampêa
A Asa-Branca uvindo o ronco do truvão
Já bateu asa e vortô pru meu sertão,
Ai, ai, eu vô m'imbora
Vô cuidá da prantação.[212]

O tema da saudade é constante em sua música. Saudade da terra, do lugar, dos amores, da família, dos animais de estimação, do roçado. O Nordeste parece sempre estar no passado, na memória, evocado saudosamente para quem está na cidade, mesmo que esta seja na região. O Nordeste é este sertão mítico a que se quer sempre voltar. Sertão onde tudo parece estar como antes, um espaço sem história, sem modernidade, infenso a mudanças. Um espaço preso ao tempo cíclico da natureza, dividido entre secas e invernos. Sua música é sempre uma viagem a este "espaço afetivo" que ficou no passado, percebido menos como velocidade, movimento, e mais como fixidez. Espaço decodificado preferencialmente pelo tato e menos pela visão. Um espaço do toque na natureza e nos corpos. Espaço onde homem e natureza são solidários até no sofrimento. Nordeste da vida camponesa, onde o trabalho em sua terra, em épocas normais, garantia a sobrevivência e a alegria. Nordeste de homens simples, fatalistas, moralistas, de vidas centradas na família e no trabalho. Homens suplicantes em relação a Deus e às autoridades, revoltados, às vezes, com os ricos que não cumpriam com o papel tradicional de proteção e assistência.[213]

Suas músicas operam com a dicotomia entre o espaço do sertão e o das cidades. O sertão é o lugar da pureza, do verdadeiramente brasileiro, onde os meninos ainda brincam de roda, os homens soltam balões, onde ainda existem as festas tradicionais de São João. Lugar onde reina a sanfona. A cidade é o lugar da perda dos valores tradicionais, da vida longe da natureza, da perda da família, das almas maculadas. Local do trabalho triste e monótono. O sertão de Gonzaga é um espaço que, embora informado das transformações históricas e sociais ocorrendo no país, recusa estas mudanças. É um espaço para onde se foge da civilização, da cidade, "onde não se tem disso não".[214]

> Ah! se eu fosse um peixe/ Ao contrário do rio
> Nadava contra a água/ E nesse desafio
> Saia lá do mar prô Riacho do Navio
> Eu vinha direitinho prô Riacho do Navio
>
> Pra ver o meu Brejinho/ Fazer umas caçadas
> Ver as pégas de boi,/ andar nas vaquejadas
> Dormir ao som do chocalho/ E acordar com a passarada
> Sem rádio e sem notícia/ Das terras civilizada.[215]

A música de Luiz Gonzaga é atravessada pela ambiguidade entre um conteúdo tradicional e uma forma moderna. Enquanto as letras de suas canções mostravam um Nordeste tradicional, antimoderno, antiurbano, seu ritmo, sua harmonia eram uma invenção urbana, moderna. Ao mesmo tempo que falava de um espaço que rejeitava as relações mercantis burguesas, era eminentemente comercial, voltada para um público urbano. Uma música que, identificada como popular e regional, viveu por quase dez anos a condição de música nacional, até de exportação e presença indispensável nos salões da "alta sociedade". Era o baião a própria expressão da conciliação entre formas modernas e conteúdos tradicionais; era a expressão da separação entre estes dois momentos da produção cultural, que caracterizava a vida cultural do nacional-populismo.[216]

Sua forma de cantar antirretórica, não operística, atualizando a forma do aboio, do repente e do desafio nordestinos; o uso inovador da sanfona quase como um instrumento de percussão, sendo balançada, aberta e fechada com rapidez, diferentemente de seu uso tradicional para tocar valsas, quando era aberta e fechada lentamente, tornam Gonzaga, ao lado de Noel Rosa, Dorival Caymmi e Jackson do Pandeiro, importante marco no rompimento com uma dada forma de interpretação na música brasileira.[217]

Sua música apresentava aspectos muito modernos em termos de linguagem musical, como: o uso dos sons onomatopaicos; a relação entre os sons fonéticos das palavras e o sentido do texto, criando uma afinidade com a experiência que capta o ouvinte, por exemplo, o som do "x", dominante no xaxado ou no xote, produzindo a sensação do deslizar dos pés dos dançarinos no salão; a relação entre voz e o que está sendo dito, bem como o uso do ritmo para enfatizar a mensagem, não sendo este exterior à letra; o uso alternado de canto e narração, com pausas para digressões sobre o tema abordado.

Sua temática sofre permanente processo de atualização, tal como na literatura de cordel; tende para a crônica do cotidiano, e o Nordeste, o sertão, parecem sempre assistir a estas mudanças de fora e com muita apreensão. Só na década de sessenta, sob a influência dos tropicalistas, que o resgataram como uma expressão da evolução da música popular em direção à modernidade, é que Gonzaga passa a "ver" e "falar" do lado moderno do Nordeste, de sua música e de sua própria carreira, embora na década de cinquenta tivesse feito músicas como *Paulo Afonso* e *Algodão*, nas quais festejava a política desenvolvimentista de Juscelino Kubitschek, como a solução para o "problema do Nordeste", e tenha visto a Sudene como o caminho para a redenção regional, bem de acordo com sua visão cristã do salvacionismo. O Nordeste ainda era visto por ele como um espaço a ser salvo de seu problema natural, não como um espaço moderno, o que só ocorreu no final da década de sessenta.[218]

Gonzaga foi, pois, o artista que, por meio de suas canções, instituiu o Nordeste como um espaço da saudade. Embora não aquele Nordeste com saudade da escravidão, do engenho, das casas-grandes; mas o Nordeste da saudade do sertão, de sua terra, de seu lugar. Saudade de seus cheiros, seus ritmos, suas festas, suas alegrias, suas sensações corporais. Saudade de migrante ou de homem de cidade, em relação a um espaço idílico onde homem e natureza ainda não se separaram; onde as relações comunitárias ainda estão preservadas, onde a ordem patriarcal ainda está garantida. Um Nordeste de hierarquias conhecidas e preservadas, mas também o Nordeste da seca, das retiradas, da súplica ao Estado e às autoridades por proteção e socorro. Um Nordeste humilde, simples, resignado, fatalista, pedinte. E, ao mesmo tempo, um Nordeste de grande "personalidade cultural". Um Nordeste que quer conquistar um lugar para sua cultura em nível nacional, que quer mostrar para o governo e para os do Sul que existe, que tem valor, que é viável. O espaço da cultura brasileira contra as estrangeirices do Sul:

> Um moço bunito/ De lindo topete/ Mascando chiclete
> Me perguntô/ Cum fala de gringo/ Só vendo o sotaque
> Caboco 'you like'/ Do 'rock'n'roll'?/ Eu disse ao mocinho
> Que se requebrava/ Inquanto dançava/ Num passo bem leve
> De 'laicá' eu 'laico'/ Cum big feitiço/ Mas jeito pra isso
> É qui nós num 'have'/ Falei que 'laicava'/ Mas num 'laico' não
> Pois o meu baião/ Qui é mais profundo/ Cum tá propaganda/
> Também agradava/ Também balançava/
> As trazêra do mundo...oi.[219]

Cenas de Nordeste

O Nordeste torna-se tema de peças de teatro de grande repercussão nacional, com os trabalhos de Ariano Suassuna a partir da década de cinquenta, quando o *Auto da Compadecida*, que já ganhara a medalha de ouro da Associação Brasileira dos Críticos Teatrais em 1955, é encenada pelo grupo do Teatro Adolescente de Recife no Primeiro Festival de Amadores Nacionais, realizado no Rio de Janeiro, em 1957.

O sucesso do teatrólogo paraibano em nível nacional, notadamente no Centro-Sul, onde o teatro se dividia, até então, em duas tradições, a dramática, de influência italiana, e a cômica, em que despontava o teatro de revista, deve-se não só à chegada tardia a este gênero de arte, das preocupações de se fazer uma arte nacional e popular, mas também a toda uma política oficial que vinha, desde a década de quarenta, com a criação do Instituto Nacional de Teatro, incentivando, por meio de inúmeros festivais de amadores, o surgimento de uma dramaturgia nacional. A encenação de o *Auto da Compadecida*, no Rio de Janeiro, se constituiu num marco do teatro nacional e popular, com uma linguagem própria. Teatro capaz de participar da tarefa que a formação discursiva nacional-popular reservava para as artes, ou seja, a tarefa de formação "do espírito nacional". Um teatro que fosse capaz de se popularizar, de deixar de ser voltado para a catarse da burguesia, que abordasse assuntos nacionais. Um teatro capaz de formar o povo a partir de seus assuntos.[220]

Como ocorrerá com o cinema, nesta mesma década, ao se pensar numa temática nacional para o teatro, o Nordeste surge como tema privilegiado, visto que "todo ele já é um drama de primeira grandeza com a tragédia das secas, a escravidão do açúcar, as lendas populares". Nesta região, existiria toda uma tradição de teatro popular de bonecos, de encenações religiosas, das narrativas feitas pelos cegos nas feiras, de onde podia surgir um estilo de representação nacional que superasse a impostação italiana da forma de representar e da linguagem vinda do teatro português, além de ser capaz de alimentar a montagem de "um teatro sério" que superasse a "inconsequência do teatro de revista". Ariano, pois, é instituído como o iniciador do teatro nacional e popular no país, já que resgata várias formas de encenação populares, bem como toda a tradição dos cancioneiros e romanceiros nordestinos que têm raízes ibéricas.[221]

Recuperando o esquema tradicional de explicação do fim da Idade Média na Europa, ele o aplica para explicar a derrocada de nossa "sociedade fidalga do sertão". Os burgueses citadinos, representados pelos comerciantes, que apoiavam a política modernizante, de intervenção crescente do Estado, para extirpar as zonas de ilegalidade e o poder privado sertanejo, o que tentara João Pessoa, serão antepostos por Ariano à aliança entre a aristocracia rural e o "povo", vistos como classes com hábitos, costumes, valores muito próximos e entre os quais reinavam as tradicionais relações baseadas na honra, na valentia, nas relações face a face, de respeito e assistência mútua. Toda a sua obra está marcada por essa visão populista, em que o povo ao mesmo tempo que expõe as misérias e injustiças que sofre, o faz denunciando a modernização do sertão, a sociedade capitalista, o fim das relações paternalistas como as responsáveis por isso. Povo que vê no hierarquicamente superior um benfeitor ou malfeitor, que segue chefes, e não líderes.[222]

Ariano Suassuna é bem um exemplo de onde terminou por desembocar politicamente o regionalismo tradicionalista nordestino. Colocando-se sempre como um crítico, seja da direita, seja da esquerda, Ariano acaba por apoiar ostensivamente o golpe militar de 1964, tornando-se, em 1967, um dos fundadores do Conselho Federal de Cultura. Defende que a Igreja e o Exército são as únicas instituições capazes de ordenar a sociedade brasileira, de manter a ordem e a independência da nação, contra as "forças estrangeiras, o cosmopolitismo" que tendem a destruí-la. O Exército é o substituto do chefe sertanejo desaparecido, capaz de dar unidade, hierarquia e disciplina à nossa sociedade, que se via ameaçada pela sociedade urbano-industrial de esfacelamento e subversão da ordem. O Exército, segundo ele, era uma força salvacionista que sempre interviera na história do Brasil, nos momentos de perigo. Na obra *O Rei Degolado nas Caatingas do Sertão*, escrita durante este período, ele recupera, por exemplo, as salvações de 1912 como um momento importante da história do Nordeste. Ele mostra o Exército como o salvador do povo, como seu "representante natural", contra a crueldade dos senhores rurais e a exploração da burguesia, a grande força moderadora da nação entre as forças que ameaçavam dilacerar o país: as "elites" rurais, as "elites" urbanas e o "povo".[223]

Este desejo de ordem que perpassa sua obra, seja teatral, seja poética ou literária, nasce da própria saudade que sente de uma "certa ordem", que entrara em crise no Nordeste, onde "reinavam" as famílias "aristocráticas" do sertão. Sua obra quer ser um memorial desse reino extinto, de reis mortos e postos. Obra filha da saudade de um Nordeste "feudal", medievalizado, contado nas crônicas de cegos de feira, dos falsos fidalgos e frades importantes, dos castelos e gestas de cavaleiros, das tragédias populares, das dores sem recompensa e das injustiças sem punição. Um Nordeste nascido da reunião de diluídas legendas europeias, misturadas a heranças de negros e de índios. O outro Nordeste, das imagens ícones de: lajedos, espinhos, feras, cangaceiro cavalheiresco, crimes, poetas e cantadores, menestréis de estrada, profetas e vingadores. Um espaço confuso, brutal, místico e picaresco, a ser decifrado pelo narrador.[224]

A obra de Ariano reforçará toda uma visibilidade do Nordeste, que o toma como uma região feudal, medievalizada, contraposta ao Sul, a região capitalista do país. Ariano via, com muita reserva, as posições da esquerda, que pregavam a destruição "dos restos" da sociedade que ele queria conservar, mas, ao mesmo tempo, por ter uma clara identificação com a visão cristã, dominante inclusive ideologicamente no período medieval, Ariano condenava as posturas da direita, que usavam o anti-comunismo para legitimar uma ordem capitalista injusta, desumana, na qual a miséria era a tônica. Uma sociedade dessacralizada, em que não mais se respeitavam a natureza e os desígnios de Deus.[225]

O sertão surge, em sua obra, como este espaço ainda sagrado, místico, que lembra a sociedade de corte e cavalaria. Sertão dos profetas, dos peregrinos, dos cavaleiros andantes, defensores da honra das donzelas, dos duelos mortais. Sertão das bandeiras, das insígnias e dos brasões, das lanças e mastros, das armaduras pobres de couro. Sertão em que todos são iguais diante de Deus, o que não significa reivindicar o mesmo aqui na vida terrena, condenada a ser sempre imperfeita, por ser "provação", mas em que a igualdade divina permite manter a esperança e a resignação diante das condições mais adversas. O Nordeste de Ariano luta contra o mundanismo, aceita a imperfeição das instituições terrenas e não acredita na criação de um novo mundo. É um espaço e um povo em busca de misericórdia.[226]

A visão sacralizante do mundo se opõe à burguesa e moderna, que destrona Deus da explicação daquele. O Nordeste de Ariano tem sua história ainda governada pelos insondáveis desígnios de Deus. É um espaço que oscila entre Deus e o Diabo. É um jogo de cartas cujas regras não foram reveladas a ninguém. Um mundo que se opõe à sociedade moderna onde tudo é máscara, é interesse, tudo é desprovido de verdades eternas, tudo é artifício, mentira, absurdo. Só a religião e a Igreja, se fosse praticante da "verdadeira fé", se não se deixasse corromper pelos poderes e interesses terrenos, poderiam ordenar este mundo, dar-lhe sentido. No Nordeste, era ainda Deus que dava sentido às coisas, notadamente para o homem pobre do sertão ou para aquela "aristocracia" que estava desaparecendo. Nele ainda se buscava o mundo interior em detrimento do império do mundo exterior como na sociedade burguesa. Um mundo onde a verdade e a lealdade se opunham à traição, onde não havia a idolatria do dinheiro e da mercadoria. Em *O Santo e a Porca*, por exemplo, Ariano faz toda uma crítica ao materialismo que domina a sociedade burguesa. A exemplo de outros trabalhos seus, esta peça é uma fábula moralizante que se rebela contra a perversão dos valores e da "natureza humana" pela sociedade do dinheiro.[227]

O teatro de Ariano encena um Nordeste teocêntrico, feito de vidas simples, primárias, risíveis e, ao mesmo tempo, em busca da transcendência e de encontrar respostas para a questão da ontologia do mundo, da vida. Um teatro em que a sociedade humana aparece como farsa, um espetáculo circense em que todos são palhaços. Um teatro de bonecos em que somos mamulengos de Deus, em que a sociedade é um desfile de máscaras ridículas ou exemplares, em que o espaço público moderno é um equívoco em que representam anti-heróis, seres frágeis diante do poder do "Terrível" ou do "Alumioso". Um Nordeste construído pelo agenciamento de uma série de imagens bíblicas presentes no catolicismo popular. Imagens que se mesclam com rituais ibéricos medievais, com crenças e práticas de fundo animistas e fetichistas de origem indígena, negra ou mesmo europeia, para compor este mundo onde natureza e homem se fundem como parte da criação divina e de seus mistérios e onde estes lutam contra o "poder diabólico" das instituições terrenas. O Nordeste é este caminho duro e cruel, mas ascendente em direção ao Divino.[228]

O cenário de seu Nordeste é sempre o sertão das caatingas, ou das pequenas cidades empoeiradas, onde a única construção de destaque é a igreja e as únicas autoridades, o coronel, o padre, o delegado e o juiz. Para Ariano, foi a "civilização do couro" e não a "civilização do açúcar" que gestou a nossa identidade nacional, a nossa personalidade. Fazer uma genealogia deste espaço, de suas famílias, de seus sonhos, de suas loucuras, aventuras e desventuras, era traçar a própria genealogia do país e da região.[229]

Ariano constrói o Nordeste como um mapa desdobrado, onde surgem serras pedregosas e castanhas, outras azuladas pela distância, com rios, açudes, lajedos reluzindo ao sol como espelhos de quartzo, lascas de mata e de cristal de rocha. Um Nordeste tramado pelos fios dos destinos de seus personagens, onde se destacam os pontos de cruzes e estrelas de sangue feitos a fogo, a faca e a tiros. Nordeste de personagens barrigudos, feridentos, gafos, fedorentos, andrajosos, paralíticos, perseguidos pela seca, pela miséria e pela injustiça, mas que conseguem manter o seu "orgulho de sertanejo". Nele há homens capazes ainda de sonhar, de conviver com o maravilhoso, de profetizar visões de volta a um passado idílico, visões de um paraíso perdido em algum momento do passado, da volta do Reino de um milênio.[230]

Ariano quer, em sua obra, representar este lado belo do sertão que havia sido negligenciado pela produção sociológica e literária anterior, preocupada ou em enfatizar as "belezas" da sociedade açucareira, do engenho, ou empenhada em mostrar o lado feio e miserável do sertão, como estratégia para realizar um discurso político de denúncia da sociedade capitalista. Para ele, não se trata de virar pelo avesso a configuração imagética discursiva do Nordeste, elaborada pelos tradicionalistas, como o farão os romancistas que têm preocupação social, mas também não negar completamente as imagens de miséria e injustiças que povoavam o sertão. Seu sertão é inferno, é purgatório, mas também é paraíso de riachos, açudes e pomares. Terra espinhenta, parda, pobre e pedregosa, mas também lugar de brisas, luares, pássaros. Uma visão que não seria nem de esquerda nem de direita, mas uma terceira visão, "a visão divina", sagrada, "católico-sertaneja", em que bem e mal convivem substituindo as visões que se colocam em um destes pólos.[231]

Um sertão onde homens e natureza ainda não estão separados. Um Nordeste dos clãs patriarcais que teriam animais como insígnias e como antepassados. Um sertão de homens descendentes de feras. Um espaço onde homens e animais se irmanam na peçonha, na crueldade, na esperteza, na selvageria, na resistência, na astúcia, na sede de sangue e de carne; onde todos são criaturas divinas, cuja natureza é traiçoeira, imprevisível e perigosa. Sertão épico, de homens guerreiros, de clãs mestiços, que sob o fogo do sol se digladiavam em nome da honra e da vingança.[232]

Suassuna, o Quaderna, quer decifrar os grandes enigmas desta sociedade, deste espaço que sintetiza os próprios enigmas da existência e, ao mesmo tempo, quer absolver esta sociedade, seu povo, sua memória, da condenação lançada pelo tempo e pelos vencedores, pelo anátema com que foi marcada pelo olho da "civilização". Só o olhar da "Onça Caetana", o olhar bárbaro, pobre, pardo, castanho, é capaz de ver esta realidade como ela é. Realidade entre o divino e o humano, entre o maravilhoso e o cruel. Sociedade tão próxima da natureza que só "olho de bicho" para poder entendê-la.[233]

Ele busca construir uma visão totalizadora, capaz de perscrutar o essencial desta sociedade sertaneja, não fazendo o corte racionalista entre o real e o mítico. Realizando apenas este recorte espacial, abstrato, ele garante a unidade de todos os elementos díspares que agencia. Ariano não trabalha com a mesma postura realista do "romance de trinta". Seu romance e teatro armorial e romançal partem do pressuposto que o espaço da arte não é apenas representação, mas apresentação de uma nova realidade criada pelo artista. No seu sertão, travam-se lutas de cavalaria. Nele, reis e príncipes rudes desfilam em suas batalhas. Lá os raquíticos e peçonhentos animais sertanejos se tornam brasões, armas, insígnias dos heróicos e bárbaros clãs sertanejos. Um Nordeste em que se misturam as imagens e os temas já cristalizados em torno da região, como os temas da seca, da miséria, do cangaço, dos beatos e coronéis, mas estas imagens se transmutam por meio das imagens ligadas ao medievo, à sociedade de cavalaria, da heráldica. Ele enobrece o sertão, tornando este passado da região uma miragem, um sonho de um futuro, em que o tempo perdido volte transfigurado pela beleza, pela grandiosidade, pelo resgate de sua essência heróica e cavalheiresca.[234]

Ariano não decifra os mitos do sertão, mas o constrói como tal. Ele mitifica a sociedade sertaneja e seus homens, quer transformar a memória de sua família, de sua raça, da sociedade em que dominaram em um monumento de pedra, cheio de inscrições a serem decifradas no futuro. Quer fazer de sua obra um monumento a uma dominação, a uma ordem, a ordem da sociedade patriarcal sertaneja. Quer ser o profeta, o sacerdote, o astrólogo, o poeta, o sábio deste Nordeste, onde o sol transforma o real em miragem, baralhando as formas, impedindo de se ver e ler as verdades divinas que estão inscritas, cifradas nos quartzos e malacachetas, na paisagem cortante, feroz e enegrecedora. Ele quer ser o cantador desta sociedade arcaica, dos novelários e mal-assombros. Sociedade do sangue, da morte. A obra de Ariano é toda perpassada por esta imagística do sangue e da morte, que se liga aos fatos trágicos de seu passado, mas que também é, para ele, uma forma de representar a própria essência da sociedade sertaneja, da sanguinidade, dos preconceitos de raça. Muitas imagens e preconceitos naturalistas aí aparecem, com a hereditariedade, transmitindo traços de caráter psicológicos e culturais.[235]

A arte, para ele, deve tornar suportável a loucura da vida, como o sol queimando as lágrimas, neutralizando, na medida do possível, a fome, a degradação, o desespero, a insânia deste mundo. Arte em que o riso "é o cavalo, grosseiro e macho, que consegue reunir corajosamente as injustiças, as feiuras e os destroços da vida real para com eles empreender o galope do sonho e manter assim a chama da ... epopeia, da ... insurreição permanente, contra as feiuras e injustiças do real". A comédia, a farsa e o realismo mágico, elementos presentes na produção cultural popular, notadamente no cordel, são agenciados por Ariano para, ao mesmo tempo, denunciar a miséria do Nordeste e repor a capacidade de rir, de sonhar, de imaginar uma sociedade ressacralizada. Um Nordeste construído com "partes cangaceiras e bandeirosas de histórias nas serras, nas estradas e na caatinga; Nordeste com partes de galhofa e de estridência nos pátios, cozinhas e veredas; com partes de amor e safadezas nos quartos e camarinhas" por um autor "quadrado", saudosista, tradicionalista, "quaderna".[236]

Sua arte seria "sertaneja e popular pelo espírito e não pela forma, já que o artista deve elevar o povo até ele e não se rebaixar até o povo", retrabalhando toda a tradição popular e ibérica das quais estas provinham, agenciando ainda elementos do teatro clássico grego e romano, para encontrar a "forma nordestina e brasileira de fazer teatro", distante do teatro intimista e psicológico burguês, mas que fosse a expressão da psicologia do "seu povo", do "gênio de sua raça", de um "pensamento régio, folhetinesco e romanceiro". Uma forma de expressão tradicional para expressar uma região vista como tradicional. O teatro moderno nada tinha a oferecer ao "mundo barroco" do sertão. Era no teatro ibérico e no cordel que se devia buscar a forma de expressar este Nordeste ingênuo, singelo, de personagens primários, homens de linguagem rude e pitoresca, que satirizavam a sociedade moderna, que desconfiavam dos valores terrenos, que temiam as fraquezas da carne. Uma sociedade em que o riso e o ridículo eram um dos principais mecanismos de controle social, de moralização, de educação cristã. Sociedade em que o uso do bufo, do carnavalesco não existia apenas como inversão da ordem, mas como momento de criação de uma certa ordem.[237]

Em Ariano, as palavras serão usadas em sua materialidade, como insígnias das coisas, como talhadas na pedra em baixo-relevo, desenhadas, gravadas. Sua obra busca decifrar o Nordeste usando "emblemas solares que colocados à sua frente poderiam refletir seu passado significativo, seu presente detalhado e seu futuro possível". Uma obra que toma a linguagem como o lugar de instituição, de invenção do mundo. Linguagem que deve, em sua própria textura, ser capaz de expressar a realidade que apresenta; por isso escreve seus trabalhos com "o português pardo, leopardo, garranchento e pedregoso da caatinga", tornando-a mais uma dimensão denotativa do regional.[238]

Ariano não vê a linguagem como o código neutro com que trabalham os realistas. Ele participa como um dos inventores do Nordeste como o espaço da saudade e da tradição, mas o assume como um trabalho ficcional, e não como um trabalho documental, como haviam feito os tradicionalistas do romance de trinta e da sociologia. Este aspecto é eminentemente moderno em seu teatro, embora renegue a modernidade burguesa do teatro. Seu Nordeste popular, medievalizado, se junta àquela produção sociológica e literária anterior, bem como à pintura regionalista e tradicionalista e à música de Luiz Gonzaga, na invenção, reinvenção e atualização da série de temas, conceitos, imagens, enunciados e estratégias que instituem o Nordeste como o espaço oposto ao moderno, ao burguês, ao urbano, ao industrial. Nordeste sem espaço público, sem dessacralização da natureza, sem separação radical entre homens e coisas. Nordeste saudoso, de um passado mítico, idílico, de pureza, ingenuidade, glórias, fausto. Este Nordeste, "pelo direito", é espaço com saudade de uma dominação tradicional, de códigos sociais e de valores patriarcais. Nordeste que reage ao presente, à sociedade capitalista, como o motivo de todos os seus males, atrasos, misérias e injustiças, e que sonha com a volta ao passado. Um Nordeste contra a história e a favor da memória. Nordeste, sofisticada maquinaria imagético-discursiva voltada para a conservação, para a reação ao novo.

NOTAS

1. Manuel Bandeira, "A vida assim nos afeiçoa" (*A Cinza das Horas*), in *Poesias*, p. 33 (grifos nossos).

2. Sobre o problema da origem em história, ver Flora Süssekind, *Op. cit.*, p. 15 a 21.

3. Sobre a relação entre crise econômico-social, política e elaborações regionalistas, ver Elide Rugai Bastos, *Gilberto Freyre e a Formação da Sociedade Brasileira*, p. 236 e segs. Sobre a sensação de fragmentação trazida pela modernidade, ver Lúcia Helena, *Totens e Tabus da Modernidade Brasileira*, p. 21 e segs.

4. Ver Gilberto Freyre, *Nordeste*, p. 5 e 6; Durval Muniz de Albuquerque Jr., *Op. cit.*

5. Ver sobre a viagem de Oswald ao Recife, Joaquim Inojosa, *Os Andrades e Outros Aspectos do Modernismo*, p. 259. Sobre a repercussão das secas em São Paulo e as campanhas de donativos, ver N/a, "Pelas vítimas das secas", *OESP*, 1/1/1920, p. 4 e 5; 2/1/1920,

p. 4, c. 8; 3/1/1920, p. 5, c. 1; 4/1/1920, p. 4, c. 7; 6/1/1920, p. 4, c. 8; 9/1/1920, p. 4, c. 7; 24/1/1920, p. 4, c. 2.

6. N/a, "Pelas vítimas da seca", *OESP*, 6/1/1920, p. 4, c. 8 e 9/1/1920, p. 4, c. 7.

7. Mário Pinto Serva, "As reivindicações do Norte", *OESP*, 22/3/1920, p. 5, c. 1.

8. Ver Durval Muniz de Albuquerque Jr., *Op. cit.*, p. 286-288.

9. Ver Consuelo Novaes S. de Quadros, "Formação do regionalismo no Brasil", in *Revista do Centro de Estudos Baianos* n. 77, p. 5 a 13.

10. Durval Muniz de Albuquerque Jr., *Op. cit.*, p. 65 e segs.

11. Idem, ibidem, p. 276.

12. Ver A. de Limeira Tejo, "O Nordeste do senhor Palhano", in *Revista de Antropofagia* n. 7, nov./1928, p. 2.

13. N/a, "O Bloco Político do Norte", *OESP*, 3/9/1920, p. 4, c. 5.

14. Ver Souza Barros, *A Década Vinte em Pernambuco*, p. 192 e segs. e Sérgio Miceli, *Op. cit.*, p. 35 e segs.

15. Ver José Lins do Rego, *Meus Verdes Anos*, p. 125 e Moema Selma D'Andrea, *A Tradição Redescoberta*, p. 49.

16. Ver Gilberto Freyre, "Vida Social no Nordeste", in *O Livro do Nordeste*, p. 75; Mário Sette, *Senhora de Engenho*.

17. Joaquim Inojosa, *O Movimento Modernista em Pernambuco*, p. 208 e 209.

18. Idem, ibidem.

19. Gilberto Freyre, *Manifesto Regionalista*, p. 32. Sobre a reação na imprensa paulista ao Congresso Regionalista de Recife, ver Monteiro Melo, "Regionalismo ridículo", *OESP*, 6/3/1926, p. 3, c. 1. Ver ainda, José Lins do Rego, *O Moleque Ricardo*.

20. Citado por Souza Barros, *Op. cit.*, p. 59.

21. Ver Gilberto Freyre, *Sobrados e Mocambos*, 1. v., p. 319 e segs.

22. Ver Gilberto Freyre, *Região e Tradição*, p. 107 e segs.

23. Ver Lúcia Lippi Oliveira, "Repensando a tradição", in *Ciência Hoje*, v. 7, n. 38, dez./1987, p. 58.

24. Sobre a noção de tradição, ver Eric Hobsbawm & Terence Ranger (orgs.), *A Invenção das Tradições*.

25. Sobre a idealização do elemento de cultura popular como tradição, ver José Guilherme Cantor Magnani, *Festa no Pedaço*, e Luis Felipe Baeta Neves, "Uma caçada no zôo: notas de campo sobre a história e conceito de arte popular".

26. Ver Arthur Ramos, *O Folclore Negro no Brasil*; Florestan Fernandes, "A burguesia, o progresso e o folclore", *OESP*, 19/9/1944, p. 4, c. 8.

27. Sobre a função integrativa do folclore, ver Florestan Fernandes, *Folclore e Mudança Social na Cidade de São Paulo*.

28. Manuel Bandeira, "Minha terra" (*Belo Belo*), in *Poesias*, p. 340.

29. Sobre a crise da narrativa no mundo moderno e a sua função reprodutora da tradição, ver Walter Benjamin, "O narrador. Considerações sobre a obra de Nikolai Leskov", in *Magia e Técnica, Arte e Política*, p. 197 e segs.

30. Sobre a coexistência ou linearidade das temporalidades, ver Gilles Deleuze, *Proust e os Signos*, p. 83 a 93. Sobre a emergência da história como paradigma da *epistéme* moderna, ver Michel Foucault, *As Palavras e as Coisas*, p. 231 e segs.

31. Ascenso Ferreira, *Catimbó e Outros Poemas* (Prefácio de Manuel Bandeira), p. 6 e 7.

32. Idem, ibidem, p. 6.

33. Ver José Lins do Rego, *Meus Verdes Anos*, p. 6.

34. Ver José Lins do Rego, *Menino de Engenho*.

35. Jorge de Lima, "Passarinho encantado" (*Poemas Negros*), in *Obra Poética*, p. 237 e 238.

36. Ver Rachel de Queiroz, "João Miguel", in *Três Romances*, p. 125 e "Mapinguari", in *Obras Reunidas*, v. 5, p. 136 e 137.

37. Luiz Gonzaga e Humberto Teixeira, *Qui nem jiló*, RCA, 1950.

38. Ver Ariano Suassuna, *História do Rei Degolado nas Caatingas do Sertão* (Uma epopeia do sertão. Prefácio de Idelete Muzart), p. XV; *O Santo e a Porca*; *A Pena e a Lei*.

39. Ver Ariano Suassuna, *História do Rei Degolado nas Caatingas do Sertão*, p. 56 e 57.

40. Ver Ariano Suassuna, *O Romance d'A Pedra do Reino* (Prefácio de Rachel de Queiroz), p. XI a XIII.

41. Ver Bezerra de Freitas, "O espírito modernista da literatura brasileira", *OESP*, 20/7/1941, p. 4, c. 4. Como exemplo de literatura regionalista naturalista, ver Antônio Salles, *Aves de Arribação (Romance Cearense)*.

42. Ver, por exemplo, Gilberto Freyre, *Nordeste*.

43. Ver José Aderaldo Castelo, *José Lins do Rego: Modernismo e Regionalismo*, p. 105.

44. Ver Gilberto Freyre, *Região e Tradição* (Prefácio de José Lins do Rego), p. 20.

45. Ver José Aderaldo Castelo, *Op. cit.*, p. 99; José Lins do Rego, "O escritor Antônio de Alcântara Machado", in *Revista Travessia*, v. 3, n. 5, dez./1982, p. 30.

46. Ver Gilberto Freyre, *Região e Tradição*, p. 38, 39 e 199. Sobre o conceito crítico de tradição ver, Silvio Castro, *Teoria e Política do Modernismo Brasileiro*, p. 97 a 104.

47. Ver José Aderaldo Castelo, *Op. cit.*, p. 100, 101 e 108 e José Lins do Rego, *Presença do Nordeste na Literatura*, p. 25.

48. Ver José Aderaldo Castelo, *Op. cit.*, p. 98.

49. Gilberto Freyre, *Sobrados e Mocambos*, v. 1, p. 308 e segs.; *Região e Tradição*, p. 257 e segs.; *Interpretação do Brasil*, p. 41 a 91.

50. Gilberto Freyre, *Sobrados e Mocambos*, v. 2, p. 424 a 489. Sobre a distinção entre moderno e modernista, ver Gilberto Freyre, *Vida, Forma e Cor*, p. 99 a 115. Sobre os antecedentes mestiços de nossos colonizadores, ver *Interpretação do Brasil*, p. 41 a 91.

51. Gilberto Freyre, *Vida, Forma e Cor*, p. 143 e 144.

52. Sobre a querela entre Gilberto Freyre e Joaquim Inojosa, ver Joaquim Inojosa, *O Movimento Modernista em Pernambuco*.

53. Ver Joaquim Inojosa, "O movimento imaginário do Recife", *OESP*, 25/06/1972 (Suplemento Literário n. 778), p. 4, c. 1.

54. Ver Neroaldo Pontes, *Modernismo e Regionalismo*, p. 36.

55. Idem, ibidem, p. 22 e 33.

56. Idem, ibidem, p. 46 e segs., 56 e segs.; José Américo de Almeida, "Reflexões de uma Cabra", in *Novelas* (Prefácio de José Ferreira Ramos), p. 6.

57. Neroaldo Pontes, *Op. cit.*, p. 78 a 82.

58. Ver Joaquim Inojosa, *O Movimento Modernista em Pernambuco*, p. 174, 175 e 182.

59. Neroaldo Pontes, *Op. cit.*, p. 121, 122, 102 e 26.

60. Ver Sérgio Buarque de Holanda, "Modernismo, tradicionalismo, regionalismo", in *República das Letras* (Homero Senna, org.), p. 107; Gilberto Freyre, *Interpretação do Brasil*, p. 179 e segs. e *Região e Tradição*, p. 257 e segs.

61. Ver Hebert Baldus, "Ensaios sobre a história da etnografia brasileira", *OESP*, 16/09/1943, p. 4, c. 4.

62. Ver Dante Moreira Leite, *Op. cit.*, p. 272 e segs.

63. Ver Gilberto Freyre, *Interpretação do Brasil*, p. 139 e segs. e *Sobrados e Mocambos*, v. 1, p. 3 a 23.

64. Idem, *Interpretação do Brasil*, p. 189 e segs. e *Casa-Grande e Senzala*, p. 305 e segs.

65. Idem, *Casa-Grande e Senzala*, p. 189 e segs. e *Sobrados e Mocambos*, v. 1, p. 173.

66. Idem, *Casa-Grande e Senzala*, p. 5 e segs.; *Sobrados e Mocambos*, v. 2, p. 352 e segs.

67. Idem, *Nordeste*, p. 98 a 131.

68. Sobre o imagismo de Freyre, ver Moema Selma d'Andrea, *Op. cit.*, p. 141 a 147. Sobre a diferença entre imagens simbólicas e imagens alegóricas, ver Walter Benjamin, "O surrealismo", in *Os Pensadores*, v. XLVIII, p. 84.

69. Sobre a metodologia freyreana, ver Mário Chamie, "Gilberto Freyre, o mago das recorrências", *OESP*, 10/06/1984 (Suplemento Literário n. 209), p. 13.

70. Ver Gilberto Freyre, *Sobrados e Mocambos*, v. 1, p. 30 a 50; *Casa-Grande e Senzala*, p. 288 e segs. e *Vida, Forma e Cor*, p. 248 a 256.

71. Ver Gilberto Freyre, *Sobrados e Mocambos*, v. 2, p. 152 e segs. e 573 e segs.

72. Ver Gilberto Freyre, *Sobrados e Mocambos*, v. 1, p. 152 e segs. e v. 2, p. 424 e segs. Sobre o pensamento que opera por oposições mas nega a diferença e afirma a identidade, ver Gilles Deleuze, *Diferença e Repetição*, p. 88 e segs.

73. Dante Moreira Leite, *Op. cit.*, p. 270 e segs; Gilberto Freyre, *Casa-Grande e Senzala*, p. 3 a 54.

74. Ver Gilberto Freyre, *Sobrados e Mocambos*, v. 1, p. 253 e segs. e *Vida, Forma e Cor*, p. 240 e segs.

75. Ver Rosa Maria Godoy Silveira, *Op. cit.*, p. 20.

76. Ver Gilberto Freyre, *Nordeste* (Prefácio), p. XI.

77. Idem, ibidem, p. XX e segs.

78. Idem, ibidem, p. 16 a 37 e 43 a 58.

79. Idem, ibidem, p. 6.

80. Idem, ibidem, p. 91 a 138; *Sobrados e Mocambos*, v. 1, p. 152 a 234.

81. Ver Roger Bastide, "Sociologia do folclore brasileiro", *OESP*, 7/1/1949, p. 4, c. 4; Viriato Correia, "O progenitor do Sul e o progenitor do Norte", *OESP*, 12/4/1936, p. 4, c. 1.

82. Ver Gilberto Freyre, *Casa-Grande e Senzala*, p. 217 e segs.

83. Idem, ibidem, p. 188 e segs; Cassiano Ricardo, *Marcha para Oeste*, p. 41 e segs.

84. Ver Gilberto Freyre, *Nordeste*, p. 164.

85. Ver Oliveira Vianna, *Evolução do Povo Brasileiro*, p. 76 e segs.; Gilberto Freyre, *Interpretação do Brasil*, p. 91 a 139; Alcântara Machado, *Vida e Morte do Bandeirante*, p. 23 a 35.

86. Ver Cassiano Ricardo, *Op. cit.* v. 2, p. 81 e segs.

87. Alfredo Ellis Jr., *Capítulos de História Psicológica de São Paulo*, p. 30 e segs.; Cassiano Ricardo, *Op. cit.*; Alcântara Machado, *Op. cit.* Citação de Oswald de Andrade, *Marco Zero I (A Revolução Melancólica)*, p. 74.

88. Ver Roger Bastide, *Brasil, Terra de Contrastes*, p. 11 e segs.

89. Ver Paulo Dantas, "Euclides e as dimensões sertanejas", in *Revista Brasiliense* n. 19, set./out./1958, p. 138; Aderbal Jurema, "Sobre os campos do Norte", in *Revista Acadêmica* n. 10, ano II, abr./1955, p. 4; Gilberto Freyre, *Vida, Forma e Cor*; Sérgio Buarque de Holanda, *Raízes do Brasil*, p. 117.

90. Ver Joseph M. Luyten, "Desafio e repentismo do caipira em São Paulo", in *Cultura Brasileira: Temas e Situações* (Alfredo Bosi, org.), p. 75; Gilberto Freyre, *Sobrados e Mocambos*, v. 1, p. 20.

91. Ver Roger Bastide, *Brasil, Terra de Contrastes*, p. 50 e segs. e 132 e segs.

92. Ver Mário de Andrade, "Coreografias", *OESP*, 5/3/1938, p. 4, c. 3; Oswald de Andrade, *A Utopia Antropofágica*.

93. Ver Fernand Braudel, "Bahia", *OESP*, 20/10/1937, p. 4, c. 1.

94. Ver Oswald de Andrade, *Marco Zero I (A Revolução Melancólica)*, p. 125.

95. Ver Amadeu Amaral, "Separatismo", *OESP*, 30/9/1920, p. 3, c. 4.

96. Ver Lúcia Lippi Oliveira, *Op. cit.*, p. 64.

97. Ver Viana Moog, *Uma Interpretação da Literatura Brasileira*; Cyro T. de Pádua, "Uma interpretação da literatura brasileira", *OESP*, 28/4/1943, p. 4, c. 7.

98. Ver Roger Bastide, *Brasil, Terra de Contrastes*, p. 195 e segs; José Guilherme Merquior, "A caracterização do moderno", *OESP*, 24/10/1976 (Suplemento Cultural n. 2), p. 4.

99. Ver Oswald de Andrade, *Os Dentes do Dragão*, p. 164 e segs.

100. Ver Paulo Cavalcanti, "Romancista de um povo", in *Para Todos* n. 33 e 34, set./out./1957, p. 9; Cassiano Nunes, "Análise da problemática do romance nordestino", in *Revista Brasiliense* n. 14, nov./dez./1957, p. 72.

101. Ver Roger Bastide, *Brasil, Terra de Contrastes*, p. 195 e segs; Viana Moog, *Op. cit.*, p. 29; Rubens do Amaral, "Testamento de uma geração", *OESP*, 25/1/1942, p. 4, c. 1.

102. Ver Joaquim Inojosa, *Os Andrades e Outros Aspectos do Modernismo*, p. 70 e segs; José Américo de Almeida, "Como me tornei um escritor brasileiro", in *Revista de Antropofagia*, ano I, n. 7, out./1928, p. 3; José Lins do Rego, *Usina* (A língua simbólica de José Lins do Rego, Wilson Martins), p. XVII e LXIV; Viana Moog, *Op. cit.*, p. 29 e segs.

103. Ver Pierre Houcarde, "Tendências e individualidades do romance brasileiro contemporâneo", *OESP*, 14/5/1939, p. 6, c. 1.

104. Sobre o crescimento do mercado editorial na década de trinta, ver Sérgio Miceli, *Op. cit.*, p. 69 e 70.

105. Sobre a diferença entre texto monológico e dialógico, ver Mário Chamie, *A Transgressão do Texto*, p. 10 e segs.

106. Antonio Candido, *Literatura e Sociedade*, p. 109 e segs; Roger Bastide *et alii*, *Jorge Amado: Povo e Terra, 40 anos de literatura*, p. 39 e segs.

107. Ver Antonio Candido, *Brigada Ligeira*, p. 52 e 53; Roger Bastide *et alii*, *Op. cit.*, p. 39 e segs.

108. Sobre a eficácia do uso de personagens típicos, ver Umberto Eco, *Apocalípticos e Integrados*, p. 209 e segs.

109. Idem, ibidem.

110. Roberto Ventura, *Op. cit.*, p. 47 a 52.

111. Idem, ibidem; José Antônio Pasta Jr., "Cordel, intelectuais e o divino Espírito Santo", in *Cultura Brasileira: Temas e Situações* (Alfredo Bosi, org.), p. 58.

112. Ver José Lins do Rego, *Meus Verdes Anos*; Rachel de Queiroz, *O Quinze*; José Américo de Almeida, *A Bagaceira* (Introdução de Manuel Cavalcanti Proença), p. XLI e segs.

113. Ver José Aderaldo Castelo, *Op. cit.*; Silviano Santiago, "Modernidade e tradição popular", *Folha de S. Paulo*, 16/11/1989 (Suplemento Letras), p. 4.

114. Ver Gilberto Freyre, *Vida, Forma e Cor*, p. 140 a 145.

115. Sobre a tensão entre mímesis naturalista e moderna, ver Lúcia Helena, *Op. cit.*, p. 90. A luta pela terra é um tema constante nas obras de Jorge de Lima. Ver, por exemplo, *Calunga*.

116. Ver Luis Antônio Carvalho, "As pistas do moderno", in *Revista Leia*, mai./1987, p. 22; Edgar de Decca, *O Nascimento das Fábricas*. Sobre a visão da cidade como espaço de "perdição", ver Amando Fontes, *Rua do Siriry* e *Os Corumbas*.

117. Ver Sérgio Buarque de Holanda, "Modernismo, tradicionalismo, regionalismo"; José Lins do Rego, *O Moleque Ricardo* (Introdução de Manuel Cavalcanti Proença), p. XVI a XLVI; *Pedra Bonita*.

118. Ver Ascenso Ferreira, "Cana-Caiana", in *Catimbó e Outros Poemas*, p. 75 e segs; José Lins do Rego, *Meus Verdes Anos*, p. 309; *Pedra Bonita*; *Riacho Doce*; José Américo de Almeida, "Reflexões de uma Cabra", p. 39 e segs.; "O Boqueirão", in *Novelas*, p. 85; Rachel de Queiroz, "Caminhos de Pedras", in *Três Romances*, p. 237.

119. Ver Ascenso Ferreira, "Minha terra", in *Catimbó*, p. 68.

120. Ver Idem, "Os engenhos de minha terra"; "A casa-grande de Megaípe"; "Trem das Alagoas", in *Cana-Caiana*, p. 91 e 92, 94 e 95, 127, 128 e 129.

121. Ver Jorge de Lima, "Banguê" (Poemas Negros), in *Obras Poéticas*, p. 219 a 222; José Lins do Rego, *Meus Verdes Anos*, p. 55 e segs.; *Doidinho*, p. 33 e segs.; *Fogo Morto*, p. 135 e segs.

122. Ver Ascenso Ferreira, "Sertão"; "Dor", in *Catimbó*, p. 39 e 48; José Lins do Rego, *Pedra Bonita*, p. 330; Rachel de Queiroz, *Mapinguari*, p. 109; José Américo de Almeida, "O Boqueirão", p. 172; "Coiteiros", in *Novelas*, p. 207.

123. Ver José Américo de Almeida, *A Bagaceira* (Introdução de Manuel Cavalcanti Proença), p. XLI. Citação de José Américo de Almeida, *Coiteiros*, p. 241.

124. Sobre a relação entre língua, linguagem e poder, ver Eni Pulcinelli Orlandi, *Terra à Vista*, p. 157 a 162.

125. Ver Gilberto Freyre, *Vida, Forma e Cor*, p. 39 e segs.; *Casa-Grande e Senzala*, p. 463; José Lins do Rego, *O Moleque Ricardo* (Introdução de Manuel Cavalcanti Proença), p. XXXI e segs.

126. Ver Cyro T. de Pádua, "O dialeto brasileiro", *OESP*, 4/12/1940, p. 4, c. 7; Mário Marroquim, *A Língua do Nordeste*.

127. Idem, ibidem, p. 32, 37, 50, 100 e 67.

128. José Lins do Rego, *Fogo Morto*, p. 98.

129. Ver Gilberto Freyre, "A vida social no Nordeste (Aspectos de um século de transição), in *O Livro do Nordeste*, p. 75 e 76.

130. Ver José Lins do Rego, *Pedra Bonita*, p. 172 e 211.

131. Ver Rachel de Queiroz, *O Quinze*, p. 31 e segs.

132. Ver Rachel de Queiroz, *Mapinguari*, p. 3; "Lampião" (Peça em 5 quadros), *Obras Reunidas*, v. 5, p. 3; José Américo de Almeida, "Reflexões de uma Cabra", p. 59 e 77; *A Bagaceira*, p. 3 a 7.

133. Ver Rachel de Queiroz, *O Quinze*; José Américo de Almeida, *A Bagaceira*; José Lins do Rego, *Fogo Morto*.

134. José Lins do Rego, *Usina* (Introdução de Wilson Martins), p. XLIII.

135. "Há muita coisa a recalcar,/Celidônia, ó linda mulher ioruba/que embalou minha rede/me acompanhou para a escola,/me contou histórias de bichos/quando eu era pequeno,/muito pequeno mesmo/...Há muita coisa ainda a recalcar/ó linda mucama negra,/carne perdida, noite estancada,/rosa trigueira/musa primeira." Jorge de Lima, "Ancila negra" (Poemas Negros), in *Obra Poética*, p. 241 e 242.

Sobre a reação a ideologias políticas modernas, ver José Lins do Rego, *O Moleque Ricardo*.

136. Sobre o rebaixamento do crime popular na sociedade moderna, ver Michel Foucault, *Vigiar e Punir*. Sobre a tradição popular de narrar crimes, ver Michel Foucault, "Os assassinatos que se contam", in *Eu, Pierre Riviére, que degolei minha mãe, minha irmã e meu irmão*, p. 211 e Durval Muniz de Albuquerque Jr., "Mennochio e Riviére: criminosos da palavra, poetas do silêncio, in *Revista Resgate* n. 2, p. 48 a 55.

137. Sobre o sequestro do heroísmo popular na modernidade, ver Michel Foucault, *Eu, Pierre Riviére...*, p. 211.

138. José Lins do Rego, *Fogo Morto*, p. 58, 109 e 207; *Cangaceiros*, p. 212, 240 e 273. Ver também Rachel de Queiroz, *Lampião*, p. 7.

139. Ver Roger Bastide, *Brasil, Terra de Contrastes*, p. 87 a 107; N/a, "Lampeão", *OESP*, 19/4/1931, p. 8, c. 2; José Américo de Almeida, *Coiteiros*.

140. Ver José Lins do Rego, *Cangaceiros*, p. 179, 272 e 359.

141. Ver Rachel de Queiroz, *Lampião*, p. 8.

142. Ver Frederick C. Glass, "As ruínas do reduto de Antônio Conselheiro", *OESP*, 13/6/1929, p. 9, c. 8.

143. Ver Roger Bastide, *Brasil, Terra de Contrastes*, p. 83 a 107.

144. Ver Rachel de Queiroz, "A Beata Maria do Egito" (Peça em 3 atos e 4 quadros), in *Obras Reunidas*, v. 5.

145. Ver José Lins do Rego, *Pedra Bonita*; Rachel de Queiroz, *A Beata Maria do Egito*.

146. Ver Heloísa Toller Gomes, *O Poder Rural na Ficção*.

147. Ver Frederico Heler, "A grandeza do Capitão Vitorino: aspectos sociológicos de Fogo Morto", *OESP*, 27/4/1944, p. 4, c. 7.

148. Ver José Lins do Rego, *Meus Verdes Anos*; *Menino de Engenho*; *Usina*. Sobre a noção de linha de fuga, ver Gilles Deleuze & Félix Guattari, *O Anti-Édipo*.

149. Ver José Lins do Rego, *Usina*, p. 30; *Cangaceiros*, p. 429; *Menino de Engenho*. Ver ainda José Aderaldo Castelo, *Op. cit.*; Moema Selma D'Andrea, *Op. cit.*, p. 174 a 196.

150. Citação de Flávio Campos, "Cinema e literatura", *OESP*, 27/6/1938, p. 4, c. 7. Ver ainda Mário de Andrade, "A psicologia em ação", *OESP*, 19/11/1939, p. 4, c. 6; José Lins do Rego, *Riacho Doce* (Introdução de Mário de Andrade), p. XVI; *Fogo Morto* (O Brasileirismo de José Lins do Rego, Otto Maria Carpeaux), p. XII; *Menino de Engenho* (Introdução aos romances de José Lins do Rego, José Aderaldo Castelo), p. XXXVI.

151. José Lins do Rego, *Menino de Engenho* (Introdução de José Aderaldo Castelo), p. XXXI; Heloísa Toller Gomes, *Op. cit.*, p. 38; José Lins do Rego, *Usina* (Introdução de Wilson Martins), p. XX.

152. Ver Heloísa Toller Gomes, *Op. cit.*, p. 47; José Lins do Rego, *Usina*, p. 29; *Fogo Morto*.

153. Ver Alfredo Bosi, *História Concisa da Literatura Brasileira*, p. 451; José Lins do Rego, *Água Mãe* (Introdução de Eugênio Gomes), p. XXI; *Fogo Morto*, p. 207.

154. Ver José Lins do Rego, *O Moleque Ricardo*, p. 101.

155. Idem, *Meus Verdes Anos*, p. 27, 53 e 337; *Doidinho*, p. 54; *Menino de Engenho*, p. 8; *Cangaceiros*, p. 428.

156. Idem, *Menino de Engenho*, p. 11 a 64; *O Moleque Ricardo*, p. 138.

157. Idem, *Menino de Engenho; O Moleque Ricardo*, p. 41.

158. Idem, *O Moleque Ricardo*, p. 69 e segs., 119 e 128.

159. Idem, ibidem, p. 18 e segs; *Fogo Morto*, p. 135 e segs.

160. Sobre a passagem de uma sociedade de sanguinidade para uma sociedade de sexualidade, ver Michel Foucault, *História da Sexualidade I (A Vontade de Saber)*. Ver José Lins do Rego, *Menino de Engenho*, p. 57 e segs., 82 e 83, 92 e segs., 11 e segs.

161. Ver José Lins do Rego, *Usina*, p. 3 e segs. e 282.

162. Idem, ibidem, p. 3 e segs.

163. Ver Nelson Werneck Sodré, "Fogo Morto", *OESP*, 25/3/1944, p. 4, c. 5; José Lins do Rego, *Fogo Morto; Menino de Engenho; O Moleque Ricardo*.

164. José Lins do Rego, *Menino de Engenho*, p. 122.

165. Ver José Américo de Almeida, *A Bagaceira* (Introdução de Manuel Cavalcanti Proença), p. LVI e segs.

166. Ver Moema Selma D'Andrea, *Op. cit.*, p. 176 a 196; Maria Célia de Moraes, "Antes que me falem d'*A Bagaceira*", *OESP*, 17/9/1978 (Suplemento Cultural n. 98, Ano II), p. 13; Durval Muniz de Albuquerque Jr., *Falas de Astúcia e de Angústia*, p. 218 e segs.

167. Ver José Américo de Almeida, *A Bagaceira*, p. 5, 45 e 49.

168. Ver Fausto Cunha, "Regionalismo: linguagem, criação, informação", *Folha da Manhã*, 15/12/1957 (Assuntos Culturais), p. 2; José Américo de Almeida, "Antes que me falem" (Prefácio do autor para *A Bagaceira*), p. 2.

169. Ver Maria Célia de Moraes Leonel, *Op. cit.*, p. 14.

170. Ver Moema Selma D'Andrea, *Op. cit.*, p. 174 a 196; Durval Muniz de Albuquerque Jr., *Falas de Astúcia e de Angústia*, p. 221.

171. Ver José Américo de Almeida, *O Boqueirão; A Bagaceira*, p. 114.

172. Idem, *A Bagaceira*, p. 45.

173. Idem, *A Bagaceira*, p. 10; Silviano Santiago, "A Bagaceira: fábula moralizante I", *Jornal Minas Gerais*, 17/8/1974 (Suplemento Literário), p. 4.

174. Ver Moema Selma D'Andrea, *Op. cit.*; José Américo de Almeida, *O Boqueirão*, p. 122 e segs.

175. Ver José Américo de Almeida, *O Boqueirão* (Prefácio de Juarez de Gama Batista, "A Sinfonia Pastoral do Nordeste"), p. 85 a 119 e 126.

176. Idem, ibidem; *A Bagaceira*, p. 114.

177. Ver Rachel de Queiroz, *Mapinguari*, p. 74.

178. Ver Almir Andrade, *Aspectos da Cultura Brasileira*, p. 107.

179. Ver Rachel de Queiroz, *Mapinguari*, p. 74.

180. Idem, *O Quinze*, p. 35, 103 e 116; *João Miguel*, p. 125.

181. Idem, *Caminho de Pedras*.

182. Idem, ibidem, p. 241 e segs.

183. Idem, *As Três Marias; Mapinguari*, p. 108 a 110 e 124 a 126; Alfredo Bosi, *História Concisa da Literatura Brasileira*, p. 446 e 447.

184. Rachel de Queiroz, *Mapinguari*, p. 24 e 64; *Caminho de Pedras*; "Terra", in *O Cruzeiro*, 17/8/1963, p. 130; "Mão-de-Obra", in *O Cruzeiro*, 8/6/1963, p. 130; "Nordeste", in *O Cruzeiro*, 20/5/1961, p. 129; Lausimar Laus, "O romance em Rachel de Queiroz", *O Estado de Minas*, 11/10/1975 (Suplemento Literário), p. 11.

185. Rachel de Queiroz, *O Quinze*, p. 121.

186. Ver Quirino da Silva, "Lúcia Suané", *Diário de S. Paulo*, 16/10/1955, s/p.; João Ribeiro Pinheiro, *História da Pintura Brasileira*, p. 87 e segs.

187. Sobre a relação de semelhança e similitude, representação e apresentação, ver Michel Foucault, *Isto Não É Um Cachimbo*, p. 20 e segs.; *História da Loucura*, p. 111 a 135; Gilles Deleuze, *Foucault*, p. 57 a 78.

188. Ver Gilberto Freyre, *Vida, Forma e Cor*, p. 27 a 39 e 156 a 161.

189. Idem, *Região e Tradição*, p. 79 a 107.

190. Idem, ibidem; "Paisagem sexual", in *Quase Poesia*, p. 21; *Manifesto Regionalista*, p. 66; "A pintura do Nordeste", in *O Livro do Nordeste*, p. 126 e segs.

191. Idem, *Região e Tradição*, p. 79 a 107. Ver os quadros de Cícero Dias: *Família na Paisagem* (s/d.); *Procissão* (1930); *Ano* (1933); *Composição Saudades* (1931); *Banho de Rio* (1931); *Vida* (1939); *Homem no Burrinho* (1930); *O Tirador de Coco* (déc. de 30); *Paisagem com Figura* (1930); *Dançarina ou Mamoeiro* (déc. de 40).

192. Ver Gilberto Freyre, "Cícero Dias, seu azul e encarnado, seu sur-nudisme", in *Brasil e 1º Tempo Modernista* (Martha Rossetti Batista, org.).

193. Idem, *Vida, Forma e Cor*, p. 170 a 179.

194. Idem, ibidem. Ver os quadros de Lula Cardoso Ayres, *Vendedores de Rua* (1936); *Mulher e Mandacaru* (1938); *Tipos de Feira* (1942); *Caboclos Tuchauas — Carnaval do Recife* (1942); *Menino de Engenho* (1943); *Cabeleira no Canavial* (1950); *Namoro de Ex-Votos* (1951); *Bichos de Festa Popular* (1952); *Bichos de Carnaval* (1954); *Ruína* (1966); *Grade e Sobrado* (1967); *Portão* (1969); *Cadeira* (1969); *Relógio* (1971).

195. Ver Joaquim Inojosa, *Os Andrades e Outros Aspectos do Modernismo*, p. 190 e 191; Quirino da Silva, "Lula Cardoso Ayres", *Diário da Noite*, 9/6/1926, p. 7, c. 1. Ver os quadros de Lula Cardoso Ayres, *Apresentação do Bumba-Meu-Boi* (1943); *Noivado na Casa de Engenho* (1943); *Retrato de Família* (1943); *Dando Cafuné* (1943); *Matheus, o boi* (1945); *Capela Mal-Assombrada* (1945); *Cabriolet Mal-Assombrado* (1945); *Sofá Mal-Assombrado* (1945) *Vulto Branco* (1947); *Retirantes* (1947); *Cego Violeiro* (1947); *Cortadores de Cana* (1948); *Xangô* (1948).

196. Antônio Risério, "Notas para uma antropologia do ouvido", in *O Poético e o Político* (Antônio Risério & Gilberto Gil), p. 143 a 152.

197. Arnaldo Contier, "Modernismo e Brasilidade: música, utopia e tradição", in *Tempo e História* (Adauto Novaes, org.).

198. Idem, ibidem.

199. Ver Mundicarmo Maria Rocha Ferretti, *Baião dos Dois*.

200. Idem, ibidem; José Nêumane Pinto, "Os marginais da música nordestina", in *Somtrês*, n. 23, p. 66.

201. Mundicarmo Maria Rocha Ferretti, *Op. cit.*, p. 45 a 55.

202. Para a noção de escuta, ver Roland Barthes, "O corpo da música", in *O Óbvio e o Obtuso*, p. 217 e segs.

203. Sobre a relação entre escuta e prática manual, ver Roland Barthes, *Op. cit.*, p. 231 e segs.

204. Sobre a relação entre voz, identidade e diferença, ver Roland Barthes, "O sul da voz", in *O Óbvio e o Obtuso*, p. 237 e segs. Sobre o Estado Novo, ver Sérgio Cabral, "Getúlio Vargas e a MPB", in *Ensaios de Opinião*; Alcir Lenharo, *Sacralização da Política*; N. Jahr Garcia, *Estado Novo, Ideologia e Propaganda Política* e José Miguel Wisnik, "Getúlio da Paixão Cearense (Villa Lobos e o Estado Novo)", in *O Nacional e o Popular na Cultura Brasileira — Música* (E. Squeff e J. M. Wisnik).

205. Ver Mundicarmo Maria Rocha Ferretti, *Op. cit.*, p. 45 a 55.

206. Idem, ibidem; José de Jesus Ferreira, *Luiz Gonzaga, O rei do Baião, suas vidas, seus amigos, suas canções*.

207. Ver Arnaldo Contier, *Música e Ideologia no Brasil*, p. 37; Roland Barthes, *Op. cit.*, p. 217.

208. Ver Alfredo Bosi, "Cultura e Desenraizamento", in *Cultura Brasileira: Temas e Situações*, p. 26.

209. Sobre a relação entre música e a percepção do espaço urbano, ver Fátima Amaral Dias de Oliveira, *Trilha Sonora*, s/d.; Antônio Risério, *Op. cit.*, p. 143 a 153.

210. Ver, por exemplo, as músicas, *Numa Sala de Reboco* (Luiz Gonzaga e José Marcolino), RCA, 1968; *Feira de Gado* (Luiz Gonzaga e Zé Dantas), RCA, 1954; *Acauã* (Zé Dantas), RCA, 1952; *O Jumento é Nosso Irmão* (Luiz Gonzaga e José Clementino), RCA, 1968; *O Tocador quer Beber* (Carlos Diniz e Luiz Gonzaga), RCA, 1961.

211. Sobre a relação entre música e produção de subjetividade, ver Fátima Amaral Dias de Oliveira, *Op. cit.* Sobre Luiz Gonzaga, ver Genival Sá, *O Sanfoneiro do Riacho da Brígida*.

212. *A Volta da Asa Branca* (Zé Dantas e Luiz Gonzaga), RCA, 1950.

213. Ouvir, por exemplo, *São João Antigo* (Zé Dantas e Luiz Gonzaga), RCA, 1957; *Juazeiro* (Luiz Gonzaga e Humberto Teixeira), RCA, 1949; *No Meu Pé de Serra* (Humberto Teixeira e Luiz Gonzaga), RCA, 1946.

"Mas o pobre vê nas estradas/O orvaio bejando a frô/Vê de perto o galo campina/Que quando canta muda de cor/Vai moiando os pé no riacho/Que água fresca, Nosso Senhô/Vai oindo coisa a grané/Coisas que pra mode vê/O cristão tem que andar a pé." *Estrada de Canindé* (Luiz Gonzaga e Humberto Teixeira), RCA, 1950.

214. *Noites Brasileiras* (Zé Dantas e Luiz Gonzaga), RCA, 1954; *Xote dos Cabeludos* (José Clementino e Luiz Gonzaga), RCA, 1955.

215. *Riacho do Navio* (Zé Dantas e Luiz Gonzaga), RCA, 1955.

216. Ver Arnaldo Contier, *Música e Ideologia no Brasil*, p. 39.

217. Ver José Nêumane Pinto, "Semeando ventos da caatinga", *OESP*, 6/12/1986 (Caderno 2), p. 2.

218. *Algodão* (Zé Dantas e Luiz Gonzaga), RCA, 1953; *Paulo Afonso* (Zé Dantas e Luiz Gonzaga), RCA, 1955; *Nordeste pra Frente* (Luiz Gonzaga e Luis Queiroga), RCA, 1968; *Sertão Setenta* (José Clementino), RCA, 1970.

219. *Nós num Have* (Zé Dantas), ODEON, 1957.

220. Ver Ariano Suassuna, *Auto da Compadecida* (Apresentação de Henrique Oscar), p. 9 a 14; N/a, "Subvenção do governo ao teatro", *OESP*, 10/4/1937, p. 7, c. 5; Hermilo Borba Filho, "Um teatro brasileiro", in *Revista Brasiliense* n. 12, jul./ago./1957, p. 180.

221. Ver Hermilo Borba Filho, *Op. cit.*

222. Ver Ariano Suassuna, *História do Rei Degolado nas Caatingas do Sertão*, p. 43 a 48 e 59 a 64.

223. Idem, ibidem, p. 116 a 122.

224. Ver Ariano Suassuna, *Romance d'A Pedra do Reino*, p. 3 a 6; *História do Rei Degolado nas Caatingas do Sertão* (Prefácio de Idelete Muzart Fonseca dos Santos), p. XV; "O Rico Avarento", in *Seleta de Prosa e Verso*.

225. Idem, *Romance d'A Pedra do Reino*, p. 193 a 210; Roger Bastide, *Imagens do Nordeste Místico*; Maria da Graça Rios de Melo, "Literatura Oral e Teatro Popular", *O Estado de Minas*, 29/11/1975 (Suplemento Literário), p. 4.

226. Ver Ariano Suassuna, *Auto da Compadecida*; *O Santo e a Porca*.

227. Idem, *Auto da Compadecida*; *O Santo e a Porca*; *A Pena e a Lei*; *Romance d'A Pedra do Reino*, p. 347 a 352.

228. Ver Sábato Magaldi, "Auto da Esperança", *OESP*, 23/5/1964, p. 10, c. 1; Ariano Suassuna, "Torturas de um Coração", in *Seleta de Prosa e Verso*; *O Castigo da Soberba*.

229. Ver Ariano Suassuna, *Auto da Compadecida*; *Uma Mulher Vestida de Sol*; *Farsa da Boa Preguiça*; *Romance d'A Pedra do Reino* (Um Romance Picaresco, Prefácio de Rachel de Queiroz), p. XI a XIII; Renato Carneiro de Campos, *Op. cit.*; Ariano Suassuna, "Notas sobre o romanceiro popular do Nordeste", in *Seleta de Prosa e Verso*, p. 162.

230. Ver Ariano Suassuna, *História do Rei Degolado nas Caatingas do Sertão*, p. 97; *Romance d'A Pedra do Reino*, p. 172 a 177; "Em busca do populário religioso", in *Seleta em Prosa em Verso*, p. 220; *Farsa da Boa Preguiça*; "O homem da vaca e o poder da fortuna", in *Seleta de Prosa e Verso*.

231. Idem, *História do Rei Degolado nas Caatingas do Sertão*, p. 64 a 69; *O Romance d'A Pedra do Reino*, p. 118 a 122, 146 a 151, 143 a 146 e 606 a 617; *O Casamento Suspeitoso*; *Uma Mulher Vestida de Sol*; *Torturas de um Coração*.

232. Idem, *História do Rei Degolado nas Caatingas do Sertão*, p. 10 a 14, 54 a 59, 88 a 93.

233. Idem, *Romance d'A Pedra do Reino*, p. 599 a 607 e 504 a 515; *História do Rei Degolado nas Caatingas do Sertão*, p. 79 a 83; *Auto da Compadecida*.

234. Idem, *História do Rei Degolado nas Caatingas do Sertão*, p. 5 a 10; *Romance d'A Pedra do Reino*, p. 3 a 6.

235. Idem, *História do Rei Degolado nas Caatingas do Sertão*, p. 59 a 64, 93 a 98 e 102 a 107.

236. Idem, *Auto da Compadecida; Uma Mulher Vestida de Sol; A Farsa da Boa Preguiça; O Castigo da Soberba; O Santo e a Porca; A Pena e a Lei.*

237. Idem, *O Homem da Vaca e o Poder da Fortuna; O Rico Avarento; A Pena e a Lei; Auto da Compadecida*; Maria Graça Rios de Melo, *Op. cit.*

238. N/a, "Ariano Suassuna, o Rei Degolado", *Folha de S. Paulo*, Folhetim, 19/06/1977, p. 12.

Capítulo III

TERRITÓRIOS DA REVOLTA

A inversão do Nordeste

Roteiros da revolução

> "No outro dia me despedi dos camaradas. O vento balançava os campos e pela primeira vez senti a beleza ambiente.
> *Olhei sem saudades para a casa-grande. O amor pela minha classe, pelos trabalhadores e operários*, amor humano e grande, mataria o amor mesquinho pela filha do patrão. Eu pensava assim e com razão.
> Na curva da estrada voltei-me. Honório acenava adeus com as mãos enormes. Na varanda da casa-grande o vento agitava os cabelos louros de Mária.
> *Eu partia para a luta de coração limpo e feliz."*[1]

A década de trinta marca também a "descoberta" de outro Nordeste. Um Nordeste que olhava sem saudade para a casa-grande, que sentia o mesmo desconforto com o presente, mas que também virava as costas para o passado, para olhar em direção ao futuro. Um Nordeste construído como espaço das utopias, como lugar do sonho com um novo amanhã, como território da revolta contra a miséria e as injustiças. Um lugar onde a preocupação com a nação e com a região se encontrava com a preocupação com o "povo", com os trabalhadores e com os operários. Um espaço não mais preocupado com a memória, mas com o "fazer história". Um espaço conflituoso, atravessado pelas lutas sociais, "pela busca do poder". Um espaço fragmentado, em busca de uma nova totalização, de um novo encontro com a universalidade. Um Nordeste não mais assentado na tradição e na continuação, mas sim na revolução e na ruptura. Um espaço em busca de uma nova identidade cultural e política, cuja essência só uma "estética revolucionária" seria capaz de expressar. Nordeste, território de um futuro a ser criado não apenas pelas artes da política, mas também pela política das artes.

Se a sociologia freyreana havia sido responsável, em grande parte, pela visibilidade e dizibilidade tradicionalista do Nordeste, a influência do pensamento marxista vai ser decisiva para a emergência desta nova forma de ver e dizer o Nordeste, seja artística, seja politicamente. O paradigma marxista, que começa a surgir não só como uma teoria e um método de interpretação da realidade do país, mas também como um caminho a ser seguido politicamente, após a vitória da Revolução Russa, vai influenciar também no campo das artes e da cultura, porque daquele país chegam as ressonâncias do realismo socialista, como a estética oficializada.[2]

A imagem e o texto do Nordeste passam a ser elaborados a partir de uma estratégia que visava denunciar a miséria de suas camadas populares, as injustiças sociais a que estavam submetidas e, ao mesmo tempo, resgatar as práticas e discursos de revolta popular ocorridos neste espaço. Estes territórios populares da revolta são tomados como prenúncio da transformação revolucionária inexorável. As terríveis imagens do presente servem de ponto de partida para a construção de uma miragem futura, de uma espacialidade imaginária que estaria no amanhã, de um espaço da utopia.

Assim como a negação do presente pode ser feita por uma volta ao passado, como ocorreu com os tradicionalistas, ela pode se dar também por uma busca de antecipar o futuro, de construí-lo, a partir do presente, de fazê-lo viver no presente. A reterritorialização revolucionária é uma forma de tentar construir um novo território no futuro, que viesse a substituir o desconforto com a sociedade do presente. Os intelectuais de esquerda, ao tematizar o Nordeste, encontrar-se-ão com os tradicionalistas, exatamente pela negação da modernidade, entendida como sociedade burguesa; pela negação do capitalismo, da sociabilidade e sensibilidade modernas, ao sonhar com a fundação de uma nova "sociedade comunitária" no futuro e com o fim do dilaceramento das identidades e da separação entre homem e natureza. A geração dos anos vinte e seguinte vive suspensa entre duas sociabilidades, acredita numa transformação eminente do mundo, seja em que direção for. É um momento de intenso sentimento de mudança e da necessidade de se antecipar a elas, tentando dirigi-las num determinado sentido. A angústia em prever um sentido único para a história deixa claro o próprio medo que o seu aceleramento provoca.

O apelo messiânico do marxismo, o chamamento ao "sacerdócio e ao dogma" que este implicava, vão satisfazer uma geração, notadamente de classe média, em que a insegurança era a tônica. Um saber que oferece certezas, que se apoia no mito da ciência e do progresso técnico: o mito da necessidade histórica, das leis que regem o social; o mito que funciona no sentido de apaziguar as angústias de pessoas para quem o mundo parecia ter perdido o sentido. Aquelas pessoas, como os filhos dos grandes latifundiários nordestinos que se viram jogados numa classe média ainda instável e sem maior influência na vida política do país, quando não se agarram a um passado morto, buscam um futuro que lhes garanta um melhor lugar. E a revolução aparece como um dos caminhos possíveis. Este messianismo de esquerda nascia da aspiração de reencontrar a identidade perdida.[3]

A explosão das diferenças trazida pela modernidade incomodava. Buscava-se, no futuro revolucionado, a semelhança absoluta, o restabelecimento da plena identidade. Por isso, no discurso político desta esquerda marxista, a democracia burguesa será denunciada como uma farsa, porque só se admite a existência da democracia entre iguais, na elaboração do consenso, e não como a convivência das diferenças. A dialética hegeliana, presente nos fundamentos do marxismo, consagra exatamente o predomínio do todo sobre as partes, ou seja, a totalidade suprime a representação para instaurar imediatamente a identidade de tudo. Existe, neste pensamento, uma enorme desconfiança em relação ao mundo da representação, e, em relação à própria linguagem, busca-se continuamente suprimir a polifonia de vozes pela palavra única da verdade. Teme-se o mundo das palavras e busca-se encontrar sob ele um mundo concreto, real, que prescinda do discurso. O marxismo se arvora a ser o último dos discursos. A ser aquele que instauraria de vez o encontro entre as palavras e as coisas, entre a representação e o referente, entre o significante e o significado, destruindo as rachaduras estabelecidas entre eles pela modernidade.[4]

O pensamento marxista também parte do pressuposto da existência de uma multiplicidade de olhares no social, que serão suprimidos, posteriormente, pela síntese dialética da revolução. Para o marxismo, a teoria revolucionária, encarnada pelo proletariado, era o único foco de luz capaz de trazer à tona a verdade das coisas e sua essência. Só o proletariado, homem e mercadoria, possibilitaria o conhecimento da totalidade social e do sentido do processo histórico pela vivência e superação da alienação. O Partido, por sua vez, era a realização prática da consciência plena, adequada à classe operária, emissora de um olhar e de um discurso sem lacunas. Ele efetiva a união entre teoria e prática; realiza a mediação entre o homem e a história; resolve, pois, a relação do homem com o mundo, tornando-o transparente, totalmente atravessável pelo olhar, fazendo-o voltar a ser imagem do homem.[5]

O marxismo será introduzido no Brasil pela produção discursiva de militantes ligados ao movimento operário e, posteriormente, por intelectuais ligados ao Partido Comunista. O agenciamento do pensamento marxista por setores intelectuais, ligados à Universidade, dá-se tão tardiamente quanto a criação desta. Embora tenha ele, já na década de trinta, inspirado alguns trabalhos, seja no campo da sociologia, seja no campo da história, só na década de quarenta o marxismo passa a fazer parte sistematicamente do pensamento acadêmico e a produzir seus frutos. Em 1948, Georges Gurvitch ministra, na Universidade de São Paulo, um dos primeiros cursos sobre o marxismo na Universidade brasileira. É o momento em que esta instituição passa, inclusive, a discutir, mais de perto, os problemas da nossa sociedade.[6]

Tanto no discurso dos militantes de esquerda como no saber acadêmico gestado posteriormente, os enunciados e conceitos marxistas surgem atravessados por enunciados e conceitos vindos do pensamento positivista e evolucionista. Isso revela, na maioria dos casos, o desconhecimento do marxismo em suas fontes clássicas, bem como diz do próprio caminho seguido por este pensamento no país, que empolgará intelectuais e militantes quase sempre com passagens pelo naturalismo ou pelo anarquismo. Para exemplificar a forma como o pensamento marxista é agenciado no país, basta tomar contato com um texto de Nelson Werneck Sodré, escrito na década de quarenta. Ex-militar, intelectual de enorme influência junto às elaborações do Partido Comunista, autor de *Formação Histórica do Brasil*, obra que se tornou clássica e foi uma das primeiras tentativas de aplicação do materialismo histórico na interpretação da sociedade brasileira, Nelson Werneck tem uma nítida leitura positivista do marxismo, como se pode constatar por suas palavras:

> "o sociólogo estaria encarregado de estabelecer *as linhas mestras da evolução humana*, quem marca as suas *etapas*, quem assinala os momentos críticos e quem sabe, com o poder de sua análise, estabelecer *as diferenciações necessárias, as correlações imprescindíveis, as ligações absolutas* que fazem da história dos fatos, como da história social, como do processo de desenvolvimento de qualquer atividade humana, no tempo e no espaço, *um todo indivisível, coerente, em perpétuo devenir*, em constantes deslocamentos, sempre sob novos aspectos, *mas sempre sob razões imperativas*, que o passado explica e fatores de toda ordem esclarecem".[7]

Foi, no entanto, Caio Prado Júnior, intelectual ligado ao Partido Comunista e ainda desligado da Universidade, que, já na década de trinta, publica *Evolução Política do Brasil*, primeira tentativa de leitura marxista de nossa história. Em 1942, ao publicar *Formação do Brasil Contemporâneo*, Prado tenta dar a contribuição do pensamento marxista para a interpretação do Brasil, que a formação discursiva nacional-popular colocara como uma necessidade intelectual e que já havia proporcionado o surgimento de outras obras clássicas. A preocupação com uma interpretação do Brasil que levasse em conta o fator econômico como determinante coadunava-se com o próprio momento vivido pelo país, em que a transformação da estrutura econômica aparecia como um imperativo. Momento em que não só se procuram sistematizar, no país, os estudos sociais, como os estudos econômicos, e em que se abandonam definitivamente os determinismos naturalistas, de raça e meio, e declinam as interpretações de fundo cultural ou moral e religioso. Após a fundação, em 1937, da Sociedade Etnográfica e da Sociedade de Sociologia brasileiras, surge, no final deste mesmo ano, a Sociedade Brasileira de Estudos Econômicos, preocupada em discutir as transformações econômicas do país.[8]

É interessante notar que o pensamento marxista surge como um novo paradigma para as nossas ciências sociais, quando na Europa já se anuncia a crise de todos os paradigmas advindos do século dezenove. George Gurvitch, em artigo publicado no jornal *O Estado de S. Paulo*, logo após o final da Segunda Guerra, fala da falência das principais teses dos clássicos da sociologia:

> "o estado positivo não havia sucedido aos estados metafísico e teológico como predisse Comte, o regime industrial não fez triunfar a liberdade, tendo se revelado falha a lei da integração pela diferenciação de Spengler; *em nenhum lugar a sociedade de classes foi substituída pela sociedade sem classes, e a luta de classes longe de reduzir-se se aprofunda cada vez mais na sociedade capitalista em oposição ao que pensou Marx*, a solidariedade mecânica, ou por identidade, de modo algum substituiu-se pela solidariedade orgânica ou por diferenciação, como previa Durkheim".[9]

É ainda na década de quarenta que inicia a publicação de trabalhos aquele que viria a se tornar um dos maiores nomes da Sociologia brasileira, criando uma verdadeira escola de pensadores nesta área; trata-se de Florestan Fernandes que, por meio de seus estudos sobre o folclore e sobre o negro, tenta dotar a sociologia do país de um nível e aparato teórico de caráter internacional. É ele o maior crítico do grupo de estudiosos que se reúnem em torno do ISEB, na década seguinte, e que pretendem, como Guerreiro Ramos, construir uma "sociologia nacional".[10]

É também a partir da influência do pensamento marxista nos estudos sociológicos do país que surgirão duas obras clássicas sobre o Nordeste e que terão enorme influência na inversão da imagem e do discurso sobre a região, até então assentado sobre o discurso freyreano. Embora apoiado em um enorme ecletismo teórico, o trabalho de Djacir Menezes, *O Outro Nordeste*, publicado em 1937, exercerá decisiva influência sobre a descoberta do Nordeste do sertão, do Nordeste da fome, da miséria, não só como tema sociológico, mas como tema artístico. Preocupada em denunciar não só a diferença crescente entre Nordeste e Sul, a obra também apresenta a própria diferença interna ao espaço do Nordeste, chamando atenção para o fato de que o Nordeste não era apenas a região dos engenhos e da mata, mas também teria existido, e com igual importância, a "civilização do couro", a sociedade pecuarista do sertão, abandonada, esquecida e necessitada de uma intervenção decisiva dos poderes públicos, no sentido de superar sua inferioridade. Outro clássico que descobre o Nordeste como a região da fome é o trabalho do geógrafo e sociólogo Josué de Castro, *Geografia da Fome*, publicado na década seguinte.[11]

Com a redemocratização do país, em meados da década de quarenta, a preocupação em criar uma cultura nacional-popular irá se transferir dos intelectuais que serviram ao Estado Novo para os setores de classe média ligados ao discurso das esquerdas. Com o fim do centralismo estadonovista, serão instituições da sociedade civil, como o Partido Comunista, o Instituto Superior de Estudos Brasileiros (ISEB), os Movimentos de Cultura Popular (MCP), os Centros Populares de Cultura (CPC), ligados à União Nacional dos Estudantes (UNE), bem como a outros movimentos culturais no teatro, no cinema, na poesia, na literatura e na música que deverão continuar o trabalho de produção cultural em torno da questão nacional e popular. Uma questão que, ao se cruzar com o discurso marxista, passa a conviver e a ser pensada a partir do tema da revolução. Uma ideia de revolução que, embora partisse do internacionalismo marxista, era enclausurada nas fronteiras da nação e que não se fundamentava na luta de classes, mas numa pretensa luta entre um espaço nacional a ser defendido e o imperialismo que o ameaçava de dissolução. Submetida ao dispositivo das nacionalidades, a esquerda não consegue pensar a revolução sem a nação, mas, ao contrário, ela a pensa como um mecanismo de defesa, de libertação desta nação. Um processo revolucionário que reagia, na verdade, à revolução nas territorialidades e espacialidades tradicionais pela internacionalização dos fluxos do capital e da cultura de massas. Por estranhos caminhos, os "revolucionários" se encontravam com os "tradicionalistas".

O discurso nacional-popular vai tendendo, pois, a reelaborar a própria noção de cultura popular, introduzindo a necessidade de que esta, para expressar os interesses do povo, fosse dotada de uma visão "revolucionária" em relação à condição deste povo e da sociedade nacional como um todo. Cultura popular torna-se sinônimo de "cultura não alienada", manifestações estéticas voltadas para a discussão da questão do poder e da política. Na verdade, esta chamada "cultura popular" é cada vez mais a cultura das classes médias, insatisfeitas com a sua pouca participação no mundo da política no país. O crescimento numérico deste grupo social, notadamente a partir do crescimento dos setores ligados às profissões liberais e serviços, nas grandes cidades, torna esta classe não apenas uma das principais consumidoras de artefatos e manifestações culturais do país, mas também uma das principais participantes deste movimento cultural, em que o popular e o povo parecem, cada vez mais, ser composto dos estratos médios e burgueses.[12]

Este marxismo nacionalista e populista pretendia estudar o povo e a nação invertendo apenas o foco do olhar burguês. Seu discurso seria a contraface daquele e sua imagem seria fruto da inversão das posições do olhar da "classe dominante", seria ver a sociedade de baixo para cima, vê-la a partir de sua estrutura econômica e de seu povo, analisando e explicando a realidade friamente, procurando descobrir suas verdades. Este pensamento se apoia na concepção de um tempo vazio e homogêneo que caberia ao historiador preencher com sua narrativa. Para ele, passado, presente e futuro seriam temporalidades linearmente postas em sequência, para serem pensadas pelo historiador. A história seria um processo de racionalização crescente, de acirramento das contradições para sua posterior destruição. Seria uma história dominada por uma necessidade interna e com um fim previsível e inexorável.

A necessidade de amarrar a história a esquemas conceituais, que a transformam num jogo de cartas marcadas, nasce exatamente do medo de seu caráter destruidor, sacrificial; medo da abertura para o vir-a-ser, do finito ilimitado, para a surpresa que esta significa. Essa pretensão de tornar a história previsível e a realidade plenamente controlável pela visão não passa de uma vontade de poder, uma vontade de verdade e interpretação e não uma condição objetiva da história.[13]

É este sentimento de desterritorialização que a arte social vem combater. Ela deveria ter necessariamente uma postura crítica diante do dilaceramento da realidade, denunciando a falta de totalidade, devendo fugir da mera diversão e postulando um novo significado para a vida, na qual o choque e o espanto não tivessem lugar. O obscuro da existência, do inconsciente, do irracional deveria dar lugar à plena luz, à clareza absoluta. A estética marxista possui uma concepção realista da arte, estando presa à mímese da representação, embora desta desconfie e busque a supressão do próprio espaço da representação e da simulação. O realismo em arte vai desde a simples imitação dos gestos humanos e das práticas sociais até a reprodução seletiva do que parece mais característico em uma pessoa, uma época, um espaço, a busca do típico, do modelo na vida social. O artista escolhe os perfis relevantes do "original", os caracteres que falem da essência da situação representada, para transformá-la em figuras fixas. Ele toma a mímese como serva do referente e a arte como um reflexo da realidade. A arte se torna um discurso ético mais do que estético; torna-se parte de uma pedagogia política para a formação de "subjetividades revolucionárias".[14]

O máximo que se concede de alteração na forma "natural" são as provindas do estilo do artista e de sua época, devendo a forma ser o desenho da estrutura profunda ou ideal da natureza dos homens. A arte deve participar da criação de uma consciência universal que busca transformar o homem, este ser empírico-transcendental. Cada obra de arte deve fazer parte da formação dessa consciência. O particular está contido num universal que lhe dá sentido. A arte deve não só representar o real, mas explicá-lo, descobrindo o processo social que o determina. Deve ser uma arte presa aos limites da verdade, da consciência, do real, da revolução, da política, deve ser um conhecimento submetido a fins éticos previamente traçados. A arte será tomada como reflexo de uma psicologia social e não como reflexo de um indivíduo. Esta psicologia, por sua vez, seria determinada pelo estado das forças produtivas. Para Lukács, a arte faria parte daquilo que chamamos o estilo de vida de uma época, isto é, uma concepção de mundo e a ação sobre ele.[15]

O materialismo devia ser capaz de lutar contra todas as aparições míticas, contra todas as fantasias subjetivistas. A arte deveria ser objetivação plena de um espaço realista e inquestionável. Um espaço feito de razões e não de crenças; feito daquilo que era visto e não imaginado. Portanto, uma arte que ressaltasse a base econômica da sociedade, o seu cerne, fator determinante da vida dos homens. Seriam obras que tratassem realisticamente da luta entre capital e trabalho, e não se estiolassem em retratar os dramas que giravam em torno da vida privada e mesquinha da burguesia.[16]

Mário de Andrade, embora tenha, na década de quarenta, defendido a necessidade do engajamento social da arte, não deixou de ser um dos primeiros críticos a chamar a atenção para a contradição em que se viam envolvidos estes artistas, preocupados com a estetização da realidade miserável do país e, mais particularmente, do Nordeste. Falando sobre o "romance de trinta", ele o condena por transformar "o terror da seca, o sofrimento humano, a miséria do Nordeste, em desfrute hedonístico, em beleza; tornando a consciência de nossos deveres, para com o Nordeste, também bela".[17]

Os romances de Graciliano Ramos e Jorge Amado, da década de trinta, a poesia de João Cabral de Melo Neto, a pintura de caráter social, da década de quarenta, e o Cinema Novo, do final dos anos cinquenta e início dos anos sessenta, tomarão o Nordeste como o exemplo privilegiado da miséria, da fome, do atraso, do subdesenvolvimento, da alienação do país. Tomando acriticamente o recorte espacial Nordeste, esta produção artística "de esquerda" termina por reforçar uma série de imagens e enunciados ligados à região que emergiram com o discurso da seca, já no final do século passado. Vindo ao encontro, em grande parte, da imagem de espaço-vítima, espoliado; espaço da carência, construído pelo discurso de suas oligarquias. Eles lançam mão de uma verdadeira mitologia do Nordeste, já fabricada pelos discursos anteriores, e a submete a uma leitura "marxista" que a inverte de sentido, mantendo-a, no entanto, presa à mesma lógica e questões. Do Nordeste pelo direito, passamos a vê-lo pelo avesso, em que as mesmas linhas compõem o tecido, só que, no avesso, aparecem seus nós, seus cortes, suas emendas, seu rosto menos arrumado, embora constituinte também da própria malha imagético-discursiva chamada Nordeste.

Mitologias da rebelião

A visibilidade e a dizibilidade da região Nordeste, como de qualquer espaço, são compostas também de produtos da imaginação, a que se atribuem realidade. Compõem-se de fatos que, uma vez vistos, escutados, contados e lidos, são fixados, repetem-se, impõem-se como verdade, tomam consistência, criam "raízes". São fatos, personagens, imagens, textos, que se tornam arquetípicos, mitológicos, que parecem boiar para além ou aquém da história, que, no entanto, possuem uma positividade, ao se encarnarem em práticas, em instituições, em subjetividades sociais. São imagens, enunciados, temas e "preconceitos" necessariamente agenciados pelo autor, pelo pintor, pelo músico ou pelo cineasta que querem tornar verossímil sua narrativa ou obra de arte. São regularidades discursivas que se cristalizaram como características expressivas, típicas, essenciais da região. Como diz Graciliano Ramos, dificilmente se pode pintar um verão nordestino em que os ramos não estejam pretos e as cacimbas vazias. O Nordeste não existe sem a seca e esta é atributo particular deste espaço. O Nordeste não é verossímil sem coronéis, sem cangaceiros, sem jagunços ou santos. O Nordeste é uma criação imagético-discursiva cristalizada, formada por tropos que se tornam obrigatórios, que impõem ao ver e ao falar dele certos limites. Mesmo quando as estratégias que orientam os discursos e as obras de arte são politicamente diferenciadas e até antagônicas, elas lidarão com as mesmas mitologias, apenas colocando-as em outra economia discursiva.[18]

Quando se toma o objeto Nordeste como tema de um trabalho, seja acadêmico, seja artístico, este não é um objeto neutro. Ele já traz em si imagens e enunciados que foram fruto de várias estratégias de poder que se cruzaram; de várias convenções que estão dadas, de uma ordenação consagrada historicamente. São configurações possíveis dentro daquele universo; são tipos e estereótipos construídos como essenciais. Um espaço povoado por personagens que, como mitos, vencem o tempo que decreta o seu fim e, quase sempre, só ao não existirem mais concretamente, passam a ser mitológicos, permanecem como enigmas que se insinuam nas narrativas que os tomam como objetos, que se esgueiram nas fímbrias dos textos e imagens; como perguntas que não querem calar; como problemas que teimam em ser repostos, como chagas que periodicamente voltam a sangrar e requerem novo remédio, nova explicação, para o apaziguamento das consciências e a paz da razão.

O mito não está, no entanto, obrigatoriamente contra a história. Ele tanto pode ser usado para remeter a um passado que se quer manter vivo, tornando o presente continuidade de um dado passado que se constrói, como foi o caso dos mitos tecidos pelos tradicionalistas, como pode ser usado para valorizar uma descontinuidade entre o presente e o passado. Quando o mito se humaniza, se encarna na história, faz a história possível; torna a utopia material. No discurso da esquerda brasileira, vários mitos do passado são agenciados ora para demonstrar a superioridade da "sociedade civilizada" sobre a "barbárie", ora como uma etapa fundamental para a revolução futura.

No caso do Nordeste, sua mitologia, instituída por toda uma produção tradicionalista ou oligárquica, será agenciada, a partir da década de trinta, pelo discurso de intelectuais tanto ligados à esquerda como ligados aos setores burgueses da sociedade, e submetidos a um tratamento acadêmico ou artístico, direcionado por estratégias e demandas de poder diferenciadas. O mesmo cangaceiro que era visto pelos tradicionalistas como o justiceiro dos pobres, como o homem integrado a uma sociedade tradicional e que se rebelava por ser vítima da sociedade burguesa, tornar-se-á, no discurso e obras artísticas de intelectuais ligados à esquerda, um testemunho da capacidade de revolta das camadas populares e símbolo da injustiça da sociedade burguesa, ou uma prova da falta de consciência política dos dominados, uma rebeldia primitiva e mal-orientada, individualista e anárquica.

Na narrativa mitológica, as informações históricas geralmente são utilizadas para dar verossimilhança ao que se narra. Esta narrativa segue uma estrutura imagética e discursiva pré-traçada, que permite ver e ler a sociedade sempre que se quer independente do tempo, submetendo os dados novos da realidade a uma operação de ritualização, de retorno do diferente à semelhança, de apagamento da surpresa e do estranhamento.

Nos discursos dos intelectuais ligados à esquerda, os mitos do Nordeste também vão ser tomados a partir da dicotomia: civilização *versus* barbárie. Para estes discursos, a sociedade burguesa significa, em alguns aspectos, avanço em relação à sociedade tradicional. Há, no entanto, quem, como Graciliano Ramos, identifique na sociedade burguesa um declínio em relação à sociedade anterior, embora veja nestas duas sociedades injustiças e misérias a serem superadas por uma sociedade futura. Para todos, no entanto, os cangaceiros ou as volantes, por exemplo, são formas negativas de exercício do poder e do mando; são formas violentas e ilegais. Tais discursos tendem a valorizar a sociedade da lei, da disciplina, dos códigos escritos, da despersonalização dos conflitos, do império dos códigos abstratos, dos conflitos retirados da esfera do privado para a esfera pública. As "revoltas primitivas" seriam produto da falta de luzes, de consciência; seriam instintividade, barbárie. Busca-se sempre retirar destas manifestações as imagens que mais chocam, que mais ressaltam sua diferença em relação à ordem futura que se quer criar. Imagens chocantes que querem mostrar que a revolta é a insuficiência da prática revolucionária.[19]

O Nordeste, como território da revolta, foi criado basicamente por uma série de discursos acadêmicos e artísticos. Discursos de intelectuais de classe média urbana. Uns interessados na transformação, outros na manutenção da ordem burguesa. Por isso, são obras que partem, quase sempre, de um "olhar civilizado", de uma fala urbano-industrial, de um Brasil civilizado sobre um Brasil rural, tradicional, arcaico. Um espaço da revolta que, ou deve ser resgatado para a ordem e para a disciplina burguesas, ou para uma nova ordem futura: a da sociedade socialista. Esse Nordeste rebelde, bárbaro, primitivo, devia ser domado ou pela disciplina burguesa ou pela "disciplina revolucionária". É do ponto de vista da ordem ou de uma nova ordem que se olha este espaço. É do ponto de vista do poder ou da "luta pelo poder" que se lê este Nordeste. Ambos partem da perspectiva que a criação da nação passa pela superação das diferenças internas do país, pela generalização das relações burguesas, pela integração de todos os espaços pré-burgueses ao mercado e ao poder burguês, para mantê-lo ou para revolucioná-lo posteriormente. Os códigos de valores tradicionais deviam ser substituídos, e os regionalismos abolidos em nome da "organicidade" da nação.[20]

São obras marcadas por uma visão etnocêntrica, que vê o outro no máximo como exótico, curioso, e que mantêm em relação a ele uma interessada distância. O narrador se posta sempre do lado da civilização para falar deste passado como algo extinto ou um passado que pode ser usado como exemplaridade do que não se deve fazer e ser no presente. Não há aquela empatia e identificação com os personagens tradicionais, como ocorria com os tradicionalistas, com exceção talvez de Jorge Amado, em quem se nota certa identificação com a sociedade patriarcal, mesmo nas obras em que ele faz apologia de um novo mundo. O cangaceiro, o beato, o jagunço, o coronel tornam-se personagens típicos de uma sociedade que morria; uma sociedade bárbara que abria caminho para os novos mitos da sociedade civilizada. Lampião, Conselheiro, Padre Cícero abrem caminho para a passagem de Delmiro Gouveia, o pioneiro da industrialização da região, o nacionalista que enfrentou o imperialismo inglês, que trouxe a energia elétrica para o sertão seco, que domou com a técnica a fúria da natureza. Ele era precursor de um novo Nordeste, livre "dos delírios pagãos do misticismo, delírio mórbido e ancestral do sentimento de culpa, delírio complexado de sexo, valentia, de humildade, de miséria e também de mania de grandeza".[21]

São obras em que o povo serve de pretexto para o sujeito do discurso fazer suas queixas aos grupos dirigentes; são o meio de ele veicular suas demandas de poder, de tomar a voz e a visão do povo para si; de falar em nome dele, o que legitima seu discurso e sua vontade de poder. No apelo pela integração do povo à imagem e ao texto do país, à sociedade presente ou à futura, mora a própria demanda de integração do intelectual que fala, na relação de atração e repulsa que estes mantêm com o exercício do poder e o mercado de massas. Ao se colocarem na vanguarda do povo e reivindicarem o atendimento dos interesses populares, a solução de seus "verdadeiros problemas", estão reivindicando a sua própria inclusão no pacto de poder dominante e o atendimento de suas demandas.[22]

O discurso dos intelectuais marxistas tende a abordar fenômenos como o cangaço, o messianismo e o coronelismo a partir de seus determinantes sociais, reduzindo-os quase sempre a mera explicação econômica, como ocorre com Graciliano. O cangaceiro e o beato seriam indivíduos marginalizados pela sociedade e que, vistos como heróis pelos marginalizados como eles, podiam ser usados como exemplos de luta contra a opressão.

O cangaço e o messianismo surgem ora como experiência alienante, ora como desalienadora no discurso das esquerdas. A esquerda lança mão dos mitos do cangaceiro e do santo para denunciar as condições de injustiça e miséria do Nordeste, ou mostrá-los como mitos populares que devem ser dessacralizados, deseroicizados, para que o povo encontre a verdadeira forma de revolta, a verdadeira "vereda da salvação", a "seara vermelha", superando o mundo preso entre as forças de Deus e do Diabo, para construir um mundo mais humano, pela ação dos homens.

A partir da década de cinquenta, o Nordeste vira tema preferencial do discurso dos intelectuais ligados às esquerdas, em nível nacional, devido ao crescimento da tensão política nesta área, principalmente após o surgimento das Ligas Camponesas, somado à distância crescente que separava a realidade nordestina daquela considerada necessária, por eles, para uma mudança mais radical da sociedade. Como era uma área tida por feudal, o Nordeste surgia como o principal obstáculo a nosso desenvolvimento e a nossa independência nacional, pela vinculação do latifúndio com o imperialismo. Dentro das táticas e alianças definidas pelo Partido Comunista, o Nordeste é eleito como área prioritária, no sentido de se fazerem mudanças estruturais, para as quais se contava com o apoio da "burguesia nacional" do Sul. A generalização do espaço burguês, do poder da burguesia do Centro-Sul e a proletarização do camponês nordestino eram consideradas precondições necessárias a um processo revolucionário no país.[23]

A cidade e o Sul aparecem neste discurso como o lugar de onde partiria a transformação do país. Embora o nordestino, o sertanejo, fosse um homem valente, com uma tradição de rebeldia, como homens que, mesmo em sua produção cultural tradicional, se mostravam preocupados com a liberdade e a justiça, faltava a eles uma consciência política, uma vanguarda revolucionária, que estava na cidade, ou no Sul. O Nordeste era um barril de pólvora, mas faltava quem acendesse o pavio, quem viesse retirar aquela população dos limites impostos à sua consciência pelo universo social em que viviam. De acordo com a premissa leninista, a consciência viria de fora, trazida por quem não estava imerso naquele mundo. Mas, para se fazer comunicar, era preciso chegar até o povo, usando suas formas de expressão, agenciando e alterando o conteúdo de suas formas tradicionais, de seus temas, dando novo sentido a suas imagens e enunciados.

Se, nas décadas de trinta e quarenta, as obras têm mais um tom de denúncia, uma preocupação proselitista, nas décadas seguintes, a cultura passa a ser vista como forma de intervenção direta na realidade, como militância junto ao povo. O Movimento de Cultura Popular, por exemplo, passa a usar imagens como a do cangaceiro, do vaqueiro, do coronel, do jagunço, para, ao mesmo tempo, tornar estes personagens símbolos de forças sociais em atuação na sociedade e reforçar a identificação dos alunos com "seus heróis", com os mitos formadores de sua região. A construção da identidade de explorado, da identidade de classe, aliava-se assim ao reforço da identidade regional. A identidade com um espaço também visto como explorado, espoliado e injustiçado. Nordeste e camponês eram quase a mesma coisa. O pequeno sendo explorado pelo grande, o pobre pelo rico e ambos tendo um passado de heroísmo, de luta e de bravura a ser resgatado no presente.[24]

O Nordeste torna-se tema privilegiado à medida que expressaria a área mais subdesenvolvida e, ao mesmo tempo, seria a área mais nacional do ponto de vista cultural, em que a alienação cultural era menor, seria a área em que a "massificação da cultura", vista como um processo desnacionalizador, ainda não acabara com as tradições populares. Para a esquerda, fascinada pelo discurso desenvolvimentista, a construção da nação e sua soberania passavam pelo encontro de suas duas regiões: o Sul fornecendo o desenvolvimento técnico, econômico e político, e o

Nordeste fornecendo as tradições culturais, entre elas a da resistência popular. Tratava-se de levar a racionalidade da sociedade paulista, por exemplo, aos nordestinos irracionais.[25]

Constrói-se, nestes discursos, o Nordeste como o avesso daquele do canavial, das águas impregnando as várzeas, dos bois mansos pezinhando na engenhoca, do mel a ferver na tacha, das danças, das cantigas, das figuras que iam se distanciando no passado: frias, dignas, tranquilas. Um Nordeste onde não se vive, mas se sofre a vida como uma sucessão de martírios, de desfalecimentos, de experiências doloridas. O Nordeste da sociedade da pecuária, da sociedade do cacau, das pequenas cidades de interior, da religião familiar, da adoração aos santos, das ladainhas, das escravas voluntárias sem ter onde empregar a liberdade, das pessoas que pareciam estar sempre de cócoras e de proprietários escanchados em redes no copiar. Sociedade na qual até os desejos eram parcos, mesquinhos: em que até os sonhos secavam. Uma região onde imperavam as decisões de Deus, do Diabo e dos coronéis; onde tudo era arbitrário, restando somente para o homem pobre trabalhar na roça, tratar do gado, gerar filhos, proporcionar-lhes batismo e casamento quando sobreviviam; quando não, amortalhá-los, conduzi-los ao cemitério e à eternidade. Um mundo onde qualquer novidade era uma impertinência.[26]

O Nordeste dos sótãos, dos sobrados coloniais acortiçados, ruindo, fedendo a promiscuidade, cheirando a mijo e a sexo. Nordeste, o avesso do espaço romanceado da burguesia. Nordeste "proletário", da miséria a ser destruída pelos homens sem pátria, sem lei e sem deus. Região dos heróis populares: de Lucas da Feira, Lampião, Zumbi, Zé Ninck, Besouro. Nordeste sem viscondes, sem barões ou marquesas de açúcar. Espaço das vidas infelizes, vidas poucas, trapos de pessoas que rolam pelo monturo, que, no entanto, lutam por manter um pouco de dignidade. Nordestinos, raça vagabunda e queimada pela seca, atraídos pelo Sul, provincianos que se conhecem pela roupa, pela cor desbotada, pela pronúncia, em busca sempre do favor e da esmola. Nordeste em que o mais interessante para os de fora é o sofrimento e a miséria da multidão, a tragédia periódica das secas. Realidade dificilmente distinta da ficção em que lembranças chegam misturadas com episódios de romance.[27]

O Nordeste continua, neste discurso, sendo um espaço-pretexto para se pedir providências dos poderes públicos, para mendigar favores, embora adquira também a imagem do espaço rebelde, que serve para anunciar a transformação social ou com ela ameaçar, como um espaço-denúncia das injustiças e crueldades das relações sociais no país. Região construída para ser nossa vergonha, em oposição ao Sul, a São Paulo, nosso orgulho. Um discurso que tende a seguir a mesma estratégia do discurso da seca ou do discurso tradicionalista, ou seja, o de generalizar determinadas imagens, enunciados e fatos como dados permanentes do espaço nordestino. Eliminando as diferenças internas deste espaço, pensando-o como o espaço unificado da miséria e da injustiça, da seca e da fome, terminando por sua estratégia identitária contribuir para a reprodução da própria imagem tradicional da região, da qual se locupletavam e se locupletam seus grupos dominantes. A seca, a terra rachada, a fome, embora atinjam só alguns espaços, alguns períodos e alguns grupos sociais da região, são generalizados, tornam-se permanentes. De problemas sociais, eles terminam por se tornarem problemas de um dado espaço.[28]

Neste discurso, a esperança dos retirantes da seca, dos pobres da região, de sua terra da promissão, aparece sempre num indefinido lugar ao Sul. Seja o Sul de Pernambuco com suas usinas, seja o Sul da Bahia com o seu cacau, ou o do Rio de Janeiro e de São Paulo com o café e a indústria. Este Sul, além de ser uma miragem de melhoria de vida, de fim da miséria, de "encontro com a civilização", é também visto como o local da transformação do camponês alienado em operário, classe portadora do futuro. O Sul é o caminho da libertação do nordestino, mesmo que possa significar, inicialmente, o aprisionamento na máquina burguesa de trabalho. Talvez, por isso, estas obras tenham grande aceitação no Sul, já que reproduzem uma visão do Nordeste que reforça a própria identidade do Sul, como a área responsável por levar adiante o desenvolvimento capitalista do país, tornando-o um país rico como acreditava sua orgulhosa burguesia, ou fazendo a transformação do país numa nova sociedade socialista, como sonhavam setores médios e operários de sua população. Nestes discursos, os "personagens do Nordeste" serão sempre pessoas marginais ao sistema capitalista, mesmo quando falam acerca dos operários ou da revolução.

São artesãos, pescadores, ambulantes, cangaceiros, beatos, retirantes, tomados como tipos sociais para construir suas narrativas. Eles parecem acreditar que, por estarem "fora do sistema" e "fora do poder", estes homens podiam atacá-los, assim como os próprios intelectuais podiam fazê-lo por se sentirem assim.[29]

O Nordeste é sempre o espaço típico ou mitológico, em que a história parece suspensa, dormindo, precisando ser despertada. Espaço que lembra o deserto. Espaço indefinido, indeterminável, a ser conquistado. É um território ainda não marcado de forma permanente e organizada pelo poder. O Nordeste do sertão, do vazio, onde qualquer pegada humana é fugidia, porque o vento a leva, apaga-a. Região por onde se perambula, por onde passa o homem nômade a pé ou a cavalo. Homem sem rosto, sem identidade, apenas mais um retirante. A terra do nada. Neste discurso, pois, há toda uma preocupação em enclausurar este espaço, em dar-lhe um sentido, um rosto, um significado. Há uma preocupação de marcá-lo com sonhos e ações humanas, de sedentarizar os homens, para construir uma nova sociedade e uma nova cultura.[30]

O Nordeste dos homens que sempre passam pelo território alheio, que ganham o mundo, que são quase bichos, que possuem gestos hereditários, automáticos e só se dão bem com os animais. Homens submissos a Deus, à natureza, ao patrão e ao governo. Homens devorados por uma sociedade, em que eram impotentes para mudá-la. Sociedade em que a idade das mulheres se conta pelo número de filhos. Terra braba, terra de tiro e de morte, onde se faz aposta para ver de que lado o morto cairá e atira-se para ganhar a aposta. Espaço tecido de aventuras, nas páginas dos á-bê-cês. Nordeste, ficção de pobres. Local das lembranças de submissão ao senhor branco e dos negros que sonhavam com a mãe África.[31]

É o próprio Graciliano que denuncia, em artigo publicado no livro *Linhas Tortas*, a estratégia utilizada pelos discursos, emitidos acerca deste espaço para a criação de uma imagem do Nordeste, que o aproximava de um verdadeiro deserto de Saara. Assim ele se expressa:

> "Realmente, os nossos ficcionistas do século passado contaram tantas cenas esquisitas, derramaram no sertão ressequido tantas ossadas, pintaram o sol

> e o céu nordestino com tintas tão vermelhas, que alguns políticos, sinceramente inquietos, pensaram em transferir da região maldita para zonas amenas toda a população da região".[32]

Como este discurso tem como paradigma o marxismo, a ênfase na luta social entre as classes é uma premissa básica na construção das narrativas e das obras. Esta luta quase sempre surge como um confronto maniqueísta entre as forças do bem e do mal. Esta última força encarna-se no burguês, e, principalmente, no grande mito regional que é a figura do coronel. Este é, inclusive, mais visado por ser tido como a força mais atrasada do país. Tomado como um resto do passado que teima em viver e uma figura que parece estar imune às transformações históricas, o coronel é sempre o coronel, a figura truculenta e discricionária, que muitas vezes não possui a menor humanidade, nem interioridade. Tipo esquemático e sem diferença, está sempre acompanhado da figura do jagunço, tendo o cangaceiro como o seu grande inimigo, ao lado dos coronéis rivais. Essas figuras tipificam o que poderíamos chamar um poder a cavalo, em que o hierarquicamente superior, o poderoso, está a cavaleiro para olhar o apeado, o caminhante.

Esta imagem tenta resumir a hierarquia social em nossa sociedade agrária, seja no latifúndio, seja na pequena vila. As cidades quando são assaltadas por um bando de cavaleiros, imagem-clichê nos filmes sobre o cangaço, por exemplo, simboliza a invasão do poder rural sobre o espaço urbano. Invasão bárbara, que fala do medo que sente o citadino daquele que vem do mato. Essas imagens cavalheirescas, épicas, chegadas até nós por meio das narrativas das gestas medievais e atualizadas pela literatura popular que aqui inspiraram, serão encontradas também em grande parte dos romances produzidos pela geração de trinta. O próprio nordestino passa a ser associado a esta figura, que vem do mato e traz a barbárie para as cidades civilizadas. É o matuto inadaptado e ridículo, que provoca risos nas chanchadas da Atlântida. Os filmes do Cinema Novo também retomam esta imagética do homem rural, do cavaleiro, só colocando-a em outro registro; estes cavaleiros já não representam obrigatoriamente o poder e a prepotência, podem estar acima do povo para guiá-lo, para galoparem à sua frente em busca de um novo caminho; podem ser homens sérios.[33]

O Nordeste passa a ser, neste discurso, o lugar onde se encontram uma ética guerreira e uma ética salvacionista. A primeira proveniente do mando, do poder; a última, da subserviência, da catequese, da obediência, do misticismo. A luta dialética entre elas daria origem a uma terceira: a revolucionária e humanista, que as sintetizava. Entre o homem a cavalo e o homem de joelhos, que beijava as botas dos cavaleiros ou a batina dos santos, surgiria o homem que aspirava ao poder e ao mando, mas a partir da posição de quem está de joelhos, de quem tem de se levantar, jogar fora o crucifixo e tomar a arma na mão, se possível tomando-a do cavaleiro, tomando o estribo e as rédeas da situação, não para pisotear o povo, mas para livrá-lo das esporas. O "estribado" devia ser jogado ao chão e submetido ao sacrifício, ao ato de contrição, para se humanizar. Ele devia ser penitenciado, para aprender a ser igual a quem penitenciou antes. O homem da esquerda, esse guerreiro salvador, esse sacerdote da revolução, é o messias do poder, do mando dos oprimidos, conquistado por intermédio deste Deus diabólico que é a revolução.

Nesse discurso, os coronéis são mostrados como tipos autoritários que viviam nas casas de prostituição, gastando, jogando, bebendo. São homens para quem mulheres e filhas não passavam de empregadas, que tinham o poder sobre a alma e sobre o corpo de seus agregados, podendo surrá-los, mutilá-los ou matá-los quando bem queriam, determinando a vida de todos à sua volta. São obras que, às vezes, como a de Jorge Amado, mal disfarçam sua admiração por essas figuras masculinas poderosas, de identidades difíceis de definir. Figuras entre o doce, o sentimental e o terrível. Homens vistos como moralmente superiores a seus filhos, que formam novas gerações de citadinos, de doutores absenteístas, que violam as relações tradicionais entre patrões e empregados. Os coronéis são figuras de quem vinha proteção ou agressão; que impregnam o imaginário político da região até hoje. Região onde até mesmo a produção acadêmica, seja sociológica ou histórica, ainda consegue ver coronéis, já que Nordeste sem coronel parece não fazer sentido.[34]

Mas o coronel só permanece vivo como um mito, da mesma forma que o cangaceiro e o santo. Isso não significa dizer que ele não tenha existido ou que este mito não tenha nenhuma efetividade no presente. Aquilo para o que chamamos atenção é o fato de que a própria produção acadêmica contribui para a sobrevivência do coronel. Outro exemplo da efetividade destes mitos é o encontro entre o messianismo marxista da esquerda brasileira e a simbologia messiânica dos movimentos sociais do Nordeste, que deram margem à produção de muitas obras, não só no campo da arte, como no acadêmico. A crença na construção de um outro mundo ou de um novo mundo, purificado dos erros do presente, faz com que toda uma tradição rural e mística da produção popular no Nordeste seja agenciada como arquetípica do sonho de um novo mundo. A formação cristã de inúmeros militantes contribui para que a visão religiosa termine por dar origem a uma verdadeira metafísica revolucionária, romântica. Verdadeira busca da volta a uma comunidade primitiva de crentes. As formulações de esquerda saem do plano racional, tendem a adquirir uma transcendência, uma nova religião, pela qual se morre e se sacrifica a vida. Algumas leituras que intelectuais de esquerda fazem do marxismo, principalmente aqueles que tematizam o Nordeste, em vez de afirmarem a vida, afirmam o sacrifício da vida e uma visão penitencial e sacerdotal da militância, bem condizente com uma sociedade de cristãos.[35]

O marxismo aparece em obras de Jorge Amado como o caminho da salvação. Nele, o miserável e o santificado são o lado do bem, e a revolução se torna uma verdadeira escatologia milenarista. Se a moral burguesa tende a demonizar o pobre, criminalizá-lo, torná-lo uma classe perigosa, para esta esquerda o pobre assume a condição de mártir ou de herói da revolução. Essa associação das práticas messiânicas a práticas socializantes é estabelecida, inicialmente, em 1936, quando a polícia do Ceará reprime com violência "os fanáticos do Caldeirão", provocando uma matança a ser justificada aos olhos do país. Como a campanha anticomunista se acentuara sobremaneira a partir do movimento de 1935, usa-se a pecha de comunistas para produzir a aceitação nacional à repressão empreendida em Caldeirão. Essa associação é retomada, na década de quarenta, pelas esquerdas, quando Canudos, por exemplo, começa a ser tematizado como uma página da resistência popular em nossa história e o prenúncio de uma sociedade sem classes, sem propriedade, ou seja, uma volta a um mundo comunitário. Esses fenômenos passam a ser explicados pela questão da terra, do latifúndio e do coronelismo. A radicalização da angústia mística se daria devido à sensação de asfixia da comunidade pelos ricos que vão se apoderando das terras, além da introdução de novos valores sociais, do cerco da cidade e da civilização que ameaçam seus valores e costumes.[36]

No entanto, embora se aproprie do mito messiânico, esta esquerda tende a denunciar a religiosidade, a crença no sobrenatural como responsável, em parte, pela miséria e pela subserviência desta população. A entrega ao delírio e à irracionalidade que a própria esquerda faz em alguns momentos é condenada nestes movimentos que negariam a sociedade da razão e do trabalho que se quer construir. A loucura coletiva do movimento messiânico é uma imagem usada para denunciar seu nível de alienação e apontar a religião como uma falsa saída para os problemas humanos. As transformações não se dariam pela via mística, mas pela humana. Elas não se dariam por sermões ou palavras apenas, mas pela ação. Caberia à esquerda revelar o verdadeiro "caminho da salvação", já que esta deteria o saber revolucionário, do qual seriam desprovidos os camponeses. Se a comunidade messiânica introduzia uma mudança na ordem da própria terra, esta apenas acelerava a destruição da comunidade, porque, no momento do confronto com a sociedade, "com o mundo exterior", eles estavam desarmados teórica e materialmente, visto que se entregavam à crença mística como "à espera de anjos com espadas de fogo que desçam à terra para defendê-los ou levá-los em glória para o céu".[37]

O messianismo implicava uma passividade que devia ser superada pela dessacralização do mundo. A luta devia ser na e pela terra, e não pelo céu. Só a consciência política podia trazer luz a estas mentes, fazê-las entender as causas de suas misérias; só ela trazia esperança no futuro. Se no discurso que embasou a repressão a Canudos, o santo era o homem sujo e louco que incitava a desobediência à ordem republicana e civil, um falso representante de Deus, um degenerado, um promíscuo e impostor, para a esquerda ele era um líder popular que, no entanto, não contribuía para a liberdade do povo, mas para sua escravidão; como afirma Graciliano sobre Conselheiro: "um maluco, idiota que tentou mudar o mundo, cercado da pior canalha da roça, multidão de loucos e analfabetos". "Homens com ar de louco, cabelos sem pentear, onde andavam soltos os piolhos, as mãos de grandes unhas, a boca profética, dizendo que o mundo desigual era mal feito e devia mesmo acabar".

A certeza dos beatos de que o mundo estava no fim se aproximava, no entanto, da certeza das esquerdas de que o capitalismo estava no fim; de que um novo mundo ia chegar como um salvador, desde que as pessoas tivessem consciência, razão e educação, fato que reservava, no caso do Brasil, a construção desse mundo, para poucas pessoas, especialmente se estas viessem do povo.[38]

No início da década de quarenta, é anunciado com estardalhaço o fim do cangaço. Corisco seria o símbolo de sua derrota. A explicação para o fim deste fenômeno quase sempre se prende ao maior poder de polícia presente na região, além das mudanças nas relações de produção. Na verdade, mais do que isso, o Estado Novo pôs a funcionar toda uma maquinaria de esquecimento do cangaço. A grande imprensa é intimada a silenciar sobre seus feitos; a gritar, em grandes manchetes, o seu fim. Os cangaceiros, a partir desse momento, são tratados como criminosos comuns. Estes não passam de hostes de bandidos que ainda perambulam pelo sertão. O Estado oferece empregos para quem "deixasse a profissão" após cumprir pena. Além de que o valente nordestino é conclamado a enfrentar outro grande desafio, que é encarar a cidade grande do Sul. Estas cidades são anunciadas como caminhos para fugir da miséria e da opressão dos coronéis, como a esperança de conquistar poder e riqueza por outros caminhos que não o cangaço. O silêncio se faz ouvir e o cangaceiro mergulha nas sombras para brilhar como "símbolo de um passado", vencido pela ordem e pela civilização.

Estes homens permanecem vivos, no entanto, na memória popular, nas produções culturais populares. O cangaceiro se torna um mito, no momento em que deixa de fazer história. Quando ainda estava em atividade, na década de trinta, sofria a condenação quase unânime dos intelectuais. Mesmo entre os tradicionalistas, o cangaceiro saudoso era o cangaceiro morto; era aquele que tinha vivido num passado idílico. Para Graciliano, por exemplo, o cangaceiro não passava de um malfeitor, truculento, que, como Lampião, eram verdadeiros monstros. Eram homens que não combatiam a propriedade, mas apenas a propriedade de seus inimigos. Para este autor, o cangaceiro só era herói numa literatura bronca, em que as suas turbulências são encaradas como "normais". A crueldade do cangaço é mostrada como uma das causas do atraso da região e atribuída a causas meramente econômicas, fruto de um mundo fadado a desaparecer. O fim do cangaço é comemorado unanimemente como um passo na direção do fim da barbárie sertaneja, do fim da desordem anárquica e sem objetivos do cangaceiro. Este fim é a vitória da ordem, ou a possibilidade da construção de outra.[39]

As narrativas e obras sobre o cangaço enfatizam o seu lado cruel, violento, selvagem, desenhando o Nordeste como o espaço da valentia e da morte estúpida e gratuita, por puro sadismo, por prazer, ou por espírito de vingança. Esta imagem se tornará clássica com o sucesso nacional e internacional do filme de Lima Barreto, *O Cangaceiro*, uma visão do civilizado paulista, do cineasta da Vera Cruz, um dos grandes projetos culturais da burguesia poderosa e vitoriosa de São Paulo, nos anos cinquenta, que dará origem a uma série de outros filmes, claramente inspirados na estética do *western* americano, nesta e na década seguinte. A visão estereotipada do cangaceiro, sem a análise histórica e social do fenômeno, marcará os filmes do chamado "nordestern". Nestes filmes, o cangaceiro é apenas a força do mal, da desordem, em luta contra o representante da ordem, do bem: o mocinho, o vingador. O cangaceiro é quase uma "fera". É um homem que mata e é mau por instinto ou por destino. É de sua natureza ser um facínora, ou uma fatalidade pode também torná-lo assim, mas nunca os códigos sociais ou culturais.[40]

Nos filmes de Carlos Coimbra, Osvaldo de Oliveira, José Carlos Burle e Wilson Silva, a revolta popular é aproximada da selvageria. A imagem do cangaço é despolitizada, seu mito e seu espaço são estigmatizados. São filmes que, praticamente, fazem o contradiscurso dos filmes do Cinema Novo. O cangaceiro se torna até tema de algumas chanchadas que buscam ridicularizar sua figura, bem como esta própria produção cinematográfica em torno do cangaço. Em filmes como: *O Primo do Cangaceiro*, *O Lamparina*, o cangaceiro é uma figura grotesca, ridícula, um bufão, um bronco, um estúpido e ignorante. Muitos desses filmes, produzidos no pós-64, pretendem claramente afirmar o império da autoridade e do respeito às leis e à própria desqualificação política do homem do campo, já que ainda rondava, como um fantasma, a recente mobilização política das massas rurais nordestinas.[41]

Tais filmes abusam do uso de imagens-clichês do *western* americano. As próprias locações escolhidas, quase sempre feitas em Itu, no interior de São Paulo, e não no Nordeste, buscavam instaurar uma semelhança com o espaço do velho oeste americano. As grandes pedras, os cactos, as estradas empoeiradas, praticamente se repetem em todos os filmes. Absurdos não tão grandes quanto aqueles cometidos pelo filme pioneiro de 1953. Em *O Cangaceiro*, até uma inexplicável floresta com rio e índio surgem no sertão nordestino. A figura do vingador solitário, imortalizada na figura de Antônio das Mortes, de Glauber Rocha, também constitui uma imagética holywoodiana do Nordeste. As estruturas dos roteiros também são quase as mesmas: há o bandido que invade a casa pobre e mata mulheres e crianças, ou mata os velhos pais do herói que, ao voltar para casa, se depara com a cena, então enterra-os e inicia a perseguição aos cangaceiros assassinos. Torna-se um justiceiro solitário até eliminar, num duelo final, o último de seus inimigos, geralmente o chefe do bando. São filmes em que, por incapacidade de se entender a lógica, a racionalidade da sociedade rural, faz-se uma leitura a partir dos valores do mundo urbano e de sua racionalidade.[42]

A leitura que a esquerda faz do cangaço se altera, na década de quarenta, exatamente no momento em que é anunciado seu fim. Passa a ser lido como um signo de rebelião, como um indício da possível revolta futura. A mitificação do cangaço se dá também por uma verdadeira postura voluntarista, pouco crítica e analítica das condições históricas e sociais do surgimento do cangaceiro. Este já não é vítima de uma sina, mas de uma sociedade. É, principal e simploriamente, vítima do latifúndio. Neste discurso, o operário é também o substituto do cangaceiro e o movimento operário o seu substituto consciente na luta contra a opressão. A derrota do cangaço, apresentada pela imprensa como uma vitória da nação, será para a esquerda apenas um prenúncio desta vitória. O cangaceiro era o homem solitário, ególatra, individualista e incapaz de transformar a sociedade como um todo. Do cangaceirismo posado para a câmera de

Barreto, passamos para o cangaceirismo épico, barroco, grandiloquente, de Glauber, com homens alienados, girando diante da lente de sua câmera.

A produção acadêmica, literária e artística das décadas de cinquenta e sessenta retoma a abordagem dada ao cangaço por Jorge Amado, ainda na década de trinta. Apoiado na literatura de cordel, em *Jubiabá*, Lampião já aparece associado à greve dos negros do cais, já que os dois são vistos como momentos da resistência popular, embora sejam momentos qualitativamente diversos. Nesta literatura, já está presente a ideia de que o mito popular do cangaceiro podia ser uma arma na conscientização popular. O cangaceiro é também o herói dos meninos que vagam pelas ruas de Salvador, em *Capitães da Areia*. Eles sabem que Lampião também foi menino pobre como eles, mas a sua fama atravessava toda a região até as fronteiras entre campo e cidade. Pedro Bala queria reinar sobre a cidade, como Lampião reinava sobre o sertão. Ele queria ser na cidade o que Lampião era no campo, ou seja, o braço armado do pobre, o vingador.[43]

O cangaceirismo era mais um indício da crise da sociedade patriarcal: momento em que os filhos de escravos ou homens pobres desacatavam os descendentes dos antigos senhores, queimavam propriedades, violavam moças brancas, enforcavam os ricos nos ramos de árvores. Ele era o inimigo poderoso do coronel e o único homem capaz de fazê-los tremer. Era o símbolo do futuro poder dos pobres, mas um poder social e não individual. Eram homens que podiam ser como Corisco, descendentes até de senhores de engenho arruinados e que se voltavam contra a nova ordem burguesa, em busca da sociedade futura, assim como faziam estes intelectuais de classe média, vendo no mito do cangaceiro o mito do povo e do território rebelde com que tanto sonhavam.[44]

Os argumentos da indignação

Nordeste, literatura e revolução

A operação inicial de inversão da imagem e do texto tradicional do Nordeste ocorrerá, ainda na década de trinta, com as obras de autores como Jorge Amado e Graciliano Ramos. Graciliano enfatiza o indivíduo e sua perda de identidade diante da nova sociabilidade burguesa, dissecando almas singulares, enquanto Amado constrói tipos que pretendem resumir coletividades, que pretendem ser emblemas de grupos ou classes sociais, e ambos partem da premissa da necessidade de uma reterritorialização revolucionária para o país. Sendo ambos filhos das elites rurais nordestinas em processo de declínio, suas obras, embora vez por outra deixem entrever uma certa nostalgia do passado patriarcal, não estão voltadas para construir um espaço saudoso. Elas são máquinas discursivas a serviço da superação da sociedade burguesa e da instalação de uma nova sociedade, prometida pelo discurso marxista, do qual eles eram partidários e militantes no Partido Comunista, adeptos da construção de territórios da revolta e da revolução.[45]

Desde o século XIX que a literatura no Brasil encerrava dois outros discursos: o político e o do estudo da sociedade, os quais constituíam o fenômeno central da vida cultural, e neles condensavam filosofia e ciências humanas. Só na década de quarenta é que a literatura se emancipa das ciências sociais e do discurso ideológico, voltando-se para si e se preocupando mais detidamente com a questão da forma e da linguagem. A chamada geração de 1945, tanto na poesia como no romance, será conhecida por um maior cuidado com as questões estéticas e uma menor preocupação conteudística e realista que havia orientado a literatura até então, notadamente na década anterior.[46]

A década de trinta é um momento de intensa disputa entre os diferentes projetos ideológicos e intelectuais para o país, momento em que as organizações e instituições como a Ação Integralista Brasileira, o Partido Comunista, a Aliança Nacional Libertadora, a Igreja, o Estado e seus ideólogos travam uma intensa batalha em torno da atribuição de um novo sentido à história do país, à nação e ao seu povo. Nesse momento a literatura se converte num meio de luta importante, para se impor como uma visão e como uma fala sobre o real, oferecer uma interpretação e uma linguagem para o país e produzir subjetividades coletivas, afinadas com os objetivos estratégicos traçados por cada micropoder. O romance social, influenciado não só pelo modernismo, mas sofrendo ecos do realismo socialista, serve aos artistas como veículo de enfrentamento da ordem existente, ordem que solapava a própria aura que envolvia o artista e a obra de arte, que envolvia o escritor e o romance.

O realismo e a função social da obra emergem como imperativo no momento em que o romance burguês começa a ser contestado e em que o "romance-ruminação" é substituído pelo "romance-máquina", pela produção de rápida difusão, destinada à produção de subjetividades seriais, de massa e em que o artigo de opinião nos jornais, a poesia, o desenho de ilustração e a brochura transformam a literatura num instante da ação política, da captura dos fluxos desejantes coletivos, pelas grandes centrais de distribuição de sentido e de produção de soluções sociais. O romance, na década de trinta, participa do grande esforço de reterritorialização de uma sociedade em crise, em transição entre novas e velhas sociabilidades e sensibilidades. Esta identidade estará ligada diretamente aos objetivos estratégicos e políticos que dirigem a produção literária.

Na mímese realista, a representação do social fica presa aos limites impostos pela situação do vivido e conhecido pelo receptor. Nesta, a palavra é bloqueada em sua potência de criação de mundos pela obediência a uma visibilidade e dizibilidade da realidade já cristalizadas, sob pena de não ser a obra considerada fiel ao real. A obra realista termina, pois, por ser capturada pelas demandas e pelas forças hegemônicas do poder, seja no campo intelectual, seja no político, neste momento. Os significados tendem a ficar restritos a um campo de saber já consagrado. Na literatura realista, o significado e o significante ficam unidos por ligações inseparáveis. Nesta, a linguagem denotativa impõe um sentido como verdadeiro, enquanto o autor impõe um sentido ao leitor, que tende a participar pouco da construção do sentido da obra. Ela não é uma prosa dialógica, mas monológica, em que as identidades dos personagens são sempre fechadas, em que não se permite a afirmação da negação, que é excluída numa síntese dialética ou conciliada por um trabalho de harmonização pelo uso da linguagem simbólica.

São obras que querem mostrar o Nordeste como a vítima preferencial do desenvolvimento da sociedade capitalista no país. Querem revelar sua verdade social, mostrar o lado avesso de uma realidade adocicada pelos discursos de quem a dominava. Querem expor suas misérias e contradições; colocar a vida dos nordestinos nas mãos de seus leitores, perturbar suas consciências, produzir uma experiência de Nordeste para quem não o conhecia e fazê-los viver a miséria alheia. São obras que querem ser um reclamo, um brado de alerta, às vezes beirando até o panfleto. São quadros fiéis das angústias que afligiam aquela região e, por extensão, a nação, deixando clara a responsabilidade desta para com aquelas populações.[47]

São obras inscritas no jogo de poder entre as forças regionais, mesmo que sejam perpassadas de denúncias contra essas. Uma crítica de Milliet, por exemplo, tenta desclassificar o romance nordestino, não apenas do ponto de vista estético, mas também com relação à veracidade da realidade que ele descreve. Este autor fala da dificuldade do paulista de ver as mesmas coisas que os romancistas nordestinos viam. Para ele, o romance nordestino passava uma visão parcial da realidade, ao só mostrar morte e desgraça, fruto de um romantismo descabelado, que estava voltado apenas para o sentimento e a exceção lamentáveis. O romance nordestino só mostrava um Brasil arcaico que estava ficando para trás, preso ao seu regionalismo. Não conseguia abordar questões universais. Por isso, para ele, a prosa paulista era afirmativa; era o romance da vida e da saúde, uma reação classicista ao romantismo, um romance de análise e do herói nacional.[48]

Na mesma direção, muito mais tarde, Roberto Simões denuncia a estratégia do romance nordestino de construir o Nordeste como uma região subjugada, numa visão parcial e mutilada da realidade. Esta prosa lamurienta procura sempre o povo espavorido, os cabras terríveis, cometedores de vinganças truculentas; procura a caatinga da seca, da vida difícil e dos homens acuados. Enquanto isso, críticos nordestinos, como Ademar Vidal, saem em defesa deste romance, afirmando ser a realidade desta região muito mais dramática do que aquela abordada pelo romance. Os romances não teriam a mesma dramaticidade dos quadros vivos e das figuras reais da região das secas e dos cangaceiros. O Nordeste é reafirmado como uma região original que, para ser retratada com realismo no romance, teria mesmo de mostrar a miséria crua, alastrada, mortífera, mostrar os aleijões políticos terríveis de um feudalismo cruel. O que fica patente é que o discurso desta produção de intelectuais de esquerda termina por reforçar uma imagem da região que é fundamental não só para sua produção, mas também para a reprodução do poder e da fortuna de uma classe dominante, que vive da miséria, de sua exploração e de sua indústria.[49]

Essas são algumas das contradições de uma literatura presa a um dispositivo de poder e à sua lógica, mesmo que se proponha a ser um discurso voltado para a superação do momento social, vivido pelo povo brasileiro. Toma o Nordeste como o elo mais fraco do capitalismo no Brasil, como o lugar onde as suas consequências perversas melhor se explicitam, onde a dominação de classe é mais arbitrária; e desse ponto de vista, estavam dadas as condições objetivas para uma revolução social. Se o Sul, o Rio de Janeiro e São Paulo, expunha as maravilhas do capitalismo, o Nordeste era o primo pobre que estava sempre presente para agulhar a consciência de quem vivia extasiado com sua própria riqueza e poder. A necessidade de ultrapassamento revolucionário do capitalismo ficava mais nítida quando se encaravam a miséria e as injustiças nordestinas, quando se perscrutavam vidas populares ou burguesas, umas alienadas e presas à miséria, outras alienadas e presas aos valores mesquinhos burgueses. Por isso, estes romances construirão o Nordeste como este território que estimula a revolta e a revolução; como o território-denúncia da miséria e da injustiça.[50]

Constrói-se um Nordeste avesso à nostalgia da escravidão, da qual se quer avivar a memória para subsidiar a luta contra a nova forma de escravidão do presente. Este Nordeste é um espaço não apenas dividido entre aqueles que mandam e os que pedem ou suplicam, entre homens que são donos de tudo, até de outros homens e homens que são verdadeiros trastes das fazendas, reses na fazenda alheia, mas também entre negros e brancos, não só de classe, mas de raça oprimida. O Nordeste do negro pobre, filho da escravidão, perpetuada pelas novas relações entre brancos, mestiços e negros. Nordeste tecido de desgraças contadas e recontadas, desgraças mesquinhas, cotidianas, populares. Um Nordeste que espanta e não encanta, cujos quadros são de miséria, de lutas e de coragem de um povo pobre e explorado.[51]

O Nordeste destes romances é o Nordeste artesanal, no qual o industrial é visto como dramático e feio. Um Nordeste mais dos marginais, dos malandros, dos trabalhadores informais e autônomos. Um Nordeste da fuga do trabalho rotineiro e da disciplina industrial. São obras que decantam a resistência à disciplina capitalista, fato que é paradoxal para autores que esperam a constituição de uma classe operária com disciplina revolucionária, para fazer a transformação radical da sociedade. A escravidão da fábrica encontra sempre seu contraponto no idílio do trabalho em contato direto com a natureza e em luta com suas forças. Resiste-se ao artificial e à dessacralização da natureza. Os personagens parecem sempre reivindicar o direito de viverem livres na miséria, em contato direto com a rua tradicional e o interior onde estava a alma do país. A cidade cosmopolita aparece como a negação de uma sensibilidade e de uma sociabilidade brasileiras, vistas como afetivas, comunitárias, pessoalizadas, místicas. Isto denuncia a própria dificuldade dos autores de romperem com uma sensibilidade naturalista e conviverem com a modernidade.[52]

Mas essas semelhanças estilísticas, estratégicas e ideológicas entre a obra de Graciliano Ramos e a de Jorge Amado são matizadas por outras enormes diferenças, nestes mesmos aspectos que precisam ser ressaltados, para termos acesso ao Nordeste singular que cada um construiu em sua obra.

Jorge Amado

Jorge Amado nasceu em Ferradas, município de Itabuna, Bahia, em 1912, filho de um comerciante sergipano que se tornou proprietário de fazendas de cacau no sul da Bahia. Sua obra surge ligada à problemática que emergiu com a Primeira Guerra, que foi discutida pelos modernistas e que desaguou no movimento de 1930. Ou seja, ela surge ligada à questão da identidade nacional e cultural do país, à questão de nossa raça, da formação de nosso povo, da relação entre a nação e o capital estrangeiro, enfim, ao tema da revolução, da necessidade de fazer uma reconstrução total do país, rompendo radicalmente com seu passado. O seu primeiro livro, singular em sua obra, *O País do Carnaval*, busca discutir exatamente a questão da identidade brasileira, a sua face carnavalizada. Embora fizesse parte na Bahia do grupo reunido em torno da revista *Arco e Flexa*, que se opunha aos seguidores do modernismo paulista, por ver neste uma forma de cosmopolitismo elitista, Amado claramente dialoga com este movimento a respeito da falta de identidade, expressa no rosto arlequinal e colorido do país. Desde sua obra inicial, a proposta de Amado é captar a identidade do país e de sua cultura, e captar sua singularidade a partir de uma busca das raízes populares, da realidade do povo, da recuperação, para o texto e para a imagem do país, da fala, das figuras e cenas populares. Como ele mesmo diz, sua obra teria nascido da procura de soluções para os problemas nacionais e os de sua população, e da crença na iminência do nascimento de um mundo novo do qual o país devia tomar parte. Ele parte da premissa que, como intelectual, o escritor está em condições de melhor enxergar os problemas do país e de sua população, bem como de propor soluções.[53]

Sua obra procura caracterizar o povo brasileiro, descobrir sua verdade interna, sua essência, retratar a verdade de sua visão e de sua fala. Quer configurar um povo e o povo para o Brasil, integrá-lo à vida nacional, à cultura do país, captando a sua originalidade. Busca desrecalcar a face popular do país, destravar a língua do povo, abrir os seus olhos e da nação para seus problemas. Preocupa-se em fazer o país enxergar o seu povo com seus suores, cantigas, macumbas, prostituição, doenças, lutas, misérias e malandragens. A partir de *Cacau*, esta visão popular do país será aliada aos esquemas conceituais e aos dogmas políticos do marxismo, somando ao tema da nação e do povo o da revolução. Sua produção literária voltar-se-á para um objetivo claro: denunciar as injustiças sociais, as condições em que vivia a maioria do povo do país e propor a revolução socialista como a saída para esses problemas.[54]

Seus personagens se tornam emblemáticos das condições sociais, dos valores e das aspirações de toda uma classe. E, diante do dilaceramento das identidades, trazido pela emergência da modernidade, Amado cria personagens de identidades esquemáticas, fechadas, tipificadas. A classe social e a posição política tornam-se os princípios ordenadores da identidade deles, que passam a ter uma psicologia extremamente simples, mas que se revela na ação. Suas atitudes simbolizam uma dada condição na sociedade e uma postura ideológica, e possuem uma verdade única a expressar. Verdade que centraliza a narrativa e atribui um sentido totalizador e universal à sua ação. Seus primeiros livros são atravessados por maniqueísmos, que coloca do lado do bem os personagens proletários, que proclamam a superioridade de sua condição de pobres, que possuem todas as qualidades opostas às dos ricos, que só sabem furtar, rezar e fazer mal aos outros.[55]

O chamado romance proletário, que demarca a obra de Amado pelo menos até o aparecimento de *Terras do Sem Fim*, em 1942, se caracteriza pelo esquematismo psicológico, principalmente, dos personagens representativos dos "exploradores". Apenas neste livro, ao retomar a temática da transição da sociedade patriarcal cacaueira para uma sociedade mercantil, é que os personagens da classe dominante surgem com mais humanidade e são colocados em um contexto histórico que explica seus comportamentos. Só então eles perdem aquele travo voluntarista das obras anteriores. Ao romper com o realismo socialista, estes personagens ganham mais densidade, passam a ser mais complexos, o que fica patente na figura do coronel Ramiro, de *Gabriela, Cravo e Canela*, homem capaz de despotismos e maldades, mas também capaz de amor e amizade, que empunhava rebenques, mas também empunhava rosas.[56]

Jorge Amado, ao contrário de José Lins, imprime ao regional uma dimensão universal, ao submeter as matérias de expressão locais ao esquema de interpretação internacional do marxismo. Seu projeto estético é conciliar o lado belo da sua terra, de seu povo, de seus temas, com o social, feio, miserável, unindo uma visão muitas vezes lírica da natureza e da sociedade com uma visão romântica de negação da realidade presente e a busca da construção de um novo mundo. Seu projeto é tornar seus livros um quadro mural da vida dos abandonados, dos mendigos, dos operários e doqueiros que rebentam cadeias. Seus primeiros romances ainda guardam uma nítida ligação com a estética naturalista, que o encontro com o realismo socialista só veio reafirmar. Suas obras querem ser uma pintura fiel de quadros sociológicos, documentos científicos que embasariam uma reivindicação revolucionária, trazendo o fim da exploração capitalista e, com isto, o retorno àquela sociedade lírica perdida.[57]

Só com *Gabriela, Cravo e Canela* a crítica à burguesia assume uma nova forma, deixa o inflamado panfleto de epopeia para a corrosão do humor e do riso. Seus livros passam a caricaturar o comportamento da pequena burguesia ávida por ascensão social, das famílias decadentes, metidas a aristocratas, dos novos-ricos e dos estrangeiros arrivistas. A demarcação da fronteira entre as classes deixa de se dar preferencialmente pelos interesses e posturas ideológicas, para se fundar na observação dos códigos de sociabilidade e sensibilidade, nas fronteiras "postiças e hipócritas" que os grupos burgueses antepõem entre si e as camadas populares. A espontaneidade popular se choca com os seres convencionais e artificiais, com o falso moralismo e com a salvação de aparências que regem o comportamento burguês. Sua crítica passa também, desde *Bahia de Todos os Santos*, pela negação da racionalidade burguesa, pela inclusão do lado maravilhoso da existência, como um dado da realidade que não pode ser desprezado, pela individualização dos personagens, que, embora continuem sendo reflexos do meio social, o refratam de modo diferenciado, porque não são mais essências de uma classe.[58]

O romance proletário procurara valorizar a rebeldia popular, assimilando-a como precondição para o despertar da consciência revolucionária. A rebeldia da população pobre contra as mudanças no seu mundo tradicional é interpretada à luz do marxismo stalinista, por um intelectual de classe média, que parece também reagir à implantação do capitalismo no Brasil, negar a modernidade e ter ligações com uma visão ainda naturalista da sociedade e do espaço. Partindo das teses vigentes nas formulações do PCB, de que a revolução socialista adviria dos elos mais fracos da cadeia capitalista, de que era possível saltar de um estágio pré-capitalista para o socialismo, como fizera a Rússia, e, por fim, de que a revolução socialista podia ser nacional e popular, notadamente nos países coloniais como o Brasil. Seria uma revolução de libertação nacional, cujo primeiro estágio envolvia a formação de frentes amplas com os setores nacionalistas, o que leva ao recalcamento do elemento cosmopolita do marxismo e seus aspectos modernos para ser feita uma leitura que o submetia aos ditames da formação discursiva nacional-popular e o transformava numa ideologia não só antiburguesa, como antimoderna.[59]

A dúvida em relação à adaptação do comunismo à nossa índole, que havia assaltado o autor em seu primeiro livro, já que, segundo ele, nossa essência carnavalesca, pouco disciplinada, exigiria que fôssemos surrados três vezes ao dia para adquirirmos disciplina revolucionária, se desfaz momentaneamente, pois só o amor pela humanidade, que o comunismo significava, poderia trazer a felicidade. Só o fim dos preconceitos do povo, o fim das igrejas, dos ídolos; só a crença nos homens e nas coisas materiais trariam a felicidade que não se encontrava nem na carne, nem no sentimento, nem no ceticismo, nem na vida burguesa. O Brasil se torna palco de uma luta que se travava em nível internacional entre aqueles que estavam ao lado da felicidade humana e os que estavam contra ela.[60]

Em sua obra, notadamente aquela publicada entre 1944 e 1954, os seus personagens militantes vêem o Partido como o lar, a escola, a razão da vida; vêem-no como detentor da verdade e como arma para mudar o destino do mundo. Amado traça sua identidade de escritor a partir da ideia de que é uma voz do Partido, voz da revolução, que chama para lutar por todos, pelo destino de todos, sem exceção. O Partido se concretizava pela luta de cada um de seus membros e dos resultados alcançados, mas estava acima dos homens, era a encarnação da vontade geral destes, à qual o indivíduo particular devia se submeter. Por isso, sua vida não mais lhe pertencia, mas ao Partido e seus objetivos.[61]

Em *Tenda dos Milagres*, já no final da década de sessenta, Amado traz para seus romances a crítica que já vinha fazendo ao discurso rígido e preconceituoso das esquerdas, pelo menos desde o final da década anterior. O personagem Pedro Arcanjo faz afirmações que bem podiam ser suas:

> "Se em algo mudei e exatamente assim aconteceu, se dentro de mim romperam-se valores e foram substituídos, se morreu uma parte de meu antigo ser, não renego, nem renuncio a nada do que fui... Em meu peito tudo se soma e se mistura... Só desejo uma coisa, viver, entender a vida, amar os homens, o povo inteiro".

Para ele o materialismo já não é capaz de tudo explicar, nem tudo é racionalizável. Tentar reduzir todos os acontecimentos às teorias é, para ele, se tornar um sábio de meia-tigela, um historiador de vôo curto.[62]

Os romances amadianos, inicialmente, pouco têm a oferecer em matéria de experimentação formal. Limitam-se a podar o regionalismo literário naturalista das descrições empoladas e os diálogos artificiais nele predominantes. Sua grande mudança literária se dá quando abandona o realismo socialista e abraça uma literatura que explora o cômico e o fantástico. A literatura de cordel, em especial os folhetos de á-bê-cê, são tomados por Amado como fonte de uma linguagem popular, direta, capaz de permitir a comunicação imediata da mensagem que o intelectual quer transmitir ao povo. Ela também seria fonte de uma visão popular da sociedade, da cidade, do meio rural, das relações sociais. Preservaria lendas, cantos, mitos, tradições populares que deviam ser resgatadas para a dizibilidade do país e da região. Seu Nordeste vai ser composto por textos de pessoas do povo. Nordeste da fala popular, do palavrão. Nordeste carente até de linguagem. Nordeste, o espaço do erro gramatical, das cartas de rameiras, de trabalhadores. Um Nordeste cindido não apenas pelo poder econômico ou político, mas também pelo domínio do saber. Um espaço de falas diferentes e conflituosas.[63]

Seus livros são atravessados inicialmente por dois regimes de discurso: um popular, agenciado das narrativas orais da beira de cais, dos cegos de feira, dos cantadores de á-bê-cê, das conversas de bares e cabarés, de canções e versos populares, que veicula uma visão poética e fatalista da realidade; e outro, que praticamente fica suspenso, apartado daquele, artificial, o discurso político que de certa forma se contrapõe àquela visão popular. Em livros como *Mar Morto*, esses dois regimes discursivos convivem com muita dificuldade, colocando o discurso do autor, como o da verdade, instaurando uma distância entre o narrador e o narrado. Esta mesma preocupação verista dirige o uso que faz do discurso dominante, oficial, em seus textos. Em *Capitães da Areia*, ele toma o discurso oficial sobre a criminalidade para expor o que seria o deliberado falseamento da realidade feito por este, escondendo propositalmente a verdade sobre a atuação do Reformatório de menores e o combate aos meninos de rua. O que ele quer restabelecer é uma narrativa verdadeira, usando a ficção para denunciar a ficção dos discursos oficiais. Sua linguagem ficcional se submete, pois, a este imperativo de dizer a verdade, de revelar o falseamento da ideologia burguesa, como concebia sua visão teórica.[64]

Seu discurso simples, "popular", visa romper com a postura retórica da cultura dominante no país, com a verborragia dos poderosos que serviria para mascarar seu poder e enganar o povo. A fala livre e displicente do povo seria uma visão de baixo, uma fala não censurada, não oprimida pelas regras e normas dos códigos burgueses. Uma fala capaz de trazer à tona esta verdade da sociedade que estava escondida e mascarada por toda uma grossa camada de discursos acadêmicos e retóricos. Amado quer atacar aquela que era tida como uma das principais tradições baianas: a prolixidade no falar, o barroquismo verbal dos discursos tradicionais baianos. Ele quer substituir a falsa palavra pela palavra da verdade, vinda dos porões da sociedade e que ele ajuda a libertar, a invadir o campo sagrado da literatura nacional. O Brasil e o Nordeste se tornariam mais visíveis em sua verdade, por serem falados pelo povo.[65]

A postura monológica, centralizada pela voz do narrador, em que os diferentes olhares da sociedade convergem numa mesma direção, como em *São Jorge dos Ilhéus*, onde mesmo cruzando diferentes falas, apenas se reforça a fala do narrador representada pelo intelectual Sérgio, se altera a partir de *Gabriela, Cravo e Canela*, quando passa a explorar diversas versões, testemunhos conflituosos sobre o mesmo fato, diferentes possibilidades de interpretação de um mesmo acontecimento. Amado chama atenção para o caráter relativo e diverso do depoimento das pessoas sobre os fatos; o próprio caráter relativo da verdade e conflitual dos discursos e da história. O antigo discurso competente, da racionalidade absoluta, do apagamento de lacunas e rasuras, no discurso popular torna-se, como nas próprias narrativas da tradição oral, um discurso que está sujeito a constantes releituras, a sofrer acréscimos, a mudar de sentido, que está sujeito a ganhar e perder enunciados, em que tudo pode ser, nada se afiança ou se contesta, nada espanta, nada é proibido, quando altera regras e enfeites.[66]

Como o próprio Jorge Amado reconhece, suas obras traçam uma visibilidade do Nordeste e, mais particularmente, da Bahia, muito próxima daquela presente nas obras de Dorival Caymmi e do pintor Carybé. É uma visibilidade que enfatiza o pitoresco e o sensual. Estes reproduzem, em grande parte, a visão naturalista da Bahia, centrada em seu aspecto exótico, tropical, com destaque para o calor, a brisa, as palmeiras, os barquinhos, as cantigas de acalanto e a sensualidade e lascívia de seu povo. Ele traz à tona, no entanto, o mundo popular baiano, de uma população negra saída da escravidão, com seus costumes, tradições, crenças, amores, trabalho, misérias e mortes. Como Caymmi, Amado valoriza a fala coloquial, a poesia contida, contribuindo como aquele para uma nova forma não só de ver, mas de escutar a Bahia, com suas soluções linguísticas onomatopaicas, com seus rumores e sons do cotidiano. Sons que remetem a um clima de nostalgia e saudade. A descrição das cenas da vida pobre da cidade da Bahia, cenas de um colorido forte, cru, onde homem e natureza ainda convivem em harmonia, lembra um quadro de Carybé.[67]

Tanto Caymmi como Amado não deixam de expressar uma visão romântica do passado da Bahia, da sociedade açucareira do Recôncavo, da cidade colonial dos sobrados e casarões, do fausto das casas-grandes, da escravidão idílica e patriarcal, das lembranças das donzelas do tempo do Imperador. Ao lado de um passado belo e distante, surge o presente dilacerado entre uma paisagem natural, bela e poética, e uma paisagem humana triste, com cara de fome, com pés e mãos enormes, calejados e disformes, plantados na terra. Uma Bahia do cacau, cuja paleta era dominada pelo dourado e pelo amarelo. O dourado dos frutos do cacau, das folhas ressequidas, caídas no chão e o amarelo do sol, da poeira, dos juparás, das cobras papa-pinto, dos trabalhadores.[68]

Quando Jorge Amado inicia a publicação de sua obra nos anos trinta, mesmo com a ideia de Nordeste já cristalizada, não incorporava ainda a Bahia. A Bahia era vista, neste momento, como uma realidade à parte, tanto do ponto de vista econômico e político, como do cultural. O ser baiano, que contraditoriamente vai ser a forma de conhecer todo o nordestino que chega a São Paulo, foi, durante muito tempo, considerado como tendo uma identidade divergente da nordestina. A Bahia era pensada, inclusive, quase como sendo só a região do Recôncavo, polarizada por Salvador. Será a própria obra de Amado uma das responsáveis pela inclusão da região do cacau na geografia imaginária da Bahia. O sertão, que durante longo tempo não fizera parte desta capitania, porque fazia parte de Pernambuco, sofre muita resistência, para ser identificado como deste Estado. Veja-se que, em toda a obra amadiana, o sertão só é cenário do livro *Seara Vermelha*, escrito no momento em que há todo um esforço dos discursos dos políticos baianos em afirmar a Bahia como um "Estado seco", para adquirir benesses estatais. A obra de Amado, como a de Caymmi instituirão o ser baiano, pensarão a baianidade, a identidade baiana e da sua cultura como algo à parte no Brasil.

Tanto Amado como Caymmi serão responsáveis pela instituição deste outro Nordeste, pela inclusão da Bahia na imagem, texto e escuta nordestina. O Nordeste dos veleiros que se balançam nas águas, dos marinheiros, das igrejas coloniais, do fetichismo. O Nordeste barroco, onde se misturam e se harmonizam o material e o místico, o sagrado e o profano, a miséria e a alegria, o trabalho e o ócio, o alto e o baixo. Um Nordeste talhado em pedra e madeira, no qual o candomblé traz o espírito até a terra e não o eleva aos céus. Nordeste dos ritos de possessão, do transe místico, onde se muda de identidade, onde as pessoas assumem uma outra personalidade até mesmo um outro sexo; o reino da ambivalência. Nordeste do candomblé, de indivíduos que não nascem completos, mas por fragmentos e etapas sucessivas, que possuem certo número de almas que também vão morrendo aos poucos. Um Nordeste, geografia religiosa, nascida da reconstrução de territórios existenciais por negros desterrados da África. Geografia religiosa, refeita não só com fragmentos de seus antigos territórios culturais, mas com todas as participações místicas que esse território tinha com o mundo dos espíritos, incorporando santos e caboclos de outras procedências culturais.[69]

Na década de quarenta é constante na crítica literária a afirmação de que o "espírito baiano era diferente do nordestino". Mas, ao mesmo tempo, havia a afirmação da existência de um espírito nordestino em Amado, bem como a análise da obra de Caymmi, como uma obra gêmea daquela, por terem uma visão popular da Bahia. Bahia do povo exótico, inclusive na cor da pele e na cor de suas roupas. Povo excêntrico, divertido, brigão. Uma Bahia artesanal, da natureza ditando ainda o ritmo da vida; de homens que até para trabalhar ainda dependem dos desígnios da natureza, onde a morte no mar pode ser bela. Bahia melancólica, das vozes negras nas noites de tempestades e macumbas; terra feita de dengues, seduções e mistérios. Bahia de corpo, voz e alma negros, de negros gordos e risonhos, de velhos de histórias derramadas, dos marítimos de cor bronzeada, das baianas vendedoras de comidas e doces, da resistência à miséria e da crença na liberdade.[70]

No seu livro *Bahia de Todos os Santos*, um guia sentimental da cidade da Bahia, feito por influência clara de outro guia sentimental, o da cidade do Recife, elaborado por Gilberto Freyre, Jorge Amado tenta caracterizar o que definia a identidade da cultura baiana e de seu povo. Esta cidade seria o próprio retrato do Nordeste múltiplo e desigual, onde a beleza esconde a dor e o sofrimento, onde se misturam fartura e fome, onde se tem a certeza de que o mundo está errado e é preciso mudá-lo. A Bahia vivia entre o liberal e o libertário. Nela o fascismo era impensável, embora fosse, às vezes, reacionária, saudosista, ancorada em fórmulas passadas, mas, por outro lado, revolucionária, afirmativa, progressista e até violenta. A Bahia, como a própria obra de Amado, cultivaria o passado e projetaria o futuro. Ao lado do maior misticismo, encontraríamos o anticlericalismo militante. A Bahia era o Nordeste nascido do encontro do português e do negro, uma realidade difícil de explicar. É interessante notar que Amado opera, em seu discurso, com uma estratégia muito parecida com a empregada por Freyre: a de ressaltar as contradições para harmonizá-las com o uso de imagens literárias, o que torna muitas vezes o seu discurso da luta de classes deslocado da realidade que constrói.[71]

Amado produz assim uma identidade-síntese do baiano que, além de guardar ligações com a realidade, torna-se realidade, ao ser subjetivada por seus leitores e ouvintes. Uma identidade contraposta à do paulista e do carioca, por ser definida como fruto de uma civilização popular, nacional, que, mesmo nas cidades, humaniza a vida, transformando-a em menos áspera e brutal, fazendo da relação entre os cidadãos um convívio humano e não um permanente conflito de inimigos. A Bahia seria harmonia, conciliação, tradição; enquanto São Paulo e Rio de Janeiro seriam cosmopolitismo, arrivismo, conflito, falta de raiz.[72]

A imagem da Bahia de Amado aproxima-se, pois, da própria imagem tradicional do Nordeste traçada por Freyre, só com o sinal invertido: se, para Freyre, a harmonia e a conciliação se dá pelo caráter patriarcal desta sociedade, para Amado se dá pelo seu caráter popular. Tanto aquela sociedade aristocrática como esta, popular, se viam ameaçadas pela emergência da modernidade, da sociedade burguesa, e por isso a confluência entre pensamentos antagônicos, no sentido da necessidade de se preservar a memória desta sociedade decadente, de resgatá-la, seja com uma visão de cima ou com um olhar que a visse por baixo. As tradições populares também estavam ameaçadas de esquecimento. O mundo popular tradicional também estava em ruína. O mundo do capital e do trabalho condenavam as figuras da Bahia popular ao fim. Já não se sabiam mais as rezas e os cantos de velar defuntos, as canções dos ternos de reis e bumbas-meu-boi. Amado quer fazer reviver este mundo. São Paulo e Rio de Janeiro eram o centro deste novo mundo da racionalidade, da ciência racionalista, do saber dominante, de elite que ameaçava, ao se espalhar pelos demais Estados, a sobrevivência das diferenças culturais, a originalidade desta rica cultura popular baiana. A cultura de massas destruiria o rosto e a fala popular da Bahia; destruiria sua personalidade; transformaria este espaço num vazio cultural.[73]

Embora lance mão inicialmente do racionalismo marxista, que descaracteriza todas as formas de saber não-lógicas ou místicas, a partir da década de cinquenta Amado passa a falar da dificuldade da racionalidade ocidental de explicar todas as coisas; falará de sua visão preconceituosa em relação aos saberes populares. Em *Tenda dos Milagres*, Amado tratará do confronto entre lógicas, espacialidades e temporalidades diversas que separavam a cultura burguesa da popular. Esta falava de um tempo não-linear e não-homogêneo. Era uma cultura insubmissa, rebelde, que traçava territórios outros, espaços sociais e de poderes alternativos, que ameaçavam o império da civilização branca, da disciplina e da ética burguesas. Era uma cultura que revelava a nossa face africana, a nossa identidade de povo e cultura mestiça; uma cultura relativizada pela presença do riso, do humor, que faziam emergir a contradição, sem que para isso fosse necessário o uso de um discurso político.[74]

Amado vai chamar atenção para a utilização que o saber dominante faz deste saber popular, retirando a sua capacidade crítica, tornando-o caudatário das estratégias de dominação burguesas, tornando sua estandardização folclorismos de consumo. Sua visão da necessária pureza do elemento popular, já que este seria a própria consciência nacional, aproxima-o dos tradicionalistas. O verdadeiro milagre brasileiro era a riqueza cultural desta população pobre; a preservação de costumes, de tradições; a organização de sociedades, escolas, desfiles de ranchos, ternos, afoxés; era a criação de ritmos, de danças, de cantos, por uma população tão desassistida e numa sociedade tão injusta. Para ele, só a miscigenação explicaria tal riqueza, só a raça mestiça teria tanto talento e resistência. Assim como na obra freyreana, o mestiço se torna, na obra de Amado, superior, o criador da civilização universal e futura, num país onde o ódio de raças não teria lugar.[75]

Como podemos notar, Amado, assim como Freyre, apenas invertem o sinal do discurso naturalista a respeito da raça, da mestiçagem e do negro. Ambos continuam presos à concepção de etnicidade, revalorizando a raça, do ponto de vista cultural e psicológico. Revaloriza a mestiçagem como um ponto de partida para a origem de uma personalidade e de uma cultura sincrética, voltada para os aspectos conciliadores e harmonizadores dos extremos. A cultura negra é, para ele, o traço diferenciador da civilização e da personalidade brasileiras, notadamente no Nordeste. Sua obra reforça uma série de mitos brancos sobre os negros, embora seja uma das mais importantes fontes de preservação e divulgação desta cultura negra. O mito da sexualidade mais ativa dos negros, grande mito compensatório da exploração sexual da escrava pelos senhores, é presença constante na obra amadiana. A sexualidade negra é instintiva, beirando a animalidade. O carnaval seria a maior expressão do caráter de nossa raça negra e mestiça, exatamente pelo seu lado carnal, voluptuoso, sensual, dionisíaco. Eram negros bons para o eito e para a cama, que mesmo não sendo criminosos natos, como queriam as teorias lombrosianas, mesmo tendo sidos recuperados como partícipes da formação de nossa cultura, por homens como Tales de Azevedo e Arthur Ramos, tinham sua sexualidade ainda vista como selvagem, não domada pelos códigos morais da burguesia.[76]

O negro parece ser um eterno escravo de seus instintos, mesmo quando se torna um militante social, um escravo do eterno complexo de inferioridade diante da mulher branca, a pura e inatingível. Nos livros de Amado, mantém-se uma estreita correlação entre cor e qualidades morais, éticas e sociais, muitas vezes com o sinal invertido: o negro era bom e pobre, oposto ao branco que era ruim e rico. Para responder às teorias racistas, segundo ele, era bastante conhecer o cotidiano do povo baiano, as misérias e maravilhas do cotidiano de um povo perseguido e castigado, mas decidido a tudo superar, conservando a alegria, preservando os bens herdados das senzalas e dos quilombos, documentos irrespondíveis da capacidade civilizatória desta raça. Por isso, para ele, a luta contra o racismo estava aliada à luta contra a miséria, pelo socialismo. O discurso racista visava, segundo ele, justificar o domínio burguês, tendo a questão das classes primazia sobre a questão das raças; resolvido um problema, o outro era consequência. Por isso, o seu esforço em mostrar o negro como capaz de assimilação de um projeto racionalizante como o do marxismo.[77]

Nota-se, portanto, uma constante tensão que atravessa a sua obra, entre materialismo e espiritualidade, entre racionalismo e irracionalismo. O negro e o mestiço são vistos como a antítese do materialismo burguês, do materialismo vulgar do apego ao dinheiro e à propriedade. Balduino, o moleque pobre de *Jubiabá*, assim como Gabriela, a moça simplória de *Gabriela, Cravo e Canela*, parecem representar estes seres capazes de felicidade na pobreza. Seres livres das amarras do capital, que vivem à margem da lógica do pensamento burguês. Seres representativos do caráter nacional. Seres afetivos, emocionais, espiritualizados, voltados para os valores humanos. Pedro Arcanjo, o santeiro de *Tenda dos Milagres*, por sua vez, seria o intelectual universal, capaz de fundar uma nova ciência, para dar conta de nossa racionalidade, para compreender nossa realidade, nossa ciência livre dos preconceitos de classe e de raça que caracterizavam a ciência burguesa. Essa estaria a serviço destes saberes populares e seria capaz de elevá-los a outro patamar de racionalidade, formando intelectuais que, a exemplo do autor, estivessem a serviço do povo.[78]

Em *Tereza Batista*, a tensão entre o discurso racionalista do autor e o conteúdo irracionalista da cultura popular, que ele toma como matéria de expressão, explicita-se, quando interrompe a própria narrativa para justificar o uso das intervenções sobrenaturais dos orixás, nos acontecimentos terrenos, explicando que o povo da Bahia assim acredita e que as pessoas convivem diariamente com estas intervenções divinas. O uso deste realismo mágico se justificaria também pela necessidade de se preservarem estas tradições populares, diante da ameaça da sociedade de consumo, da propaganda e da arte de chocadeira, que vinham transformando a verdadeira cultura popular em macumba para turistas.[79]

Amado adota, em relação à cultura popular e ao povo, uma postura paternalista, muito condizente com um homem vindo da sociedade patriarcal em declínio e que se identifica com o povo por seu sentimento antiburguês. O grande tema da obra amadiana é a transição entre a sociedade tradicional cacaueira e a submissão dos velhos coronéis da área às novas relações mercantis, ao capital internacional, representado pelas casas exportadoras, que paulatinamente passam a controlar, além da intermediação, a própria produção do cacau, levando os coronéis à falência. A nova fazenda de cacau denuncia, até em sua arquitetura, a enorme diferença social entre os habitantes do sobrado na cidade e as casas de barro na fazenda, ou na periferia urbana. As relações sociais são cada vez mais mediadas pelo dinheiro. Ilhéus se torna uma cidade de grandes negócios, onde os fazendeiros perdiam os rudes hábitos patriarcais, sendo substituídos por seus filhos, uma nova geração de bacharéis citadinos, incompetentes e incapazes de manter as mesmas relações sociais que fizeram a glória do cacau. Assim como José Lins, Amado tende a explicar a decadência da fazenda tradicional do cacau pela incapacidade das novas gerações de lidar com os trabalhadores da mesma forma paternalista que faziam seus pais e avôs.[80]

Terras do Sem Fim narra a trajetória épica dos coronéis que, no princípio do século, haviam conquistado com sangue e bala as posses das terras do sul baiano. Em duas décadas, teriam feito enormes fortunas que, na década de trinta, passa para a mão dos exportadores. Da "conquista feudal épica" à mesquinha conquista do imperialismo. Os tradicionais nomes da região desapareciam, substituídos por recém-chegados, por gente sem raízes, que não representava toda a luta e todo o sangue derramado para a conquista da terra. A sociedade do sangue tombava sem luta diante da sociedade do dinheiro. Os escritórios resolviam negócios por meio de telefonemas e telegramas, substituindo os antigos negócios resolvidos a bala. Essa sociedade parecia seguir o mesmo destino da sociedade açucareira do Recôncavo. Sociedade povoada agora só por fantasmas que vagavam pelas matas, pelas casas-grandes; fantasmas que viravam cavalos brancos a correrem nas margens do rio, trazendo o peso da escravatura nas costas. Os velhos coronéis pagavam caro por não darem valor à política; por acharem que era coisa de quem não tinha o que fazer, que só queriam o mando absoluto em suas terras, manipulando os pusilânimes profissionais da política. Amado expõe as próprias contradições da "aristocracia" rural nordestina que, mesmo tendo ainda uma concepção patriarcal e tradicional da vida, da sociedade, se viam às voltas com as relações econômicas, não condizentes com estes valores.[81]

A crítica à sociabilidade burguesa, aos seus valores, é presença constante na obra amadiana. Embora muitas vezes aborde de forma moralista o tema da prostituição, este serve para denunciar a dupla moral da burguesia e a mercantilização das relações sociais, da vida humana, bem como os preconceitos sociais existentes no seio da própria esquerda, como mais um meio de opressão social. No entanto, em vários momentos de seu trabalho pode-se surpreender o enunciado preconceituoso da esquerda em relação ao homossexualismo, tido como indício da decadência moral burguesa, como um apêndice doente da sociedade a ser extirpado com a vitória da revolução e de sua moral. O homossexualismo parece ser atributo da classe burguesa, da classe feminina, da classe de valores artificiais e postiços, da classe delicada e covarde, oposta às camadas populares, à valentia do homem do povo, à sua masculinidade incontestável, à sua virilidade. Homem, representante da classe revolucionária, da classe máscula, fálica, capaz de penetrar e gestar a sociedade do amanhã. Era a classe ativa contra a classe passiva. A psique da massa afro-brasileira era a única capaz de fornecer o caminho da libertação em relação à repressão da moral burguesa.[82]

A rejeição à ética burguesa faz com que a obra de Amado esteja atravessada por uma tensão entre valorização do mundo do trabalho, uma componente da postura teórica marxista, indispensável em sua teoria da revolução e a valorização do ócio, da malandragem, da construção de territórios marginais ao sistema. Em toda obra amadiana, o trabalho de fábrica aparece como símbolo da escravidão moderna. Seu olhar se volta para uma Bahia artesanal, que estava ameaçada de desaparecer com a industrialização. Se, por um lado, São Paulo e Rio de Janeiro aparecem, vez por outra, como o lugar de onde vem a esperança de libertação para o proletariado, são também a sociedade em que a Bahia não deve se tornar. A reação à escravidão das fábricas e do campo, dos ofícios proletários era a malandragem, a vagabundagem, o viver de artimanhas.

"Orador dos mendigos, dos cegos que pedem esmola, dos aleijados, das prostitutas, dos marinheiros, dos meninos de rua...". Indivíduos formados na escola da vida e das praças. Homens livres, ameaçando com seu comportamento marginal os territórios da ordem. Homens que tinham tradição de luta contra os representantes da opressão burguesa, que tinham uma tradição de rebeldia em relação ao trabalho burguês.[83]

São estes personagens que detêm outro saber sobre este espaço. Estes homens enxergam o espaço pelo avesso, conhecem todos os seus difíceis caminhos, vivem sem pagar comida, automóvel ou apartamento, defendem seus territórios com navalhas, punhais, canivetes e golpes de capoeira. Personagens de um mundo sem fronteiras, de viajantes sem porto, dos afogados sem lanterna, dos saveiros, das jangadas, das estradas sem destino do mar. Um mundo de limites líquidos, prontos a se desfazerem a qualquer momento.

O espaço, na obra de Amado, é construído por um saber popular, territorialidades populares e muitas vezes marginais, que implicam uma nova visibilidade e dizibilidade do regional e do nacional. Territórios que vivem nas fímbrias dos códigos oficiais, nas zonas de ilegalidade, que se opõem ou modulam aqueles códigos. Uma geografia de toques, de sons, de requebros, de ritos, de territórios "livres" onde brota a arte popular dos riscadores de milagres, dos folhetos de cordel, dos trovadores, dos violeiros. Um universo surpreendente entre o mágico e o real. Um território onde os homens ainda possuem o controle de seu tempo, de suas vidas e de seus trabalhos. Uma vida feita com as próprias mãos, onde a alienação do trabalho para o capital ainda não penetrou.

As primeiras obras de Amado, escritas na década de trinta, participam da intensa discussão que se trava no momento entre uma ética da malandragem e uma ética do trabalho. Os setores populares, notadamente das cidades, que viviam até então à margem do mercado de trabalho, haviam criado formas alternativas de sobrevivência, de sociabilidade, que começavam a ser ameaçadas pelo crescimento do mercado de trabalho, com a industrialização e o fim da imigração em massa, que fornecia os trabalhadores para as atividades produtivas e deixava os setores nacionais, oriundos da escravidão, fora do mercado de trabalho, pela política de disciplinarização empreendida pelo Estado, pela higienização e modernização das cidades. Estes territórios populares e marginais se viam impelidos a se dissolverem, a se integrarem no mundo do trabalho burguês. Amado como se coloca na defesa desta cultura popular ameaçada, parece oscilar entre o apoio à ética malandra e ao mesmo tempo a sua denúncia, já que ela leva os oprimidos a não conseguirem instrumentalizar sua rebeldia para objetivos nítidos de mudança da realidade. A estes territórios da revolta faltava o fermento da ideologia para se transformarem em territórios da revolução. A rebeldia malandra poderia acabar sendo um empecilho à libertação das classes populares. O discurso da esquerda sobre a malandragem encontra-se com o discurso burguês, e ambos terminam por condenar o malandro a aposentar sua navalha e ir trabalhar. A alegria do malandro, seu jogo de corpo, é condenada à tristeza da fábrica e rigidez dos corpos dos soldados da produção e da revolução.[84]

Tanto nas obras de Amado como nas de Caymmi, o trabalho será abordado apenas quando se dá em atividades que não implicam a separação completa do homem do seu ambiente natural. Amado e Caymmi trabalham com a própria visão popular, que sacraliza a natureza, que a coloca acima dos homens, que são incapazes de desvendar seus mistérios divinos. A modernização é condenada por significar a destruição da natureza idílica, por tornar o homem cada vez mais independente desta, por se desnaturalizar e por isso se tornar um ser predatório, um ser que quer abolir o seu lado animal. Mesmo quando abordam a cidade, fazem-no a partir dos lugares onde esta e a natureza se encontram. A Bahia da saudade do mar, das ondas, da brisa, dos coqueirais. A natureza surge, às vezes, como explicação do próprio caráter baiano, sua "malemolência", suas valentias instintivas, seu amolecimento e preguiça, fruto do sol e calor a sugerir tardes na rede, com água de coco e cafuné. Embora os fatos surjam, em seu trabalho, como produto de condições sociais, muitas vezes seu discurso se deixa atravessar por esta postura antimoderna de rejeição do caráter social do espaço, de sua retirada do reino da natureza para o mundo dos homens.[85]

O Nordeste que Amado constrói se caracteriza pela inclusão da Bahia e da cultura popular e afro-brasileira em sua visibilidade e dizibilidade. Nordeste lírico, pobre e belo, de homens criando beleza na mais horrível miséria. Nordeste da luta pela terra, pelo dinheiro, onde tiros partiam, buscando voltar ricos, onde até a lua tinha um vermelho tinto de sangue. Um espaço recortado pelas ideologias, pelas hierarquias sociais, onde até os barcos se dividiam por classes: no topo os transatlânticos, no meio o navio, embaixo o saveiro, a jangada e as canoas. Nordeste das desgraças e das belezas naturais, onde a civilização é quase uma maldição e uma feiúra. Era a região das festas populares, do mais estranho misticismo, das valentias e amores nos mercados populares, cálidos centros da vida popular, em oposição à frieza e despersonalização dos supermercados. Nordeste transportado na cabeça de balaieiros, carregadores, aguadeiros, baianas, vendedores de flores, frutas e verduras. Um Nordeste negro e popular, reverso do Brasil branco, europeu e burguês, de São Paulo. Uma civilização do encantamento contra o desencantamento do mundo. Uma face negra do Brasil, "bárbara" que vinha desfilar carnavalescamente nas ruas e praças para desespero da elite europeizada que se envergonhava desse outro país, dessa outra nação de pobres, pretos e mestiços.[86]

O Nordeste de Amado é um espaço perpassado pelos problemas e questões universais do homem. O marxismo permite ao autor tomar a região como parte de processos sociais globais, representados pela questão da propriedade, da luta de classes, da exploração do homem pelo homem. Uma região tomada como o avesso do discurso burguês. Um local da construção da solidariedade entre todos os oprimidos, desvalidos e marginalizados pelo sistema. Amado constrói um Nordeste integrado nos circuitos internacionais da economia, da sociedade burguesa. Um Nordeste internacionalista na política, mas contraditoriamente um Nordeste que quer resistir aos fluxos globais da cultura, preservar sua autenticidade, que renega a cultura de massas, que se apoia numa cultura popular artesanal e tradicional. Apesar de virar o Nordeste tradicionalista pelo avesso em outros aspectos, Amado é, em matéria de cultura, um defensor e inventor de uma tradição: a tradição do Nordeste negro da Bahia. Um Nordeste também reativo à modernidade.

Graciliano Ramos

Graciliano Ramos nasceu em Quebrangulo, Alagoas, em 1892. Era primogênito de um casal sertanejo de classe média; passou a infância em Buíque (PE) e em Vitória, em seu Estado natal. Fez estudos secundários em Maceió, mas não concluiu nenhuma faculdade. Embora influenciado pelo movimento regionalista e tradicionalista, que lhe chama atenção para a necessidade de pensar e tematizar a região Nordeste, dissecando com profundidade os relacionamentos entre os valores que integram o conjunto da cultura regional, nas palavras do *Manifesto Regionalista*, Graciliano o faz por uma inversão da visibilidade e dizibilidade inventadas por ele para a região. Ramos procurará mostrar o reverso do Nordeste açucarado de Freyre: o Nordeste dolorido do sertão. Verá por sob o verde dos canaviais o sangue e o suor que corriam. Falará de um Nordeste que se cria na e pela reversão da linguagem, da textualidade e da visão tradicionalista. Um Nordeste falado por um "narrador inculto", um narrador fora da ordem discursiva, fora dos códigos de "bem expressar". Graciliano tinha consciência da força fundadora da linguagem, de sua capacidade de instauração de uma nova forma de ver e dizer a sociedade e o espaço regional. Ele retoma o caminho de criação e reinvenção da linguagem e da cultura aberta pelo modernismo, ao perceber claramente a ligação que estas estabelecem com o poder. Diferentemente de Jorge Amado, Graciliano percebe a importância, não só do conteúdo, mas também da forma, como veículo de produção e reprodução de uma dada realidade. Ele denuncia a linguagem, na sociedade moderna, como um dos veículos da alienação, que se expressava na separação entre as palavras e as coisas, na perda da linguagem original do homem, na perda da correspondência entre realidade e representação.[87]

O trabalho literário de Graciliano pretende colocar em suspeição a fala dominante; quer provocar desconfiança daquilo que se afirma; joga com as palavras não visando impor verdades, mas suscitar dúvidas, fazer rir das certezas, buscando o avesso da palavra do poder. Sua ironia, seu sarcasmo, ao mesmo tempo que participa da desconstrução desta "realidade convencional", expõe toda a sua angústia com esta não-correspondência entre linguagem e realidade, pela inexistência de uma verdade do mundo, pelo poder da palavra de fazer e de desfazer verdades, o que atribui à alienação social. Para Graciliano, o mundo novo se faria pelo reencontro entre palavras e coisas, pelo fim da astúcia da linguagem, pela claridade plena do mundo diante do olhar, pelo reencontro do homem com a verdade total do mundo e de si mesmo. Ele chama atenção para o perigo da fala, para a dialética entre grito e silêncio, que remete a dadas relações de poder e dominação. Ele alerta para a operação de expropriação da palavra do oprimido, como mecanismo de perpetuação de uma dominação, como operação de desumanização, pois a linguagem definiria e singularizaria o humano. Assim, o homem sem direito à palavra se tornava um animal.[88]

As relações de poder definem o lugar da fala e quem deve falar, por isso o silêncio também fala, denuncia esta operação de silenciamento. O camponês nordestino é visto por Graciliano como um ser silenciado, sem linguagem, quase apenas grunhindo como animal. É visto como símbolo do estágio mais avançado de submissão e de alienação. Este silêncio é visto por ele como uma imposição. Graciliano perde a dimensão estratégica do silêncio. Para ele, o não-falar é apenas falta de saber e não uma sabedoria. Ele perde as várias dimensões em que podem ser lidos estes silêncios. Em suas obras, este déficit discursivo do "nordestino" será visto como mais um índice de sua situação geral de carência: carência de meios de expressão verbal que é ligada diretamente à sua carência econômica e de poder. Desta visão é que surgirão, nas décadas seguintes, as proposições de setores de esquerda que ligavam diretamente alfabetização e politização. Instrumentalizar a fala se torna instrumentalizar os meios de libertação. Quebrar a cadeia da carência de fala, carência de vida, carência de poder, é o projeto dos Movimentos de Cultura Popular e da elaboração do método de Paulo Freire para a educação de adultos.[89]

O estilo de concisão verbal, que marca a obra de Graciliano, visa tornar a própria forma da linguagem um meio de expressar a penúria, a miséria nordestina. Pobreza até de palavras, que seria compensada por excessos gestuais e mímicos, aproximando ainda mais o homem nordestino da animalidade, do simiesco. O nordestino pobre é alguém que teve o seu direito à fala apoderado por outros; que está nas margens do dizer; que traz à tona os próprios limites do dizer, as fronteiras da palavra, a clausura do silêncio em que é obrigado a viver. Em Graciliano, a própria região significa uma fronteira do silenciamento. Nela só se pode falar de certa forma, em certos lugares e com a permissão de alguns. Esta experiência dolorosa é vivida pelo próprio autor, também pertencente a uma classe que, às vezes, precisa calar para poder viver. O Nordeste não é lugar de fala, mas de lamento, de sofrimento e choro. Nele só se fala para pedir socorro. O Nordeste é uma máquina imagético-discursiva que institui, para o sujeito da fala, o lugar do pedinte, do suplicante a Deus, ao Estado, ao Sul e aos patrões. No Nordeste só se fala com desespero e para suplicar chuva a Deus, recursos ao governo, investimentos, conhecimento e reconhecimento ao Sul. A palavra do "nordestino" parece sempre ser consentida, fala-se quase já se pedindo desculpas pelo atrevimento.

Graciliano constrói, na própria textura da linguagem, uma imagem da região: minguada, nervosa, áspera e seca. O Nordeste do parco, do pouco, da falta, do menos, do minguado, que ele quer ver conhecido e ferindo a consciência de todos no país. O Nordeste onde até o papagaio era mudo. Nordeste do vaqueiro que se entendia melhor com o cavalo do que com os outros homens, que falava uma linguagem cantada, monossilábica, gutural, cheia de exclamações e onomatopeias. Homem incapaz de nomear as coisas do espaço mais alargado das cidades, que tinha poucos nomes para poucas coisas, que não nomeia porque não sabe e não sabe porque não pode. O Nordeste segmentado entre os que gritam, mandam e a maioria que obedece, que silencia. Nordeste, segmentação dura, territórios de revolta e mudez, grandes espaços para a exploração e a dominação, grandes espaços para a solidão.[90]

Graciliano quer fazer da linguagem de seus romances e de seu discurso uma forma de fugir das armadilhas do discurso dominante, e para isso era necessário policiar sua linguagem, para que esta não reproduzisse a dizibilidade e a visibilidade da região produzida pelos poderosos. Ele busca escapar dos enunciados e imagens-chavões do discurso oficial; busca ridicularizar a língua sonora, gorgolejada, cheia de adjetivos compostos, tão enfeitada quanto cruz de beira de estrada, onde as palavras em desuso parecem ter mais valor. A língua da burguesia, gorda e branca como toucinho cru. Isso não significa, no entanto, que incorporasse a linguagem popular sem um trabalho crítico em relação à forma, as narrativas populares também deviam ser expurgadas de sua aderência à ideologia dominante. O empolamento da linguagem dos burgueses e a indigência da fala popular faziam parte da reprodução das relações de dominação que seu trabalho com a palavra queria abolir. Repetir os mesmos enunciados e imagens, a mesma forma de dizer destas classes sociais, era reproduzir um falso real, era não contribuir para a mudança histórica, era reproduzir um falseamento da verdade, uma visão de superfície, incapaz de penetrar e revelar a essência verdadeira das coisas. Era permanecer preso ao fetiche da palavra competente ou incompetente.[91]

Em *Vidas Secas*, a transformação da vida camponesa se anuncia pelo uso da palavra, pelo entabulamento de uma conversa entre Fabiano e Sinhá Vitória, quando conseguem, com seu uso, esboçar uma nova realidade para suas vidas. O estabelecimento de um novo mundo, a transformação de uma realidade cruel e mesquinha começa com a capacidade de expressão de um sonho, de um desejo de mudança. O domínio da palavra pelo homem pobre é o passo decisivo para a utopia. Só quando toma a palavra, começa a simular um novo mundo para a sua existência. Mas é só com Guimarães Rosa que o sertão vai irromper como discurso sábio na ficção brasileira. Graciliano continua preso à imagem tradicional de que o homem sábio se encontra na cidade ou no litoral. Para ele, o sertanejo continua sendo um homem sem voz, e embora não seja mais desprovido de um mundo interior, seus personagens meditam sobre o mundo, sobre a realidade que os cerca, mas o que predomina é a incompreensão, a incapacidade de passar do olhar, do pensamento à fala.

A obra de Graciliano também nasce da angústia trazida pela desterritorialização sofrida por todos da sociedade patriarcal nordestina. Ela fala da decomposição do seu território existencial e dos territórios sociais em que viveu a sua infância, e aborda a sua vida e da sociedade nordestina como sendo marcada por esta sensação de decomposição lenta. Seus personagens são seres que terminam por se decompor, autodestruir-se, tanto física como mentalmente. Sua obra é atravessada pela sensação de morte e agonia do corpo e da alma; nela há seres feitos em pedaços como ele; violentados, torturados, que trazem uma memória de um processo doloroso, como furúnculos que teimam em queimar a carne, como retalhos sangrentos do mundo. São seres em busca de se livrar de suas próprias lembranças, as únicas coisas que restam de si e de seu mundo. Um passado que dói ao vir à tona, do qual só se sente saudade se comparado com um presente de desorientação, de perdição, mesquinho e sem brilho. É esta sensação de despedaçamento e dilaceração que o leva a desejar um reordenamento geral da vida e a construção de uma nova ordem, alimentada pela utopia revolucionária. Ele quer buscar a construção de um novo espaço ordenado, em que as coisas voltem a ter um sentido, em que a verdade seja restabelecida, em que ser e dizer se encontrem.[92]

Sua obra faz uma crítica impiedosa de sua própria condição social. Seus personagens são, em sua maioria, filhos de proprietários rurais empobrecidos, cuja única oportunidade de sobreviver é o exercício do emprego público, conseguido de favor; personagens, representantes da pequena burguesia, filhos de comerciantes das cidades do interior e intelectuais de província, que vivem sob a dependência dos favores dos poderosos e vivem para eles se curvando. São afilhados dos coronéis que ingressavam no serviço militar, na estrada de ferro, e os que ocupavam os novos postos abertos com a elevação das vilas à condição de cidades, como juiz de direito, promotor, delegado de polícia, médico. Diante deste mundo mesquinho, sente nostalgia pelo mundo de seu avô, da sociedade que ele representava e que deixou para seu pai, que foi incapaz de evitar o desmoronamento. O pai significava para ele humilhação, subserviência aos poderosos; homem que vivia de bajular os seus fregueses ricos atrás de um balcão. As antigas fazendas eram a própria imagem deste desmoronamento. Nelas só se viam reses arrepiadas e cheias de carrapato, cupim devorando os mourões do curral e as linhas da casa, o carro de boi apodrecendo debaixo da catingueira sem folha e o seu avô caduco chamando escravas que não mais existiam e mijando no próprio pé.[93]

Diante de tanta ruína, Graciliano tenta se refugiar no futuro, porque o passado não pode ser mais resgatado, já que seu olhar modificado pela cidade não permite vê-lo mais com olhos infantis. Sua memória é uma construção do presente e não uma restauração do passado, que sabe impossível, porque este apenas serve para reforçar a desqualificação do presente e a aspiração de um futuro diferente, que resgate o passado de forma nova. A sociedade dos patriarcas, emprenhando negras, dos cabras pedindo a bênção do coronel, dos cangaceiros se descobrindo para seu avô, ficara irremediavelmente para trás. A grande família patriarcal estava morta, esfacelada, deixando sem proteção os filhos pobres. A honra tradicional sertaneja foi reduzida a cacos pela nova sociabilidade. Os camponeses bravos e valentes e as donzelas puras e ingênuas só continuavam a povoar a literatura popular. A sensação era de que tudo encolhia, até a soberba dos patrões, tudo parecia bambo, arriado. O fim da escravidão trouxera pobreza, devastação, indícios de miséria, desalentos, rugas e cabelos grisalhos para muitos senhores. Para o próprio escravo, trouxera o fim da estabilidade, da certeza de que não lhe faltaria um pedaço de bacalhau, uma esteira na senzala e a roupa de baeta com que se vestia; assim, uma vez livre, necessitava se prover destas coisas e não conseguia.[94]

A memória do mundo infantil, do espaço das relações patriarcais, governa as ações dos homens crescidos que, traumatizados pela decadência de seu mundo, odeiam os novos poderosos, os burgueses e todos aqueles que estavam a seu serviço, como os pequeno-burgueses. Odeiam o novo mundo das cidades, do mercado, do comércio, do empresariado rural e urbano, do funcionário público. Os traumas deixados por uma infância de decadência, de solidão, perseguem-nos como a imagem do pai morto com os pés sujos, com tendões da grossura de um dedo, cheio de nós e unhas roxas do personagem Luís Jardim, de *Angústia*, uma sociedade em que os mortos governam os vivos. Só o trabalho de destruição desta memória sufocante permitiria o renascimento da capacidade de sonhar com vidas e mundos novos. Transformar o real em sonho é a única forma de sair deste pesadelo; é fundar um mundo onde possa reencontrar a estabilidade, a tranquilidade, as imagens fixas e nítidas do mundo do seu avô. A sociedade do futuro em Graciliano tinha o rosto amigo e conhecido do tempo redescoberto.[95]

Aquela memória do passado é voluntariamente construída com episódios escolhidos, tempo que se tem nas mãos, que aguça a angústia com o seu escapar ao vê-la se distanciar e perder a realidade. A escrita e a literatura são os únicos refúgios destes personagens em ruínas. A memória é, em Graciliano, o próprio testemunho da ruína e não a preservação, como para os tradicionalistas. Sua memória não flui como um romance proustiano, é uma memória fragmentada, cortada por traumas, brancos, tristezas, decepções, desconfianças. Seu Nordeste não surge de um trabalho de recuperação da memória, mas de sua destruição. O ato de escrever é necessário para destruir uma memória insuportável: a memória da derrota de um mundo, de uma vida. Só no momento em que Paulo Honório perde o caráter dinâmico de burguês, quando ele vê frustrado o seu papel de impulsionador da história, é que se volta para a escritura de uma memória de si, de sua trajetória. Só quando ele está inseguro sobre o controle de seu tempo é que seu desejo de transformação dá lugar ao de presentificação do passado. Só uma vida frustrada como a sua produz literatura; só o enredamento numa sociabilidade tradicional é que o torna inerte e impotente diante das estruturas vazias e contínuas, só a sua derrota para um mundo monstruoso e deformado é que o torna um memorialista, um escritor. A literatura é, em Graciliano, o meio de os derrotados acertarem as contas com o seu passado e com o seu presente, para poderem ter o seu futuro.[96]

Graciliano expõe a forma conservadora do uso da memória pelo dominador, o modo como este constrói a memória de sua dominação: uma sequência linear de fatos e heróis que vêm sempre desembocar no poderoso de plantão: o discurso da origem da raça a serviço da perpetuação de certa "raça" no poder. A memória histórica é, para ele, uma criação que se liga a determinadas estratégias e relações de poder. A memória do poder, assim como a história, são discursos a serviço da dominação de classe. A história é uma narrativa pessoal, um ponto de vista individual, em que se mencionam certas particularidades e deixam-se de fora outras que parecem dispensáveis e acessórias. Isto incomoda profundamente Graciliano, que aspira ao discurso da verdade, à superação definitiva do discurso lacunoso da ideologia, à substituição definitiva das máscaras discursivas que encobrem o rosto do real. A história e a memória reencontrariam sua verdade, seu verdadeiro sentido com o fim do poder de classes, com o fim da alienação. O homem se apossaria da plenitude de seu passado, de seu presente e de seu futuro.[97]

Sua memória do passado é atravessada pelos choques do presente, uma espacialidade formada por pessoas, coisas e paisagens, trazidas não por serem significativas, ainda, mas por deixarem de ter sido reminiscências, lembranças corroboradas por indivíduos que, como ele, possuíam a consciência da perda, do passar do tempo. Rasgões num tecido negro por onde passavam figuras indecisas que, pouco a pouco, iam se constituindo, assumindo lugares, organizando um território em contraposição ao presente, organizando um mundo inicialmente nebuloso, composto de ilhas, de pontos imprecisos que vão compondo um universo que rompe a censura do trauma causado pela experiência da degenerescência, do medo, das injustiças, dos desmandos, do autoritarismo, das violências físicas e psíquicas a que a história individual e social o submeteu. A história surge, para ele e para seus personagens, como uma catástrofe que se abate sobre os homens fracos, os homens incapazes de tomá-la nas mãos e de mudar o seu curso. Ou se faz a história, ou se sofre a história, e esta é impiedosa para todos aqueles que pensam em paralisá-la.[98]

Graciliano transforma memórias num libelo contra uma época e num epitáfio contra outra. Elas são pequenas janelas por onde o olhar é capaz de captar detalhes significativos e essenciais da realidade. Constrói tipos que procuram traduzir altos e baixos, as diferentes visões que se superpõem numa sociedade inteira, os cortes profundos nas camadas constitutivas desta realidade, pela descrição das camadas interiores da alma de seus personagens, em que ele busca captar a verdade humana, a sua natureza, a sua essência para além ou aquém das convenções e códigos sociais. São personagens que não fazem discurso contra a sua miséria, nem contra a injustiça. Nada mais avesso a Graciliano do que o panfleto, que apenas revela a necessidade de não ocultá-las, a coragem de reconhecê-las para poder superá-las. São personagens em busca de si mesmos, de se reencontrarem; são tipos desorganizados pelo divórcio entre o passado e o futuro, pela descontinuidade histórica, só aplacada pela descoberta dos aspectos transcendentais do homem, que superam o embaralhamento dos valores da sociedade moderna, sua confusão moral e ética. Graciliano parece sentir pouca piedade e muito desprezo pelos homens deste mundo moderno. Seu ceticismo aplaca qualquer ímpeto romântico, sua visão do próprio povo é de total falta de fé na sua capacidade de transformação do mundo. Ele parece até se esforçar, devido à ideologia que professa, mas não consegue ter uma visão otimista como a de Amado.[99]

Sua obra expressa bem a visão de um homem de classe média, premido entre uma ordem tradicional decadente da qual não faz mais parte e o novo mundo burguês ao qual não consegue pertencer. É um homem sufocado por esta realidade particular de uma região, em que a modernização convivia com o atraso, em que as mudanças econômicas conviviam e até reforçavam práticas tradicionais de exercício do poder, bem como as relações sociais tradicionais e os valores culturais do passado. O pequeno-burguês que, para sobreviver, precisava ter as atitudes orçadas, rigorosamente escrituradas, e por isso as surpresas eram intoleráveis. Era um homem que vivia no meio, receando cair, avançando a custo, perseguido pelo verão, arruinado pela epizootia, obediente à justiça, ao fisco, ao chefe político, aperreando o devedor e afligindo-se com o calote. A vida de pequeno-burguês era vida de parafuso, rodando sempre no mesmo canto, ignorando tudo além de seu espaço mesquinho e repetitivo. Muitos de seus personagens, como desdobramento de si mesmo, como suas várias faces, falam em sua maioria deste mundo de insegurança e instabilidade do homem de classe média, que sonha com uma nova ordem que lhe traga a estabilidade definitiva.[100]

Graciliano constrói um espaço regional marcado pelas descontinuidades históricas, pelas diferenças diacrônicas, pelas paisagens subjetivadas pelos homens, que as embaralham, misturam-nas, recriam-nas. A natureza já surge, em sua obra, como domada pelo homem. O espaço surge como uma construção humana, como uma ficção que dá organização e sentido à natureza. A paisagem é uma organização subjetiva dos homens e objetiva das relações sociais, notadamente as de produção, que determinam esta construção espacial e a própria subjetividade humana em última instância. O espaço emerge como uma construção intelectual, como fruto da organização que o narrador dá a fragmentos de espacialidades. Paulo Honório representa este trabalho burguês sobre o espaço; representa a submissão do espaço pelo trabalho e sua prisão à propriedade e ao mundo que se curva a sua vontade e poder. A burguesia é ação. É um personagem que a tudo objetiva. Nela ser e fazer estão segmentados e tornam o espaço objeto de uso e troca. Um espaço que, por sua ação, perde a estabilidade, a estaticidade e se submete à velocidade. Paulo Honório é o emblema do capitalismo nascente, rearrumando e destruindo territorialidades; é o protótipo do burguês que, em sua ação, dilacera as espacialidades tradicionais e se apropria das pessoas e da terra.[101]

Este espaço regional é simulado por meio de seus personagens, marcados pelo ambiente físico e social, pela linguagem, pela forma e pelo conteúdo do dizer e do olhar. Este espaço expressa, no entanto, a universalidade dos problemas e do caráter humano. Um espaço que surge como uma dobra do mundo que cercou o autor para dentro de si e de seus personagens; só no sonho eles conseguem boiar entre mundos diferentes, rolar por espaços desconhecidos, viajar para o futuro, em figuras que às vezes se unem e às vezes se multiplicam. O espaço é um cenário onde os homens projetam os seus desejos, as suas aspirações, as suas vontades, o seu poder e as suas ambições. A região é uma produção de seus personagens. Ela não se separa das diferentes visões que estes fazem dela. Em *Vidas Secas*, importam menos as consequências externas da seca, e mais as consequências no espírito dos personagens, como manifestação do humano. O espaço surge por meio dos olhos diferenciados de seus personagens. Um espaço fruto de diferentes visões que tecem uma rede de estranhezas; um espaço que se apodera dos personagens, porque está atravessado por um poder humano, por uma dominação, que não estão perceptíveis a todos os olhares: os mistérios da natureza.[102]

A visão de Graciliano quanto à capacidade de transformação do mundo pelo homem é muito pouco romântica, já que, para ele, é o próprio homem moderno que precisa ser mudado, porque são homens presos a um embaralhamento moral e ético. Para ele, a transformação da sociedade passava pela mudança nos valores humanos, pelo retorno à existência de uma nítida fronteira entre o bem e o mal. Mas isto não significava que acreditasse na possibilidade de se voltar a um homem natural, a um homem primitivo. Embora tivesse uma visão crítica em relação à civilização moderna, seu primeiro livro, *Caetés*, faz uma sátira ao primitivismo modernista, reconhecendo a impossibilidade desta volta a um paraíso perdido, até porque nós, modernos, seríamos incapazes de realmente saber representar e pensar este mundo tão afastado. Para Graciliano, era impossível resgatar no futuro esta origem perdida, esta essência deixada para trás, já que, na verdade, estávamos tão próximos desta selvageria caeté que dela deveríamos nos afastar e não buscar a ela retornar.[103]

Em *São Bernardo*, Graciliano explicita um elemento central da sociabilidade moderna: a capacidade de representação pública dos indivíduos, as relações entre máscaras sociais e não entre essências psicológicas, o que denota a falsidade das relações burguesas. A política seria o campo privilegiado deste jogo moderno de máscaras, de repetições em série de imagens, enunciados, gestos e discursos, produzindo a veracidade do que, para ele, não era verdadeiro. Em busca de uma verdade essencial da sociedade e das relações sociais, Graciliano abomina a sociabilidade burguesa e, portanto, o espaço público, entendido como este grande baile de máscaras em que todos participam. Os seus personagens são sempre máscaras que ruem, à medida que têm seu interior dissecado, suas entranhas expostas, terminando todos em carne viva, sangrando suas verdades e sendo destruídos pela sociedade que os cerca. Estes personagens convivem com enorme desconforto, numa sociedade de opinião pública desencontrada de muitas versões e ideias, de retalhos de opinião. Na sociedade patriarcal, pelo menos, tinham-se poucas, mas definitivas ideias sobre as coisas e quem delas era privado vivia feliz; era uma sociedade da unanimidade de opinião, que o autor talvez sonhasse em ver restabelecida no futuro.[104]

O autor e seus personagens parecem não saber lidar com uma realidade sujeita a contradições, com a labilidade destes códigos culturais, com a falta do estabelecimento de verdades definitivas sobre as coisas.

Talvez possamos entender a sua adesão ao marxismo, transformado pelo stalinismo num pensamento capaz de estabelecer verdades definitivas, capaz de oferecer um mundo da unanimidade e do fim dos conflitos, um mundo das certezas e do fim das contradições. Um mundo onde a disciplina seria levada a tal extremo que deixaria de ser sentida, de ser aceita como um fardo. Um mundo livre dos incômodos de uma sociedade de mercado com a qual seus personagens não sabiam lidar, porque a viam como o lugar do roubo e da extorsão, da falsidade das coisas, das relações e das pessoas. Um mundo onde o espaço para o homem pobre se revoltar era cada vez menor, no qual se manter em seu lugar social, de horizontes reduzidos, era a única estratégia de sobrevivência.[105]

A sociedade nordestina era vista como mais insuportável ainda por aliar às consequências da implantação da sociedade de mercado a manutenção de relações de dominação e de poder tradicionais, que não ofereciam mais ao dominado o mesmo nível de reciprocidade das relações paternalistas. *São Bernardo* fala do próprio desgaste que o ímpeto modernizador da burguesia sofre na região, onde a maquinaria burguesa é emperrada, enferrujada, desgastada por estas relações tradicionais, fazendo diminuir a velocidade das transformações, colocando este espaço numa terrível situação de suspensão entre dois mundos, ambos incompletos e irrealizados em sua plenitude, numa sociedade suspensa na transição e na crise, que parece aliar o lado perverso do mercado ao lado perverso do patriarcalismo. A modernização, segundo ele, só trouxe infelicidade e complicou a existência. Se, antes, as pessoas não possuíam automóveis nem rádios, viviam felizes numa casa de palha, dormiam bem numa cama de varas, num couro de boi ou numa rede de cordas, calçavam alpercatas, descansavam na rede no copiar, não liam nada ou liam inocentemente a história dos *Doze Pares de França*.[106]

Sua obra faz uma leitura ética da sociedade e traça o perfil da ética burguesa em que o enriquecimento e o lucro justificam todas as ações. Violências e injustiças miúdas ou graúdas, desde que levadas a bom termo, são apresentadas como meios de conquista de tão preciosos bens. O burguês, como Paulo Honório, seria um explorador e um pragmático, um empreendedor que consegue derrotar Luis Padilha, um representante da antiga elite regional, despreparada para enfrentar o mundo burguês pelos valores antigos a que obedece. Estes homens, presos a uma sociabilidade ultrapassada, que só sabiam berrar e não investir, homens de pasquins e grêmios literários e não de revistas técnicas e especializadas em agricultura, que usavam o dinheiro para atender à vaidade pessoal e não visavam ao lucro, que olhavam para a terra mais com sentimento do que com a racionalidade do investidor, eram pessoas que não conseguiam se adaptar à disciplina do trabalho.[107]

O burguês é, para Graciliano, o homem que desperdiça a vida sem saber por quê, que não tem ideais. É um simples explorador feroz, egoísta e cruel, desconfiando de todos. Um homem submetido a uma miséria existencial. Um homem que só concebe as relações sociais como relações de apropriação, apossando-se de terras, homens e mulheres. O ciúme de Paulo Honório é apenas um modo de manifestação do sentimento de propriedade, que procura transformar Madalena numa coisa, num objeto, ao que ela se recusa, afirmando sua condição humana. A luta entre a ética da coisificação burguesa e a ética humanista se revela pela própria incompreensão de Paulo Honório em relação à sua esposa. Ele não consegue compreendê-la, também não consegue entender o humanismo, porque este é a sua própria negação. Sua amabilidade com as pessoas é apenas de casca, visto que ele é também a negação do sertanejo pobre; enquanto este é pura autenticidade, ele é traição. Se adquire a "docilidade" do antigo coronel, é apenas para melhor explorar, não está verdadeiramente preocupado em proteger ninguém. Era um novo senhor de escravos, que não oferece aos seus trabalhadores sequer o que se dava antigamente aos negros das senzalas.[108]

Nesta sociedade, o homem pobre continuava sendo uma coisa, quase um animal, tendo de meter a cabeça para dentro do corpo, como cágado, ao ouvir as ordens do patrão. Era como animais tristes, bichos domésticos, que só eram capazes de fúrias boçais, só eram capazes de destilar veneno aprendido na senzala, indo da subserviência à brutalidade. Graciliano parece, continuamente, estar dividido entre a beleza da teoria de mudança do mundo e a feiúra dos homens concretos que teriam de colocá-la em prática. Esse certo desprezo pelos homens concretos parece só ser aplacado quando estes são levados para o papel, quando são transformados em estética; então ele demonstra sua vontade de participar dos sofrimentos alheios, de tornar visível um mundo de desigualdades que aprendeu a perceber desde a infância, quando uns se sentavam nas redes e outros permaneciam de cócoras no alpendre, solidarizando-se com pessoas, como ele, vítimas da violência e da prepotência do mais poderoso. Dá testemunho de um mundo, de uma região hostil, escrita com sangue, com aversão à toda autoridade, à ordem estabelecida, ao discurso dominante.[109]

Seus romances, segundo ele, para serem verossímeis, convincentes, partem do estudo das relações de produção na região, eliminando tudo que é excessivo, tudo que não é essencial, selecionando temas, imagens e enunciados, construindo personagens que expressassem o tecido esfarrapado e sujo desta realidade regional. Não quer cair no lugar-comum do intelectual de esquerda de sua época, perdido entre um nacionalismo ufanista e discursos grandiloquentes de piedade do homem pobre e injustiçado. Para libertar o mundo, ele não produz panfletos, mas a emergência do que considera a verdadeira face monstruosa da região, seus pesadelos, bem como seus sonhos. Queria fazer conhecida a realidade do país, da qual estavam tão distantes os intelectuais mais preocupados com a Europa e esta que não estava preocupando um governo distante das pessoas, uma entidade abstrata, incapaz de aparecer efetivamente na vida dos cidadãos, entregues à sanha dos chefetes provincianos. Ele não quer fazer de seus livros veículos de teses políticas, porque desconfia dos discursos, suspeita da linguagem, inclusive da esquerda, por isso seu estilo é tenso, pudico, sem tagarelice.[110]

Graciliano criticava o romance regionalista exatamente pelo pouco cuidado com a questão da linguagem e o seu romantismo alambicado. Criticava a sua prisão aos aspectos exóticos e a sua pretensa espontaneidade. Para Graciliano, era claro o fato de que a literatura obedecia a normas definidas historicamente, a uma dizibilidade que impõe ao autor certa escolha de imagens e enunciados sob pena de tornar seu livro inverossímil. Ela obedece às regras de produção de verdade de cada momento histórico, notadamente se, como era o seu caso, buscava produzir um romance realista. Além de que, nesta sociedade de classes, em que a alienação e a subserviência à ideologia dominante se fazem presentes, nem tudo que é verdadeiro é verossímil, mesmo que sejam ditas, elas parecem invencionices e absurdos. Aqueles discursos que se coadunarem com o discurso dominante podem ser a maior mentira e parecerão verdadeiros. A crítica a este caráter convencional e relativo da verdade sobre a sociedade e sobre sua região é que preside toda a obra de Graciliano. Busca encontrar a linguagem livre de qualquer ideologia, aquela linguagem capaz de expressar a verdade deste Nordeste do seco, do brutal, do indelicado, dos lugares sombrios, odiosos e tristes. Nordeste do pobre, do feio, do sujo, do lixo, de natureza e vidas mesquinhas, do silêncio e da sombra, da decomposição individual e social.[111]

Graciliano constrói um Nordeste de vidas infelizes, parcas, trapos de pessoas que rolam cheios de pus pelos monturos. Pessoas tão diferentes daquelas do litoral que, ao chegarem àquela área, não reconheciam hábitos, objetos e palavras. Nordeste das cidades sonolentas, onde os homens nasciam oportunamente, casavam oportunamente e morriam oportunamente. E, entre estas ocorrências, comportavam-se mais ou menos direito, e examinavam as vidas alheias, sempre achando nelas motivos para desagrado. Nordeste onde o eleitor cambembe votava para receber um par de chinelos, um chapéu e um jantar que o chefe político oferecia, e onde todos queriam a vida fácil do serviço público. Nordeste da elite pragmática, sempre disposta a abandonar concepções antigas para aderir imediatamente aos vencedores do dia. Um Nordeste onde as ações se definem pela imitação, pelos gestos copiados dos mais velhos. Nordeste de pessoas que executam ações sem saberem as forças reais que as determinam, presas a quase rituais. Nordeste de homens que pensavam pouco, desejavam pouco e obedeciam muito. Eram camponeses ridículos, andando banzeiros como urubus, de pés espalhados como de papagaios, nos quais não entrava nem sapato, todos sonhando com a terra da promissão que ficava sempre no Sul. Eram seres complexados e inferiores, derreados sob o peso da enxada, sofrivelmente achacados, otimamente obtusos. Uma raça condenada a desaparecer, se não fosse acordada de seu torpor, de seu sono, de sua ignorância. Sua revolta bronca e feroz de nada adiantava, sem o necessário esclarecimento de um projeto de transformação e sem o conhecimento prévio da verdade de sua realidade. Sua obra surge como um grito de angústia, como fruto da insônia causada, desde a infância, por esta terra de vidas secas. São memórias do cárcere de uma sociedade injusta e miserável; são linhas tortas sobre o drama dos viventes das Alagoas, microcosmo de um mundo que ele quer ver transformado.[112]

Quadros de miséria e dor

A inversão da imagem do Nordeste, o iluminar do seu avesso tecido pela produção tradicionalista, podem ser percebidos também pela produção pictórica que toma a região como tema após 1930. O simbolismo utilizado, nestes quadros, se converte em uma chave para percebermos o que incomodava esta sociedade, que problemáticas se colocavam. Estes quadros ajudam não apenas a fixar o que seriam temas e problemas da região, mas o que seria um estilo e uma visibilidade deste espaço e deste país. Ao lado desta produção pictórica atuavam, no mesmo sentido, os textos críticos, que ajudavam a fixar certa leitura e certo olhar sobre estas obras. Os quadros passam a ser interrogados e lidos a partir das questões que se colocavam nesta formação discursiva, como a do seu caráter nacional e do popular, questões das quais o elemento regional faria parte.

Estas obras se caracterizam, em primeiro lugar, por serem gestadas a partir de uma politização da arte, da inserção da pintura como um momento da ação transformadora do social; em segundo lugar, caracterizam-se por sua postura realista, que buscava retratar situações capazes de refletir o que se considerava ser o real, dando à imagem o papel de reprodutora da realidade. Ao pretender representar o concreto, a imagem realista desmerece o espaço imaginário como ilusão. É como se a imagem só participasse da transformação da realidade ao ser ligada a um assunto, a um tema e a uma textualidade que a antecedia. Uma imagem reprodutora de um pretenso referente real, que nada mais é que um construto politicamente orientado. O realismo acentua o uso da imagem, de acordo com as cristalizações imagéticas prévias, com os lugares-comuns, com os estereótipos que tomam como o real, reconduzindo o desconhecido ao conhecido e o estranho ao comum. Este realismo nasce da própria desconfiança que a obra de arte despertava neste momento, seja para setores de direita ou de esquerda. O fascismo considerava toda tendência não realista em arte como degeneração, e o stalinismo declarava fascista toda criação livre dos ditames da mímese realista do socialismo.[113]

A subordinação da produção de imagens a um discurso político, a uma ideologia, bloqueia determinadas possibilidades expressivas e elege outras como verdadeiras expressões da realidade. Esta pintura tende a enfatizar o conteúdo e fazer concessões quanto à experimentação no campo da forma. A pintura social tende a adotar uma linguagem já conhecida, uma forma já consagrada, para fazer chegar, mais facilmente, a mensagem ao público, com quem se deve nivelar em gosto e sensibilidade. Embora ela apresente uma mensagem que se pretende revolucionária, transformadora, esta pintura é conservadora por se submeter a formas já canonizadas pela sensibilidade e gostos dominantes. Esta dicotomia, entre um conteúdo que se quer transformador e uma forma conservadora, caracterizará toda a produção cultural de esquerda neste período. Ser radical em política e conservadora em estética é o dilema que aflora desta produção cultural. Isso nasce da redução do visível às imposições políticas do dizível. Os signos imagéticos são agenciados e vinculados a um feixe de enunciados de um discurso político que os liga a uma totalidade político-social, a um assunto, a um mundo da representação. É uma pintura convencional, pois já nasce presa a figurar um real que é também uma convenção.[114]

Entre os anos de 1930 e 1945, as reflexões em relação à arte, principalmente, à pintura, gravitam em torno das questões do caráter decorativo ou funcional da obra, do seu conteúdo nacional ou regional, do erudito ou popular, da arte pura ou engajada. É um período marcado pela identificação entre realismo e nacionalismo, em oposição ao internacionalismo formalista da arte moderna. O nacionalismo leva a pintura a enfatizar a temática, tornando-a narrativa e tradicional, com um verniz moderno. Durante o Estado Novo, os órgãos gestores da cultura procurarão definir regras para a produção do que seria a imagem nacional. Esta preocupação chega ao extremo de vetar a exposição, no exterior, de quadros que não mostravam "uma imagem civilizada do país". Os quadros não deveriam mostrar nosso lado vulgar, popular, ou seja, a face mestiça do país.[115]

Durante a Segunda Guerra Mundial, um momento integralmente político da humanidade, como escreveu Mário de Andrade, acentuar-se-á, entre nós, o engajamento político e social da pintura. Momento em que as formas coletivistas e socializantes pareciam decretar a morte do individualismo em arte. É neste instante que a pintura mural mexicana exerce grande influência sobre nossos pintores, já que ela era vista, sobretudo pelos partidos comunistas, como uma arte pública, capaz de falar às massas, transmitir uma mensagem revolucionária e antiimperialista, capaz de popularizar uma imagem "real" do subdesenvolvimento e do estado colonial dos países pobres, notadamente os latino-americanos. A guerra suscita a reação a tudo que o fascismo representava de anti-humanista e anticivilizatório. A campanha que setores de direita do país encetam contra a forma moderna, inspirados na estética nazista que propõe a volta da forma clássica, faz a esquerda identificar a forma moderna como uma forma "revolucionária", humanista e antifascista.[116]

Após a Guerra, com a redemocratização do país, há certa euforia com as liberdades, com o novo país e com o novo mundo que pareciam nascer. O muralismo mexicano continua influenciando trabalhos, voltados cada vez mais para a exaltação da nação, do seu povo, em detrimento de uma postura internacionalista. Essa discussão entre arte nacional e arte cosmopolita cruza-se com a problemática da arte abstrata, que é vista pelos realistas como uma tendência internacional da arte, despolitizadora, alienada e imposta ao país pelo imperialismo cultural. A arte realista, figurativa, engajada, em consonância com o discurso nacional-desenvolvimentista que se gestava, seguindo sua estratégia de ler a realidade pelo avesso, vai afirmar a imagem subdesenvolvida do país como tática de denúncia, vista como necessária para sua posterior superação. Principalmente entre os intelectuais e pintores vinculados ao Partido Comunista, que podem se expressar livremente neste momento, a arte abstrata é tida como individualista, a mais nova forma de expressão da alienação burguesa, o seu contra-ataque ao ruir da forma clássica pelo realismo modernista.

Nesse contexto o Nordeste emergirá como uma temática privilegiada desta pintura, preocupada com as questões sociais do país, com o seu atraso, com a sua miséria, com as condições de seu povo e com a necessidade de transformação desta realidade. A crítica chega a tomar a nordestinidade de um autor como pré-requisito básico para ver o Brasil, a partir desta perspectiva social. Milliet, por exemplo, atribui ao fato de Di Cavalcanti ser nordestino, de vir do "coração índio do Brasil", de vir do Nordeste, "marcado pela paisagem e pela raça mestiça", sua capacidade de expressar o Brasil, de ter um "estilo brasileiro", de "expressar o caráter peculiar de nosso povo, de nossa vida, de nossa natureza". O Brasil de Di Cavalcanti é um Brasil mestiço, moreno, pobre, mas de formas arredondadas, volumosas, de cores quentes, de contrastes ousados, de contornos não excessivamente racionais e geométricos. E isto devia-se a sua visão nordestina, disposta a olhar o país pelo ângulo social, agenciando as figuras populares como expressão da miséria social. Um olhar afetivo e não racional.[117]

A obra de Di Cavalcanti seria nacional, segundo Ibiapaba Martins, por mostrar o mundo caboclo, cafuzo, nordestino. Sua pintura era a síntese monumental de um país, do qual revelava as cores, as formas, os símbolos como a mulata, buscando o que havia de profundo e expressivo em nossa alma, misto de nostalgia lusitana, ternura negra e melancolia índia, essa alegria triste que explodia nas canções carnavalescas. Sua pintura não estaria mais presa ao exótico, ao característico da pintura naturalista e impressionista; ela seria uma interpretação pessoal, romântica, poética, em que o nacional é visto por meio do regional, do lirismo de suas paisagens e homens.[118]

Di Cavalcanti, que se definia como um perfeito carioca, atribuirá ao carnaval a formação de sua sensibilidade, de sua forma de ver ritmado, colorido, sensual. Sua prática de chargista, no começo do século, principalmente em *O Malho*, lhe teria formado a preocupação política, e o Nordeste de seus parentes paraibanos, como ele, e pernambucanos, teriam lhe transmitido sua ousadia e aventureirismo. Foi ao voltar da Europa, no começo dos anos trinta, quando a preocupação política impregnava toda a intelectualidade do país e o tema da revolução ainda estava no ar, que

Di toma contato com o muralismo mexicano, incorporando em sua obra procedimentos expressionistas considerados como uma linguagem capaz de denunciar a sociedade burguesa, de expressar a essência da realidade e dos sentimentos humanos. Sua visão alegre, colorida e folclórica do Brasil será substituída pela crítica de costumes e pela construção de símbolos, capazes de sintetizar a nação e seu povo, assim como a afirmação de uma identidade cultural e imagética nacional.[119]

Embora parta de uma postura engajada, por considerar o lirismo e a sensualidade componentes básicos da alma nacional, Di não elabora uma imagem triste e dolorida para o país e para o Nordeste. Seus espaços são habitados por homens simples, suburbanos, boêmios, e por mulheres de linhas sinuosas, que parecem integrados de maneira feliz ao seu espaço. Vai retratar o Brasil da convivência cordial entre os homens e entre estes e a natureza. Brasil, o espaço da mistura, da miscigenação, da harmonia, da convivência entre diferenças regionais de raças e de cultura. Como se vê, essa percepção aproxima-se muito da visão tradicionalista do poeta Manuel Bandeira, que também procurava mostrar este Brasil suburbano. Brasil da harmonização entre natureza e homem, da transição entre uma sociabilidade tradicional e uma sociabilidade urbana; um país ainda folclórico, colorido, império das cores quentes, variadas, que explode com a própria forma. Embora militante do Partido Comunista e um dos mais ferrenhos defensores da arte engajada, Di Cavalcanti em nenhum momento em sua pintura se volta para o Brasil moderno, metropolitano, operário; em nenhum momento procura expressar conflitos ou contradições de classe. Sua pintura tem como estratégia dar prazer ao olhar e não produzir o choque. Sua reação antiburguesa parece ser muito mais ditada pela ética da boêmia do que pela ética socialista. Seu engajamento político, seu nacionalismo, no entanto, podam a radicalidade de seus procedimentos formais, predominando certo naturalismo em sua cor e em seu uso recorrente de estereótipos imagéticos e mitos como o da mestiçagem.[120]

A pintura de Di Cavalcanti se aproxima também da obra de Carybé, voltada para retratar a vida popular da Bahia como uma vida alegre, folclórica, artesanal, festiva, colorida. Uma pintura em que também se ressalta o aspecto mestiço de nosso povo, de nossa raça, bem como o caráter sincrético de nossa cultura, de sua harmonia, cordialidade e humanismo. A Bahia de ascendência negra; a Bahia mestiça, mística, onde o amor teria unido as três raças formadoras da nação e feito esta cultura lírica e popular. Uma imagem do Nordeste popular e heróico. Nordeste do cangaceiro e do fanático. Espaço responsável pela formação da nacionalidade na luta contra holandeses e franceses. Região do barroco, do gordo e do redondo. Lugar da civilização açucareira, do cacau e do fumo, mas também do retirante magro e seco, dormindo no chão e pedindo a esmola salvadora. Região debruçada sobre o mar cheio de pescadores e mistérios. O Nordeste se balançando ou trabalhando à beira-mar; rezando para os orixás e para os santos, no qual os anjos barrocos e os santos de oratório convivem ao lado de Iemanjá, de Xangô, e merecem homenagens das filhas-de-santo.[121]

Mas dos pintores brasileiros é sem dúvida Cândido Portinari aquele que, nas décadas de trinta e quarenta, terá maior influência na formação de uma visibilidade para o Brasil e para suas regiões. Pintor cuja obra tanto agradava à plataforma política da esquerda como às preocupações modernizantes e sociais do populismo getulista. Um artista que, mesmo filiado ao Partido Comunista, pelo qual chegou a ser candidato a deputado federal em 1946, teve a obra praticamente elevada à condição de patrimônio nacional, já que seu trabalho se apoiava em categorias ambíguas como nação e povo, facilmente apropriadas pelo discurso oficial.

A pintura de Portinari é a expressão mais acabada da tentativa de conciliação entre uma visibilidade tradicional, clássica, e uma visibilidade moderna. Talvez por isso ele tenha alcançado o *status* de artista oficial do regime no Estado Novo, já que este também se sustentava na conciliação de forças do passado e forças emergentes, na sociedade brasileira. Busca conciliar o equilíbrio clássico com o expressionismo do muralismo mexicano, o que torna a deformação de suas figuras, muitas vezes, postiça e anedótica. Esta postura de apego a uma técnica tradicional aliava-se às suas temáticas, as suas imagens impregnadas de regionalismos e que remetiam a toda uma imagética literária ligada ao Brasil rural.[122]

Portinari caminha no sentido de produzir figuras-símbolo, figuras de homem integrado ao social, procurando, por meio da síntese, restaurar a

Figuras (1957), Di Cavalcanti.

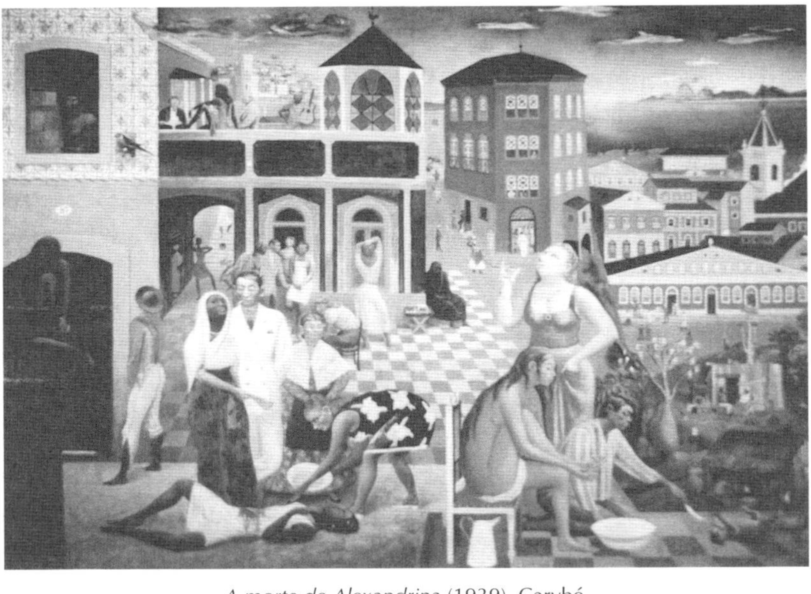

A morte de Alexandrina (1939), Carybé.

prevalência do assunto, da temática social e da política sobre a pesquisa de linguagem, sobre a imagem modernista que tendia à fragmentação e ao detalhe. O olhar de Portinari está impregnado de uma memória visual de infância. Uma memória rural que marcará principalmente a primeira fase de seu trabalho, na década de trinta. Na década de quarenta, com a maior politização de sua obra, com a influência do muralismo mexicano e com sua cooptação pelo Estado, é escolhido para elaborar grandes painéis voltados para a exaltação da nação, do trabalho, da harmonia cultural e racial do país, assim como elabora o discurso imagético do nacional-populismo e monumentaliza-o em prédios públicos aqui e no exterior. Sua pintura se desliga um pouco mais de seu universo infantil, do meio rural do Oeste paulista, embora dele selecione pequenas imagens-ícones, que serão tomadas como elementos formais reveladores de nossa essência nacional: a purunga, o baú de folhas, a gangorra, o espantalho, o mastro de São João.[123]

Na fase da pintura social, Portinari deixa este olhar voltado para o sol do interior, esse caleidoscópio de retalhos de cor e luz, em que o homem brasileiro aparece como uma mistura harmoniosa do branco, do negro e do índio. Ao adotar a preocupação com as condições sociais do país, seu olhar se desloca do interior de São Paulo para o Nordeste, indo buscar nos romancistas nordestinos, da década de trinta, imagens que melhor pudessem expressar os dramas sociais do país. As formas arredondadas cedem lugar a membros duros e ossudos. A desolação e a aridez tomam o lugar do fruto e da seiva. Os retirantes secos, enrugados, esqueléticos, que a pele mal cobre, fazem a poesia de seus quadros virarem cólera, protesto, dor e miséria.[124]

Mesmo em sua fase mural, em que realiza obras baseadas em temáticas universais em prédios como da Unesco e da ONU, essas figuras esqueléticas, fantasmagóricas, de olhos tristes e vazados, retiradas da imagética nordestina, servirão como inspiração. A mãe que carrega o filho morto, as crianças chorando, os cavalos esqueléticos como que saem dos quadros da série *Os Retirantes* e vêm ser os Cavaleiros do Apocalipse do grande painel *A Guerra*, na sede da ONU. Para se aquilatar a influência da imagética do romance de trinta sobre esta pintura social quando tema-

Os Retirantes, óleo sobre tela 92 x 181 cm (1944), Portinari.

tiza o Nordeste, basta comparar o primeiro quadro da série *Os Retirantes*, feito ainda em 1930, na primeira fase de sua obra, com os quadros que deram continuidade à série, posteriormente na década de quarenta. Este primeiro quadro surge como mais uma de suas reminiscências de infância, quando os primeiros retirantes da seca, vindos da Bahia, se dirigiram ao Oeste paulista para o trabalho nos cafezais. Isto é demonstrado pela predominância do marrom em sua composição, pelas figuras gordas e roliças, até sensuais, que compõem o primeiro plano do quadro. Elas não expressam nenhum sentimento de dor ou revolta, mas parecem apenas posar para o pintor. São bem diferentes das figuras expressionistas de quadros como *Enterro na Rede, Menino Morto, Família de Retirantes*, da fase posterior. Figuras estas descarnadas, fantasmagóricas, com imensa expressão de dor e revolta em seus rostos, com as lágrimas compridas a denunciar a miséria humana. O drama regional da seca nordestina é elevado à condição de símbolo das injustiças sociais e da necessidade de construção de um novo mundo.

Os retirantes, vistos pelo olhar expressionista de Portinari, adquirem uma veemência emocional, externalizam a dor de suas almas. A deformação do desenho e da cor fala da deformação da própria sociedade e sua realidade perversa. Os retirantes vão aparecer também ao lado de toda uma imagética nordestina como a da seca, da morte de crianças, das ossadas torradas ao sol, dos urubus nas árvores murchas, do folclore nos cenários e figurinos que desenha para o balé Yara, em 1942. O balé tinha partitura de Francisco Mignoni e libreto de Guilherme de Almeida, sendo considerado o primeiro balé brasileiro a trazer para o palco o folclore indígena e a miséria social do país, figurados por personagens "nordestinas". Isto mostra a profunda influência que o seu contato com a vanguarda literária dos anos trinta, em que se destacavam os nordestinos, exerceu sobre a passagem de sua obra, inspirada no primitivismo modernista, no qual se destacavam as imagens regionais paulistas para a adoção de uma imagética nordestina, destinada à produção de uma obra de caráter social e conteúdo político.

Sendo até hoje um dos mais famosos pintores brasileiros, e sendo a série *Os Retirantes* aquela que alcançou, no conjunto de sua obra, uma enorme repercussão, contribuiu decisivamente para que as imagens do romance da década anterior viessem a ganhar materialidade e maior poder de impregnação. Estas imagens cristalizam uma visibilidade do Nordeste e do nordestino que serão agenciadas por outras produções imagéticas posteriores. O retirante esquelético e de olho vazado de Portinari, com seus bordões de madeira para se apoiar, com seus meninos barrigudos e tristes, com suas trouxas na cabeça, se tornará imagem difícil de ser esquecida e de se fugir quando se vai mostrar a "realidade" regional. Esse Nordeste de gente amarela e suja, das paisagens que dão ideia de combustão vinda do céu azul, e do sol amarelo e redondo. Um Nordeste em que a natureza está em segundo plano, em que os quadros de simplificação e de pobreza de cenários serão cristalizados como a realidade regional. Ao abrir seu filme *Viramundo* com os quadros da série *Os Retirantes*, de Portinari, Joaquim Pedro de Andrade garantia que as imagens que se seguiam eram imagens "verdadeiras", imagens da realidade do migrante nordestino que se ia tratar. As imagens consagradas do pintor legitimam o filme realista, que tem o compromisso de expressar "o escândalo social e a tragédia que é a migração de nordestinos flagelados pela seca".[125]

Nordeste da morte pobre. Nordeste daqueles que só têm o céu para poderem clamar, pedir de joelhos. Pedintes e de joelhos, eis o povo nordestino, maltrapilho, sobre o qual parecem sempre pairar a desgraça, a morte, os urubus. Gente que só tem as próprias vidas e de seus filhos para oferecer, a oferenda esquelética e trágica. Povo que chora compridas lágrimas, que tem expressões de miséria e dor estampadas no corpo e no rosto, e parecem ser sempre os mesmos. Rostos construídos ou desconstruídos pelo pincel da fome e da seca. Região composta de quadros de horror que suscitam pena, solidariedade e até revolta, mas também causam repulsa, medo, estranhamento e preconceito.[126]

Imagens que cortam e perfuram

> Um galo sozinho não tece uma manhã:
> ele precisará sempre de outros galos.
> De um que apanhe esse grito que ele
> e o lance a outro; de outro galo
> que apanhe o grito que um galo antes
> e o lance a outro; e de outros galos
> que com muitos outros galos se cruzem
> os fios de sol de seus gritos de galo,
> para que a manhã, desde uma teia tênue,
> se vá tecendo, entre todos os galos.[127]

João Cabral de Melo Neto nasceu no Recife, em 1920. Passou a infância nos engenhos "Poço do Aleixo", no município de São Lourenço da Mata, "Pacoval" e "Dois Irmãos", na cidade de Moreno. Estudou até o secundário no Recife com os Irmãos Maristas, não tendo feito curso superior. João Cabral é a fronteira e também o paradigma da chamada geração de 1945, momento em que a luta contra o academicismo já havia sido vencida e o modernismo inicia uma fase de discussão interna de seus pressupostos, fazendo uma revisão do abandono da pesquisa estética e a submissão do discurso literário e poético ao discurso político, que caracterizara grande parte da produção da década anterior. Entre os romancistas da década de trinta, apenas Graciliano Ramos havia levado adiante a pesquisa de linguagem, a pesquisa formal, iniciada nos primeiros anos do modernismo, e é justamente este autor que exercerá grande influência sobre João Cabral, não tanto pelo que fala, mas pela forma como fala, por adotar o que o poeta chama do "modelo da míngua". Ambos trabalham a linguagem para alcançar uma adequação desta ao objeto que é tematizado: o Nordeste. Eles buscam uma linguagem que seja radicada na terra, que não seja uma trégua ou fuga da realidade, mas sua expressão contundente. O Nordeste, mais do que ser dito pela linguagem, seria uma forma de falar, de dizer, de ver, de organizar o pensamento; seria o espaço da não-metáfora, da dicção em preto e branco, do não florido; seria um canto a palo seco.[128]

A linguagem, para Cabral, deve imitar e não encobrir a realidade; portanto, a crítica da realidade passa necessariamente pela crítica da linguagem, pela busca do núcleo expressivo, do osso da linguagem, esqueleto que sustém a realidade. Denotar o Nordeste só forma, "espaço ao meio dia, claro", espaço da carência e da vida parca e repetitiva, é o que pretendem as quadras quadradas de sua poesia. A sua forma de composição partirá desta imagem do Nordeste, do seco, do deserto. É do "deserto da folha de papel" que ele parte para fazer brotar o ser vivo do poema: este Nordeste duro se transmuta no "mineral da folha de papel", "folha branca", onde o esforço organizativo do poeta faz surgir o "verso nítido e preciso", seco, agudo, cortante, anguloso. O poema surge como um pomar cultivado pelo poeta, no deserto da folha de papel; ele surge como uma poesia rala, não como uma poesia profunda. A paisagem que Cabral inventa para o Nordeste, resumida na aridez, é transmutada em símbolo do universo poético cabralino e de sua técnica de composição.[129]

A crítica da linguagem como representação do real avança com João Cabral no sentido de percebê-la como constituinte da realidade, como orientada por demandas de poder e pelos embates das forças na sociedade. Ele não consegue, no entanto, romper totalmente com a mímesis da representação e com o realismo, porque toda a sua crítica da linguagem, toda a sua desconfiança da palavra, ainda se pautam na busca de uma linguagem mais adequada à realidade; uma linguagem capaz de fazer ver mais claramente o objeto do seu discurso. A linguagem, para ele, deve ter uma relação específica e essencial com o objeto que é tematizado. Sua postura artesanal e construtiva busca ainda a imitação da forma e não sua invenção. Em sua poesia, a linguagem ainda não adquiriu independência absoluta do referente. Assim, existiria um Nordeste real, fora da linguagem, e o que quer é buscar a forma correta de expressá-lo, de torná-lo claro, cristalino, de trazê-lo em sua verdade. O próprio Nordeste forneceria o ensinamento de como fazê-lo, educando pela pedra, expondo a sua forma seca e não fluvial. João Cabral busca refazer a relação estreita entre palavras e coisas, operando um trabalho de depuração da linguagem daquilo que, para ele, constituía a alienação social.[130]

O Nordeste cabralino surge da poda de toda uma folhagem discursiva que esconderia a fraude, em busca do concreto e da verdade. Uma região nascida de uma linguagem que queria ser um despertador acre como o sol no olho, para iluminar consciências que também viviam como este espaço em estado de míngua. Um discurso que, como o sol, batesse estridente nas pálpebras, como se bate numa porta a socos, obrigando os cegos a abrirem os olhos. Uma poesia que queria pôr em suspeita a própria linguagem, como veículo de dominação e de alienação, que podia retirar o homem do princípio da realidade. Seu texto pobre queria denunciar a retórica da falação e a astúcia de seu *logos*. Ele busca a duplicação, na linguagem, do real pauperizado, e tenta fazer não uma metalinguagem, mas um realismo semiológico que procura equilibrar construção e comunicação, rigor e clareza na forma; que permita a veiculação de uma mensagem política, sem que para isso seja necessário abrir mão da experimentação formal. A poesia cabralina rompe esta falsa oposição entre forma e conteúdo, ao mostrar a ligação inseparável entre estes dois momentos da criação artística. Se quer ferir o leitor com uma mensagem contundente, a forma também deve sê-lo. O Nordeste é conteúdo e forma que ferem, que cortam, que perfuram, que doem e que fazem sangrar. É ferida exposta na carne da nação.[131]

Em sua poesia, o lirismo e a liberdade formal são substituídos pela construção rigorosa, pelo esquadro do engenheiro das palavras. É uma poesia das superfícies e não das profundidades d'alma. Uma poesia que nasce do trabalho de construção e não da simples inspiração. Ele trabalha as palavras como pedras brutas que precisam ser lapidadas; trabalha as imagens, procurando reduzi-las ao essencial, fazendo uma poesia mais de andaime que de emoção. Uma poética que busca ter uma voz enfática, impessoal, uma carnadura concreta, poética feita de fora para dentro, para machucar, não para refrigério. Poesia, máquina perversa cujo cortar lhe aumenta mais o corte, que quer escapar da umidade enferrujante das salivas de conversas pegajosas, que quer ser tão cruel como a realidade que enuncia. Uma poesia que destila do nada a água e o vinagre, que carrega facas e balas para perfurar o véu dos discursos oficiais. Poesia nascida da contenção e não da explosão, discurso sem floreios, cão sem plumas. Poesia aberta para as flores pobres e pretas, para as flores sujas e mendigas. Poesia, um discurso que quer dar as costas para a prosa nascida de ovos gordos "das grandes famílias espirituais de Recife"; uma prosa filha da preguiça viscosa.[132]

Sua poesia quer ser como um rio que incomoda a vida, como o silêncio e o sono que, no seu Nordeste, não tem espessura de sonho, mas de sangue. Poesia preocupada com a objetivação de sentimentos, de ideias, de imagens, coisificando o abstrato, dando materialidade aos objetos da imaginação. A ênfase de seu discurso dá-se no objeto e não no sujeito, por isso ainda se prende à ilusão objetivista e à comparação, por meio da qual se poderia voltar ao sentido ou significado primeiro das palavras, ao seu núcleo de significação, ao seu miolo, para só assim, lixadas de todos os sentidos vistos como arbitrários, voltarem a ser usadas. Para se reconstruir a unidade entre mundo e linguagem seria preciso primeiro acentuar as fraturas, as rachaduras para se encontrar o ponto de contato interior sepultado pela fragmentação da modernidade; embora almeje a unidade, não encontra outra forma de recuperá-la a não ser pela multiplicação de sentidos e significados em versos e palavras. Por isso, a direção de sua fala é de penetração, descida, escavação, arqueologia das camadas discursivas que encobrem uma dada realidade nuclear submersa. Uma poética antimemorialista, anticonfessional que quer ser a luz da razão, revelando o real, ultrapassando os filtros e as lentes negras; lentes de diminuir, de distanciar da ideologia.[133]

Para Cabral, a modernidade de sua poesia era requerida pelo próprio objeto: o Nordeste, objeto não de uma poesia clássica, mas antipoético, antilírico, só a sua poesia, de vinte palavras, girando em torno do sol, podia retratá-lo sem se constituir em mais um discurso-máscara a encobrir a sua verdade. Só assim ele poderia falar destas vidas calcinadas pelo sol, vítimas de constantes rapinas, de homens que viviam em condição caatinga. Sua poesia quer ser o canto novo que é surpresa, que é alegria, que corrompe o velho. É oásis no deserto; é vento na calmaria. Um contracanto, um discurso a contrapelo, a contravento da poética regionalista e tradicionalista e do Nordeste nostálgico e idílico que ela construiu. Este Nordeste sentimental, derramado, açucarado, devia ser posto pelo avesso com o trabalho da razão, na luta contra o indizível, domando a fúria dos sentimentos, dos pensamentos, das palavras; devia ser objeto de um discurso poético, fruto da lucidez. João Cabral faz um trabalho de destruição das tradições inventadas para a região e submete à crítica o feixe de imagens e textos que a constituiu como o espaço da saudade. Com sua poesia-só-lâmina, corta todos os excessos desta produção discursiva, atingindo a camada central do ser deste espaço, ou seja, a cultura que medra do que não come, porém do que jejua.[134]

A poesia de Cabral, como a prosa de Guimarães Rosa, se constituirá em instância crítica da relação de determinação que existia na produção literária regionalista entre pobreza material e pobreza cultural. Ambos procuram mostrar que a pobreza material pode vir acompanhada de riqueza cultural e de vivência individual, que o mundo é contraditório e misturado, e nem todas as contradições se resolvem em síntese, mas se mantêm numa tensão, que pode levar à mudança, ao surgimento de um saber capaz de superar as condições presentes. A produção cultural popular é agenciada por Cabral exatamente pelo uso lógico, e não pelo retórico, que faz das palavras; a economia verbal, a musicalidade da palavra, a combinação eufônica ou gráfica das palavras, a necessidade de serem ditas mais do que ouvidas. Sua poesia buscará no cordel, nos autos de natal, formas de expressão mais diretas, mais comunicativas. Ou seja, o contato insólito das palavras é que as torna novas, que as faz nascer de novo para a poesia, faz ganhar um sentido mais preciso. A estrutura do cordel, com seus recitativos e heptassílabos acentuados na terceira e sétimas sílabas, fornece uma forma de expressão, uma dicção perfeitamente adaptada para se falar desta região, onde todos os discursos lembram lamúrias, cantilenas, incelências, lamentos.[135]

Partindo do pressuposto que toda imagem, enunciado ou forma que surgem espontaneamente são repetição de alguém, Cabral parte do material popular para trabalhá-lo, para esculpir com ele o seu próprio discurso, a sua própria forma de apreensão da realidade. Desta literatura popular, Cabral agenciará também a própria ironia fina e cortante com que ridiculariza os discursos balofos da elite regional e o falar empolado dos doutores da região. Vê na simplicidade, na rudeza e na secura da linguagem desta produção cultural não um limite, mas positividade; usa o seco não por resignação, mas por contundência. A secura, a depuração, aparecem não só como estratégias de linguagem, mas como estratégia política, já que estas não se separam. Esta linguagem áspera permite lixar a realidade, torná-la mais clara, retirar os excessos de retórica e de imagens que a encobrem, liberando a poesia do entulho acumulado das formas prontas, inventando uma nova linguagem capaz de falar de uma outra realidade. Uma poesia cortante, que secciona o hábito, o rotineiro, a lembrança, tentando desfazer todas as ilusões, restituir à realidade e à vida tudo o que ficou sepultado nos sedimentos de discursos, no pó das palavras, descobrindo o mundo.[136]

A poesia de João Cabral nitidamente estabelece um diálogo crítico com os enunciados e imagens da sociologia de Gilberto Freyre, com o Nordeste da tradição que este construiu. Sempre inverte o sentido deste discurso, procurando reverter sua teia imagético-discursiva, dando-nos o avesso deste Nordeste freyreano. O sertão será o espaço paradigma para construir o seu Nordeste em oposição ao Nordeste do litoral e da cana-de-açúcar. No entanto, seu discurso fica preso também à armadilha da identidade e da generalização, ao apagar as diferenças internas ao Nordeste e homogeneizá-lo a partir das imagens cristalizadas do sertão. Para Cabral, longe de ser a sociedade modelar, a sociedade da Mata é a responsável pelo atraso da região, pelo seu arcaísmo e miséria. É sociedade morta, de fachada, que esconde o verdadeiro núcleo do Nordeste: o sertão. O sertão, a verdade do Nordeste, da miséria, da fome, do latifúndio, da violência, da vida pouca, conquistada a retalhos. O Nordeste tradicionalista é uma região com cupim, esfacelando-se. É uma região cujo núcleo de resistência é a dureza de seu homem: o sertanejo. Homem de natureza de cabra, a única coisa rija neste espaço bichado.[137]

João Cabral opera com as imagens opostas do seco e do líquido para caracterizar as diferenças entre a realidade do Nordeste tradicionalista, que denuncia como fruto do engodo e da retórica, e o seu Nordeste, que pretende ser a representação da realidade. O mangue simboliza, em sua poesia, o espaço escorregadio, que estava afundando, dos grupos tradicionais da região. Nordeste do deslize, do discurso litorâneo, viscoso e podre. Espaço onde se atolam mortos-vivos, os cassacos sem consciência e sem resistência. Sua poesia quer, pois, ressecar esse atoleiro, fazer aflorar, da lama enganadora das cidades, das suas relações sociais e de sua produção discursiva, o verdadeiro Nordeste, o que queima e não o que refrigera, o que fere para despertar e não o que acolhe molemente para afogar. Sua poesia denuncia o Nordeste dos comendadores dissolventes, que tudo transformam em lama, que tudo amolecem, que preferem viver na estagnação a perder os privilégios podres que conquistaram. Um Nordeste espesso, onde se sente cheiro e sabor de coisa extinta. Um espaço dominado pelo passado que teima em permanecer vivo, que, mesmo morto, teima em perambular entre os vivos.

Quem quer que o veja defunto
havendo-o tratado em vida,
pensará: todo um alagado
coube aqui nesta bacia.

Resto de banho, água choca,
na banheira do salão,
sua preamar permanente
se empoça, em toda acepção.[138]

A elite nordestina é sempre associada por Cabral às imagens do fofo, do balofo, do adocicado, do redondo de suas vidas e de seus discursos, como fazia Freyre. Mas este via nisso uma positividade, e Cabral denota, com as mesmas imagens, a negatividade. O Nordeste da alvenaria, do poroso, do mocambo, do sobrado, da casa-grande, que era elogiado por Freyre como expressão de nossa nacionalidade, se torna, em Cabral, a prova de nossa falta de consciência dos verdadeiros problemas nacionais. Este Nordeste é denunciado como o espaço onde não se faz nada de concreto, onde tudo é corrosão e diluição. A sua poesia quer, pois, materializar, concretizar outro Nordeste. O Nordeste nascido da corrosão crítica destes discursos de festas de casa-grande, destes discursos em ritmo deputado, que vê o Brasil rosa e o rio azul. A própria visão das cidades de Olinda e Recife muda de foco, da evocação saudosa e nostálgica de Bandeira, em que se lamentam as alterações em seus perfis coloniais, para cidades se esfarelando na água, como territórios que se diluíam, como cidades perdendo a geometria, seus ângulos e suas retas; cidades inchadas, empanzinadas pelas águas que tudo corrompiam. Cidades onde a visão dos comendadores suspensa entre o tradicional e o moderno provocavam a morte lenta. Cidades onde o solene barroco ficava cada dia mais oco, assim como o vazio das atitudes de quem as dominava. Cidades e poderosos nos quais o gesto pomposo e redondo eram véspera mesmo do escombro. Cidades onde mesmo o aço industrial cedo enferrujava e não conseguia se opor ao podre que o mar-canavial trazia.

> A paisagem do canavial
> não encerra quase metal.
> Tudo parece encorajar
> o cupim, de cana ou de mar.
>
> No canavial, antiga Mata,
> a vida está toda bichada.
> Bichada em coisas pouco densas,
> coisas sem peso, pela doença.[139]

Através da paródia e da ironia, João Cabral busca inverter o sentido do discurso da seca, cheio de palavras-túmulos, de retórica florida, de orações barrocas para falar do sertão, local como folha plana, desnuda, onde a vida não ora, mas fala com palavras agudas. Ele produz um contradiscurso para a história doméstica, gasta; a história da aristocracia e da sociologia "que se orgulha em dizer como palitava os dentes". Ele toma a região como um tecido que se devia adivinhar pelo avesso. Cabral cultiva o Nordeste como um pomar às avessas, como a severa forma do vazio. Como uma região que, para fazer poesia, requer palavras impossíveis de poema, poemas-fezes, poemas-cuspe. Nordeste que almeja ser "verdade cristalizada", lapidada, diamante nem que seja opaco, que causa impacto de pedra, aresta e aço, que, incapaz de ser cristal raro, vale pelo que tem de cacto.

Usando o mesmo processo de inversão, em *Morte e Vida Severina* ele toma a forma do auto de natal para, em vez de afirmar a esperança na vida eterna, na vida após a morte, no nascimento do Salvador, afirmar a esperança na vida terrena, mesmo que esta seja severina. Seu Nordeste é, pois, criado contra a tradição dos discursos regionais centrados na morte. O seu discurso se centra na afirmação da vida em qualquer situação, na alegria de viver e não na tristeza, na lamúria e no choro.[140]

João Cabral é o filho do engenho, de famílias tradicionais da Paraíba e de Pernambuco, que renega essa sua tradição, que busca ver o Nordeste com o olhar do cassaco de engenho, do sertanejo, da gente humilde que lhe contava histórias e lia folhetos de cordel que se impregnaram em sua memória de infância. Sua poesia quer acabar com a festa na casa-grande, seja do banguê, seja da usina, onde a miséria era a mesma. Quer chamar atenção para a alienação do trabalhador da cana, um amarelo moral, de estado de espírito, um homem sem nada dentro. Repete-se aqui o mito do sertanejo, em contraposição ao homem do litoral, aquele sempre pensado como o homem valente, forte, capaz de revolta da região. Só o sertão seria território de revolta contra a Mata que tudo diluía, corroía, transformava em lama. O homem alienado da cana-de-açúcar é o símbolo do trabalhador na sociedade capitalista, onde seres broncos e alheios fazem e não entendem por que fazem, que não plantam, jogam fora; não colhem, derrubam e mutilam; homens separados radicalmente da natureza, inimigos dela, que a enterram e a despojam.[141]

A usina também surge em sua obra como símbolo da voragem capitalista, mais uma força dissolvente da Zona da Mata, mais uma força diluidora da região, de sua identidade de terra rija, seca, forte, rebelde, outra força com natureza de cupim, que se opõe à natureza de cabra do sertão: o verdadeiro Nordeste. A usina era a grande boca que devorava terras, canas, engenhos, homens, vidas. Era ela que encurtava os espaços para o homem pobre, que tomava conta do mundo. Era o monstro que destruía a natureza e animalizava os homens, instaurava a luta dos homens contra a natureza, que na verdade encobriria a luta dos homens contra os homens. Por isso Cabral constantemente recorre à humanização de seres da natureza como forma de inverter esta lógica burguesa de naturalização do homem e da sociedade. O sol da região é chamado a representar a razão, a capacidade iluminista desta de tudo clarear, de deixar toda a realidade à mostra, de descobrir a essência das coisas, a semelhança mais profunda entre os elementos que superficialmente parecem dispersos. Operando com a dialética marxista, Cabral constrói oposições que se resolvem em síntese: a sua grande obsessão. O uso constante de imagens que remetem ao choque, à penetração, liga-se a este projeto de penetrar o âmago do real e revelá-lo, para isso usa seus versos com o corte de faca, com o furar da agulha, com o ferir da bala e com o morder do dente.[142]

Uma oposição central em sua obra é a que se estabelece entre tempo e espaço. O tempo é uma dimensão que surge sempre trabalhada pelo homem. Tempo que deve ser vivido por ele na agulha de cada instante, descobrindo o passado como dimensão que dá corpo e cor ao tempo que passa. Já o espaço, embora atravessado pelo tempo, surge em sua obra como a dimensão pétrea da realidade; a dimensão realmente concreta, cuja perda e diluição ameaçam a própria existência da sociedade. A estabilidade do espaço seria dada pelo trabalho com a memória, mas não um trabalho de conservação, e sim de condensação, de lapidação, retirando as lembranças do esquecimento, fazendo-as duras e concisas. A memória, em Cabral, fala mais da dimensão espacial que da temporal. Ele a pensa por meio de presenças corpóreas, de coisas, volumes, formas sólidas. Uma memória que se sente no tato, que se toca, mais do que se lembra; consequentemente, sua aversão a tudo o que ameaça as formas de ruína;

aversão a todas as forças que ameaçam arruinar as formas que compõem a geografia regional e sua espacialidade. Se para os tradicionalistas a memória era mais subjetiva, sentimental, nostálgica, abstrata, retórica, para Cabral é objetiva, objetal, racional, concreta, anti-retórica; ela é o avesso da memória oficial, memória que dissolve a dureza do presente, dos problemas do presente, porque se funda na continuidade temporal. A memória, em Cabral, é atravessada pela história, é descontínua como pequenos grãos, como sedimentos que se dispõem em camadas no espaço, ao passar do tempo. Uma memória fragmentária, que deve ser retrabalhada, reordenada no presente em nome de projetos de futuro.[143]

Embora ressalte as fraturas de classe que atravessam esta sociedade nordestina, Cabral constrói um espaço submetido a uma operação de homogeneização, onde parece só haver miséria, exploração e fome. Nele, a vida parece estar ardendo sempre com a mesma chama mortiça, seja no litoral seja no interior. E, ao mesmo tempo que questiona a imagem harmônica, lírica e nostálgica do Nordeste tradicionalista, repõe-no como espaço indiferenciado da miséria, da seca e do sertão. O Nordeste, homogeneidade saudosa do olhar senhorial, se transmuta na homogeneidade da desgraça do olhar marxista. Um olhar que vê o plural, mas o faz retornar à unidade, que reduz tudo a espinhaço, que cresta tudo que é folhagem, que opõe às imagens gordas, verdes, oleosas, barrocas retiradas da sociedade canavieira, as imagens do Nordeste magro, cinza, seco, geométrico e anguloso do sertão. Ele agencia em grande parte o mesmo feixe de imagens presentes no tradicional discurso da seca, reforçando a visão de que a caatinga nordestina é um deserto, que não produz nada, onde só reina a violência, a bala voando desocupada e a morte, único roçado que vale a pena cultivar. Suas paisagens são compostas por figuras que possuem sempre um denominador comum: a miséria, a míngua, o vazio de coisas e homens.[144]

A visibilidade do Nordeste, em Cabral, é construída por um olhar que busca uma visão de telescópio, que se fixa em detalhes, em cortes significativos da realidade, forma conquistada pelo poeta, fruto da vitória da essencialidade sobre a diversidade, da uniformização do objeto. O encontro do sentido último, derradeiro, "concreto" para o objeto, que, mesmo tendo várias manifestações, guarda sempre uma semelhança de fundo em seu núcleo. A visão de Cabral busca ser distanciada, capaz de apreender o cerne da realidade, suas formas sintéticas, como alguém que olha uma paisagem do avião, quando se perde a aparência da diversidade, para se ver as linhas de síntese. Mas percebe que esta distância com que se olha o espaço é social, política, ideológica e até regionalmente orientada. O Nordeste visto pelo sulista difere do Nordeste visto pelo nordestino, que, por sua vez, é diferente para o olho do homem da casa-grande e para o olho do cassaco de engenho. Mas estas são visões turvadas pela ideologia, pela inconsciência; haveria uma visão clara e objetiva, dada pelo sol claro da razão objetiva. Por isso, se desconfia das palavras, Cabral parece confiar no olho, na sua capacidade de retratar a realidade, talvez por ter sua sensibilidade formada muito mais pela pintura e pela arquitetura do que pela poesia e pela literatura.[145]

A prevalência da visão sobre a fala é nítida numa poesia que transforma as palavras em imagens, em que o objeto é lapidado até atingir a forma considerada mais simples, mais significativa, por meio de uma série de aparições, de figuras e de formas que são como que tateadas pelo olhar do poeta à procura do caroço sob a polpa, do osso sob a carne. O seu Nordeste também surge desta visibilidade tateante, que percorre a diversidade de suas formas, em busca de sua essência. Uma visão que quer fornecer a sensação aguda dos objetos que delimitam o espaço do homem moderno, praticando um verdadeiro geometrismo cubista, construindo a espacialidade do Nordeste pela redisposição crítica de suas figuras, pela deformação de suas formas tradicionais, pela organização racional de suas diferentes manifestações imagéticas e discursivas. Um espaço depurado das imagens idealizadas; um espaço-espetáculo pobre, desarmonioso e pungente; um espaço que nasce da dor e do corte; um espaço anti-romântico, que suscita, por parte do poeta, uma posição mais ética do que política, no sentido de que nunca o toma como ponto de partida para a militância, para o panfleto ou para a atitude reivindicatória e utópica. Ele o apresenta como o espaço cruel e cru que clama por si só às consciências.[146]

Cabral não evoca ou revive um tempo e um espaço perdidos, não se identifica com a sociedade nordestina, seja patriarcal, seja burguesa. A construção do futuro, para ele, passa pela destruição das ilusões trazidas pela memória e pela afirmação do presente como momento transformador; pela construção de uma imagem cartesiana, lógica, arquitetural, do espaço; passa pela ação concreta e construtiva de transformação da vida, bem de acordo com a sensibilidade coletiva no país, após a Segunda Guerra, momento de otimismo, de crença no desenvolvimento, na construção, na concreção dos sonhos de sua população, momento do qual só o Nordeste parecia não participar. Só o Nordeste parecia seguir sua via-crúcis, sua ladainha; o espaço da repetição, da rotina, da destruição e não da construção; o espaço da abstração e não da concreção; um espaço do nada, do vazio. Espaço unificado pela miséria, hierarquizado até na morte, nos cemitérios, onde a natureza traduzia as mesmas desventuras humanas; onde os rios, como os homens, fogem para não morrerem de sede e, ao correrem por esta paisagem, vão fazendo a cartografia da sua condição de semelhança absoluta na ruína; vão desfiando o rosário onde as diversas contas somadas dão como resultado nada. Este narrador-rio termina por afogar e diluir as diferenças, em nome da afirmação da mesma oração da semelhança.[147]

João Cabral, como Guimarães Rosa, no entanto, pode ser visto como quem iniciou o processo de "desregionalização da região", ou seja, fazendo emergir o caráter de construção discursiva, de invenção pela linguagem, do regional; fazendo emergir a percepção da região como formada por diversas camadas de imagens e enunciados, como fruto de visões e leituras diferenciadas, denunciando a textualidade que a construiu anteriormente, embora permaneça preso à ilusão da possibilidade de construção de uma imagem e de um texto que correspondessem plenamente à sua realidade, que fossem expressão de sua verdade. Ele termina por ser mais uma voz, mais um fio de água a engrossar o caudal dos discursos sobre o Nordeste e sobre a seca; termina por ser água no (dis)curso sobre o Nordeste, por amolar facas para que os comendadores nordestinos continuem ferindo seus objetivos. O agudo de sua poesia é cooptado pelo discurso regionalista nordestino para ferir seus adversários em nível nacional. Por querer concretizar o Nordeste, atingir as suas imagens e palavras nucleares, ele termina por reafirmar imagens e enunciados cristalizados pelo discurso do poder. Ao querer reconstruir o Nordeste, ao invés de destruí-lo, por querer encontrá-lo em sua verdade, em vez de denunciá-lo como uma impostura, é que a radicalidade de sua poesia faz água. Ao não tomar o Nordeste como uma abstração a serviço da dominação, o poeta, ao concretizá-lo, ofereceu novas formas para esta dominação se reproduzir, tropeçando nas próprias pedras que quis colocar no caminho da dominação.[148]

A morte não é saída, eis a grande mensagem da poesia de João Cabral, que, embora tenha pontos em comum com a visão da esquerda brasileira neste momento, dela se afasta ao romper com o tom sacrificial e salvacionista do discurso militante. Seu canto à vida só é limitado pelo mal do avesso, o de ficar preso à mesma trama que produziu o direito.[149]

Novos planos do olhar

Ver a própria imagem

O cinema, como é uma arte que requer a adoção de um padrão industrial, terá enormes dificuldades em desenvolver uma produção contínua no país. A tônica da história do cinema brasileiro é a descontinuidade, os ciclos regionais isolados, de cinco ou seis filmes, como os de Campinas, Recife e Cataguases, ou filmes isolados, de boa qualidade, mas praticamente desconhecidos do público, como *Limite*, que Mário Peixoto realizou em 1930, e *Ganga Bruta*, que Humberto Mauro produziu em 1933. Isto faz com que, até a década de quarenta, a realidade brasileira praticamente não tivesse existência cinematográfica, por não existir o desenvolvimento de formas de expressão e técnicas nacionais.

Na década de quarenta, com o avanço da industrialização no país e com o crescimento da classe média que se torna paulatinamente um grupo consumidor de cultura, surge, primeiro, no Rio de Janeiro, e, na década seguinte, em São Paulo, a tentativa de iniciar, no país, uma produção cinematográfica que copiasse os padrões hollywoodianos. Fundam-se a Atlântida, chamada a "Metro Tropical", e a Companhia Vera Cruz, respectivamente, onde se procura imitar até a maneira de andar, de falar, a linguagem, as cores, a luz, os ambientes cenográficos dos filmes de Hollywood, o que, dada a enorme diferença técnica e de condições de produção, transforma, muitas vezes, os filmes em simples caricatura dos filmes americanos. O único gênero de relativo sucesso do cinema nacional deste período é justamente aquele que assumiu a caricatura do cinema americano como fórmula, trazendo do rádio e do teatro de revista a maioria de seus artistas e textos. As chanchadas da Companhia Atlântida produziam uma imagem farsesca, quando não ridícula dos tipos cinematográficos americanos, bem como dos chamados "tipos nacionais".[150]

A educação do olhar, feita em grande parte pelo cinema americano, rejeitava as imagens do próprio país na tela. A pesquisa da realidade nacional, de seus problemas, que encontrava lugar em outras áreas das artes e da cultura, parecia não se adaptar ao cinema, local de busca da pura ilusão. Como o cinema pressupõe a criação de um espaço autônomo, fragmentário, ele parecia não se prestar a uma ênfase realista e incapaz de se tornar um meio de representação da realidade. Nas chanchadas, por exemplo, os cenários, mesmo quando procuravam retratar realidades locais, como a favela, o faziam de forma acrítica, como um simples pano de fundo para uma trama que não a tomava como problemática. Eram cenários que se assumiam como tal, lembrando a sua vinculação ao teatro de revista. O cinema nacional era visto pela crítica como uma cópia mal-feita e de mau gosto do cinema estrangeiro. Convencidos de que cinema era apenas diversão, qualquer realismo com seu verismo provocava uma reação de estranhamento e rejeição na plateia. Desacostumado a se ver na tela, o espectador brasileiro não se identificava com os personagens que pretendiam ser a expressão de seu próprio rosto; não se via nestes personagens.[151]

A chanchada constitui-se como gênero desde o fim dos anos trinta e surgiu da evolução dos chamados filmes revistas e dos filmes sobre o carnaval, realizados desde o início desta década. Tais filmes eram a única oportunidade de as plateias verem seus ídolos do rádio, antes que fossem criados os programas de auditório, e de ficarem conhecendo o repertório de músicas para o próximo carnaval. *Alô, Alô, Brasil!*, de 1933, e *Alô, Alô,*

Carnaval!, de 1936, podem ser vistos como precursores da primeira chanchada, que alguns consideram ter sido *Banana da Terra*, de 1939.[152]

A visibilidade do país e de seu povo elaborada pela chanchada é, no entanto, cheia de contradições e ambiguidades, que são características da carnavalização. Ao mesmo tempo que se tenta ler o país e sua realidade a partir de modelos e tipos importados do cinema americano, ao fazê-lo deficientemente, de forma deliberada ou não, provoca um rebaixamento e uma relativização do próprio modelo e do tipo que se está tomando por referência. O riso paródico, que caracteriza as chanchadas, principalmente da década de cinquenta, é um procedimento de imitação irônica e deformante, inversora de valores, que, apesar de repetir um modelo, o faz com distanciamento crítico. Podemos considerar as chanchadas como produto do que Oswald de Andrade chamou de nossa incapacidade de copiarmos bem. As chanchadas, embora pudessem até pretender ser cópias de Hollywood, terminam por produzir simulacros do cinema americano, com a produção de uma imagem muito mais crítica do que aquelas que serão produzidas, por exemplo, pelos filmes da Vera Cruz, que procurou copiar "a sério" o padrão de produção europeu.[153]

Em 1952, realiza-se o I Congresso Nacional do Cinema Brasileiro, quando se discutem os caminhos para que o nosso cinema também se voltasse para a abordagem "séria" dos problemas da nação e de seu povo. No *Boletim Noticioso n. 1*, do recém-fundado Instituto Nacional do Cinema, promete-se tudo fazer para que o cinema refletisse de fato a cultura nacional e as aspirações do povo, em seus desejos de paz, progresso e liberdade. Debatem-se questões como a concorrência com o filme estrangeiro, a questão de mercado e da técnica de produção. O INC adotará, no entanto, o caminho de incentivo à digestão dos padrões internacionais como forma de produção do que seriam os padrões nacionais e vai considerar popular o filme que tiver mercado, que conquistar o público, tendo a industrialização do cinema como grande preocupação, já que, dominado por intelectuais ligados à burguesia paulista, volta-se para a implantação de uma cultura de massas no país, reelaborando assim a questão do nacional e popular.[154]

A precariedade da produção de um espaço cinematográfico para o país se evidencia não apenas pela subserviência a uma imagem cinematográfica importada, mas também pela necessidade que o filme nacional terá de buscar na produção de outras áreas da cultura, principalmente na literatura, no teatro, no rádio e na pintura, as imagens e enunciados com que monta o que seria a realidade do país e de suas regiões. Não tendo uma produção imagética capaz de se autorreferenciar, o cinema recorrerá à imagens e enunciados cristalizados sobre o país, sobretudo pelo romance, para produzir o efeito de verossimilhança desejado, para que o público tenha referências anteriores e possa identificar de que realidade o filme está falando. Os filmes com temática nordestina, por exemplo, quando não são adaptações para o cinema de romances produzidos pela geração de trinta, buscarão nestes romances suas imagens e enunciados mais consagrados, com exceção apenas da produção de Glauber Rocha e outros filmes isolados do Cinema Novo, que procurarão criar uma imagem própria para esta região do Brasil.[155]

Os tipos "nordestinos" do pau-de-arara, do coronel, do cangaceiro, do jagunço faziam parte da coleção de tipos que a chanchada agenciava dos programas de humor de rádio e levava para a tela, já na década de quarenta. O nordestino se aproxima muito da imagem do matuto ou do caipira. Ele é sempre mostrado como a inversão da figura do citadino, do grã-fino, do bem-educado, do civilizado, do polido. Ele é a negação da figura do cosmopolita, porque atesta a nossa pobreza física e mental. Era sempre uma figura de gestos, comportamentos, valores e falas disparatadas com o mundo urbano, com o *glamour* do mundo burguês; era o símbolo da precariedade nacional. Nas paródias aos filmes de Hollywood, o tipo "nordestino" é o próprio disparate dentro de um mundo cheio de frivolidades, estrelas glamourosas; de um mundo industrial. Mas, por outro lado, o tipo "nordestino" quando não era o coronel tacanho, machista, mulherengo, valente e ridículo, podia ser o tipo contraposto à frivolidade burguesa, contraposto ao apego às aparências e a esperteza para subir na vida. Podia ser o protótipo do homem honesto, inocente e simples. Podia também representar a honestidade e astúcias nacionais contra o estrangeiro aproveitador, explorador, mau-caráter.[156]

O Nordeste, no entanto, passa a ser tema de filmes só a partir da década de cinquenta, inicialmente com *O Canto do Mar*, de Alberto Cavalcante, produzido em 1953, e ainda neste mesmo ano com *O Cangaceiro*, filme de Lima Barreto, que se tornou o primeiro sucesso internacional do cinema brasileiro. Estes dois filmes são exemplares da forma como se olha e como se vê o Nordeste, na produção cinematográfica não ligada ao movimento do Cinema Novo. Feitos na Companhia Vera Cruz, constituem-se em verdadeiros modelos que darão origem a uma série de filmes, seja nesta década, seja na seguinte. Ambos reproduzirão imagens e enunciados-clichês, ficarão presos ao típico, além de denotarem uma enorme dependência das formas de expressão importadas dos Estados Unidos. É um olhar já duplamente preconcebido, tanto do ponto de vista estético, como do ponto de vista da visibilidade e dizibilidade do regional que se quer construir.[157]

O Canto do Mar abre-se por uma série de imagens-clichês que visam localizar o filme. A câmara passeia sobre cactos, caveiras de boi, terras rachadas, covas e se ergue para mostrar urubus e árvores secas. Para reforçar a identidade destas imagens, surge um mapa da região, onde se destacam os Estados da Paraíba e de Pernambuco. Uma voz em *off* ainda reduplica a mensagem das imagens, reforçando-as e, com uma empostação retórica, fala um texto onde se sobressaem os lugares-comuns: "Há muito tempo não chove, a terra seca racha, o céu sempre azul, os homens abandonam tudo o que construíram, as longas caminhadas, os entes queridos já mortos, a casa ficará de recordação." Voz e imagens tentam recriar a "dramaticidade da seca e das retiradas". O uso da voz em *off* parece denunciar a dependência do cineasta em relação a uma imagética literária, a sua insegurança quanto à capacidade das imagens por si só "expressarem esse drama", mostrando a dependência ainda existente no país do visível em relação ao dizível.[158]

Este filme tenta, de forma clara, trazer para o cinema toda uma visibilidade e dizibilidade do Nordeste construídas pelo romance, pelas narrativas jornalísticas e pelo discurso da seca. A ênfase na construção de um espaço "naturalista" torna o filme recheado de lugares-comuns, reproduzindo como realidade o já visto e o já dito. Feito no momento em que mais uma seca assolava o Nordeste e grande número de nordestinos se deslocava para o Sul, o diretor vai à região e seleciona aquelas imagens que já eram esperadas pelo público, que reforçam a identidade do Nordeste como o espaço do sofrimento, da miséria; o espaço, vítima da natureza, reforçava nas plateias do Sul, para a qual o filme é dirigido, a identidade deste espaço como o lugar da "maravilha", do desenvolvimento.

A problemática relação entre valores culturais rurais e urbanos, questão muito debatida desde a década de quarenta e que estava no cerne das chanchadas, surge no filme por meio de um olhar urbanizado que procura ressaltar o caráter primitivo da cultura do homem do campo. Imaginam-se cenas que tornam estas manifestações culturais sem sentido, quando não ridículas. Como a cena de um velório de criança, em que todos chegam cantando com candeeiros nas mãos em lugar de velas; e a mãe diz que não chorará muito para o filho não entrar no céu com chuva, então escreve e coloca nas mãos do menino morto uma carta endereçada a Nosso Senhor, recomendando que ele tomasse conta do menino como ela tomara.[159]

O filme é saturado de manifestações do folclore regional, totalmente desligadas da trama, como meras ilustrações, da mesma forma que funcionava a apresentação de cantores nordestinos nas chanchadas. Em meio ao tom melodramático que a narrativa impõe ao filme, estes elementos, ao mesmo tempo que provocam certa distensão, parecem inverossímeis, por que como é possível que em meio a tanta "miséria e dor" uns toquem rabeca e pandeiro, outros cantem na praia, outros façam um desafio e cantem um galope à beira-mar, outros dancem bumba-meu-boi e outros, frevo e maracatu? Os personagens são primários e esquemáticos, acreditam na "ilusão do Sul" sem nenhuma sombra de espírito crítico. São crianças vivendo num mundo de fantasias: "Vida boa é lá no Sul, vamos esquecer a miséria. Um dia eu volto com a mão cheia de dinheiro e ajudo todo mundo, a gente vai ser muito feliz". O Nordeste seria, pois, uma região subdesenvolvida pelo primitivismo de sua população, pela sua falta de racionalidade, pelo povo que em tudo acredita, que possui uma religiosidade arcaica, uma cultura popular rica, festiva, colorida, mas que serve apenas para evasão da miséria, para o alheamento da realidade que o cerca. Ou seja, para Alberto Cavalcante, parecem ser a natureza e o próprio nordestino os responsáveis por sua miséria e subdesenvolvimento.[160]

O Cangaceiro, de Lima Barreto, pela própria repercussão que alcançou, foi fundamental para a fixação de certa imagem do Nordeste, notadamente entre a classe média das grandes cidades do Centro-Sul. Este filme se esmera em mostrar a distância existente entre o homem da cidade e o homem do sertão, entre o civilizado e o primitivo. É o Nordeste visto a partir da estética do *western*, estética voltada para mostrar o distanciamento entre estes dois polos da sociedade americana: o da civilidade, representado pelo mundo urbano-industrial, e o da barbárie, representado pelo Oeste. Sociedade que, se constituiu o passado da nação e sua identidade, estava agora definitivamente superada pela sociedade da lei, da ordem e da disciplina. Constrói-se um espaço fora do tempo, um espaço mítico, usando clichês imagéticos para, por oposição, validar a sociedade do presente e seus códigos de valores. Para construir o espaço do Nordeste, em um filme rodado em São Paulo, o autor buscará alguns estereótipos imagéticos da região, impregnados da própria visibilidade do Oeste americano. O filme se inicia por uma imagem típica do cinema americano: a silhueta de um grupo de cavaleiros em fila sobre uma montanha, colocados contra o pôr-do-sol. Surgem então os cactos, as pedras, o sol, as ossadas que remeterão ao Nordeste.

A perspectiva do filme de Lima Barreto caminha na direção da política que se desenhava, desde a década de trinta, de construção da nação pela absorção de suas diferenças, pela generalização das relações e da ética burguesas, pela dissolução dos códigos de valores tradicionais. Um filme em que o cangaço aparece sem nenhuma análise sociológica, cujo maniqueísmo separa as forças do bem contra as forças do mal. O homem do sertão devia ser resgatado por sua identificação telúrica com a terra, embora fosse esquivo, triste, revoltado por não ter acesso às benesses da civilização. O mito do sertanejo como aquele que está na raiz de nossa nacionalidade, de nossa identidade, é reformulado a partir da perspectiva da integração deste à nova identidade da nação que se construía, a partir do mundo urbano e do desenvolvimento industrial.

Outro filme de temática nordestina ainda vinculado aos modelos expressivos do cinema industrial paulista, que obteve grande projeção ao ganhar o primeiro prêmio internacional para o cinema brasileiro, a Palma de Ouro, em Cannes, foi *O Pagador de Promessas*, de Anselmo Duarte, baseado em peça de Dias Gomes. É um filme preocupado em caracterizar o espaço de forma clássica, naturalista; o espaço do sertão é significado pelas imagens de cactos, terra gretada, vaqueiros, transitando para imagens de chuva, dos pés pisando na terra encharcada, de coqueiros e do mar quando quer significar o litoral. A focalização constante dos pés do romeiro e de sua esposa enfatiza o sacrifício da caminhada, da peregrinação. Mais uma vez a dicotomia entre a cultura rural e a urbana é focalizada; nela salienta-se a ingenuidade do camponês que em tudo acredita e o espírito arguto, a esperteza do citadino que dele tenta se aproveitar. A visão do povo é paternalista e preconceituosa; ele é sempre visto a partir do olhar do narrador, que mostra sua estranheza diante da cultura popular, ao mesmo tempo que reivindica a sua integração a um patamar mais alto de cultura, que fosse aceita e compreendida pela cultura oficial e pelas instituições. Uma visão ecumênica da identidade nacional, do caráter sincrético e harmônico de sua cultura. Está presente, neste filme, como estivera na chanchada, a reivindicação populista de se integrar paternalisticamente o povo à imagem do país, desde que o caráter irruptivo, a diferença e estranheza dessa cultura fossem destruídas. A institucionalização da cultura popular é mecanismo de dissolver o seu potencial contestador.

Toda a luta de Zé do Burro é para ser reconhecido e aceito pela ordem, ser acolhido e integrado numa ordem reformada com a sua presença. O filme é muito rico, ao mostrar como uma série de discursos transformam um fato em vários fatos, conforme o significado que lhe atribuem. Como o elemento da cultura popular pode ser agenciado por diferentes demandas de poder e adquirir sentidos diversos; como um simples ato "primitivo" de fé pode ser transformado em ato rebelde contra as instituições, ato sacrílego, ato subversivo, até ato de loucura. A problemática relação entre cultura popular e erudita é nele trabalhada no sentido de ter suas fronteiras rompidas, em nome da produção de uma cultura nacional e popular, gestada por cima, com a aceitação do popular, desde que dentro das regras ditadas pelo erudito. O Nordeste, a Bahia, aparecem em todo o seu exotismo; as atitudes de seus habitantes, como Zé do Burro, parecem resistir a todas as grades de interpretação da realidade, por ser tão simples, por não ter maior significado do que atender a uma promessa feita a uma santa para salvar seu jumento da morte, fato que parece ser difícil para todos aceitarem. A radical falta de comunicação entre estes códigos culturais dilacerava a nação; não permitia a generalização dos padrões culturais mais avançados, aqueles vindos da cidade. O encontro entre uma sociabilidade complexa como a da cidade e a simplicidade do campo causava um curto-circuito na comunicação, estabelecendo a falta de entendimento entre as diferentes partes e realidades que compunham a nação.

Mas até a cidade do Nordeste é construída com o típico: uma escadaria de igreja barroca que se torna palco para desencontradas manifestações da cultura popular baiana: vendedores de comidas, de folhetos de cordel, capoeiristas, sambistas, jogadores de cartas, procissões, candomblés. Todo um mundo de figuras aparentemente descoladas da racionalidade da cidade. Figuras desconhecidas pela cultura oficial, das instituições, que olham o povo a distância e de cima. O que se reivindica é esta ida ao povo, é a abertura dos templos da cultura oficial para permitir a entrada do elemento popular, visto como mais nacional, mais autêntico, evitando que a marginalidade desta cultura termine por servir de base a manipulações políticas de extremistas, que a use para pleitear uma mudança radical na ordem. Este filme expressa bem a ilusão populista da conquista paulatina pelo povo de espaços institucionais, pela institucionalização de suas demandas como uma conquista do poder. A grande questão deste filme é o fim da diferença cultural, da alteridade entre cultura popular e cultura oficial como caminho de libertação para o povo, não sendo mais necessário matar os Zés do Burro por não entendê-los, por não ser capaz de articular um discurso racionalizador de toda a cultura, por não ser capaz de apagar qualquer zona de sombra, de dotar o saber erudito da capacidade de entender a cultura popular. O Nordeste surge, pois, como esta área culturalmente atrasada que precisava ser integrada à cultura nacional, aproveitando o potencial de sua cultura popular e da "brasilidade" de suas manifestações culturais.

Este olhar "urbano-industrial" sobre o Nordeste só começa a ser contestado com o surgimento do Cinema Novo, que praticamente inverterá os pressupostos que regiam a produção cinematográfica industrial da Vera

Cruz e renegará a produção cinematográfica da Atlântida como alienada e pouco "séria", colocando pelo avesso esta visibilidade que tinha o mundo da cidade, da indústria e do burguês como referência. Um olhar educado pelas cidades e, principalmente, pelo cinema americano.

A estética da fome

Os filmes *Rio, 40 Graus* e *Rio, Zona Norte*, realizados na década de cinquenta por Nelson Pereira dos Santos, são considerados, por alguns, como aqueles que iniciam o movimento chamado Cinema Novo. Para outros, teria sido a exibição do filme *Aruanda*, de Lindoarte Noronha, por ocasião da Convenção de Crítica Cinematográfica, realizada pela Cinemateca Brasileira, no Rio de Janeiro, em 1960, que teria dado o pontapé inicial na discussão de como fazer cinema no Brasil, em que condições produzi-lo e que realidade mostrar. Além de *Aruanda*, produzido em João Pessoa, um documentário etnológico, realizado na comunidade negra de Olho D'Água da Serra do Talhado, dois outros documentários são considerados iniciadores do Cinema Novo: o realizado por Luis Paulino dos Santos, sobre o mercado de Salvador, chamado *Um Dia na Rampa*, e o documentário feito, no Rio de Janeiro, por Paulo César Sarraceni e Mário Carneiro sobre a vila de pescadores de Arraial do Cabo, todos tendo em comum a preocupação em mostrar o que seriam sistemas sociais subdesenvolvidos e suas primitivas relações de produção. Mas o movimento só é nomeado e lançado por três artigos escritos e publicados em jornais neste mesmo ano, um de Glauber Rocha, impresso em jornais da Bahia e no *Jornal do Brasil*, e os de Gustavo Dahl e Jean-Claude Bernadet no Suplemento de *O Estado de S. Paulo*. Em seu artigo, Glauber afirmava que o nosso cinema era novo porque o homem brasileiro era novo, a problemática do Brasil era nova e a nossa luz era nova, e isto garantia que nossos filmes fossem diferentes dos filmes europeus e americanos.[161]

O Cinema Novo tem início, portanto, em três lugares distintos: na Paraíba, com Lindoarte Noronha; na Bahia, com o grupo que se reunia em torno do Clube de Cinema, fundado por Walter Silveira; e no Rio de

Janeiro, com o grupo que passa a gravitar em torno de Nelson Pereira dos Santos. Embora tenha se caracterizado por uma unidade, em termos de postura política e de pontos de vista estéticos, estilisticamente o Cinema Novo nunca constituirá uma unidade, dada a liberdade de criação individual que era um dos seus pressupostos. Esteticamente inspira-se em diferentes movimentos internacionais, como o neo-realismo italiano, o cinema revolucionário russo, o cinema americano e a *nouvelle vague* francesa, em especial os trabalhos de Antonioni, Eisenstein, John Ford, Resnais e Godard. Internamente, o Cinema Novo vai buscar no modernismo, no "romance de trinta", as imagens e enunciados que falavam da "realidade social do país", da sua miserabilidade, que vinham ao encontro de sua proposta estética e política. O Cinema Novo será, em grande medida, uma releitura imagética de um Brasil e, principalmente, de um Nordeste literário. O estilo cinematográfico da literatura nordestina já havia chamado a atenção do crítico de cinema Flávio de Campos, ainda na década de trinta. Para ele, livros como *Vidas Secas*, de Graciliano Ramos, e *Pedra Bonita*, de José Lins do Rego, traziam os elementos que uma cinematografia requer: "movimentos, tipos, cenários, intensidade dramática, beleza e verdade".[162]

É certo que só com o Cinema Novo a sensibilidade modernista chegou ao cinema brasileiro, levando à superação da visão naturalista que predominava na construção das espacialidades pelo cinema até então. Mas o Cinema Novo terá um desenvolvimento oposto ao modernismo. Enquanto este passou de uma estética não-realista, na década de vinte, para uma estética realista, o Cinema Novo parte de uma mímesis realista, no início da década de sessenta, para, ao longo desta década, abandonar esta postura. Abandona-se, paulatinamente, uma linguagem simbólica para se adotar uma linguagem alegórica, na qual a postura racionalizante anterior dá lugar a uma visão mágica e mítica do concreto. Podemos dividir, assim, a história do Cinema Novo em dois momentos: um que antecede o golpe de 1964, quando a formação discursiva nacional-popular ainda não entrara em crise e a produção cinemanovista se pauta pelas problemáticas, pelos temas, pelas estratégias e conceitos que esta fizera emergir; e um segundo momento, posterior ao movimento de 1964, quando esta formação discursiva entra em crise, seus pressupostos começam a ser questionados e, desta crise, emerge a produção tropicalista.[163]

O Cinema Novo retoma a problemática modernista da necessidade de conhecer o Brasil, de buscar suas raízes primitivas, de desvendar o inconsciente nacional por meio de seus arquétipos para, a partir deste desvendamento, didaticamente ensinar ao povo o que era o país e como superar a sua situação de atraso, agora nomeado de subdesenvolvimento e de dependência externa. Era um ideário confuso em que se misturavam chavões ideológicos da esquerda e enunciados nacionalistas. O Cinema Novo se propõe, portanto, a ser uma retórica de conscientização, de estabelecimento do que era a realidade nacional, superando nossa alienação, descobrindo nosso inconsciente sob os recalques produzidos por séculos de dominação colonial. O cinema devia se voltar para a abordagem de temáticas nacionais e populares, que mostrassem, de forma realista e pedagógica, os nossos problemas estruturais, "descobrindo racionalmente os elementos mais significativos das relações sociais". Para Nelson Pereira, por exemplo, transpor *Vidas Secas* para a tela visou contribuir com o debate da problemática da reforma agrária no Nordeste, que estava na ordem do dia.[164]

Em um momento em que a cultura é vista como um dos meios privilegiados de transformação da realidade, como a materialização de sonhos, e em que o tema da revolução tomava conta de todo o Terceiro Mundo, com a luta pela libertação das colônias europeias desde o pós-guerra, e principalmente na América Latina, com a vitória da revolução cubana, o Cinema Novo se assumirá como um discurso político com uma estratégia social definida. Um cinema feito por intelectuais de classe média que teriam adotado a perspectiva de classe do operariado, que se colocavam ao lado das forças "progressistas" contra as "reacionárias", que buscavam resgatar o potencial de rebeldia da cultura popular. Paternalisticamente, propõem-se a fazer cultura para e pelo povo, constituir uma vanguarda na luta contra o latifúndio e o imperialismo, identificados como os principais obstáculos a um desenvolvimento autônomo do país. As forças da reação seriam encarnadas, sobretudo, pelas oligarquias, pelos "coronéis" nordestinos. Elas seriam a face mais exposta de nosso subdesenvolvimento, do nosso sistema social mais primitivo, que deveriam, pois, ser mostradas em sua verdade para o restante do país. Região onde a intensa mobilização política em torno da terra parecia tornar a repetição de uma nova Cuba iminente, por isso as câmeras do Cinema Novo se voltam para a nossa região "feudal" e subdesenvolvida por excelência: o Nordeste.[165]

Os filmes: *Cinco Vezes Favela* e *Bahia de Todos os Santos* expõem as contradições da estratégia política das esquerdas brasileiras da qual faziam parte estes cineastas. Como o pacto populista previa a aproximação com a burguesia industrial e nacionalista, os filmes procuram evitar a problematização das relações entre patrões e empregados nas grandes cidades, já que esta burguesia fazia parte do "povo", termo vago e mítico, que deveria fazer as transformações no país. Partindo de um novo dualismo, entre regiões desenvolvidas e subdesenvolvidas, regiões com restos feudais e regiões capitalistas, esta filmografia tomará o Nordeste, mais uma vez, como um dos polos da oposição, colocando São Paulo no outro extremo, mantendo com nova terminologia a dicotomia que atravessa a construção da identidade do país, desde o início do século. De São Paulo e do Sul sairia a revolução; do Nordeste, a reação, mas também a rebeldia popular encarnada pelo mito do cangaceiro, que se tornara, desde o filme de Lima Barreto, uma imagem nacional no exterior e um arquétipo da nacionalidade.

O Cinema Novo, assim como ocorria nas chanchadas da Atlântida, aborda preferencialmente personagens marginais ao mundo do trabalho, numa postura constantemente ambígua diante da ética burguesa e da ética da malandragem, porque ao tomar a cultura popular como meio de resistência à dominação, muitas vezes o cineasta se depara com esta aversão à ética do trabalho que é contrária à sua postura ideológica marxista, vacilando ante mostrar simpatia pela malandragem, como comportamento de enfrentamento à sociedade, ou condená-la em nome de uma nova ética: a ética revolucionária e socialista.[166]

Esta não-adequação entre realidade a ser filmada e seus esquemas políticos e sociológicos prévios será uma grande dificuldade enfrentada por estes cineastas. Filmes que pretendiam ser antiburgueses, que gostariam de servir de veículo de libertação para a classe trabalhadora, que queriam politizar o público, enfatizar visualmente uma mensagem, documentar uma realidade de pobreza e marginalização, terminam por focalizar praticamente pessoas à margem da realidade do mercado, por trabalhar com verdadeiros personagens mitológicos saídos de um tempo que parecia estagnado. Personagens com tal grau de alienação que beiravam o patético. Eram pessoas que articulavam um discurso que ia na contramão do esperado, que não revelavam a verdade que o cineasta esperava nelas encontrar. A visão até culpada destes homens de classe média enche a tela de homens pobres sem defeito, de camponeses injustiçados e esfomeados, de perseguidos pelo hediondo latifundiário e pelos devassos imperialistas. Adora-se este povo mítico, reverencia-se a sua miséria e subdesenvolvimento. Uma classe média em permanente processo de desterritorialização, uma burguesia e um operariado com identidades fragmentárias e sem projetos para o país fazem com que esta esquerda volte suas esperanças para os marginalizados da sociedade, para os párias da nação. Eles fogem do mundo do trabalho e da cidade, cujas contradições poderiam colocar desnudo o próprio equívoco deste projeto populista, e vão ao Nordeste e ao campo em busca das forças primitivas da nação, da rebeldia quase instintiva do povo, como também da sua passividade quase animalesca, simbolizadas pelos mitos do cangaço e do messianismo.[167]

O Cinema Novo surge no momento em que o desenvolvimentismo juscelinista, baseado na industrialização, era o caminho para a libertação nacional. O cinema devia participar desta construção de um novo rosto para o país, denunciando aquelas realidades que não se coadunavam com uma sociedade desenvolvida. O cinema devia se tornar um veículo de produção da cultura popular desalienada, que era reivindicada pelas formulações tanto de intelectuais ligados ao ISEB, como daqueles ligados ao Partido Comunista e aos Centros Populares de Cultura da UNE. Estes últimos, aliás, sempre fizeram restrições à produção do Cinema Novo por aquilo que consideravam ser a sua debilidade no contato com o povo: o hermetismo de sua linguagem, além de que consideravam o cinema de autor "individualista", não um cinema "revolucionário" que deveria ser feito pelos órgãos representativos da classe operária e do movimento popular, veiculando teses políticas predefinidas. Tal postura continuava ainda presa a uma visão realista extremamente simplificadora, em que o trabalho estético com a linguagem era visto como despolitizador. O Cinema Novo, no entanto, partilha com os CPCs a visão terceiro-mundista, na qual a luta de classes é transmutada na luta entre espaços colonizados e colonizadores, homogeneizando internamente a realidade sociopolítica das nações. O internacionalismo se reduz à solidariedade com os espaços coloniais e, principalmente, na busca de uma visão homogeneizadora de seus problemas e situações.[168]

Esse cinema se propõe a representar a realidade em sua essência, em mostrar a realidade do tempo e do espaço e não os inventar, limitando o trabalho com a linguagem à busca de formas de maior capacidade de impacto, de choque junto ao público. Eis a busca da violência, o choque das imagens, como um caminho para provocar a desalienação. O campo seria o palco privilegiado desta procura por uma violência primitiva, quase instintiva, em que as formas de "rebeldias primitivas" e de "messianismos religiosos" podiam rapidamente ser redirecionadas para um projeto revolucionário. Era preciso revolver a camada de esquecimento produzida pelo discurso dominante, recuperar para a história estes mitos, fazê-los viver novamente, reencarnar, tendo agora um objetivo claro para perseguir. Era preciso reacender a chama da revolta domada por anos de dominação. *Os Fuzis* é exemplo de uma verdadeira apologia da violência, das armas como caminho de libertação, ao mesmo tempo que denuncia a subserviência popular ao poder, na sua forma mais discricionária, simbolizado pelo coronel. Os temas do romance nordestino são retomados como ponto de partida para a construção de uma imagem avessa do país desenvolvido, do país civilizado e burguês. Não importava se não existiam mais no Nordeste cangaceiros e fanáticos, se o que se chamou de coronelismo há muito se transformara; o que importa é a retomada destes mitos que permaneciam vivos na memória popular, na região e fora dela, e recolocá-los em outra estratégia discursiva, para servir a outro fim político, chamar atenção para a necessidade de transformação social, e para isso era necessário mostrar que nada mudara no Nordeste.[169]

O cinema que queria acabar com o comodismo das plateias vai-se debater com a grave questão de mercado para o cinema nacional, vivido como a maior prova de nossa alienação cultural e de nosso estado colonial. Comunicar-se com uma plateia que não estava acostumada a se ver nas telas, que rejeitava o filme falado em português, que não achava nem um pouco divertido se deparar com uma imagem do país que quase sempre queria ignorar, será o grande desafio do Cinema Novo, ocasionando no pós-64 enormes contradições, inclusive políticas, sobretudo de seu principal expoente, Glauber Rocha, que, ao ver criada a Embrafilme e reservada por lei uma parcela do mercado ao cinema nacional, faz elogios ao regime e é acusado de conivência com a ditadura militar. Um cinema que busca se tornar a grande expressão da problemática nacional, que consegue enorme sucesso internacional, mas internamente empolga apenas os setores da classe média, identificados com seu projeto político ou seus aliados estéticos. Por ter uma visão extremamente preconceituosa em relação à cultura de massas, estes cineastas enfrentarão a questão do mercado com muitas vacilações, polemizando com os cineastas ligados ao INC, que consideravam popular não o cinema engajado politicamente e voltado para a conscientização do povo, mas aquele que vendia, que conquistava plateias. As questões estética, política e comercial que o cinema envolvia constantemente se chocam num cinema que, ao mesmo tempo que se afirma nacional, tem de lidar não só com a internacionalização da economia, da política, como também dos próprios fluxos e demandas culturais e populares. Cinema que não consegue conquistar um público maior, além de ter restrições crescentes ao próprio povo e considerar sua cultura como alienada e incapaz de produzir a mudança social e cultural esperada.[170]

Esteticamente, o Cinema Novo pretendia ser a expressão de nosso subdesenvolvimento e de nossa miséria. Um cinema que teria de romper com a concepção industrial do cinema americano e europeu, importado entre nós pela Atlântida e pela Vera Cruz. O olhar brasileiro era ainda artesanal, pobre, com fome de sua própria imagem, por isso devia ser experimental, e não serial, engajado politicamente, em busca de nossa autenticidade. Era preciso encontrar a nossa própria imagem, encarar nosso rosto bárbaro e primitivo, nosso corpo e almas subdesenvolvidos, para podermos dialeticamente dar o salto de qualidade em direção ao futuro. Um cinema que levasse o país a sério, que não ficasse preso aos tipos superficiais e à imagem alienada do país que nos dera a chanchada. Uma estética da fome, da violência, em oposição ao otimismo desenvolvimentista do cinema paulista. Um cinema que buscará, no Nordeste, as imagens de um país de rosto roto e esmolambado. Um rosto cruel e violento, em oposição ao rosto polido e civilizado da estética hollywoodiana da Vera Cruz e a mascarada carnavalesca das chanchadas cariocas.

Um olhar orientado no início por certezas políticas que pouco a pouco são abaladas. Um país e um povo que no princípio pareciam ter uma realidade simples e esquematicamente fácil de ser abordada, mas que parece cada vez mais se complexificar para estes cineastas, à medida que deixam as construções literárias e ideológicas anteriores e, com uma câmera na mão e uma ideia na cabeça, se deparam com uma multiplicidade de realidades, de situações sociais, culturais e políticas que colocam a sua geografia inicial em ruínas. Assim como ocorrera com o "romance de trinta", os cinemanovistas buscarão na produção cultural popular e no folclore linguagens que permitam melhor se comunicar com o povo e melhor expressar a nação em sua originalidade. Como o Nordeste é considerado a região folclórica do país, com sua cultura popular muito rica, o Cinema Novo buscará nele grande parte de sua imagética e as fontes para o estabelecimento de uma linguagem nacional de cinema. O cinema de Glauber, por exemplo, lançará mão da estrutura narrativa do cordel, de seus temas e mitos, bem como da sua atmosfera, entre o real e o sonho, para produzir sua visibilidade e dizibilidade do país. As metáforas do cordel permitiriam a manifestação do inconsciente coletivo e o rompimento com o fluxo do texto analítico oficial. Elas permitiriam atender à grande questão do cinema nacional que era a da verdade e não a da fotografia ou a do estilo narrativo.[171]

Em vez de olhar o subdesenvolvido a partir do desenvolvido, o sertão a partir do mar, pretende-se olhar a cidade a partir do sertão, o desenvolvido a partir do subdesenvolvido, como fizera Guimarães Rosa. Pretendia-se olhar o Brasil não a partir da sociedade urbano-industrial, sociedade burguesa que se queria superar. Não olhar o Brasil a partir de São Paulo, como fizera a Vera Cruz, ou a partir da Praça Tiradentes, como fizera a Atlântida, mas queria-se olhá-lo a partir do Nordeste. Mudar a posição do olhar, olhar o país pelo avesso, fazendo um cinema tecnicamente imperfeito, dramaticamente dissonante, sociologicamente imperfeito como a própria sociologia nacional, e politicamente revoltado, agressivo e inseguro como as próprias vanguardas políticas do país. Queria traduzir uma cultura na sua relação com a história, invertendo os critérios de produção da imagem no país, superando o complexo de inferioridade e o medo do espelho desta cultura. Buscando a coincidência entre sensível e inteligível, entre significante e significado, buscando a emergência de um sentido último para esta cultura e para sua história. Uma visão mais diacrônica do país do que sincrônica, mais representativa do que produtora da realidade do país.[172]

Só no final da década de sessenta o Cinema Novo passa a abordar a realidade urbana do país, superando a visão dualista que orientara sua produção anterior, ao constatar que o subdesenvolvimento também estava nas cidades do Sul, que não era apenas o campo e o Nordeste o espaço da miséria e da fome nacional. Os próprios bairros grã-finos, as butiques da burguesia paulista, podiam ser signos de nosso subdesenvolvimento.

O Nordeste seria uma realidade marcada pela ausência de musicalidade, de sons, de linguagem; seria um espaço do desolamento, da tristeza, do lamento expresso no ranger monocórdio de uma roda de carro de boi, como no filme *Vidas Secas*. Um mundo em preto e branco, de luz crua e causticante, quase amorfo; um antiespetáculo do patrimônio cultural da miséria, do aboio triste e repetitivo, entorpecido ao som de uma incelência, ou, pelo contrário, o Nordeste verborrágico, barroco, grandiloquente, de Glauber Rocha. Espaço onde a natureza devastada, de amplos cenários garranchentos, era ainda o personagem central; onde o homem, de tão servil, beirava a animalidade. Um universo insano a girar diante do espectador. O Nordeste do Cinema Novo aparece como um espaço homogeneizado pela miséria, pela seca, pelo cangaço e pelo messianismo. Um universo mítico quase que desligado da história. O sertão é nele tomado como síntese da situação de subdesenvolvimento, de alienação, de submissão a uma realidade de classes, é uma situação exemplar, que podia ser generalizada para qualquer país do Terceiro

Mundo. Importa pouco a diversidade da realidade nordestina e todas as suas nuanças, o que interessa são aquelas imagens e temas que permitam tomar este espaço como aquele que mais choca, aquele capaz de revelar nossas mazelas e, ao mesmo tempo, indicar a saída correta para elas. A falta de lógica e sentido da cultura sertaneja é ressaltada, já que toda a lógica, a consciência e a capacidade de racionalização da realidade vêm de fora, da cidade, do litoral. É para o Sul ou para o mar que seus personagens correm em busca da verdade e da consciência.[173]

O que se busca, no Nordeste, além das raízes primitivas de nossa nacionalidade e do nosso povo, é, mais do que isto, o nosso inconsciente de revolta com a dominação, com a opressão e com a colonização. Busca-se resgatar as forças messiânicas e rebeldes que ficaram adormecidas com a história, para fundamentar um processo novo de transformação da realidade. Como estabelecia a teoria da revolução com que os cinemanovistas liam a realidade, era dos camponeses, dos homens mais pobres e violentados que se podia esperar a transformação social, desde que superado o estado de alienação pela intervenção da vanguarda intelectual. O Nordeste continuava sendo uma realidade aguda, capaz quase de falar por si, capaz de estremecer as consciências nacionais. Era o avesso do que se queria para o povo, para o país e para a humanidade.

Glauber Rocha

Glauber Rocha nasceu em Vitória da Conquista, Bahia, em 1939, numa família presbiteriana de classe média. Seu pai era comerciante e engenheiro prático, construtor de estradas, a quem Glauber acompanhava nas suas viagens ao sertão, onde entraria em contato com o cenário de alguns de seus filmes.

Embora o discurso cinematográfico possa ser analisado de várias perspectivas, a abordagem da contribuição da filmografia de Glauber Rocha para a construção de uma dada visibilidade e dizibilidade do Nordeste se prenderá a identificar neles as características de imagem e som que se põem como respostas a demandas que vêm da esfera da formação discursiva dominante e às relações sociais e de poder que a enformam. Enfatizam-se, principalmente, as convenções imagéticas e enunciativas que são mais recorrentes em seus filmes, quais são abandonadas em sua trajetória e por que isso ocorre, que estratégias discursivas estão orientando estes agenciamentos sígnicos.

No primeiro momento de seu trabalho, quando ainda está vinculado à formação discursiva nacional-popular, Glauber fará dois filmes, *Barravento* e *Deus e o Diabo na Terra do Sol*. Em *Barravento* ele discute o problema da alienação presente na cultura popular, o fatalismo do homem pobre, bem como a própria questão da divisão de raças na sociedade baiana. O filme é centrado na oposição entre as figuras de Firmino e de Aruan. Firmino é o elemento que vem de fora, da cidade, elemento que figura a resistência a se incorporar àquele mundo tradicional, mas também à própria sociedade capitalista, já que renega o trabalho e se pauta pela ética da malandragem. Ele é a figura desestabilizadora do equilíbrio daquela sociedade, daquela comunidade subdesenvolvida, alienada e submetida a relações de exploração. Já Aruan representa a possibilidade de continuidade da rotina daquela sociedade, ele é o futuro líder, sendo preparado pelo antigo mestre, que simboliza o elo da comunidade com o mundo exterior e reproduz sua subordinação. O filme se estrutura numa tensão crescente entre estas forças e na procura de Firmino por inviabilizar a reprodução econômica e simbólica da comunidade, na esperança de que o acirramento das condições de miséria levasse ao desvendamento da exploração e a revolta contra aquele estado de submissão. Firmino, ao sair da comunidade de pescadores e ir para a cidade, consegue adquirir um olhar de fora, desmistificador. Glauber reafirma assim a prevalência do mundo urbano como o lugar da racionalidade, de onde se deve esperar a transformação social, o farol capaz de guiar a transformação da vida de pessoas ainda presas ao ritmo da natureza e a seus mitos religiosos.[174]

A deusa Iemanjá é mostrada como uma força tão discricionária e dominadora quanto o empresário que compra toda a produção dos pescadores e é dono de suas redes. Uma comunidade, portanto, duplamente tiranizada: pelas forças terrenas e pelas forças sobrenaturais que se encarnariam na própria natureza. O discurso alienado de seus personagens é contraposto às imagens que produzem um segundo discurso, o qual torna inverossímil o primeiro. Ao mesmo tempo, a poesia das próprias imagens, a forma como mostra seus personagens, também produzem um contradiscurso às intenções ideológicas, à grande metáfora da revolução que organiza todo o filme. Até porque Firmino, apesar de provocar o rompimento com a rotina da comunidade, o faz usando meios ilícitos, não se capacitando a liderar a comunidade. O verdadeiro caminho só será descoberto por Aruan, ao final do filme, quando este se dirige para a cidade, para se tornar operário.[175]

Deus e o Diabo na Terra do Sol já se inicia com as imagens-clichê do sertão: a seca, o gado morto, o vaqueiro, o beato seguido por homens e mulheres que rezam pedindo chuva, que pedem o milagre para o Senhor da Boa Vida. A vida camponesa é representada pelo alheamento de Rosa e pelo delírio de Manuel. É uma vida parca, miserável, triste, vida de pessoas presas a relações de produção primitivas e a uma exploração violenta e discricionária. Este mundo estático é, de repente, movimentado pela revolta de Manuel, ao romper a subserviência ao coronel, após ter sido explorado até às últimas consequências e a dominação se materializado numa bofetada. Ao esfaquear o coronel, Manuel parece readquirir parte de sua humanidade. O derramamento de sangue traz a história para aquelas vidas que se viam precipitadas num movimento que pareciam não desejar. A perda de seu território, a quebra da rotina, levam Manuel a procurar outro sentido para a vida, outro caminho, entre os seguidores do beato Sebastião, que se revela uma força também opressiva, dominadora e alienante. O mundo mítico, o espaço sagrado construído pelo beato, embora incomodem os poderosos, não são a solução para a vida de Manuel, como desde o início Rosa já suspeitara.[176]

Glauber, invertendo o enunciado de Antônio Conselheiro, "o sertão vai virar mar e o mar vai virar sertão", transforma-o na metáfora central do filme, a teleologia da revolução, da transformação da humanidade. Ele procura extrair do mito popular aquilo que seria a sua essência transformadora, a sua mensagem para o presente. Embora reproduza uma visibilidade e uma dizibilidade tradicional dos movimentos messiânicos, deles extrai significados novos. Sebastião serve não só para denunciar a insânia do passado, mas a própria continuação desta no presente, porque ainda vivíamos no sertão a época dos mitos, dos santos e do sagrado. Mas a exploração que se faz da beleza dos estandartes, das bandeiras, do próprio cenário de Monte Santo mostra, mais uma vez, o dilaceramento de um intelectual que admira os rituais da cultura popular, mas abomina a sua lógica, visto que é fascinado por suas imagens, por sua forma, embora queira renegar o seu conteúdo.[177]

O surgimento de Antônio das Mortes, personagem inspirado nos vingadores do *western*, é a terceira força que vem desestabilizar este mundo cindido entre o bem e o mal, entre Deus e o Diabo, entre o beato e o cangaceiro. É a força revolucionária, humanizadora; é um homem dilacerado entre estas polaridades, que traz na dúvida a possibilidade de superação daquele mundo das certezas e verdades fechadas. Seu aparecimento é que detona mais um salto na trama, que havia sido levada até a exasperação do espectador, na ênfase à alienação e subserviência de Manuel, ao carregar uma pedra na cabeça, de joelhos, subindo uma escadaria sem fim, imagem simbólica da opressão do santo e de sua crença messiânica.

Há novo derramamento de sangue, realizado por Rosa, única pessoa a manter a racionalidade, e com isto rompe com esta situação de servilismo a uma figura carismática. Deus parece não ser a saída. Matar seus santos era uma forma de libertação do povo. Como a antítese de Deus, o Diabo figurado pelo cangaceiro parece, para Manuel, ser o caminho a seguir. Mas Manuel se depara com o cangaço em seus estertores, em que Corisco, em verdadeiro transe, se diz representante da ira divina, porém em suas atitudes se revela o humano, com medos, indecisões. Sua violência parece, cada vez mais, ser sem sentido; violência não-humanizadora, mesquinha. O cangaceiro, ao mesmo tempo que é tomado como símbolo do uso da violência contra as injustiças cometidas pelos poderosos, é desmistificado como um homem cuja violência não é fundadora de um novo mundo, mas é fruto de um mundo agonizante.[178]

A dialética entre forças do bem e do mal, do céu e do inferno, se resolve pelo assassinato de ambos, pelo aparecimento de Antônio das Mortes, que mata para libertar o povo do sertão de seus mitos. Mas este parece figurar a própria má consciência dos setores médios da sociedade que, mesmo tendo conhecimento das causas da dominação e da exploração, continuava a servir aos poderosos. A corrida de Manuel para o mar conclui a metáfora que atravessa todo o filme. Ele encontra a saída para a superação daquele espaço fechado, estático, fora do tempo, girando em sua insanidade: a mensagem transformadora que vem do mar. A ambiguidade deste mundo entre bem e mal, violência e poesia, torna-o impossível de racionalização, e o autor o vê como um mundo sem saídas. O esquecimento de seu projeto político não consegue dar conta da complexidade deste mundo, gerando uma duplicidade de mensagens em seu filme. Seus personagens são nele tipos fechados, entre heróis e anti-heróis, figura-símbolo de mensagem previamente elaborada, razão porque há neles certo tom voluntarista.[179]

A temporalidade nos filmes de Glauber é bem característica das singularidades do discurso cinematográfico. Os seus personagens e a trama de seus filmes oscilam entre a temporalidade da história, descontínua, múltipla, em movimento, e a temporalidade do mito, cíclica, repetitiva, cósmica. A fala dos personagens, o som, a narrativa, tratam de um tempo que as imagens tendem a desmentir; são sons que falam de um tempo e imagens que parecem atemporais. Como Glauber lida com uma temporalidade sintética, que busca ser a essência de outras temporalidades, tende a enfatizar mais as continuidades do que as descontinuidades. Seus personagens parecem sempre presos a um tempo sufocante, repetitivo, em que presente e passado se imbricam e o futuro parece não existir. Parecem se debater para romper a prisão a este tempo cíclico e, finalmente, ir ao encontro do fluxo da história, de um tempo menos espesso, menos pesado. Em *Deus e o Diabo na Terra do Sol*, por exemplo, há o abandono da função temporalizante da consciência, para lidar com o caráter atemporal do inconsciente, dos arquétipos da nação e do Nordeste. Ele buscará na psicanálise elementos para configurar esse caráter nacional atemporal, como produto de uma sociedade patriarcal, rural e sertaneja. Ele busca um tempo fora do tempo, um momento em que todos os reais pulsam; um momento-síntese, totalizador da história regional, nacional e até do Terceiro Mundo. Seus filmes, mais do que representação de um tempo, são invenção de outro tempo, resumo das memórias e do devir.[180]

Os espaços que ele constrói também remetem mais ao mito que à história. São espaços fechados, com fronteiras que não continuam o exterior. São mundos construídos como resumo de muitas espacialidades. Mundos que só existem como a concentração de muitos tempos e muitos outros espaços. Ele compõe estes espaços por meio de imagens emblemáticas, criando um espaço-impacto, violento, rude e cruel. Na primeira fase de seu trabalho até o filme *Terra em Transe*, deparamo-nos com a organização de um espaço totalizador de diferentes experiências históricas, um espaço exemplar, retórico. A partir de *Terra em Transe* ocorre um crescente dilaceramento espacial em seus filmes e, principalmente, adquirem cada vez mais um caráter abstrato, uma perda crescente de quaisquer referências, de identidades. A construção de territórios saturados de sentidos e significados, no primeiro momento, dá lugar a territórios em contínua dissolução, em transe, que parecem remeter à própria desterritorialização sofrida pelo próprio autor e sua geração. O paralelismo entre natureza e personagens, entre meio e ação e o estilo de narração que parece querer reproduzir a psicologia dos personagens são abandonados progressivamente, levando a um distanciamento cada vez maior de seus personagens com o meio. Seu estilo narrativo passará a falar de uma complexificação crescente desta relação e da própria interioridade de seus personagens.[181]

Seus filmes oscilam, pois, entre o mítico e o histórico, já que ele utiliza os mitos regionais, para exercer sobre eles uma crítica em nome de uma visão da história. Porém, muitas vezes, seu estilo narrativo e suas imagens concedem ao mito tal força que este termina por veicular um contradiscurso às suas declaradas posturas ideológicas. Ao mesmo tempo que isto contribui para retirar qualquer linearidade à narrativa de seus filmes, torna-os confusos, ambíguos. Ao aderir à "visão de mundo" de seus personagens populares, para depois dela se afastar bruscamente e veicular sua própria visão, tornam-se opacos certos episódios de suas histórias. Em *Barravento*, apesar de investir contra os mitos presentes no folclore e nos rituais negros da Bahia, em nome da lucidez, da consciência e da razão, transforma-os, no entanto, em imagens de tal beleza e se deixa envolver pela própria comunidade de pescadores para tornar o filme ambíguo, tenso, entre a condenação ideológica ao candomblé e a própria adesão das imagens à beleza dos rituais e dos mitos desta cultura popular. Embora sua ideologia busque fins para a história, seus filmes lançam mão de elementos da cultura popular, de sua memória, em que a história parece sem fim, em que se remete a uma totalidade fechada, a um mundo lendário e exemplar, a um mundo onde todas as forças presentes parecem se anular, evitando qualquer movimento. Partindo desta premissa é que, em seus filmes, só as forças externas são desestabilizadoras, só elas põem a história novamente em movimento. Só quando este mundo mítico é atingido pela presença da história trazida de fora pelo intelectual de vanguarda é que volta a se mover.[182]

Como Glauber busca reduzir a história a seus elementos essenciais, seus temas, seus processos e seus personagens tendem a ser simbólicos, emblemáticos de dada situação social ou de classe. São personagens, no entanto, que transcendem a sua própria temporalidade, que remetem a situações universais, por isso são personagens depurados, que transcendem a história imediata. Seus filmes tendem, pois, à sacralização da história, a lançá-la num tempo e num espaço desterritorializados, a lançá-la numa reflexão sobre as origens da história e da cultura da nação, feita por meio do mundo dos símbolos; é lá que ele buscará o inconsciente barroco nacional. A verdadeira essência do real estaria além do que o realismo poderia apanhar, porque este ficava preso apenas às aparências burguesas que deviam ser desmascaradas. O olhar de Glauber queria desvendar, por intermédio dos mitos populares, a verdadeira essência de nossa sociedade e do nosso povo, indispensáveis para a transformação social. Estes mitos eram metáforas das forças subterrâneas da revolta e da libertação, soterradas por camadas de discursos dominantes e submetidas à alienação e à dominação. Ele queria num trabalho psicanalítico de massas, libertar as nossas forças inconscientes de revolta, abafadas por uma civilização burguesa castradora; queria revelar nossos impulsos de morte, de violência, nossa libido: forças dissolventes do conservadorismo da sociedade. Esses mitos libertos revelariam a falsidade da história do Brasil, paralisada pelo *status quo* e esterilizada pela retórica. Ao mesmo tempo, a imaginação mítica materializa aspirações suas e revela a discrepância entre a realidade construída pelo mito e aquela construída pela história, dessacralizando o próprio mito, revelando sua falsidade.[183]

Encarnar os mitos na história era decretar, ao mesmo tempo, a morte destes e o fim da história também como mito. O mito mantém viva a possibilidade de se fazer a história. Afinal, o que seria das utopias sem eles? Eles remetem a nossos desejos e paixões mais profundos, aos anseios mais reprimidos, por isso fazem parte de um cinema que queria ser instrumento de análise histórica, que queria construir uma visão totalizante da sociedade brasileira, que queria buscar sua essência miserável e esfomeada, subdesenvolvida. Não podemos esquecer que a produção glauberiana se inscreve, inicialmente, na formação discursiva nacional-popular, expressando uma vinculação política ao marxismo, pretendendo criar uma estética terceiro-mundista, capaz justamente de ser a expressão de nosso subdesenvolvimento e de nossa fome. O mergulho nas raízes primitivas do inconsciente nacional, buscadas na cultura popular nordestina, é uma retomada da questão modernista de nossa identidade nacional e cultural. Conseguir expressar a verdadeira alma do país era a sua pretensão, por isso seu discurso fica preso à questão da identidade e do nacionalismo, reagindo ao processo de integração do país à cultura de massas, vista como alienante e destruidora de nossa autenticidade, inclusive emasculando nossa capacidade de revolta. A busca das raízes, fruto de um olhar voltado para o chão, para baixo, parece reproduzir a nossa própria condição de colonizados sempre em busca de nós mesmos. Como diz Luiz Nazário, os que vão em busca de raízes acabam cobertos de lama e de pedregulhos. O caminho da grande arte nunca foi o das raízes, mas o das estrelas. Glauber continua a procura desesperada por nosso rosto sempre fugidio, mesmo que para isso tenha que se chafurdar na lama.[184]

Seus filmes pretendem ser a recriação da verdade da sociedade na própria textura da linguagem, no uso da câmera, do som. Eles teriam uma linguagem própria, nascida de nosso miserabilismo e da fome como uma forma de ver e dizer. Para isso, Glauber considerava necessário não apenas agenciar formas populares e a memória das camadas despossuídas da sociedade, mas fazer uma crítica dialética desta cultura vista como alienada, como veiculadora da dominação. Olhar para o mundo, através do popular, não era garantia de um olhar avesso ao dominante, de acordo com o que teorizavam intelectuais ligados ao CPC da UNE, mas era necessário produzir uma cultura popular revolucionária, por meio da incorporação crítica do elemento cultural popular à cultura nacional, com um trabalho da vanguarda intelectual de esquerda. O tom doutrinário de seus primeiros personagens segue esta função pedagógica que deveria ter a produção cultural nas formulações da esquerda, visto que eles são verdadeiros profetas que possuem a miragem da verdade.

Os filmes de Glauber são atravessados por uma enorme contradição quando se referem à imagem do povo, este grande mito do discurso populista. Por um lado, sua postura política o levava a esperar do povo a conquista do poder e a revolução, mas por outro sua visão pessoal era a de que "o povo gostava de chefe". Para despertá-lo da alienação, Glauber coloca em seus filmes cenas em que os personagens, olhando fixo para a câmera, espicaçam o povo, veiculando descrédito e até desprezo por ele, fora de suas abstrações doutrinárias.[185]

Seus dois primeiros filmes participam da crença generalizada da esquerda do país, no início dos anos sessenta, de que a revolução social era iminente, era inexorável. As condições objetivas estavam dadas, só faltando as condições subjetivas, ou seja, a elevação do grau de consciência do povo. A produção cultural devia contribuir para esta elevação. Para isso, apresenta as situações sociais de forma esquemática, depura as situações apresentadas, visando caracterizar os momentos essenciais desta totalidade social, conferindo às imagens um tom emblemático e retórico. São filmes que partem de um mundo confuso, estático, sem linguagem, míticos, e que caminham no sentido da conquista da lucidez, do desmascaramento da realidade, questionam a metafísica em nome da libertação do homem, sujeito da história. A teleologia, que preside os dois primeiros filmes de Glauber, termina por fundar uma outra metafísica e a história parece se tornar profecia. Talvez a sua própria formação protestante tenha contribuído para esse apelo salvacionista, presente em seus filmes, porque a história parece se impor aos personagens e não ser feita por eles. Suas vidas, como a de seu mundo, os próprios filmes, ficam presos a esta dialética evolucionista, que os leva ao encontro da iluminação da razão e da consciência, que os traz do sertão, grande metáfora da alienação e da exploração, para o mar, grande metáfora do encontro com a civilização transformada. A libertação parece ser, pois, um destino do qual seus personagens não podem fugir. São instrumentos da astúcia da razão.[186]

No início da década de sessenta, os extremos ideológicos se tocam na forma paternalista como integram, paulatinamente, as camadas populares ao mundo da política. Os espaços seriam concedidos e não conquistados. Estas vanguardas de classe média buscam controlar a participação popular para impedir mudanças no caso dos setores conservadores ou orientar e dirigir as mudanças no caso das esquerdas, mantendo ambos a distância ao olhá-los. Se o intelectual tradicional fetichizava a tradição popular, o intelectual de esquerda a lia de forma esquemática como falsa consciência, como cultura alienada. A política se assenta na atuação de líderes que buscam, por meio do carisma, se antecipar ao povo, fazer por ele, apontar o caminho certo, ditar verdades sobre a revolução. Só estes seriam capazes de induzir à secularização do mundo popular, mostrar as relações sociais de produção como a verdadeira essência da exploração e fonte de todas as misérias, fomes e violências de que eram vítimas estes homens. Se o povo não sabia de onde vinha a fome, se o povo estava fora do poder, já que o poder era visto a partir das instituições, só a revolução, tendo como vanguarda os setores mais conscientes, poderia superar este estado de fragmentação, de alienação. Ela era a retotalização do mundo, era o encontro com um sentido definitivo para todas as coisas, só nela o mundo de delírio em que pareciam viver seus personagens seria rasgado pela consciência plena.[187]

Os seus filmes se constroem entre uma atitude de contemplação e de defesa da identidade da cultura tradicional, de permanência dos vínculos comunitários e uma atitude crítica da necessidade de transformação desta identidade, de sua tradução para um nível mais elaborado de racionalidade. Ele simpatiza com esta cultura no que ela tem de resistente à invasão dos valores da indústria cultural, no que ela tem de ataque ao cosmopolitismo, à medida que esta lhe fornece matérias e formas de expressão que permitem romper com o padrão industrial do cinema, já que, para ele, a identidade de nossa cultura residia no seu caráter artesanal. Seu olhar não se pauta pela dicotomia civilização *versus* barbárie, nem privilegia os imperativos da ordem, mas da violência, como meio de justiça; a rebeldia era o imperativo, não condenando abstratamente o "mal", mas discutindo as condições sociais reais que produziram a "maldade". Tomando a cultura como um nível de resistência política, ele buscará os elementos de revolta presentes na cultura popular, opondo-os aos elementos de passividade, destacando, nesta dialética, a forma como a política se expressa entre estas camadas populares, mais pelo sentimento e pela moral do que pela razão e pela ética. O povo parece sempre estar fugindo dos olhos de Glauber, que busca materializá-lo, entendê-lo. Povo que se dá por uma ausência e uma presença sempre invocada. Esse povo parece se encontrar apenas num futuro, quando este for capaz de se reconhecer e ser reconhecido, para tomar posse de sua identidade. Povo que, desalienado, reencontraria a atemporalidade tão buscada por Glauber.[188]

O povo, como a nação, são, na verdade, uma utopia a ser construída a partir da violência libertadora, como única condição de libertação e de humanização. A revolta contra a injustiça e a exploração é a única forma capaz de humanizar o homem, fazendo-o encontrar-se com sua própria essência, e a violência revolucionária é a única maneira capaz de refundar o mundo. A violência do repressor e da própria dominação era pensada como caminho para o início do processo de conscientização. Quanto mais violentadora fosse a situação, mais próximo se estaria da revolta regeneradora. Glauber vê o homem como um ser que deve transcender à morte aqui na vida; assim, sua fixação nos mitos, nas forças arquetípicas que conseguem vencer a morte. Os heróis revolucionários seriam desta mesma cepa de homens cujas vidas vencem a morte. Homens dispostos a morrer por uma ideia e por uma causa que os mantêm vivos. Incomoda a Glauber a violência ou a morte do cangaceiro e do fanático, por serem mortes sem sentido, uma violência não humanizadora. O medo da morte era uma das armas manipuladas pela classe dominante. A violência do dominado, por sua vez, era o seu grande medo, por isso Glauber buscará, no Nordeste, o espaço cristalizado como o lugar da violência, do sangue, da morte; buscará os mitos que poderiam alimentar a vida, que poderiam dar um sentido transformador a toda esta violência, que era intrínseca às próprias relações de poder. A violência era a única forma de expressão do ser dominado, a única força desencadeadora da história, a única forma de quebrar a rotina. Ela era portanto uma pedagogia, um aprendizado de como lutar pela mudança, e também uma estética, uma forma de fazer falar e ver uma dada realidade sem verbo, uma forma de comunicar a verdade cruel da sociedade burguesa. Nele, o poder é visto de forma negativa, como instância produtora de violência, que se deve combater com outra, em sentido contrário. A resistência e a revolta são vistas por Glauber como o avesso do poder e que não fazem parte de sua própria trama.[189]

A preocupação com que a sua própria estética fosse uma expressão da realidade faz do olhar de Glauber um olhar objetivante, distanciado, organizador. Um olhar, em suma, analítico, que pudesse produzir essa adequação da linguagem cinematográfica à essência dos processos sociais tematizados por ele. Recursos como o uso da câmera na mão e os movimentos circulares que esta faz em torno dos personagens permitem, por um lado, uma maior liberdade criativa no contato com os atores em cena e, por outro, servem para simular a verdadeira vertigem em que vivem os seus personagens; servem para dar ilusão de movimento a personagens que são eminentemente estáticos e teatrais. O movimento, de acordo com sua própria visão, vem de fora; os personagens não se movem, são movidos. Eles parecem seres perdidos, alienados, girando sempre no mesmo lugar, presos a uma espiral que os arrasta por um destino do qual não têm controle. É uma câmera, pois, orientada, nesse momento, por uma postura política definida, por isso seus espaços e seus tempos são montagens, quebram qualquer pretensão naturalista ou realista. Tanto é assim que seus filmes têm os roteiros iniciais totalmente reformulados durante a filmagem. Esta aparente abertura para o acaso e a improvisação cede lugar a uma rigorosa montagem, na qual ele realiza diferentes combinações de som e imagem, mas atravessada, claramente, pela proposta ideológica que o filme deve veicular. A chamada montagem dialética einsenstaineana tira do filme qualquer espontaneidade, afirmando a presença do autor como construtor do produto final. Só em *Barravento* teremos uma objetividade realista em que o suporte da ação é uma naturalização do espaço; em que as cenas não sofrem solução de continuidade; em que a trama não permite ver os cortes, onde se privilegia a relação horizontal entre as cenas, o que não ocorre em *Deus e o Diabo na Terra do Sol*, de relações transversais entre as cenas, em que os cortes são nítidos e fazem parte da construção da própria trama.[190]

A câmera na mão com seu andar desequilibrado, com sua trepidação, desnaturaliza a objetiva, denuncia a presença de um sujeito que a manipula; de um sujeito da própria história. Sua palpitação, sua vacilação, sua oscilação na relação com os personagens e seu espaço remetem à própria diversidade dos pontos de vista com que se pode abordar a história. Glauber assume, pois, o cinema como uma pesquisa de técnicas e de formas de expressão, capazes não apenas de representar o real, como de materializar aqueles aspectos não materializáveis, quebrando a aparência de real, que é vista por ele como construção ideológica da classe dominante. Seus filmes iniciais se organizam, quase sempre, em torno de uma dialética entre forças opostas, que termina por se resolver pela intervenção de uma terceira força, que põe fim ao próprio caos do mundo inicial, trazendo para ele racionalidade.[191]

O cinema de autor que Glauber encarnava significava a ruptura com uma série de convenções narrativas da indústria do cinema, a procura de uma dizibilidade própria para exprimir uma realidade considerada ainda pré-industrial. Nela Glauber enfatiza o corte em descontinuidade, o desequilíbrio nos enquadramentos, a percepção da existência da câmera, assumindo o fato da representação, o caráter de ficção da obra, o desenvolvimento aleatório da situação. Valoriza as lacunas, incorporando o acaso, o acidental, o improviso, tornando o filme menos controlável, mais sujeito à pulsação da experiência. Esta dizibilidade é considerada como aquela capaz de falar a verdade, em oposição ao cinema comercial, que veicularia a mentira. Assim, a grande contradição de uma obra: ao mesmo tempo que se assume como ficção, quer ser veículo de verdades. A montagem em *flashes*, artesanal, tendo o cordel como fonte inspiradora da forma de expressão, faz de *Deus e o Diabo na Terra do Sol* uma das tentativas mais bem-sucedidas de buscar uma forma cinematográfica nacional. Aqui a pulsação da narrativa tem a intenção de reproduzir o ritmo próprio dos personagens, a lentidão, a repetição quase exasperante em alguns momentos, precipita-se em ações rápidas, criando, no filme, momentos de tensão e distensão, momentos em que a mesmice desse mundo e destas vidas parece se romper bruscamente num salto. É como se a história se precipitasse de repente, fazendo aquele mundo estático se movimentar. Imagem e som nos oferecem a evidência de uma imobilidade, e esta parece ser, na verdade, um momento de acumulação de energia, momento em que movimentos subterrâneos preparam o salto futuro. Os tempos fracos não são neutros, pura extensão; são intensidades que participam da geração de tempos fortes.[192]

Em *Deus e o Diabo na Terra do Sol*, no entanto, o uso das imagens, textos e personagens simbólicos, símbolo totalizador, didático, já se vê invadido pela alegoria de sentido moderno, figura de dilaceramento, que dá ao filme certa ambiguidade. Neste filme Glauber tira partido da construção clássica da tragédia grega e da estilização operística, o coro ora comentando a ação, ora se adiantando a ela para acelerá-la, assim como o determinismo cego do destino e da conduta de seus personagens que, como ocorre no teatro brechtiano, adquirem tonalidades operísticas, excelência retórica, buscando estabelecer certa comunicação entre ator e plateia. Glauber valoriza a palavra no cinema, o gesto, o grito, o diálogo entre os personagens e a própria câmera. Glauber consegue negar aquela oposição entre gongorismo e cinemática feita por Oswald de Andrade. Ele faz um cinema gongórico, retórico, indo buscar na própria tradição oral do cordel, narrado em voz alta, sua forma de narrativa, bem como uma nova forma musical, com outra sofisticação sinfônica, um canto agreste, mas com arranjos modernos. Glauber descobriu que o cantador de cordel era, em grande medida, um ator brechtiano, na medida em que não apenas interpreta a história, mas é, em grande parte, o seu autor e condutor.[193]

Uma filmografia, centrada na luta entre o pensamento mágico e o pensamento materialista, na busca de uma linguagem que pudesse afirmar o nacional e o popular do ponto de vista da luta de classes. No cordel, Glauber encontrará o realismo mágico com que expressava o "surrealismo" da realidade nacional. Ao incorporar os mitos do cordel, ele elaborou uma espacialidade antinaturalista de grande inventividade imagética, projetando, no entanto, no espaço, o seu desejo do essencial, do eterno, do absoluto, da compreensão total, como se procurasse um sentido eterno para seus tipos e espaços. Ele lança mão da metáfora para aprofundar o real, reintegrando passado, presente e futuro, o conhecido e o não conhecido, espaços do presente e do futuro, numa totalidade significativa. Totalidade atravessada apenas por grandes segmentações, representadas por personagens simbólicos das forças que partilham o campo político, de um lado, os que representam os possuidores, os proprietários ou detentores do poder, e, de outro, os que representam os deserdados, submissos ou revoltados, mistificados e explorados. Ao lado destas, emerge uma terceira força: a dos revolucionários que tentariam inverter esta ordem. Personagens que oscilam entre o monolitismo e o dilaceramento, como a própria imagem da sociedade.[194]

Glauber diz, em entrevista, que o cinema teria nascido para ele a partir da consciência dos problemas primários da fome e da escravidão regionais. Mostrá-los, por meio do cinema, era seu ponto de partida. Sua obra já nasce assim presa à mesma estratégia prevalecente nos discursos regionalistas nordestinos, a de mostrar sua miséria e sua escravidão, embora com objetivos diversos. Glauber subordina o regional ao movimento mais global de transformação revolucionária da sociedade, tornando o Nordeste um espaço exemplar para falar da realidade de todo o Terceiro Mundo. Nele, Glauber valoriza, no entanto, de forma contraditória aqueles elementos culturais populares, resistentes à internacionalização, como o espaço que se opunha à lógica da modernidade vista como burguesa. Um mundo mágico, de uma realidade intensa, em que tudo é essencial, em que o tempo não se perde, em que os homens vivem sempre o último instante antes da morte. Um mundo desesperado, de realidade que violenta a todos, onde a mudança se opera no plano do delírio. Ele busca recontar a história do Nordeste, pelos olhos e bocas populares, revertendo a história oficial, mas também desmistificando a própria forma de ver e contar dos homens pobres.[195]

Embora a memória regional se revele e se questione, ela encontra, na filmografia de Glauber, um canal para se reelaborar, segundo diferentes pontos de vista. Como a narração do cantador, os comentários musicais, o discurso explícito do autor, o trabalho de câmera, a montagem e a encenação nem sempre estão em sintonia, seus filmes abrem brechas para que a visibilidade e a dizibilidade cristalizada da região se reponha, afirme-se como um foco narrativo, como uma perspectiva. Seus filmes oscilam entre o afastamento do universo de imagens e enunciados que construíram a ideia de Nordeste e a identificação completa com eles. O Nordeste, visto pelo direito ou pelo avesso, se toca, unifica-se, em um mundo sem horizontes; um mundo dos mortos-vivos, dos destinos condenados. Um espaço em estado de ruína, de desagregação; um espaço condenado à morte, à fome e à miséria.

Glauber não consegue romper com a imagem do regional, com suas fronteiras, porque termina por atualizar os mitos, os temas, os enunciados e as imagens que construíram a região, subordinando-a a uma outra estratégia política, a de servir como espaço-denúncia, espaço-vítima da sociedade capitalista e da dominação e alienação burguesas, mas também a de ser espaço de onde se esperava o futuro, o território da revolta que já havia entusiasmado Jorge Amado, que já havia sido sonhado por Graciliano Ramos, por João Cabral de Melo Neto. O Nordeste, do discurso dos intelectuais de esquerda, termina por estar preso à mesma trama imagética e enunciativa da visão conservadora, saudosa e romântica que o constituiu; termina por atualizar imagens e enunciados há muito tempo usados pelas oligarquias locais no seu discurso da seca, para conseguir a piedade nacional. A máquina imagética e discursiva que é o Nordeste termina por tornar este discurso da esquerda, mais um a tomar este espaço como o lugar da construção da autenticidade cultural da nação; o lugar da preservação das tradições; o lugar da luta contra a constituição de um espaço burguês no país; o lugar da luta contra a modernidade.

NOTAS

1. Jorge Amado, *Cacau*, p. 187.

2. Ver, por exemplo, a presença de enunciados marxistas em Jorge Amado, *Jubiabá*, p. 297 e segs.

3. Sobre a visão messiânica do marxismo, ver Oswald de Andrade, "A crise da filosofia messiânica", in *A Utopia Antropofágica*, p. 101 e segs.; Nelson Brissac Peixoto, *A Sedução da Barbárie*, p. 28 a 36.

4. Ver Gilles Lipovetsky, *O Império do Efêmero*, p. 265 e segs.; Cornelius Castoriadis, *A Instituição Imaginária da Sociedade*, p. 19 a 88. Sobre a desconfiança do pensamento marxista em relação à palavra, ver Jorge Amado, *São Jorge dos Ilhéus*, p. 203.

5. Ver Cornelius Castoriadis, *Op. cit.*, p. 54 e segs.

6. Ver André Malraux, "O homem e a cultura artística", *OESP*, 20/6/1945, p. 11, c. 2; Oswald de Andrade, "Uma geração se exprime", *OESP*, 29/6/1943, p. 4, c. 7.

7. Ver Nelson Werneck Sodré, "Formação da sociologia brasileira", *OESP*, 15/6/1941, p. 4, c. 5.

8. Ver Nelson Werneck Sodré, "Formação Histórica do Brasil", *OESP*, 31/12/1942, p. 4, c. 2; Caio Prado Jr., *Formação do Brasil Contemporâneo*; Antônio Piccarolo, "Interpretações econômicas da história do Brasil", *OESP*, 11/2/1942, p. 4, c. 4; N/a, "Uma Sociedade Etnográfica", *OESP*, 10/4/1943, p. 7, c. 6; N/a, "Sociedade de Sociologia de São Paulo", *OESP*, 12/8/1937, p. 5, c. 7; N/a, "Fundação da Sociedade de Estudos Econômicos", *OESP*, 27/10/1937, p. 1, c. 6.

9. Ver George Gurvitch, "A crise da sociologia contemporânea", *OESP*, 2/4/1949, p. 5, c. 8; "A atual vocação da sociologia", *OESP*, 23/8/1947, p. 4, c. 3.

10. Ver Francisco Weffort, "Problema nacional no Brasil", in *Revista Anhembi*, Ano X, n. 119, v. II, out./1960, p. 350.

11. Ver Djacir Menezes, *O Outro Nordeste*; Josué de Castro, *Geografia da Fome*.

12. Ver Nelson Werneck Sodré, "Quem é o povo no Brasil?", in *Cadernos do Povo Brasileiro* n. 2; Randal Johnson, *Macunaíma: do modernismo na literatura ao Cinema Novo*, p. 62 e segs.

13. Sobre o caráter sacrificial da história, ver Friedrich Nietzsche, "Considerações Extemporâneas", in *Obras Incompletas*, p. 17 e segs.; Michel Foucault, "Nietzsche, a genealogia e a história", in *Microfísica do Poder*, p. 15 a 38.

14. Ver Alfredo Bosi, *Reflexões sobre a Arte*, p. 27 e segs.

15. Ver George Lukács, *A Teoria do Romance*, p. 85; Roger Bastide, *Arte e Sociedade*, p. 96 e segs.

16. Ver Roger Bastide, *Arte e Sociedade*, p. 96 e segs.; Graciliano Ramos, "O fato econômico no romance de trinta", in *Linhas Tortas*, p. 235 e segs.

17. Ver Mário de Andrade, *O Turista Aprendiz*.

18. Ver Graciliano Ramos, *Infância*, p. 26.

19. Ver, por exemplo, a produção cinematográfica conhecida como "Nordestern", com filmes como, *Corisco, o Diabo Loiro* (Carlos Coimbra), 1969, e *O Cangaceiro Sem Deus* (Osvaldo de Oliveira), 1969, onde a ênfase se dá no embate entre civilização e barbárie, ordem e desordem.

20. Sobre a relação entre ordem e desordem, civilização e barbárie, ver o filme, *O Cangaceiro* (Lima Barreto), 1954.

21. Ver Ismail Xavier, *Sertão Mar*, p. 121 e segs. Veja, por exemplo, o filme, *O Cangaceiro Sanguinário* (Osvaldo de Oliveira), 1969. Paulo Dantas, "Nordeste, 1917", in *Revista Brasiliense* n. 3, jan./fev./1956, p. 49 e segs.

22. Ver Jean-Claude Bernadet, *Brasil em Tempo de Cinema*, p. 13 a 17.

23. Ver Wills Leal, *O Nordeste no Cinema*, p. 17 a 27.

24. Ver o uso que se faz destes mitos nordestinos, como símbolos de rebeldia dos dominados, em Jorge Amado, *Capitães da Areia*, p. 211; *Seara Vermelha*; *São Jorge dos Ilhéus*, p. 309 e segs. Sobre o uso destes mitos pelo Movimento de Cultura Popular, ver Vivian Schelling, *A Presença do Povo na Cultura Brasileira*, p. 365 e segs.

25. Vivian Schelling, *Op. cit.*, p. 241 e segs.

26. Ver Graciliano Ramos, *Infância*, p. 156, 126, 131 a 137. Ver também sobre a visão do Nordeste como uma sociedade discricionária, sem lei e sem ordem, o filme: *Cangaceiros de Lampião* (Carlos Coimbra), 1967.

27. Ver Jorge Amado, *Suor*, p. 231 e segs.; *Mar Morto*, p. 124; Graciliano Ramos, *Angústia*, p. 136 e 24 e segs.

28. A estratégia de mostrar o Nordeste aos governantes como o lado miserável do país é seguida, por exemplo, no filme *Maioria Absoluta* (Leon Hirzman), 1964. Sobre a visão dualista que opõe Sul e Nordeste como duas realidades homogêneas, ver Roger Bastide, *Brasil, Terra de Contrastes*. Sobre a visão do Nordeste ora como região revolucionária, ora de população alienada, ver Vivian Schelling, *Op. cit.*, p. 241 e segs.

29. Sobre o Sul como terra da promissão, ver Jorge Amado, *Seara Vermelha*, p. 64 e segs.; *Gabriela, Cravo e Canela*, p. 110 e segs.; Wills Leal, *Op. cit.*, p. 59 a 67; Jean-Claude Bernadet, *Op. cit.*, p. 111 a 116.

30. Ver Ismail Xavier, *Op. cit.*, p. 140 e segs. Sobre a construção do Nordeste como um espaço fechado, fora do tempo, ver o filme *Vereda da Salvação* (Anselmo Duarte), 1966.

31. Ver Graciliano Ramos, *Vidas Secas*, p. 12, 26, 99 e 108; Jorge Amado, *Suor*, p. 309 e segs.; *Jubiabá*, p. 25 e segs.

32. Ver Graciliano Ramos, *Linhas Tortas*, p. 32.

33. Sobre a imagem do cavaleiro na ficção brasileira, ver Mário Chamie, "O cavalo e o crucifixo", in *A Linguagem Virtual*, p. 77 e segs. Sobre o nordestino como homem rural inadaptado ao meio urbano, matuto, ridículo, ver a chanchada *Fogo na Canjica* (Luiz de Barros), 1947.

34. Veja, por exemplo, a figura do coronel no filme *O Cangaceiro Sem Deus* (Osvaldo de Oliveira), 1969, e Graciliano Ramos, *São Bernardo*; Jorge Amado; *Terras do Sem Fim*; *Gabriela, Cravo e Canela*; *Seara Vermelha*.

35. Ver Oswald de Andrade, "A crise da filosofia messiânica", in *A Utopia Antropofágica*, p. 101 e segs.

36. Ver Jorge Amado, *Cacau*; N/a, "Dispersão de grupo de fanáticos pela polícia do Ceará", *OESP*, 15/9/1936, p. 1, c. 1. Ver o filme *Vereda da Salvação* (Anselmo Duarte), 1966.

37. Todos estes estereótipos estão presentes, por exemplo, no filme *Vereda da Salvação* (Anselmo Duarte), 1966.

38. Ver também o filme *O Cangaceiro Sem Deus*; Graciliano Ramos, "Pequena história da República", in *Alexandre e Outros Heróis*, p. 161 e 162; Jorge Amado, *Seara Vermelha*, p. 236 e 245 e segs.; Graciliano Ramos, *Viventes das Alagoas*, p. 147.

39. Ver N/a, "Uma descrição de Lampião", *OESP*, 23/4/1931, p. 5, c. 6. Estes estereótipos estão presentes em filmes como *O Cangaceiro Sanguinário* (Osvaldo de Oliveira), 1969; Graciliano Ramos, *Viventes das Alagoas*, p. 135, 142, 149 a 154.

40. Ver também o filme *Corisco, o Diabo Loiro*.

41. Ver Wills Leal, *Op. cit.*, p. 89 a 97. Ver os filmes, *Cangaceiros de Lampião*; *Lampião, Rei do Cangaço* (Carlos Coimbra), 1963; *Entre o Amor e o Cangaço* (Aurélio Teixeira), 1960; *Memórias do Cangaço* (Paulo Gil Soares), 1965; *A Morte Comanda o Cangaço* (Carlos Coimbra), 1960; *Nordeste Sangrento* (Wilson Silva), 1963; *O Lamparina* (Glauco Laurelli), 1966.

42. Ver o filme *Cangaceiros de Lampião*.

43. Ver Jorge Amado, *Jubiabá*, p. 289 e 290; *Capitães da Areia*, p. 157 a 161 e 175.

44. Ver Graciliano Ramos, *Viventes das Alagoas*, p. 128 a 134, 147 a 149.

45. Idem, "O romance de Jorge Amado", in *Linhas Tortas*, p. 92 a 96.

46. Ver Renato Ortiz, *A Moderna Tradição Brasileira*, p. 22; Antonio Candido, *Literatura e Sociedade*, p. 122.

47. Ver Roberto Simões, "Ficção nordestina: diretrizes sociais", in *Revista Brasiliense* n. 41, maio/jun./1962, p. 172; Edgard Cavalheiro, "O drama do café e o romance brasileiro", *OESP*, 9/3/1941, p. 4, c. 3; Lúcia Helena, *Totens e Tabus da Modernidade Brasileira*, p. 90 a 101; Graciliano Ramos, *Caetés*, p. 152.

48. Ver Sérgio Milliet, "O moderno romance brasileiro", *OESP*, 20/10/1937, p. 4, c. 2.

49. Ver Roberto Simões, *Op. cit.*; Adhemar Vidal, "O romance do Nordeste", in *Revista Acadêmica* n. 11, maio/1935, p. 7.

50. Ver Roger Bastide, "Bahia de Todos os Santos", *OESP*, 20/10/1945, p. 4, c. 5.

51. Ver Jorge Amado, *Suor*, p. 250 a 254; *Jubiabá*, p. 53 a 63; *Capitães da Areia*, p. 158 e 159.

52. Idem, *Suor*; *O País do Carnaval*.

53. Ver Jorge Amado, "Discurso de posse na Academia Brasileira de Letras", in *Jorge Amado: povo e terra* (Roger Bastide), p. 3 a 22.

54. Idem, ibidem, p. 54 e segs.

55. Ver Pièrre Houcard, "Tendências e individualidades do romance brasileiro contemporâneo, *OESP*, 14/3/1939, p. 6, c. 1; Lúcia Helena, *Totens e Tabus da Modernidade Brasileira*, p. 102 e segs.; Jorge Amado, *Cacau*.

56. Ver Roger Bastide, *Jorge Amado: povo e terra*; Jorge Amado, *Terras do Sem Fim*; *Gabriela, Cravo e Canela*.

57. Ver Roger Bastide, *Brasil, Terra de Contrastes*, p. 202; Jorge Amado, *Mar Morto*, p. 21; *Capitães da Areia*; Roger Bastide, *Jorge Amado: povo e terra*, p. 59.

58. Ver Roger Bastide, *Jorge Amado: povo e terra*, p. 59.

59. Ver Oswald de Andrade, "Fraternidade de Jorge Amado", in *Ponta de Lança*, p. 55 a 57.

60. Jorge Amado, *O País do Carnaval*, p. 98 e segs.

61. Idem, *São Jorge dos Ilhéus*, p. 295; *Capitães da Areia*, p. 227; *Seara Vermelha*, p. 270.

62. Idem, *Tenda dos Milagres*, p. 318.

63. José Guilherme Merquior, "Em busca de uma definição para o estilo modernista", *OESP*, 14/5/1972, s/p; Jorge Amado, *Cacau*, p. 131; *Jubiabá*, p. 23; *Tenda dos Milagres*, p. 215 e segs.

64. Ver Jorge Amado, *Capitães da Areia*, p. 168 e segs.; *São Jorge dos Ilhéus*, p. 190 e segs.; *Tereza Batista, Cansada de Guerra*.

65. Ver Jorge Amado, *Terras do Sem Fim*, p. 191; Roger Bastide, *Jorge Amado: povo e terra*, p. 62.

66. Idem, *São Jorge dos Ilhéus*; *Gabriela, Cravo e Canela*; *Tereza Batista, Cansada de Guerra*, p. 99.

67. Ver David Brookshaw, *Raça e Cor na Literatura Brasileira*, p. 131 e segs.; Sérgio Milliet, "O cancioneiro de Dorival Caymmi", *OESP*, 21/11/1947, p. 6, c. 1; N/a, "Linha de cor", *OESP*, 6/5/1947, p. 1, c. 4; Dorival Caymmi, *Cancioneiro da Bahia* (Introdução de Jorge Amado), p. 7 a 11.

68. Veja, por exemplo, a canção de Dorival Caymmi, *Você Já Foi à Bahia?*, e as imagens da Bahia presentes no livro de Jorge Amado, *Bahia de Todos os Santos*.

69. Ver Roger Bastide, *Imagens do Nordeste Místico*.

70. Ver Viana Moog, *Op. cit.* p. 35 e segs.; Dorival Caymmi, *Op. cit.*, (Introdução de Jorge Amado), p. 7 a 11.

71. Ver Jorge Amado, *Bahia de Todos os Santos*.

72. Idem, ibidem, p. 19 e segs. e 135 e segs.

73. Esta ambiguidade harmônica do mundo popular baiano aparece, por exemplo, em Jorge Amado, *Tenda dos Milagres*. Sobre a ameaça de ruína do mundo tradicional baiano, ver, por exemplo, Jorge Amado, *São Jorge dos Ilhéus* e *O País do Carnaval*.

74. Ver Jorge Amado, *Tenda dos Milagres*.

75. Idem, ibidem.

76. Ver David Brookshaw, *Op. cit.*, p. 131 e segs.; Jorge Amado, *O País do Carnaval*; *Capitães da Areia*, p. 168 e segs.; *Tenda dos Milagres*.

77. Ver David Brookshaw, *Op. cit.*, p. 131 e segs.; Jorge Amado, *Tenda dos Milagres*, p. 164 e 282.

78. Ver David Brookshaw, *Op. cit.*, p. 131 e segs.; Jorge Amado, *Cacau*; *Gabriela, Cravo e Canela*.

79. Ver Jorge Amado, *Tereza Batista, Cansada de Guerra*.

80. Ver David Brookshaw, *Op. cit.*, p. 131 e segs.; Jorge Amado, *Cacau*, p. 123 e segs.; *Terras do Sem Fim*, p. 209; *São Jorge dos Ilhéus*, p. 26 e segs. e 309 e segs.

81. Ver Jorge Amado, *Terras do Sem Fim*.

82. Idem, *Cacau*, p. 164; *São Jorge dos Ilhéus*, p. 39 e segs.; *Tereza Batista, Cansada de Guerra*; *Mar Morto*, p. 107; *Capitães da Areia*, p. 63.

83. Ver Nestor Perlonguer, "Territórios Marginais", in *Papéis Avulsos* n. 6; Jorge Amado, *Suor*; *Jubiabá*, p. 19 e segs.; *O País do Carnaval*, p. 21.

84. Jorge Amado, *Jubiabá*.

85. Veja, por exemplo, a semelhança de visão da natureza e da relação desta com os homens em canções como, *É Doce Morrer no Mar*; *Itapoan*; *Noites de Tempestade*; *Saudade de Itapoan*; *Sereia*, todas de Dorival Caymmi, e aquela presente em obras de Jorge Amado como, *Mar Morto*; *Capitães da Areia*; *Seara Vermelha*.

86. Ver Jorge Amado, *Cacau*, p. 121; *Mar Morto*, p. 20 e 21; *Capitães da Areia*, p. 211; *Terras do Sem Fim*, p. 17 e segs.; *São Jorge dos Ilhéus*, p. 15 e segs.; *Bahia de Todos os Santos*, p. 25 e segs., 69, 191 e segs., 299 e segs.; *Tenda dos Milagres*, p. 89 e segs.

87. Ver Letícia Malard, *Ensaios de Literatura Brasileira: ideologia e realidade em Graciliano Ramos*, p. 42 e segs.; Silvio Castro, *Op. cit.*, p. 10; Graciliano Ramos, *São Bernardo*, p. 7 e segs.

88. Ver Graciliano Ramos, *Infância*; *Alexandre e Outros Heróis*; Jorge Coli & Antônio Seel, "Duas visões de Graciliano Ramos", *Folha de S. Paulo* (sem referências), UNICAMP, Arquivo CEDAE, Pasta Graciliano Ramos.

89. Sobre a relação entre linguagem, fala, silêncio e poder, ver Eni Pulcineli Orlandi, *Terra à Vista*, p. 49 e segs.

90. Ver Flávio Campos, *Op. cit.*; Graciliano Ramos, *São Bernardo*; *Vidas Secas*; Jorge Coli & Antônio Seel, *Op. cit.*

91. Ver Graciliano Ramos, *Linhas Tortas*, p. 35 e 42 e segs.; *Viventes das Alagoas*, p. 26; *Insônia*, p. 171; *Alexandre e Outros Heróis*, p. 11 e segs.; *São Bernardo*; *Caetés*.

92. Ver Roger Bastide, "O mundo trágico de Graciliano Ramos", *OESP*, 30/3/1947, p. 4, c. 7.

93. Ver Sérgio Miceli, *Op. cit.*, p. 27 a 35; Graciliano Ramos, *São Bernardo*, p. 20 e segs.; *Angústia*, p. 9.

94. Ver Graciliano Ramos, *Angústia*, p. 15 e segs., 174 e segs.; *Infância*, p. 69 a 77, 126 a 131 e 132 a 138; *Alexandre e Outros Heróis*, p. 139.

95. Ver Letícia Malard, *Op. cit.*, p. 52 e segs.; Graciliano Ramos, *Angústia* (Posfácio de Otto Maria Carpeaux), p. 239 e segs.

96. Ver Graciliano Ramos, *Vidas Secas* (Posfácio de Álvaro Lins), p. 128; Otto Maria Carpeaux, "Visão de Graciliano Ramos" (sem referências), UNICAMP, Arquivo do CEDAE, Pasta Graciliano Ramos; Graciliano Ramos, *São Bernardo* (Posfácio de João Luiz Lafetá), p. 189 e segs.

97. Ver Graciliano Ramos, *Caetés*, p. 65 e segs.; *São Bernardo*, p. 10.

98. Idem, *Infância*, p. 9 e segs.; Jorge Coli & Antônio Seel, *Op. cit.*; Flávio Aguiar, "A grande fome do romance brasileiro", in *Revista Leia*, jul./1988, p. 30 e segs.

99. Ver Graciliano Ramos, *Memórias do Cárcere*, v. 1 (Prefácio de Nelson Werneck Sodré), p. 7 a 30; Almir Andrade, *Aspectos da Cultura Brasileira*, p. 96 a 100; Antonio Candido, *Brigada Ligeira*, p. 84 e segs.; Graciliano Ramos, *Caetés; Angústia*, p. 163, 164 e 175; Dênis Moraes, *O Velho Graça*, p. 85 e segs.

100. Ver Letícia Malard, *Op. cit.*; Dênis de Moraes, *Op. cit.*, p. 108 e segs.; Graciliano Ramos, *Linhas Tortas*, p. 194 a 196 e 116; *Angústia*, p. 134.

101. Ver Graciliano Ramos, *Caetés; São Bernardo.*

102. Ver Graciliano Ramos, *Vidas Secas* (Posfácio de Álvaro Lins), p. 128 e segs.; *Infância*, p. 9 e segs.; *Infância* (Posfácio de Octávio Farias), p. 263 e segs.; *Insônia* (Posfácio de Adonias Filho), p. 171 e segs.; Jorge Coli & Antônio Seel, *Op. cit.*; Dênis de Moraes, *Op. cit.*, p. 38 e segs.

103. Ver Graciliano Ramos, *Caetés*, p. 43 e segs.

104. Idem, *São Bernardo; Angústia*, p. 161 e 162.

105. Idem, *Infância* (Posfácio de Octávio Farias), p. 263; *Vidas Secas*, p. 99 a 108.

106. Idem, *São Bernardo; Angústia*, p. 163 e 164; *Vidas Secas; Viventes das Alagoas*, p. 124.

107. Idem, *São Bernardo.*

108. Idem, ibidem; *Angústia.*

109. Idem, *São Bernardo*, p. 184; *Infância*, p. 247 e segs., 88 e 27 e segs.

110. Ver Jorge Coli & Antônio Seel, *Op. cit.*; Graciliano Ramos, *Angústia* (Posfácio de Otto Maria Carpeaux), p. 239 e segs.

111. Ver Graciliano Ramos, *Viventes das Alagoas*, p. 86 a 90; *São Bernardo*, p. 117; Roger Bastide, *Brasil, Terra de Contrastes*, p. 195; Graciliano Ramos, *Caetés*, p. 60; *Angústia*, p. 7 e segs.

112. Idem, *Angústia*, p. 131 e 137; *Viventes das Alagoas*, p. 18, 70 e 114 a 118; *Vidas Secas*, p. 17 a 26 e 116 e segs.; *Infância*, p. 138; *Linhas Tortas*, p. 51.

113. Ver Carlos Zilio, *A Querela do Brasil*, p. 105 e segs.; André Breton, *Manifesto do Surrealismo*; André Breton & Louis Aragon, *Surrealismo frente ao Realismo Socialista.*

114. Ver Aracy de Abreu Amaral, *Arte para quê? A Preocupação Social na Arte Brasileira (1930-1970)*, p. 101 e segs.; Sérgio Milliet, *Tarsila do Amaral*, p. 41; Carlos Zilio, *Op. cit.*, p. 105 e segs.; Carlos Zilio, "A difícil história da arte brasileira", *Folha de S. Paulo*, Folhetim, 2/10/1953, p. 4.

115. Carlos Zilio, *A Querela do Brasil*, p. 107; Aracy de Abreu Amaral, *Op. cit.*, p. 105 e segs.

116. Ver Aracy de Abreu Amaral, *Op. cit.*, p. 109 e segs.

117. Ver Sérgio Milliet, "Artistas de nossa terra: Di Cavalcanti", *OESP*, 13/5/1943, p. 4, c. 1.

118. Ver Aracy de Abreu Amaral, *Op. cit.*, p. 138 e segs.; Ibiapaba Martins, "Notas de arte: internacionalismo e nacionalismo na arte", *Correio Paulistano*, 21/6/1948, p. 6, c. 4; Luis Martins, *Emiliano Di Cavalcanti*, p. 14 e segs.

119. Ver Emiliano Di Cavalcanti, *Viagem de Minha Vida*, p. 109; Carlos Zilio, *A Querela do Brasil*, p. 85.

120. Ver Carlos Zilio, *A Querela do Brasil*, p. 85 a 90.

121. Ver Jorge Amado, *O Capeta Carybé*; Quirino Silva, "Caribé" (*sic*), *Diário da Noite*, 25/5/1955, s/p.

Ver os quadros de Carybé, *A Morte de Alexandrina* (1939); *Lampião* (1940); *Pensão São Bento* (1940); *Carnaval* (1944); *Retirantes* (1945); *Bahia* (1951); *Vaqueiros* (1953); *Os Pescadores* (1955); *Cangaceiros* (1962); *Lampião ou A Assombração do Cangaço* (1968); *Vaqueiros na Caatinga* (1969); *Nordeste* (1972).

122. Ver Carlos Zilio, *A Querela do Brasil*, p. 105 a 113.

123. Ver Mário Pedrosa, *Dos Murais de Portinari aos Espaços de Brasília*, p. 7 a 25; Mário de Andrade, *O Baile das Quatro Artes*, p. 128 e 129; Aracy Abreu Amaral, *Op. cit.*, p. 103.

124. Ver João Candido Portinari, *Portinari: O Menino de Brodósqui.*

125. Ver André Vieira, "Candido Portinari: pintor de véspera", in *Revista Acadêmica* n. 12, jul./1935, p. 10; Sérgio Milliet, "A paisagem da moderna pintura brasileira", *OESP*, 26/3/1941, p. 3, c. 8. Ver o filme, *Viramundo* (Geraldo Sarno), 1965.

126. Ver os quadros de Portinari, *Retirantes* (1945); *Enterro na Rêde* (1944); *Menino Morto* (1944); *Cabeça de Cangaceiro* (1952).

127. João Cabral de Melo Neto, "Tecendo a manhã" (*A Educação pela Pedra*), in *Poesias Completas (1940-1965)*, p. 19 e 20.

128. Ver Carlos Nejar, "João Cabral: os favos do deserto" (sem referências), UNICAMP, Arquivo do CEDAE, Pasta João Cabral; João Alexandre Barbosa, *A Imitação da Forma.*

129. João Alexandre Barbosa, *Op. cit.*, p. 129 a 157; Mário Chamie, *A Linguagem Virtual*, p.102 e segs.

130. Ver João Alexandre Barbosa, *Op. cit.*, p. 129 a 157.

131. Ver Carlos Felipe Moisés, "João Cabral: poesia e poética II", *OESP*, 3/9/1966, p. 7, c. 2; João Cabral de Melo Neto, "Graciliano Ramos", in *Terceira Feira*, p. 54; Haroldo de Campos, "Arte pobre, tempo de pobreza, poesia menos", in *Novos Estudos CEBRAP*, jul./1982, p. 63; João Alexandre Barbosa, *Op. cit.*, p. 91 e segs.

132. Ver Sérgio Buarque de Holanda, *Cobra de Vidro*, p. 29 a 45; Sérgio Milliet, "Dados para a história da poesia modernista", in *Revista Anhembi* n. 4, v. II, mar./1951, p. 26; João Cabral de Melo Neto, "A educação pela pedra", in *Poesias Completas*, p. 13; "Catar feijão", in *Poesias Completas*, p. 21; "Uma faca só lâmina", in *Poesias Completas*, p. 187 a 199; "Cemitério pernambucano" (*Paisagem com Figuras*), in *Poesias Completas*, p. 255; "O cão sem plumas", in *Poesias Completas*, p. 305.

133. Ver João Cabral de Melo Neto, "O cão sem plumas", p. 316; João Alexandre Barbosa, *Op. cit.*, p. 91 e segs.; Carlos Nejar, *Op. cit.*; Carlos Felipe Moisés, "João Cabral: poesia

e poética I", *OESP*, 27/9/1966, s/p; Adélia Bezerra Menezes, "A alquimia da pedra", *Folha de S. Paulo*, Folhetim, 11/11/1984, p. 9; Mário César Carvalho, "João Cabral explica como construir poemas", *Folha de S. Paulo*, 24/05/1988 (Ilustrada), p. 31; João Cabral de Melo Neto, "O sol em Pernambuco", in *Poesias Completas*, p. 35.

134. Ver João Cabral de Melo Neto, "O cão sem plumas", p. 305 e segs.; "Lição de poesia" (*O Engenheiro*), in *Poesias Completas*, p. 355; "Graciliano Ramos" (*Serial*), in *Poesias Completas*, p. 75; "Morte e Vida Severina", in *Poesias Completas*, p. 241; Carlos Felipe Moisés, "João Cabral: poesia e poética I".

135. Ver Modesto Carone, "Severinos e comendadores", in *Os Pobres na Literatura Brasileira* (Roberto Schwarz, org.), p. 165; Antônio Rangel Bandeira, "A poesia como conquista da razão", *OESP*, 9/11/1947, p. 6, c. 4; Jean-Paul Rebaud, "Tradição literária e criação poética em Morte e Vida Severina", *Folha de Letras*, s/p; Silviano Santiago, "Cultura brasileira: tradição e contradição", *Jornal da Tarde*, 29/3/1986, s/p.

136. Ver entrevista com João Cabral de Melo Neto, *Revista Pau-Brasil*, nov./dez./1986, p. 28 e segs.; João Alexandre Barbosa, *Op. cit.*, p. 157 a 211; Modesto Carone, *Op. cit.*, p. 167; Alfredo Bosi, *História Concisa da Literatura Brasileira*, p. 519 e segs.

137. Ver Moema Selma D'Andrea, *A Tradição Redescoberta*; João Cabral de Melo Neto, "Morte e Vida Severina", in *Poesias Completas*, p. 82 a 87; "O alpendre do canavial" (*Serial*), in *Poesias Completas*, p. 94 a 99.

138. Ver João Cabral de Melo Neto, "Velório do comendador" (*Serial*), in *Poesias Completas*, p. 82 a 87; "O alpendre do canavial".

139. Idem, "Duas faces do jantar dos comendadores" (*A Educação pela Pedra*), in *Poesias Completas*, p. 46; "Festa na casa-grande" (*Dois Parlamentos*), in *Poesias Completas*, p. 112; "Paisagem com cupim" (*Quaderna*), in *Poesias Completas*, p. 145 e 146.

140. Idem, "Cemitério paraibano" (Quaderna), in *Poesias Completas*, p. 142; "O rio", in *Poesias Completas*, p. 284 a 302; "Psicologia da composição", in *Poesias Completas*, p. 327 a 336; Adélia Bezerra de Menezes, *Op. cit.*; Jean-Paul Ribaud, *Op. cit.*; João Cabral de Melo Neto, "Congresso no Polígono das Secas" (*Dois Parlamentos*), in *Poesias Completas*, p. 103 a 111.

141. Ver Marly Oliveira, "Rápida visão da obra de João Cabral de Melo Neto", *Revista Nicolau* (sem referências), UNICAMP, Arquivo do CEDAE, Pasta João Cabral; João Cabral de Melo Neto, "Festa na casa-grande", p. 112; "O ovo da galinha" (*Serial*), in *Poesias Completas*, p. 64 e 65; " Poema da cabra" (*Quaderna*), in *Poesias Completas*, p. 168 a 174.

142. Ver João Cabral de Melo Neto, "O rio", p. 286; "O cão sem plumas"; Adélia Bezerra de Menezes, *Op. cit.*

143. Ver João Cabral de Melo Neto, "Bifurcados de 'Habitar o Tempo'" (*A Educação pela Pedra*), in *Poesias Completas*, p. 31; "Habitar o tempo" (*A Educação pela Pedra*), in *Poesias Completas*, p. 45 e 46; "Coisas de cabeceira" (*A Educação pela Pedra*), in *Poesias Completas*, p. 10; "Escritos com o corpo" (*Serial*), in *Poesias Completas*, p. 57 e 58; "Infância" (*Pedra do Sono*), in *Poesias Completas*, p. 378.

144. Moema Selma D'Andrea, *Op. cit.*; João Cabral de Melo Neto, "Morte e Vida Severina"; "Pregão turístico do Recife" (*Paisagens com Figuras*), in *Poesias Completas*, p. 245; "O cão sem plumas".

145. Ver João Alexandre Barbosa, *Op. cit.*; Mário César Carvalho, *Op. cit.*; João Cabral de Melo Neto, "De um avião" (*Quaderna*), in *Poesias Completas*, p. 136; "A voz do canavial" (*A Escola das Facas*), in *Os Melhores Poemas*, p. 210.

146. Ver João Alexandre Barbosa, *Op. cit.*; Alfredo Bosi, *História Concisa da Literatura Brasileira*, p. 525; Modesto Carone, *Op. cit.*

147. Ver Sérgio Buarque de Holanda, *Op. cit.*; João Cabral de Melo Neto, "O sol de Pernambuco"; "Morte e Vida Severina".

148. Idem, "O rio"; João Alexandre Barbosa, *Op. cit.*; Mário de Andrade, *Aspectos da Literatura Brasileira*, p. 27 e segs.

149. Ver João Cabral de Melo Neto, "Congresso no Polígono das Secas"; "Morte e Vida Severina".

150. Ver Jean-Claude Bernadet, *Op. cit.*, p. 11 a 25; Sérgio Augusto, *Este Mundo É um Pandeiro*.

151. Ver Jean-Claude Bernadet, *Op. cit.*, p. 11 a 25.

152. Ver Sérgio Augusto, *Op. cit.*, p. 85 e segs. Ver os filmes *Alô, Alô, Brasil!* (Wallace Downey, João de Barro, Alberto Ribeiro), 1933; *Alô, Alô, Carnaval!* (Adhemar Gonzaga), 1936; *Banana da Terra* (Rui Costa), 1939.

153. Ver Sérgio Augusto, *Op. cit.*, p. 131 e segs.; Oswald de Andrade, *A Utopia Antropofágica*. Ver, por exemplo, as paródias dos filmes de Hollywood, *Nem Sansão e Nem Dalila* (Carlos Manga), 1954; *Matar ou Correr* (Carlos Manga), 1954.

154. Ver Cinema Brasileiro (*Boletim Noticioso n. 1*), Comissão Permanente de Defesa do Cinema Brasileiro, 1952.

155. Ver Wills Leal, *Op. cit.*

156. Veja, por exemplo, a figura do coronel Fulgêncio no filme *Fogo na Canjica* (Luiz de Barros), 1947, ou a do motorista de táxi no filme *Rico Ri à Toa* (Roberto Farias), 1957.

157. Ver Wills Leal, *Op. cit.*, p. 47 a 59. Ver o filme *O Canto do Mar* (Alberto Cavalcante), 1953.

158. Ver o filme *O Canto do Mar* (Alberto Cavalcante), 1953.

159. Idem.

160. Idem. Diante do sucesso do baião, considerado ao lado do samba como músicas populares e nacionais, nas décadas de quarenta e cinquenta, e da presença crescente de migrantes nordestinos nos cinemas das grandes cidades do Sul, é constante a presença de músicas e cantores nordestinos nos filmes, principalmente as de Luiz Gonzaga e Dorival Caymmi. Ver, por exemplo, *Este Mundo É um Pandeiro* (Watson Macêdo), 1946, em que Gonzaga canta *Que Mentira que Lorota Boa* e *Abacaxi Azul* (Wallace Downey), 1944, onde Caymmi canta *Acontece que Eu Sou Baiano.*

161. Ver Cláudio Bueno Rocha, "Cinema Novo: o que é, quem faz, para onde vai", in *O Cruzeiro*, 31/6/1965, p. 13; Paulo Emílio Sales Gomes, "Perfis baianos", *A Tarde*, 20/4/1962, p. 2, Arquivo Glauber Rocha (AGR), Cinemateca Brasileira, Cx. BA 1, Doc. 13; Maurice Capovilla, "Cinema Novo", in *Revista Brasiliense* n. 4, maio/jun./1962, p. 182; Glauber Rocha, *Revolução do Cinema Novo*, p. 15.

162. Flávio Campos, *Op. cit.*

163. Ver Silvio Castro, *Op. cit.*; Randal Johnson, *Op. cit.*, p. 23.

164. Mário Chamie, *Op. cit.*, p. 83 e segs.; Maurice Capovilla, *Op. cit.*; Randal Johnson, *Op. cit.*

165. Ver Randal Johnson, *Op. cit.*; Jean-Claude Bernadet, *Op. cit.*, p. 35 a 39.

166. Ver Jean-Claude Bernadet, *Op. cit.*, p. 29 a 31; Roger Bastide, "O Brasil em Andreza", in *Revista Anhembi, n.* 65, v. XXII, abr./1956, p. 27; Sérgio Augusto, *Op. cit.*, p. 131 e segs. Ver os filmes, *Cinco Vezes Favela* (Marcos Farias, Miguel Borges, Carlos Diegues, Joaquim Pedro de Andrade, Leon Hirzman), 1962; *Bahia de Todos os Santos* (Trigueirinho Neto), 1960; *Este Mundo É um Pandeiro.*

167. Ver Jean-Claude Bernadet, *Op. cit.*, p. 67 a 72 e 112 a 117.

168. Ver Rachel Gerber, *Glauber Rocha*, p. 14 e 15.

169. Ver José Guilherme Corrêa, "Cinema brasileiro sincrônico", *Correio da Manhã*, 26/6/1968 (Segundo Caderno), p. 4, c. 1; Glauber Rocha, *Op. cit.*, p. 109. Ver o filme *Os Fuzis* (Rui Guerra), 1965.

170. Ver Jean-Claude Bernadet, "A origem e a utopia", *Folha de S. Paulo*, Folhetim, 22/8/1982, p. 9; Glauber Rocha, *Op. cit.*, p. 28 e segs.

171. Ver Randal Johnson, *Op. cit.*, p. 65 e segs.; Ismail Xavier, *Op. cit.*, p. 89 a 94; Entrevista de Glauber Rocha concedida a Paulo Francis, in *Status* (s/d.), p. 13, AGR, Cx. GR1, Doc. 21.

172. Ver Glauber Rocha, *Op. cit.*, p. 28 e segs.; Rachel Gerber, "Glauber Rocha e a busca da identidade" (sem referências), AGR, Cx. GR2, Doc. 4; Miriam Chnaiderman, "Nelson e Graciliano: Memória do Cárcere, *Folha de S. Paulo*, Folhetim, 2/9/1984, p. 11.

173. Ver os filmes *Vidas Secas* (Nelson Pereira dos Santos), 1963; *Grande Sertão* (Gilberto e Renato Santos Pereira), 1965.

174. Ver Jean-Claude Bernadet, *Brasil em Tempo de Cinema*, p. 58 a 67; Caetano Veloso, "Um filme de montagem" (sem referências), AGR, Cx. BA3, Doc. 30. Ver o filme, *Barravento* (Glauber Rocha), 1962.

175. Ver o filme *Barravento.*

176. Ver o filme *Deus e o Diabo na Terra do Sol* (Glauber Rocha), 1964.

177. Idem.

178. Idem.

179. Ver Maurício Jonas Leite, "Violência e coragem na terra do sol", *Tribuna da Imprensa*, 24/3/1964, s/p, AGR, Cx. DE2, Doc. 3; N/a — "Nova face da mística nordestina", *Diário de Pernambuco*, 6/9/1964, p. 15, c. 5; Mário Chamie, "As metáforas da transigência",

OESP, 8/7/1967 (Suplemento Literário), p. 4; Glauber Rocha, *Op. cit.*; Orlando Senna & Glauber Rocha, *Roteiros do Terceiro Mundo*, p. 261 e segs. Ver o filme *Deus e o Diabo na Terra do Sol*.

180. Ver Ismail Xavier, *Op. cit.*, p. 69 a 82; Glauber Rocha, "A miséria de uma filosofia" (sem referências), AGR, Cx. GR1, Doc. 10; Rachel Gerber, "Glauber Rocha e a busca da identidade"; Rachel Gerber, *Glauber Rocha*, p. 57 e segs.

181. Ver Ismail Xavier, *Op. cit.*, p. 43, 54 e 94 a 102.

182. Idem, *Op. cit.*, p. 39 a 43; "Barravento no cinema brasileiro" (Entrevista de Glauber Rocha a Walter Lima Jr.), sem referências, AGR, Cx. BA3, Doc. 19. Ver o filme *Barravento*.

183. Ver Ismail Xavier, *Op. cit.*, p. 72 a 121; Rachel Gerber, "Glauber Rocha e a busca da identidade"; Glauber Rocha, *Revisão Crítica do Cinema Brasileiro*, p. 69 e 70; Zulmira Ribeiro Tavares, "Os confins da ignorância", *OESP*, 26/07/1969 (Suplemento Literário), p. 4, c. 1.

184. Ver Glauber Rocha, "As aventuras de Antônio das Mortes, o matador do sertão" (Roteiro inicial com diálogos), AGR, Cx. DR1, Doc. 1; Jean-Claude Bernadet, "A origem e a utopia".

185. Ver Ismail Xavier, *Op. cit.*, p. 17 a 21; Jean-Claude Bernadet, "As origens e a utopia"; Glauber Rocha, "A Ira de Deus" (Roteiro inicial do filme *Deus e o Diabo na Terra do Sol*), AGR, Cx. DD1, Doc. 1.

186. Ver Ismail Xavier, *Op. cit.*, p. 102 a 106; Orlando Senna & Glauber Rocha, *Op. cit.* Ver o filme *Deus e o Diabo na Terra do Sol*.

187. Ver Ismail Xavier, *Op. cit.*, p. 183; Jean-Claude Bernadet, *Brasil em Tempo de Cinema*, p. 85; Glauber Rocha, "La Estética de la Violencia" (sem referências), AGR, Cx. DE7, Doc. 6; Glauber Rocha, *Revolução do Cinema Novo*, p. 65; Rubens Machado Jr., "O espaço de Terra em Transe", *Folha de S. Paulo*, Folhetim, 22/8/1981, p. 10; Eduardo Peñuela Canizal, "A função política no Cinema Novo", *OESP*, 24/4/1977 (Artes n. 28, Ano I), p. 3; Bruno Torri, "Poesia e Política nel Cinema Novo Brasiliene", *Formazioni Cinematografichi*, abr./1969, p. 1, AGR, Cx. DE7, Doc. 11.

188. Ver Ismail Xavier, *Op. cit.*, p. 94 a 102; Glauber Rocha, *Revolução do Cinema Novo*, p. 31; Rachel Gerber, *Glauber Rocha*, p. 46 e segs.

189. Ver Ismail Xavier, *Op. cit.*, p. 153 a 167; José Wolf, "Morrer como poeta", *Jornal do Comércio*, 28/5/1967, p. 6, c. 1; Glauber Rocha, "A Ira de Deus"; Bruno Torri, *Op. cit.*; Rachel Gerber, *Glauber Rocha*, p. 33 e segs.

190. Ver Maurice Capovilla, *Op. cit.*; Ismail Xavier, *Op. cit.*, p. 74 e segs.

191. Ver Glauber Rocha, *Revolução do Cinema Novo*; Ismail Xavier, *Op. cit.*, p. 82 a 87; Rachel Gerber, "Glauber Rocha e a busca da identidade"; Rachel Gerber, *Glauber Rocha*, p. 27 e segs.

192. Ver Ismail Xavier, *Op. cit.*, p. 74 a 86.

193. Idem, *Op. cit.*, p. 94 a 102; N/a, "Arte popular no cinema do Brasil com Deus e o Diabo", *Diário de Notícias*, 25/3/1964, s/p, AGR, Cx. DE2, Doc. 4; Rachel Gerber, "Glauber Rocha e o cinema brasileiro hoje", *Folha de S. Paulo*, Folhetim, 22/8/1982, p. 6.

194. Ver Rachel Gerber, *Glauber Rocha*, p. 61 e segs.

195. Ver Ismail Xavier, *Op. cit.*, p. 140 e segs.; Jean-Claude Bernadet, *Brasil em Tempo de Cinema*, p. 25 a 29; Glauber Rocha, "A Ira de Corisco" (Roteiro inicial do filme *Deus e o Diabo na Terra do Sol*); Carlos Alberto Silva, "Meu sol, teu diabo, vosso senhor, nosso Nordeste", in *Debate*, ano II, out./1964, p. 16.

Conclusão

A primeira conclusão deste trabalho é a de que o Nordeste é uma invenção recente na história brasileira, não podendo ser tomado como objeto de estudo fora desta historicidade, sob pena de se cometer anacronismos e reduzi-lo a um simples recorte geográfico naturalizado. A ideia de Nordeste se gestou no cruzamento de uma série de práticas regionalizantes, motivadas pelas condições particulares com que se defrontam as províncias do Norte, no momento em que o dispositivo da nacionalidade, que passa a funcionar entre nós, após a Independência, coloca como tarefa, para os grupos dirigentes do país, a necessidade de se construir a nação. Grupos que, inicialmente dispersos, provincianos, aferrados aos seus interesses particulares e locais, se veem progressivamente obrigados a se aproximar, a se unir, em defesa do seu espaço, em franco declínio econômico e político e, paulatinamente, alijado das benesses do Estado. Práticas dispersas, como aquelas vinculadas ao combate à seca, após esta ter se tornado o problema do Norte, ao combate ao cangaço, às manifestações messiânicas, aos blocos políticos formados no Parlamento para enfrentar os representantes de outras áreas, à reunião das novas gerações de grandes proprietários de terra, em torno da vida cultural e intelectual de Recife, vão sedimentando a ideia de uma regionalidade, da existência não só de interesses comuns, em nível de economia e de política, mas como laços históricos e culturais comuns, o que proporciona o surgimento de vários encontros, congressos, simpósios, em nome da solidificação da solidariedade regional e da cultura regional.

Estas práticas regionalizantes começam a se cruzar, assim, com uma série de discursos, sejam políticos ou culturais, que sedimentam a ideia de uma região Nordeste, que deixa de ser simplesmente a área seca do Norte, para se tornar uma identidade racial, econômica, social e cultural à parte. Os intelectuais, ligados às forças dirigentes desta área, são chamados a produzir um saber, um conhecimento, que dessem à região fala e imagem. Inventar o Nordeste passa a ser a tarefa destes discursos, que falam da ameaça de declínio da área em nível nacional, tanto quanto os discursos ligados aos setores econômicos e políticos. E é com muita arte que estes intelectuais, ligados à sociedade pré-industrial em declínio, elaboram textos e imagens para este espaço, ancorando-o, no entanto, na contramão da história; construindo-o como um espaço reacionário às mudanças que estavam ocorrendo na sensibilidade social e, mais ainda, na sociabilidade, com a emergência de um espaço burguês no Brasil. A própria invenção do Nordeste nasce de uma mudança na relação entre olhar e espaço, da desnaturalização deste, passando a ser pensado não mais como um simples recorte natural ou étnico, mas como um recorte sociocultural.

O Nordeste é, portanto, filho da modernidade, mas é filho reacionário, maquinaria imagético-discursiva gestada para conter o processo de desterritorialização por que passavam os grupos sociais desta área, provocada pela subordinação a outra área do país que se modernizava rapidamente: o Sul; além das próprias mudanças internas, provocadas pelo crescimento das cidades, pela emergência de padrões urbanos de sensibilidade e sociabilidade, pela separação progressiva das novas gerações dos padrões de vida rurais, pela subordinação destes grupos rurais ao capital industrial e aos padrões mercantis que este impõe. Portanto, este livro, longe de afirmar a existência de uma identidade regional, de uma região, desde sempre, mostra as suas condições de possibilidade. Ele procura retratar como o Nordeste se tornou a elaboração regional mais sofisticada do país. Região que se gesta em relação à questão da nação, da identidade nacional; questões que se cruzarão, permanentemente, mas sempre de maneira nova. Podemos afirmar que são questionáveis tanto as abordagens que consideram a região como um recorte sempre existente e sempre possível, desde a Colônia, quanto aqueles que hoje descobrem o regionalismo como invenção recente. O regionalismo nasce estreitamente ligado ao nacionalismo, porque sempre caminharam juntos, como condição de possibilidade um do outro. A questão da nação no Brasil, desde que emerge no século XIX, está atravessada de regionalismos, que antecedem e criam as regiões, ao contrário do que comumente se pensa.

O Nordeste, assim como o Brasil, não são recortes naturais, políticos ou econômicos apenas, mas, principalmente, construções imagético-discursivas, constelações de sentido. Este trabalho procurou mostrar os vários sentidos em que foram lidos e vistos o Brasil e o Nordeste; como eles se cruzaram, como estes sentidos na sua errância iam desenhando estes espaços, configurando-os de diferentes maneiras. Eles têm um repertório limitado, no entanto, pelas regras de significação existentes em cada momento, pelos limites do dizer e do ver, pelas dizibilidade e visibilidade. Estes espaços surgem como diferenças sem fundo, porque se dispersam em múltiplos sentidos. Base territorial da organização do Estado, da política oficial, do domínio social, eles surgem nas teias dos discursos, nas rendas que estes tecem, como cruzamento de diferentes imagens e enunciados, como produto das artes do dizer e do mostrar. Pensar a região como uma entidade é perpetuar uma identidade forjada por uma dada dominação. Devemos pensá-la, sim, como uma construção histórica em que se cruzaram diversas temporalidades e espacialidades, cujos mais variados elementos culturais, desde eruditos a populares, foram domados por meio das categorias da identidade, como: memória, caráter, alma, espírito, essência. O Nordeste, na verdade, está em toda parte desta região, do país, e em lugar nenhum, porque ele é uma cristalização de estereótipos que são subjetivados como característicos do ser nordestino e do Nordeste. Estereótipos que são operativos, positivos, que instituem uma verdade que se impõe de tal forma, que oblitera a multiplicidade das imagens e das falas regionais, em nome de um feixe limitado de imagens e falas-clichês, que são repetidas *ad nauseum*, seja pelos meios de comunicação, pelas artes, seja pelos próprios habitantes de outras áreas do país e da própria região.

O olho torto da mídia, como quer Rachel de Queiroz e para o qual contribuiu, o preconceito em relação ao Nordeste e ao nordestino nasceram de uma dada visibilidade e dizibilidade da região, que não foi gestada apenas fora dela, mas por seus próprios discursos e reproduzida por seu próprio povo. Este Nordeste nada mais é que a regularidade de certos temas, imagens, falas, que se repetem em diferentes discursos. Não existe um modo de ser nordestino ou um estilo brasileiro, a não ser que se tome a identidade pelo negativo, ou seja, o que identificaria o Brasil ou o Nordeste seria a coexistência de diferentes modos de ser, de diferentes estilos de viver, a enorme fissura entre as classes, as diferenças culturais acentuadas, até dentro das mesmas classes; seriam sociedades que se identificariam pela variedade das formas de fazer as coisas. Mas, acontece que esta variedade não é característica do Brasil ou do Nordeste, é da humanidade. Formulações de identidade nacional ou regional, como a empreendida por Roberto da Matta, são um contrassenso, posto que vacilam entre a aceitação de uma multiplicidade como característica nossa e a atualização por nós de uma pseudonatureza humana de caráter universal. Seríamos, para o antropólogo, uma singularidade da natureza humana. Achamos que a procura de universais no comportamento humano, seja de base fisiológica ou psicológica, é reduzir a historicidade do homem em todas as suas dimensões, inclusive corporais, à natureza. O perigo do discurso identitário é, exatamente, o de rebaixar o histórico ao natural, reificando determinados elementos e aspectos da vida social, desconhecendo que cada gesto humano, cada forma de usar seus sentidos, cada fibra de sua musculatura, cada calo em suas mãos conta uma história, assim como cada sentimento, cada paixão, cada medo, cada sonho recolhe elementos desta historicidade.

Estes discursos identitários quase sempre confundem as elaborações discursivas, que nos criam como identidades, com "o que realmente somos", vivendo a procura constante de reconciliar um ser empírico com um ser transcendental. Isto não significa dizer que a nação e a região não tenham existência "real". Elas possuem uma positividade, elas se materializam em cada atitude, em cada comportamento, em cada discurso que fazemos em nome delas. Elas existem enquanto linguagem e enquanto produto do uso que desta se faz pelo poder. A nação e a região são vistas e ditas de formas diferentes, dependendo do lugar que se ocupa na sociedade, na teia de poder que a atravessa e na rede de saberes que a esta se vincula. Mostramos, neste trabalho, como diferentes sujeitos, submetidos a condições históricas dadas, ocupando lugares específicos nas relações de poder, produziram diferentes textos e imagens para a região Nordeste, e como o que parece o Mesmo surge assim como o Múltiplo. O Nordeste, inventado no discurso sociológico de Gilberto Freyre, é retomado pelo romance de José Lins do Rego que, ao mesmo tempo, o repete e o diferencia, por pequenos deslocamentos que provoca, pela própria diferença do regime de discursos de que participam: um faz um discurso "científico"; o outro, um discurso ficcional. Freyre também inspira os quadros de Cícero Dias, que, ao mesmo tempo, podem ser vistos como a materialização das imagens freyreanas ou como não, porque as imagens de Cícero possuem uma marca particular, só dele, a marca de seu estilo.

Da mesma forma, quando os intelectuais nordestinos de esquerda procuram inverter a imagem oficial da região, procuram abordá-la a partir "do ponto de vista dos dominados, do povo", provocam um deslocamento nas imagens e enunciados tradicionais ligados à região, mas, ao mesmo tempo, a eles permanecem presos e os reproduzem, porque nunca põem em questão a existência da própria região, como farão mais tarde os tropicalistas, questionando apenas o seu modo de existência. Esta prisão das esquerdas às fronteiras demonstra a própria crise do enunciado internacionalista, no interior de um dispositivo nacionalista. Oswald, nos anos quarenta, já chamara atenção para o que significava o stalinismo e sua teoria da "revolução nacional", que transformou as linhas imaginárias das fronteiras em linhas de tiro, para quem delas tentasse fugir; transformou o traçado imaterial da clausura nacional em clausura de fato, cercada por muros, por fronteiras de arame farpado e eletrificado. As fronteiras de pontilhados tênues se transformaram em cortina de ferro. Desde a década de sessenta, falar em nome da nação parece, cada vez mais, anacrônico. Assistimos, desde então, à crise do dispositivo das nacionalidades, que gera como consequência movimentos crescentes de internacionalização em todos os setores e, ao mesmo tempo, reações nacionalistas extremadas e fragmentadoras das próprias "nações históricas". Os regionalismos explodem como reação conservadora a este processo de globalização. Os nacionalismos e regionalismos são anacrônicos e reacionários, embora em determinado momento histórico eles tenham possibilitado conquistas sociais e políticas importantes, bem como incentivado a criatividade artística e cultural. Mas estes parecem esgotados na sua potencialidade criativa, visto que se fossilizaram no mesmo momento em que um dado feixe de imagens e de enunciados, de sons e de sentidos foram escolhidos como representativos da nação ou da região; no mesmo momento em que esta sedimentação de saberes se apoia numa rede de poderes que se quer perpetuar como defensora da nação ou representante da região.

Parece, hoje, ser preciso ultrapassar as nações ou as regiões para permitir a emergência do novo, porque a nação, tanto quanto a região, se tornaram maquinarias de captura do novo, do diferente, e por isso vivem permanentemente em crise. No Brasil estamos sempre carentes de nação, e no Nordeste somos sempre de uma região carente. Quanto mais os golpes de Estado, as ditaduras, as conciliações dos vencedores nos prometem salvar a nação e a região, mais a carência de nação e a carência da região parecem se agravar. Discursos como os da dependência, do subdesenvolvimento como parte do desenvolvimento, da exploração colonial como causas explicativas de nossa situação enquanto país, parecem estar cada vez mais desgastados, porque partem de uma premissa de fundo, que é a de nossa vitimização enquanto país; a culpa por nosso atraso é dos outros, não nosso, enquanto vencedores e vencidos. O mesmo se pode dizer dos discursos que giram em torno da denúncia do colonialismo interno, das desigualdades regionais, da exploração do Nordeste pelo Sul e vice-versa. São discursos presos a essa lógica da vitimização, da culpa sendo posta sempre no "outro", criando um "eu" descomprometido com sua própria condição. O discurso das desigualdades regionais, por exemplo, traz em sua base a falsa premissa de que um dia existiu ou poderão existir regiões iguais, além de partir da naturalização e homogeneização das regiões que põe em comparação. Na verdade, existem repercussões tanto em nível nacional, como regional, dos mecanismos diferenciados de reprodução do capital em nível internacional e dos interesses imperialistas, mas tais relações não são hoje externas a nós; elas nos atravessam; são constitutivas de nós; nós as reproduzimos. Não existem, portanto, o externo e o interno.

Se afirmamos, neste livro, que o conhecimento do Nordeste é o Nordeste, isso não significa que o conhecimento e a cultura devam ter fronteiras, devam se aferrar a uma dada tradição, inventada como representativa de qualquer espaço. A questão que se coloca é como produzir cultura, lançando mão das mais diferenciadas informações, matérias e formas de expressão, seja de que procedência for e, ao mesmo tempo, não se submeter às centrais de distribuição de sentido, nacionais ou internacionais, como ser global e singular. É preciso, para isso, se localizar criticamente dentro destes fluxos culturais e não tentar barrá-los. É preciso produzir uma permanente crítica das condições de produção do conhecimento e da cultura no país e em suas diversas áreas. É preciso ter um olhar crítico em relação a este olho grande que nos espia; ter uma voz dissonante em relação a estas grandes vozes que tentam nos dizer. Não se trata, pois, de buscar uma cultura nacional ou regional, uma identidade cultural ou nacional, mas de buscar diferenças culturais, buscar sermos sempre diferentes, dos outros e em nós mesmos. O discurso historiográfico pode contribuir sobremaneira para a ruína das tradições e identidades que nos aprisionam e nos reproduzem como esta nação sempre à procura de si mesma, ou esta região sempre carente de que os outros a ajudem. Para isso é necessário, como procuramos fazer neste texto, que cada obra historiográfica seja, ao mesmo tempo, uma reflexão sobre a escritura da história, sobre sua linguagem, sua narrativa, que também estão comprometidas com a reprodução ou não de uma dada imagem ou texto do "real". A história deve deixar de ser apenas um discurso sobre o passado ou sobre o futuro, para se debruçar sobre o presente, descobrindo este presente como multiplicidade espaço-temporal, pensando os vários passados que se encontram em nós, e os vários futuros que se pode construir. Devemos nos debruçar, criticamente, sobre as formas como foram narrados os eventos históricos, não como uma representação verdadeira ou falsa do passado, mas como partícipe da invenção deste para nós. Narrativas que construíram um dado universo e uma memória, que continuam funcionando em nós e dirigindo nossos passos.

Devemos sempre libertar as imagens e enunciados do passado, os temas que o constituíram, os conceitos que o interpretaram, de seu sentido óbvio, problematizando-os. Este texto procurou mostrar como o Nordeste, que hoje nos parece ter uma existência óbvia, nasceu num momento de perigo para uma dominação; como seu rosto foi sendo montado por atitudes e discursos que, longe de terem sido sempre conscientes, o foram também, em certa medida, aleatórios, porque a história não tem propósitos, e os muitos propósitos de seus agentes nem sempre se efetivam da forma esperada. Em nenhum momento de sua produção literária Graciliano Ramos pretendeu realimentar uma imagem e um texto da região Nordeste, que reproduzem, exatamente, a dominação que abominava e queria extinguir. Por outro lado, a crítica que ele empreende aos mecanismos da memória e à linguagem possibilita questionar-se radicalmente a criação do Nordeste, como texto e como imagem. Ele inicia, na literatura brasileira, a suspeita de que não há relação direta entre as palavras e as coisas, de que a palavra mata tudo que é fixo e tudo que é fixo mata, fazendo da arte uma inimiga do embrutecimento, do costume e da repetição.

O que afirmamos é que o Nordeste quase sempre não é o Nordeste tal como ele é, mas é o Nordeste tal como foi nordestinizado. Ele é uma maquinaria de produção, mas, principalmente, de repetição de textos e imagens. Não se pode ligar esta reprodução de imagens e textos apenas à classe dominante. Não existe nela uma simples lógica de classes; estas imagens e textos alcançaram tal nível de consenso e foram agenciadas pelos mais diferentes grupos, que se tornaram "verdades regionais". É preciso, por exemplo, reconhecer que o subdesenvolvimento econômico e a estrutura de classes da região não são suficientes para explicar a dificuldade em transformar este espaço em espaço moderno. Esta verdadeira aversão ao moderno não se localiza apenas em setores dominantes, mas em setores de várias classes sociais. As ideias, as imagens, os enunciados associados ao Nordeste, que o inventaram, são um componente decisivo dessa "falta de capacidade modernizadora". Existe uma verdadeira falta de legitimidade social do valor da inovação, das novidades, uma falta de aspiração à mudança, um acentuado apego ao tradicional, ao antigo, fazendo com que a modernização atue no Nordeste no sentido de mudar o menos possível as relações sociais, de poder e de cultura. A modernização nordestina seria uma "modernização sem mudanças", bloqueando a necessidade e a legitimidade da independência do indivíduo, levando a aceitação da hierarquia e da proteção pessoal como meios de se proteger do caráter corrosivo das mudanças, dificultando a emergência de qualquer cidadania. Esta falta de legitimidade social do novo faz do Nordeste esta poderosa maquinaria de dissolução da novidade. Torna-a uma região que serve, não apenas aos vencedores, mas a parcelas de outras classes sociais, como escudo contra a radicalidade da modernidade; como maquinaria que cega o gume da novidade, que moderniza sem alterar radicalmente as relações que sustentavam o antigo.

A região Nordeste se construiu como um dos principais momentos de recusa da modernidade no país, no qual o avanço da sociedade de consumo, de moda, da sociedade de massas, é obstaculizado pela convivência com interesses corporativistas, com o imobilismo dos interesses particularistas e das vantagens adquiridas, aprofundando o próprio atraso, à medida que as positividades da modernidade e do capitalismo parecem ser insistentemente bloqueadas. Bloqueando o ímpeto de mudança nas relações sociais, surgem as lutas para a conquista ou defesa de vantagens muito particularizadas; surge a pulverização da própria consciência ou ideologia das classes dominantes e a preponderância do egoísmo categorial sobre a busca de um processo social conjunto. O regionalismo dissolve as identidades de grupos e classes, avançando no sentido da manutenção dos interesses segmentários. O sistema de circulação de sentido, em nossa sociedade, funciona como obstáculo sistemático ao devir de novas significações sociais. Sacralizando a região, a nação, o povo, a ordem, a família ou a revolução, os discursos políticos cristalizam-se em doutrinas e dogmas, que esterilizam a possibilidade de invenção de novas configurações políticas. O povo, o cidadão, são quase sempre para as elites brasileiras algo ainda inexistente e que devem ser criados por uma intervenção sábia. Do alto de sua sabedoria, ela imporia a "essa massa amorfa" uma forma saída de suas ideias. O povo real, na sua multiplicidade e diferença, é desconhecido, quando não desprezado, substituindo-o por uma criação abstrata, por uma construção imaginária que se quer autoritariamente decalcar na realidade. Esta pode ser outra conclusão deste livro, ou seja, a de que tanto os vencedores de direita quanto os de esquerda tiveram, até agora, uma visão abstrata e autoritária do povo, exatamente por operar com categorias identitárias que o transformam em meia dúzia de assertivas, em imagem de povo amorfo ou massa de manobra, ou seja, em algo a ser dirigido, visto e dito sempre por intermédio dos outros.

Este texto procurou apenas fornecer uma visão, de longo alcance, das problemáticas que se colocam no presente, como os separatismos regionais e os preconceitos regionalistas. Ele tentou apenas definir os pontos frágeis e os pontos fortes da rede de poderes que sustentam tais práticas e discursos; tentou ser uma interpretação que abra novas possibilidades de interpretação, de significação. Ele não busca, a partir dos sinais deixados pelo passado, construir uma verdade definitiva, pois não seria tirânico o detentor da verdade? O autoritarismo e o totalitarismo se alimentam da história das certezas e solapam qualquer perspectiva democrática que nasce do respeito às diferenças e não a uma hierarquia de identidades instituídas. Se este livro puder estimular um novo tipo de relação entre Nordeste e Sul, se contribuir na verdade para se pensar na destruição destas fronteiras, destas identidades cristalizadas, terá ajudado um pouco para o desaprendizado dos mecanismos hegemônicos de dominação. Se este trabalho conseguir nos tornar mais estranhos a nós mesmos, se ele conseguir tornar nossa atualidade um pouco mais distante dessa região, ao mesmo tempo, próxima de nós, região que fora de nós nos delimita; se conseguir surgir como um discurso que começa a suspeitar da familiaridade dos discursos regionais, que começa a nos ajudar a dissipar estas continuidades, que levanta suspeitas sobre as identidades espaço-temporais e nos desliga de qualquer fio de teleologia; se ele conseguir nos distanciar destas figuras históricas da nação e da região, já terá cumprido o seu papel.

Não se trata, neste texto, de superar a modernidade em nome de uma pós-modernidade, mas de levar às últimas consequências a própria modernidade, concedendo à história o lugar central que ocupa em nossa *epistéme*. A historicidade de todo o sublunar, a história como o modo de ser de tudo que nos é dado à experiência, como o incontornável de nosso pensamento. Trata-se de revolver as camadas deste sublunar que ainda permanecem "naturalizadas"; trata-se de deglutir todos os objetos que parecem ainda fugir da corrosão do tempo; trata-se de derrubar os mitos que ainda sustêm uma dada construção das espacialidades em nível nacional;

uma hierarquia espacial, que funciona para reprodução de uma hierarquia de saberes e de poderes; um espaço dominado por forças que pouco aceitam e desejam o perigo do moderno; que prestigiam mais o passado do que o presente; que reconhecem muito pouco o direito à novidade, à diferença, em que os códigos de singularização e individualização burgueses convivem com rígidas normas coletivas tradicionais, que buscam barrar o processo de despersonalização das relações sociais.

O que se chama hoje de "cultura nordestina" é um complexo cultural, historicamente datável. É fruto de uma criação político-cultural, que tende a diluir as próprias diversidades e heterogeneidades existentes neste espaço, em nome da defesa "de seus interesses e de sua cultura" regionais, contra o processo de diluição no nacional ou no internacional. Áreas diversas culturalmente como o Recôncavo Baiano, o litoral pernambucano e paraibano, o sertão cearense ou a parte amazônica do Maranhão, passam a ser pensadas como uma unidade, desde geográfica, étnica, até cultural. Uma unidade politicamente defensiva em relação ao desprestígio em nível nacional e reivindicativa de parcelas permanentes de investimentos. Quanto menos regional era a região, do ponto de vista econômico, social e cultural, mas se reafirmava e se reafirma a sua pseudo-unidade e a sua pseudo-identidade, a ponto de ingenuamente falar-se numa separação do restante do país, que a devolveria à liberdade e traria o desenvolvimento e a riqueza, proposições risíveis, se não trágicas, diante do quadro de internacionalização e nacionalização de nossos mercados e de nossas culturas. A nossa tese é de que precisamos, sim, renunciar a todas as continuidades irrefletidas, sobretudo a termos como tradição, identidade, cultura regional e nacional, desenvolvimento, subdesenvolvimento, evolução, para sermos capazes de pensar o diferente e, ao pensá-lo, fazer diferente. Diferença que, longe de ser origem esquecida e recoberta, é a dispersão que somos e que fazemos.

Não é pretensão deste livro se posicionar dentro da gritaria regionalista que se apodera do país nos últimos anos. Ele não é um manifesto em defesa da nordestinidade. Não assumimos nele o discurso do outro, do menosprezado, do discriminado. Não queremos ficar do "lado correto". O que pretendemos foi deixar surgir alguns dos mecanismos de saber e poder que produziram estas fraturas regionais e deram a elas suas identidades. Não queremos defender uma região contra a outra, ou os nordestinos dos preconceitos dos sulistas, mas sim queremos é questionar a existência destas regiões, desse Nordeste, desse nordestino ou essa nordestinidade que aparecem na mídia, nas discussões regionalistas e nas teses acadêmicas. Não queremos ocupar nele o lugar esperado, seja enquanto "nordestino" ou enquanto historiador "nordestino". Queremos nos deslocar desses mecanismos aprisionadores e denunciar tanto um lado como o outro, como parte das artimanhas de nossa dominação e poder ter outras artimanhas, outras artes, outras manhas, outras manhãs.

Não quer este livro defender o Nordeste, mas atacá-lo; ele não quer sua salvação, mas sua dissolução enquanto esta maquinaria imagético-discursivo de reprodução das relações econômico-sociais e de poder que fazem com que sejamos habitantes de uma das áreas mais pobres e de pessoas mais ricas do país. Este trabalho quis questionar esta representação regional e a prisão dos discursos a este dispositivo de forças que a sustentou e a sustenta. Por mais que os discursos se considerem críticos, "revolucionários", falando de outro lugar, estes discursos estarão domados em seu poder de corte se continuarem submetidos à lógica que preside as ideias de região/nação, que não deixam emergir uma realidade muito mais complexa e polimorfa. Por que perpetuarmos este Nordeste que significa seca, miséria, injustiça social, violência, fanatismo, folclore, atraso cultural e social? É preciso fugir do discurso da súplica ou da denúncia da miséria; é preciso novas vozes e novos olhares que compliquem esta região, que mostrem suas segmentações, as cumplicidades sociais dos vencedores com a situação presente deste espaço. Se o Nordeste foi inventado para ser este espaço de barragem da mudança, da modernidade, é preciso destruí-lo para poder dar lugar a novas espacialidades de poder e de saber.

Assumir a nordestinidade é assumir estas várias representações excludentes, sobre este espaço e este povo; é emitir um discurso preso à lógica da submissão; é ocupar o lugar que esperam para nossa voz e para nosso olhar: voz para pedir, suplicar, denunciar; olhar para, banhado de lágrimas, comover a quem se dirige. Não é assumindo a nordestinidade e usando-a como se fosse um enunciado revolucionário que denunciaremos a teia de poder que exclui grande parte dos chamados nordestinos, que estereotipifica como marginais socioculturais a grande parte daqueles que nele habita. Mas é nos afirmando como não-nordestinos, no sentido consagrado, é mostrando que existem diferentes formas de ser nordestino e que algumas não sofrem nenhum processo de discriminação. É preciso questionar as lentes com que os nordestinos são vistos e se veem e com que enunciados os nordestinos são falados e se falam. Esperamos ter mostrado que o combate aos preconceitos, em relação ao Nordeste e ao nordestino, não se fará por um discurso regionalista ou separatista, que tente inverter o sinal do que se diz, atribuindo uma falsidade ao que se fala e vê e procurando colocar outra verdade em seu lugar. Não é voltando os mesmos preconceitos contra os sulistas ou contra o Sul, que são também abstrações. Temos de começar por destruir o Nordeste e o nordestino, assim como o Sul e o sulista, como estas abstrações preconceituosas e estereotipadas, buscando conhecer as diversidades constitutivas de cada área e de cada parcela da população nacional e, o mais importante, nos preparando para suportar a diferença, para respeitá-la.

Devemos criticar, por exemplo, a postura da mídia, não por que não vê nossa verdadeira face, ou mostra nossa verdadeira fala, mas por ter uma postura negadora da história, da mudança, por estar presa a uma visibilidade e dizibilidade do Nordeste que faz com que venham à região sempre em busca do folclórico, da miséria, da violência, da seca, até de cangaceiros, beatos e coronéis ainda no final do século XX. Não que a mídia não deva mostrar tais aspectos, mas também se perguntar por que ela não consegue enxergar ou escutar outras coisas na região. Não são ainda resquícios de uma visibilidade e de uma dizibilidade que segmentavam o país em dois pólos antagônicos, representando o Nordeste todas as negatividades do país e o Sul, as suas positividades? Este olhar e esta fala da mídia reproduzem, em grande parte, as hierarquias espaciais, as hierarquias identitárias, que realimentam as desigualdades sociais, econômicas e culturais no país. Operando com estereótipos, ele demonstra toda a sua pretensão de deter um saber prévio sobre o outro; um saber atento apenas às diferenças externas, mais superficiais; as diferenças típicas, diferenças que, em vez de questionar as identidades cristalizadas, as repõem. As reportagens sobre o Nordeste não são feitas para descobrir algo novo a seu respeito, mas reafirmar a sua imagem já estabelecida, que significa, ao mesmo tempo, reforçar a imagem construída para São Paulo, para o Sul etc.

É preciso, pois, continuarmos amando a história, não pelas certezas que nos revela, mas pelas dúvidas que levanta, pelos problemas que coloca e recoloca; não porque os resolve e descobre inscrita em si mesma, uma panaceia teleológica que viria a suprimir todos os nossos sofrimentos. A história não é um ritual de apaziguamento, mas de devoração, de despedaçamento. Ela não é bálsamo, é fogueira que reduz a cinzas nossas verdades estabelecidas, que solta fagulhas de dúvidas, que não torna as coisas claras, que não dissipa a fumaça do passado, mas busca entender como esta fumaça se produziu. O problema, antes de ser coberto pelas cinzas de uma resolução teórica, deve ser soprado para que apareça em todo o seu ardor de brasa. Ele deve voltar a queimar, a incomodar. É preciso que a invenção do Nordeste deixe de ser uma questão adormecida, para voltar a ser reposta em nome do amor à vida que ainda é possível, em nome do amor aos homens, que ainda nos deixa em dúvida, certos de que não há nada mais inumano que a certeza, parente da morte. Se a vida é amiga da arte, é possível com arte inventarmos outros Nordestes, que signifiquem a supressão das clausuras desta grande prisão que são as fronteiras.

Fontes e Bibliografia

I. Livros de apoio

AMARAL, Aracy de Abreu. *Arte para quê? A preocupação social na arte brasileira (1930-1970)*. São Paulo, Nobel, 1984.

ANDRADE, Almir. *Aspectos da Cultura Brasileira*. Rio de Janeiro: Schmidt Editor, 1939.

ANDRADE, Mário de. *Aspectos da Literatura Brasileira*. 5. ed. São Paulo: Martins, 1974.

______. *O Baile das Quatro Artes*. São Paulo: Martins, 1975.

AUGUSTO, Sérgio. *Este Mundo é um Pandeiro*. São Paulo: Cinemateca Brasileira/ Companhia das Letras, 1989.

AZEVEDO, Célia Maria Marinho de. *Onda Negra, Medo Branco: o negro no imaginário das elites*. Rio de Janeiro: Paz e Terra, 1987.

BARBOSA, João Alexandre. *A Imitação da Forma*. São Paulo: Duas Cidades, 1975.

BARTHES, Roland. *Fragmentos de um Discurso Amoroso*. 10. ed. Rio de Janeiro: Francisco Alves, 1990.

______. *O Óbvio e o Obtuso*. Rio de Janeiro: Nova Fronteira, 1990.

BASTIDE, Roger. *Arte e Sociedade*. 2. ed. São Paulo: Cia. Ed. Nacional, 1979.

______. *Brasil, Terra de Contrastes*. 2. ed. São Paulo: Difel, 1964.

______. *Imagens do Nordeste Místico*. Rio de Janeiro: Empresa Gráfica O Cruzeiro S/A, 1945.

______. *Jorge Amado: Povo e Terra, 40 anos de literatura*. São Paulo: Martins, 1962.

BENJAMIN, Walter. *Magia e Técnica, Arte e Política* (Obras Escolhidas, v. I). São Paulo: Brasiliense, 1985.

BERNADET, Jean-Claude. *Brasil em Tempo de Cinema*. 2. ed. Rio de Janeiro: Paz e Terra, 1976.

BOSI, Alfredo. *Cultura Brasileira: Temas e Situações*. São Paulo: Ática, 1987.

______. *História Concisa da Literatura Brasileira*. 3. ed. São Paulo: Cultrix, 1990.

______. *Reflexões sobre a Arte*. 3. ed. São Paulo: Ática, 1989.

BRETON, André. *Manifestos do Surrealismo*. Lisboa: Moraes Editores, 1976.

______ & ARAGON, Louis. *Surrealismo Frente ao Realismo Socialista*. Barcelona: Tusques Editor, 1973.

BROOKSHAW, David. *Raça e Cor na Literatura Brasileira*. Porto Alegre: Mercado Aberto, 1983.

CANDIDO, Antonio. *Brigada Ligeira*. São Paulo: Martins, 1961.

______. *Literatura e Sociedade*. 7. ed. São Paulo: Ed. Nacional, 1985.

CASTELO, José Aderaldo. *José Lins do Rego: Modernismo e Regionalismo*. São Paulo: Edart, 1961.

CASTORIADIS, Cornelius. *A Instituição Imaginária da Sociedade*. Rio de Janeiro: Paz e Terra, 1982.

CASTRO, Silvio. *Teoria e Política do Modernismo Brasileiro*. Petrópolis: Vozes, 1979.

CHAMIE, Mário. *A Linguagem Virtual*. São Paulo: Edições Quíron/Secretaria da Cultura, Ciência e Tecnologia, 1976.

D'ANDREA, Moema Selma. *A Tradição Re(des)coberta*. Campinas, Ed. da Unicamp, 1992.

DECCA, Edgar Salvatori de. *O Nascimento das Fábricas*. São Paulo: Brasiliense, 1979.

______. *O Silêncio dos Vencidos*. São Paulo: Brasiliense, 1981.

DELEUZE, Gilles. *Diferença e Repetição*. Rio de Janeiro: Graal, 1988.

______. *Foucault*. São Paulo: Brasiliense, 1986.

______. *Proust e os Signos*. Rio de Janeiro: Forense-Universitária, 1987.

______ & GUATTARI, Félix. *O Anti-Édipo*. Rio de Janeiro: Imago, 1976.

ECO, Umberto. *Apocalípticos e Integrados*. São Paulo: Perspectiva, 1970.

FERNANDES, Florestan. *Folclore e Mudança Social na Cidade de São Paulo*. 2. ed. Petrópolis: Vozes, 1979.

FERREIRA, José de Jesus. *Luiz Gonzaga, o Rei do Baião, sua vida, seus amigos, suas canções*. São Paulo: Ática, 1986.

FERRETTI, Mundicarmo Maria Rocha. *Baião dos Dois*. Recife: Fundarj/Editora Massangana, 1988.

FOUCAULT, Michel. *A Arqueologia do Saber*. 2. ed. Rio de Janeiro: Forense Universitária, 1986.

______. *As Palavras e as Coisas*. São Paulo: Martins Fontes, 1985.

______. *Eu Pierre Riviére, que degolei minha mãe, minha irmã e meu irmão*. 2. ed. Rio de Janeiro: Graal, 1982.

______. *História da Loucura*. São Paulo: Perspectiva, 1978.

______. *História da Sexualidade I (A Vontade de Saber)*. 4. ed. Rio de Janeiro: Graal, 1977.

______. *Isto Não É Um Cachimbo*. São Paulo: Brasiliense, 1989.

______. *Microfísica do Poder*. 4. ed. Rio de Janeiro: Graal, 1984.

______. *Vigiar e Punir*. Petrópolis: Vozes, 1984.

GARCIA, N. Jahr. *Estado Novo, Ideologia e Propaganda Política*. São Paulo: Loyola, 1982.

GEBARA, Ademir et alli. *História Regional: uma discussão*. Campinas: Ed. da Unicamp, 1987.

GERBER, Raquel. *Glauber Rocha*. Rio de Janeiro: Paz e Terra, 1977.

GOMES, Helena Toller. *O Poder Rural na Ficção*. São Paulo: Ática, 1981.

HELENA, Lúcia. *Totens e Tabus na Modernidade Brasileira*. Rio de Janeiro: Tempo Brasileiro; Niterói, UFF, 1985.

HOBSBAWM, Eric & RANGER, Terence (orgs.). *A Invenção das Tradições*. Rio de Janeiro: Paz e Terra, 1984.

HOLANDA, Sérgio Buarque de. *Cobra de Vidro*. 2. ed. São Paulo: Perspectiva/Secretaria de Cultura, Ciência e Tecnologia, 1978.

INOJOSA, Joaquim. *Os Andrades e Outros Aspectos do Modernismo*. Rio de Janeiro: Civilização Brasileira; Brasília, INL, 1975.

JOHNSON, Randal. *Macunaíma: do modernismo na literatura ao Cinema Novo*. São Paulo: T. A. Queiroz, 1982.

LEAL, Wills. *O Nordeste no Cinema*. João Pessoa: Ed. Universitária/Funape/UFPb, 1982.

LEITE, Dante Moreira. *O Caráter Nacional Brasileiro*. 2. ed. São Paulo: Pioneira, 1969.

LENHARO, Alcir. *Sacralização da Política*. Campinas: Papirus, 1986.

LIPOVETSKY, Gilles. *O Império do Efêmero*. São Paulo: Companhia das Letras, 1989.

LOPEZ, Telê Ancona (org.). *Macunaíma: A Margem e o Texto*. São Paulo: Hucitec/Secretaria de Cultura, Esportes e Turismo, 1974.

LUKÁCS, George. *Teoria do Romance*. Lisboa: Presença, s/d.

MACHADO, Roberto. *Ciência e Saber (A Trajetória da Arqueologia de Foucault)*. Rio de Janeiro: Graal, 1981.

______. *Deleuze e a Filosofia*. Rio de Janeiro: Graal, 1990.

MAGNANI, José Guilherme Cantor. *Festa no Pedaço*. São Paulo: Brasiliense, 1984.

MAINGUENEAU, Dominique. *Novas Tendências em Análise de Discurso*. Campinas: Pontes/Ed. da Unicamp, 1989.

MALARD, Letícia. *Ensaio de Literatura Brasileira: ideologia e realidade em Graciliano Ramos*. Belo Horizonte: Itatiaia, s/d.

MARTINS, Luis. *Cândido Portinari*. São Paulo: Gráficos Brummer Ltda., 1972.

______. *Emiliano Di Cavalcanti*. São Paulo: MAM, 1953.

MATTA, Roberto da. *Carnaval, Malandros e Heróis*. Rio de Janeiro: Zahar, 1979.

______. *O Que Faz o brasil, Brasil?* Rio de Janeiro: Salamandra, 1984.

MICELI, Sérgio. *Intelectuais e Classe Dirigente no Brasil (1920-1945)*. São Paulo: Difel, 1979.

______. *Tarsila do Amaral*. São Paulo: MAM, 1953.

MOOG, Viana. *Uma Interpretação da Literatura Brasileira*. Rio de Janeiro: Casa de Estudante do Brasil, 1943.

NEVES, David E. *Cinema Novo no Brasil*. Petrópolis: Vozes, 1966.

NIETZSCHE, Friedrich. *Obras Incompletas* (2 vols.). Seleção de textos de Gerárd Lebrun, 5. ed. São Paulo: Nova Cultural, 1991.

NOVAES, Adauto (org.). *Tempo e História*. São Paulo: Companhia das Letras/Secretaria Municipal de Cultura, 1992.

OLIVEIRA, Francisco de. *Elegia para uma Re(li)gião*. 2. ed. Rio de Janeiro: Paz e Terra, 1977.

ORLANDI, Eni Pulcinelli. *Terra à Vista: discurso do confronto: velho e novo mundo*. São Paulo: Cortez, Campinas, Ed. da Unicamp, 1990.

ORTIZ, Renato. *A Consciência Fragmentada*. Rio de Janeiro: Paz e Terra, 1980.

______. *Cultura Brasileira e Identidade Nacional*. 3. ed. São Paulo: Brasiliense, s/d.

______. *A Moderna Tradição Brasileira*. 3. ed. São Paulo: Brasiliense, 1991.

PEDROSA, Mário. *Dos Murais de Portinari aos Espaços de Brasília*. São Paulo: Perspectiva, 1981.

PEIXOTO, Nelson Brissac. *A Sedução da Barbárie*. São Paulo: Brasiliense, 1982.

PERLONGUER, Nestor. *O Negócio do Michê*. 2. ed. São Paulo: Brasiliense, 1987.

PONTES, Neroaldo. *Modernismo e Regionalismo*. João Pessoa: Secretaria da Educação e Cultura da Paraíba, 1984.

PORTINARI, João Cândido. *Portinari: O Menino de Brodósqui*. Rio de Janeiro: Livroarte Editora Ltda., 1979.

RAGO, Margareth. *Os Prazeres da Noite*. Rio de Janeiro: Paz e Terra, 1991.

RAMOS, Arthur. *O Folclore Negro no Brasil*. 2. ed. Rio de Janeiro: Livraria Editora da Casa do Estudante do Brasil, 1954.

RIBEIRO, Renato Janine (org.). *Recordar Foucault*. São Paulo: Brasiliense, 1985.

ROLNIK, Suely. *Cartografia Sentimental*. São Paulo: Estação Liberdade, 1989.

SÁ, Genival. *O Sanfoneiro do Riacho da Brígida*. Fortaleza: Edições A Fortaleza, 1966.

SCHELLING, Vivian. *A Presença do Povo na Cultura Brasileira*. São Paulo: Campus; Campinas, Ed. da Unicamp, 1990.

SCHWARZ, Roberto. *Os Pobres na Literatura Brasileira*. São Paulo: Brasiliense, 1983.

SECCHIN, Antônio Carlos. *João Cabral: A Poesia do Menos*. São Paulo: Duas Cidades, Brasília, INL/Fundação Pró-Memória, 1985.

SENNA, Homero. *República das Letras*. Rio de Janeiro: Gráfica Olímpica Ed., 1968.

SILVEIRA, Rosa Maria Godoy. *O Regionalismo Nordestino*. São Paulo: Moderna, 1984.

SOUZA BARROS. *A Década Vinte em Pernambuco*. 2. ed. Recife: Fundação de Cultura da Cidade do Recife, 1985.

SQUEFF, Enio & WISNIK, José Miguel. *Música* (O Nacional e o Popular na Cultura Brasileira). São Paulo: Brasiliense, 1982.

SUBIRATS, Eduardo. *Da Vanguarda ao Pós-Moderno*. 3. ed. São Paulo: Nobel, 1987.

SÜSSEKIND, Flora. *O Brasil não é Longe Daqui*. São Paulo: Companhia das Letras, 1990.

TRONCA, Ítalo (org.). *Foucault Vivo*. Campinas: Pontes, 1987.

VENTURA, Roberto. *Estilo Tropical*. São Paulo: Companhia das Letras, 1991.

VEYNE, Paul. *Como se Escreve a História*. Brasília: Ed. da UnB, 1982.

______. *O Inventário das Diferenças*. São Paulo: Brasiliense, 1989.

XAVIER, Ismail. *Sertão Mar (Glauber Rocha e a Estética da Fome)*. São Paulo: Brasiliense, 1983.

ZILIO, Carlos. *A Querela do Brasil*. Rio de Janeiro: FUNARTE, 1982.

______; LAFETÁ, João Luiz e LEITE, Lígia Chiappini Moraes. *Artes Plásticas e Literatura* (O Nacional e o Popular na Cultura Brasileira). São Paulo: Brasiliense, 1982.

II. Artigos e teses de apoio

ALBUQUERQUE, Jr., Durval Muniz de. *Falas de Astúcia e de Angústia: A Seca no Imaginário Nordestino (1877-1922)*. Dissertação de Mestrado em História, Unicamp, 1988.

______. "Mennochio e Riviére: criminosos da palavra, poetas do silêncio". Campinas: Centro de Memória da Unicamp/Papirus, *Resgate*, n. 2, 1991.

______. *Vidas por um Fio, Vidas Entrelaçadas: rasgando o pano da cultura e descobrindo o rendilhado das "trajetórias culturais"*. Uberlândia, História e Perspectiva, n. 8, 1993, p. 87-96.

______. *Violar Memórias e Gestar a História: abordagem de uma problemática fecunda que torna a tarefa do historiador um "parto difícil"*. Recife: Clio, Série Nordeste, n. 15, 1994, p. 39-52.

BASTOS, Elide Rugai. *Gilberto Freyre e a Formação da Sociedade Brasileira*. Tese de Doutoramento em Ciências Sociais. São Paulo: PUC, 1986.

BENJAMIN, Walter. "O surrealismo". In: *Os Pensadores*, v. XLVIII. São Paulo: Abril Cultural, 1975.

BERNADET, Jean-Claude. "A origem e a utopia". São Paulo: *Folhetim*, 22 de agosto de 1982, p. 9.

BERRIEL, Carlos Eduardo O. "A uiara enganosa". São Paulo: *Revista Ensaio*, n. 17/18, s/d, p. 210.

CAMPOS, Haroldo de. "Arte pobre, tempo de pobreza, poesia menos". São Paulo: *Novos Estudos CEBRAP*, julho de 1982, p. 63.

CAMPOS, Haroldo de. "Parafernália para Hélio Oiticica". São Paulo: *Folhetim*, 13 de maio de 1984, p. 11.

CAPOVILLA, Maurice. "Cinema Novo". São Paulo: *Revista Brasiliense*, n. 4, mar./jun. 1962, p. 182.

CARVALHO, Luis Antônio de. "As pistas do moderno". São Paulo: *Revista Leia*, maio de 1987, p. 22.

CHAMIE, Mário. "Gilberto Freyre, o mago das recorrências". São Paulo: *Suplemento Literário de O Estado de S. Paulo* n. 209, ano III, 10 de junho de 1984, p. 13.

CHNAIDERMAN, Miriam. "Nelson e Graciliano: memória do cárcere". São Paulo: *Folhetim*, 2 de setembro de 1984, p. 11.

CONTIER, Arnaldo. "Música e ideologia no Brasil". São Paulo: *Coleção Ensaios*, n. 1, Novas Metas, 1978, p. 37.

______. "Modernismo e brasilidade: música, utopia e tradição". In: *Tempo e História* (Adauto Novaes — org.). São Paulo: Companhia das Letras/Secretaria Municipal de Cultura, 1992.

DANTAS, Paulo. "Euclides e as dimensões sertanejas". São Paulo: *Revista Brasiliense*, n. 19, set./out. 1958, p. 138.

______. "Os Sertões como tema literário". São Paulo: *Revista Brasiliense* n. 5, maio/jun. 1956, p. 86.

DELEUZE, Gilles. "Pensamento nômade", São Paulo: *Folhetim*, 8 de fevereiro de 1985, p. 4.

DÓRIA, Carlos Alberto. "1930: romance e revolução". São Paulo: *Folhetim*, 14 de junho de 1981, p. 4.

FOUCAULT, Michel. "Ariane enforcou-se". São Paulo: *Livros*, 13 de agosto de 1988, p. 4.

GAGNEBIN, Jeanne Marie. "Origem da alegoria, alegoria da origem". São Paulo: *Folhetim*, 9 de dezembro de 1984, p. 8.

GUATTARI, Félix. "Impasse pós-moderno e transição pós-mídia". São Paulo: *Folhetim*, 13 de abril de 1986, p. 2.

HANSEN, João Adolfo. "Terceira margem". São Paulo: *Folhetim*, 20 de novembro de 1987, p. 2.

LAUS, Lausimar. "O romance de Raquel de Queiroz". Belo Horizonte: *Suplemento Literário do Estado de Minas*, 11 de outubro de 1975, p. 11.

LEITE, Otávio Dias. "Vidas secas". São Paulo: *Revista Acadêmica*, n. 34, abril de 1938, p. 10.

LUCAS, Fábio. "Vanguarda literária e ideologia". Rio de Janeiro: *Encontros com a Civilização Brasileira*, n. 3, setembro de 1978.

MACIEL, Luiz Carlos. "O esvaziamento da realidade". São Paulo: *Folhetim*, 27 de fevereiro de 1977, p. 23.

MELO, Maria das Graças Rios de. "Literatura oral e teatro popular". *Suplemento Literário do Estado de Minas*, 29 de novembro de 1975, p. 4.

MENEZES, Adélia Bezerra de. "A alquimia da pedra". São Paulo: *Folhetim*, 11 de novembro de 1984, p. 9.

MILLIET, Sérgio. "Dados para a história da poesia modernista". São Paulo: *Revista Anhembi*, n. 4, v. II, março de 1951, p. 26.

NAXARA, Márcia Regina Capelari. *Estrangeiro em sua Própria Terra*. Dissertação de Mestrado em História. Campinas: Unicamp, 1991.

OLIVEIRA, Fátima Amaral Dias de. *Trilha Sonora*. Dissertação de Mestrado em História. Campinas: Unicamp, s/d.

OLIVEIRA, Lúcia Lippi. "Repensando a tradição". Rio de Janeiro: SBPC, *Ciência Hoje*, v. 7, n. 38, dezembro de 1987, p. 58.

PERLONGUER, Nestor. "Territórios marginais". Rio de Janeiro: CIC/UFRJ, *Papéis Avulsos*, n. 6, 1989.

PESSANHA, José Américo Mota. "Bachelard: as asas da imaginação". São Paulo: *Folhetim*, 10 de junho de 1984, p. 9.

PIGNATARI, Décio. "Cultura Brasileira Pós-Nacionalista". São Paulo: *Folhetim*, 17 de fevereiro de 1985, p. 6.

PINTO, José Nêumane. "Os marginais da música nordestina". São Paulo: *Somtrês*, n. 23, 1980, p. 66.

QUADROS, Consuelo Novaes S. de. "Formação do regionalismo no Brasil". Salvador: *Revista do Centro de Estudos Baianos*, n. 77, 1977, p. 5 a 13.

REBAUD, Jean Paul. "Tradição literária e criação poética em Morte e Vida Severina". Maceió: *Folha de Letras*, 1986.

RISÉRIO, Antônio. "A dupla modernista e as realidades brasileiras". São Paulo: *Caderno Letras da Folha de S. Paulo*, 26 de maio de 1990, p. 7.

RONCARI, Luiz. "O lugar do sertão". São Paulo: *Folhetim*, 16 de dezembro de 1964, p. 3.

SANTIAGO, Haroldo. "Teatro e nacionalismo". São Paulo: *Revista Brasiliense*, n. 23, jan./fev./1960, p. 186.

SANTIAGO, Silviano. "A Bagaceira: Fábula Moralizante I". Belo Horizonte: *Suplemento Literário do Estado de Minas*, 17 de agosto de 1974, p. 4.

______. "Modernidade e tradição popular". São Paulo: Caderno *Letras da Folha de S. Paulo*, 16 de novembro de 1989, p. 4.

SANTOS, Luis Antônio de Castro. "O espírito da aldeia". São Paulo: *Novos Estudos CEBRAP*, n. 27, julho de 1990, p. 45.

SCHNAIDERMAN, Boris. "Modernismo: Literatura e Ideologia". Rio de Janeiro: *Movimento*, n. 9, 1º de setembro de 1975, p. 3.

SILVA, Carlos Alberto. "Meu sol, teu diabo, vosso senhor, nosso nordeste". Salvador: *Debate*, ano II, outubro de 1964.

VENTURA, Roberto. "Saudades do engenho e a nostalgia dos escravos". São Paulo: *Caderno B da Folha de S. Paulo*, 13 de maio de 1988, p. 15.

WISNIK, José Miguel. "Estado, arte e política em Villa-Lobos, Vargas e Glauber". São Paulo: *Folhetim*, 20 de junho de 1982, p. 6-8.

ZILIO, Carlos. "A difícil história da arte brasileira". São Paulo: *Folhetim*, 2 de outubro de 1983, p. 4.

III. Fontes secundárias

AMADO, Jorge. *O Capeta Carybé*. 6. ed. São Paulo: Berlendis & Vertecchia, 1986.

ANDRADE, Mário de. *O Turista Aprendiz*. São Paulo: Duas Cidades/Secretaria de Cultura, Ciência e Tecnologia, 1976.

ANDRADE, Oswald de. *Os Dentes do Dragão*. 2. ed. São Paulo: Globo/Secretaria de Estado da Cultura, 1990.

______. *Marco Zero I (A Revolução Melancólica)*. São Paulo: Globo, 1991.

______. *Ponta de Lança*. São Paulo: Globo, 1991.

______. *A Utopia Antropofágica*, São Paulo: Globo/Secretaria de Estado da Cultura, 1990.

ARANHA, Graça. *Canaã*. Rio de Janeiro: F. Briguet e Cia., 1949.

______. *O Espírito Moderno*. 2. ed. São Paulo: Cia. Ed. Nacional, s/d.

BATISTA, Martha Rossetti (org.). *Brasil em Tempo Modernista (1917-1929)*. São Paulo: IEB, 1972. Documentação.

CASTRO, Josué de. *Geografia da Fome*. Rio de Janeiro: Antares/Achiamé, 1980.

DI CAVALCANTI, Emiliano. *Viagem de Minha Vida I (O Testamento da Alvorada)*. Rio de Janeiro: Civilização Brasileira, 1955.

ELLIS Jr., Alfredo. *Capítulos de História Psicológica de São Paulo*. São Paulo: USP, 1945.

GIL, Gilberto & RISÉRIO, Antônio. *O Poético e Político*. Rio de Janeiro: Paz e Terra, 1988.

HOLANDA, Sérgio Buarque de. *Raízes do Brasil*. 15. ed. Rio de Janeiro: José Olympio, 1976.

INOJOSA, Joaquim. *O Movimento Modernista em Pernambuco* (3 vols.). Rio de Janeiro: Gráfica Tupy Editora, 1969.

LOBATO, Monteiro. *Urupês*. 13. ed. São Paulo: Brasiliense, 1966.

MACHADO, Alcântara. *Vida e Morte do Bandeirante*. São Paulo: Martins, s/d.

MENEZES, Djacir. *O Outro Nordeste*. 2. ed. Rio de Janeiro: Civilização Brasileira, 1972.

MORAES, Dênis de. *O Velho Graça*. Rio de Janeiro: José Olympio, 1992.

PINHEIRO, João Ribeiro. *História da Pintura Brasileira*. Rio de Janeiro: Casas Luiznijer, 1931.

PRADO Jr., Caio. *Formação do Brasil Contemporâneo*. 18. ed. São Paulo: Brasiliense, 1983.

RICARDO, Cassiano. *Marcha para Oeste* (2 vols.). Rio de Janeiro: José Olympio, 1942.

ROCHA, Glauber. *Revisão Crítica do Cinema Brasileiro*. Rio de Janeiro: Civilização Brasileira, 1963.

______. *Revolução do Cinema Novo*. Rio de Janeiro: Alhambra/Embrafilme, 1981.

RODRIGUES, Nina. *Os Africanos no Brasil*. 6. ed. São Paulo: Ed. Nacional; Brasília, Editora da UnB, 1982.

SENNA, Orlando & ROCHA, Glauber. *Roteiros do Terceyro Mundo*. Rio de Janeiro: Alhambra/Embrafilme, 1985.

SILVA, Quirino da. "Caribé". São Paulo: *Diário da Noite*, 25 de maio de 1955, s/p.

SIMÕES, Roberto. "Ficção nordestina: diretrizes sociais". São Paulo: *Revista Brasiliense*, n. 41, maio/jun. 1962, p. 172.

SODRÉ, Nelson Werneck. "Quem é o povo no Brasil". Rio de Janeiro: *Cadernos do Povo Brasileiro*, n. 2, Civilização Brasileira, 1967.

VIANNA, Oliveira. *Evolução do Povo Brasileiro*. 4. ed. Rio de Janeiro: José Olympio, 1952.

______. *Populações Meridionais do Brasil* (2 t.), 5. ed. Rio de Janeiro: José Olympio, 1952.

VIDAL, Adhemar. "O romance do Nordeste". Rio de Janeiro: *Revista Acadêmica*, n. 11, maio de 1935, p. 7.

VIEIRA, André. "Cândido Portinari: pintor da véspera". Rio de Janeiro: *Revista Acadêmica*, n. 12, julho de 1935, p. 10.

WEFFORT, Francisco. "Problema Nacional no Brasil". São Paulo: *Revista Anhembi*, ano X, n. 119, v. XI, outubro de 1960, p. 350.

IV. Fontes primárias

a) Discurso Sociológico

FREYRE, Gilberto. *Casa-Grande e Senzala*. 21. ed. Rio de Janeiro: José Olympio, 1981.

______. *Interpretação do Brasil*. Rio de Janeiro: José Olympio, 1947.

______. *Manifesto Regionalista*. 4. ed. Recife: Instituto Joaquim Nabuco/MEC, 1967.

______. *Nordeste*. 5. ed. Rio de Janeiro: José Olympio; Recife, Fundarpe, 1985.

______. *Região e Tradição*. Rio de Janeiro: José Olympio, 1941.

______. *Sobrados e Mocambos* (2 vols.). 5. ed. Rio de Janeiro: José Olympio, 1977.

______. *Vida, Forma e Cor*. 2. ed. Rio de Janeiro: Record, 1987.

______. "Vida Social no Nordeste (Aspectos de um Século de Transição)". *O Livro do Nordeste*. Recife: Diário de Pernambuco, 1925.

MARROQUIM, Mário. *A Língua do Nordeste*. 3. ed. São Paulo: Cia. Ed. Nacional, 1945.

b) Literatura

ALMEIDA, José Américo de. *A Bagaceira*. 26. ed. Rio de Janeiro: José Olympio, 1988.

______. *O Boqueirão* (Novelas). Rio de Janeiro: Civilização Brasileira, 1979.

______. *Coiteiros* (Novelas). Rio de Janeiro: Civilização Brasileira, 1979.

______. *Reflexões de uma Cabra* (Novelas). Rio de Janeiro: Civilização Brasileira, 1979.

AMADO, Jorge. *Bahia de Todos os Santos*. 19. ed. São Paulo: Martins, 1970.

______. *Cacau*. 47. ed. Rio de Janeiro: Record, 1987.

______. *Capitães da Areia*. 57. ed. Rio de Janeiro: Record, 1983.

______. *Gabriela, Cravo e Canela*. 40. ed. São Paulo: Martins, 1970.

______. *Jubiabá*. 48. ed. Rio de Janeiro: Record, 1987.

______. *Mar Morto*. 26. ed. São Paulo: Martins, 1970.

______. *O País do Carnaval*. 25. ed. São Paulo: Martins, 1970.

______. *São Jorge dos Ilhéus*. 5. ed. São Paulo: Martins, 1970.

______. *Seara Vermelha*. 42. ed. Rio de Janeiro: Record, 1983.

______. *Suor*. 24. ed. São Paulo: Martins, 1970.

______. *Tenda dos Milagres*. 5. ed. São Paulo: Martins, 1970.

______. *Tereza Batista, Cansada de Guerra*. São Paulo: Martins, 1972.

______. *Terras do Sem Fim*. São Paulo: Círculo do Livro, s/d.

BANDEIRA, Manuel. *Poesias*. Rio de Janeiro: José Olympio, 1955.

FERREIRA, Ascenso. *Catimbó e Outros Poemas*. Rio de Janeiro: José Olympio, 1963.

FONTES, Amando. *Os Corumbas*. Rio de Janeiro: Livraria Schmidt, 1933.

______. *Rua do Siriry*. Rio de Janeiro: José Olympio, 1937.

FREYRE, Gilberto. *Quase Poesia*. Recife: Edições Pirata, 1980.

LIMA, Jorge de. *Calunga*. Porto Alegre: Ed. Livraria Globo, 1935.

______. *Obra Poética*. Rio de Janeiro: Ed. Getúlio Costa, 1949.

NETO, João Cabral de Melo. *Poesias Completas (1940-1965)*. Rio de Janeiro: Ed. Sabiá, 1968.

______. *Terceira Feira*. Rio de Janeiro: Editora do Autor, 1981.

QUEIROZ, Rachel de. *Caminho de Pedras* (Três Romances). Rio de Janeiro: José Olympio, 1948.

______. *João Miguel* (Três Romances). Rio de Janeiro: José Olympio, 1948.

______. *Mapinguari* (Obras Reunidas v. 5). Rio de Janeiro: José Olympio, 1989.

______. *O Quinze* (Três Romances). Rio de Janeiro: José Olympio, 1948.

______. *As Três Marias*. 3. ed. Rio de Janeiro: José Olympio, 1956.

RAMOS, Graciliano. *Alexandre e Outros Heróis*. 24. ed. Rio de Janeiro/São Paulo: Record, 1982.

______. *Angústia*. 27. ed. Rio de Janeiro/São Paulo: Record, 1984.

______. *Caetés*. 20. ed. Rio de Janeiro/São Paulo: Record, 1984.

______. *Infância*. 19. ed. Rio de Janeiro: Record, 1984.

______. *Insônia*. 19. ed. Rio de Janeiro/São Paulo: Record, 1984.

______. *Memórias do Cárcere* (2 vols.). 17. ed. Rio de Janeiro/São Paulo: Record, 1984.

______. *São Bernardo*. 42. ed. Rio de Janeiro: Record, 1984.

______. *Linhas Tortas*. 11. ed. Rio de Janeiro/São Paulo: Record, 1984.

______. *Vidas Secas*. 52. ed. Rio de Janeiro/São Paulo: Record, 1984.

______. *Viventes das Alagoas*. 14. ed. Rio de Janeiro/São Paulo: Record, 1984.

REGO, José Lins do. *Água Mãe*. 8. ed. Rio de Janeiro: José Olympio, 1976.

______. *Cangaceiros* (Romances Reunidos). Rio de Janeiro: José Olympio, 1961.

______. *Doidinho*. 30. ed. Rio de Janeiro: José Olympio, 1991.

______. *Fogo Morto*. 6. ed. Rio de Janeiro: José Olympio, 1965.

______. *Menino de Engenho*. 16. ed. Rio de Janeiro: José Olympio, 1971.

______. *Meus Verdes Anos*. Rio de Janeiro: José Olympio, 1981.

______. *O Moleque Ricardo*. 8. ed. Rio de Janeiro: José Olympio, 1970.

______. *Pedra Bonita*. 11. ed. Rio de Janeiro: Nova Fronteira, 1986.

______. *Presença do Nordeste na Literatura*. Rio de Janeiro: Serviço de Documentação/MEC, 1957.

______. *Riacho Doce*. 5. ed. Rio de Janeiro: José Olympio, 1969.

______. *Usina*. 7. ed. Rio de Janeiro: José Olympio, 1973.

SALLES, Antônio. *Aves de Arribação*. 2. ed. São Paulo: Cia. Ed. Nacional, 1929.

SETTE, Mário. *Senhora de Engenho*. 5. ed. São Paulo: Ed. Fagundes, 1937.

SUASSUNA, Ariano. *História do Rei Degolado nas Caatingas do Sertão*. Rio de Janeiro: José Olympio, 1977.

______. *Romance d'A Pedra do Reino*. 4. ed. Rio de Janeiro: José Olympio, 1976.

______. *Seleta em Prosa e Verso*. Rio de Janeiro: José Olympio; Brasília, INL, 1974.

c) Memórias, Ensaios, Coletâneas de Textos e Outros.

CAYMMI, Dorival. *O Cancioneiro da Bahia*. São Paulo: Martins, 1947.

V. Iconografia

AMARAL, Tarsila do. *Abaporu*, 1928.

______. *Distância*, 1928.

______. *Lua*, 1928.

______. *Paisagem*, 1925.

AYRES, Lula Cardoso. *Apresentação do Bumba-meu-Boi*, 1943.

______. *Bichos de Carnaval*, 1954.

______. *Bichos de Festa Popular*, 1952.

______. *Cabeleira no Canavial*, 1950.

______. *Caboclos Tuchauas. Carnaval do Recife*, 1942.

______. *Cabriolet Mal-Assombrado*, 1945.

______. *Cadeira*, 1969.

______. *Capela Mal-Assombrada*, 1945.

______. *Cego Violeiro*, 1947.

______. *Cortadores de Cana*, 1948.

______. *Dando Cafuné*, 1943.

______. *Grade e Sobrado*, 1967.

______. *Matheus e Boi*, 1945.

______. *Menino de Engenho*, 1943.

______. *Mulher e Mandacaru*, 1938.

______. *Namoro de Ex-Votos*, 1951.

______. *Noivado na Casa de Engenho*, 1943.

______. *Portão*, 1969.

______. *Relógio*, 1971.

______. *Retirantes*, 1947.

______. *Retrato de Família*, 1943.

______. *Ruína*, 1966.

______. *Sofá Mal-Assombrado*, 1945.

______. *Tipos de Feira*, 1942.

______. *Vendedores de Rua*, 1936.

______. *Vulto de Branco*, 1947.

______. *Xangô*, 1948.

CARYBÉ. *Bahia*, 1951.

______. *Cangaceiros*, 1962.

______. *Carnaval*, 1944.

______. *Lampião*, 1940.

______. *Lampião* ou *A Assombração do Cangaço*, 1968.

______. *A Morte de Alexandrina*, 1939.

______. *Navio Negreiro*, 1965.

______. *Nino Gafieiro*, 1940.

______. *Nordeste*, 1972.

______. *Pensão São Bento*, 1940.

______. *Os Pescadores*, 1955.

______. *Retirantes*, 1945.

______. *Vaqueiros*, 1953.

______. *Vaqueiros na Caatinga*, 1969.

DI CAVALCANTI, Emiliano. *Arlequins*, déc. de 40.

______. *Baiana com Charuto*, 1970.

______. *Baianas e Frutas*, 1957.

______. *Bumba-meu-Boi*, 1959.

______. *Carnaval*, 1973.

______. *Cenas da Vida Brasileira*, 1950.

______. *Figuras*, 1957.

______. *Morro*, 1930.

______. *Mulher*, 1952.

______. *Mulher*, 1970.

______. *Músicos e Mulatas*, 1972.

______. *Natureza Morta*, 1958.

______. *Pescadores*, déc. de 40.

______. *A Quitanda da Rosa*, 1952.

______. *Retrato de Maria*, 1927.

______. *Samba*, 1925.

______. *Três Mulheres Sentadas*, 1961.

______. *Varanda da Bahia*, 1961.

DIAS, Cícero. *Amizade*, 1928.

______. *Amo*, 1933.

______. *Banho de Rio*, 1931.

______. *Casas*, 1939.

______. *Composição Saudades*, 1931.

______. *Dançarina ou Mamoeiro*, déc. de 40.

______. *Eu Vi o Mundo...Ele Começava no Recife*, 1931.

______. *Ex-Voto*, 1970.

______. *Família na Paisagem*, s/d.

______. *Homem no Burrinho*, 1930.

______. *Igreja*, déc. de 30.

______. *Jangadinha*, déc. de 30.

______. *Lavouras*, déc. de 30.

______. *Mocambos*, déc. de 30.

______. *Mormaço*, 1940.

______. *Olinda*, 1935.

______. *Paisagem com Figura*, 1930.

______. *Porto*, déc. de 30.

______. *Procissão*, 1930.

______. *Recife*, 1930.

______. *Terra Chão*, 1940.

______. *Tirador de Coco*, déc. de 30.

______. *Vida*, 1939.

______. *Vista do Engenho Noruega*, déc. de 30.

PORTINARI, Candido. *Baianas*, 1940.

______. *Baiana com Crianças*, s/d.

______. *Cabeça de Cangaceiro*, 1952.

______. *Carnaval*, 1940.

______. *Enterro na Rede*, 1944.

______. *Família de Retirantes*, 1944.

______. *Futebol*, s/d.

______. *Índio*, s/d.

______. *Menino Morto*, 1944.

______. *Mestiço*, s/d.

______. *Mulato e Índia*, s/d.

______. *Mulher Imigrante*, 1935.

______. *Retirantes*, 1936.

______. *Retirantes*, 1945.

______. *São João*, s/d.

VI. Filmografia

BARRETO, Lima. *O Cangaceiro*, 1954.

BARROS, Luiz de. *Fogo na Canjica*, 1947.

CAVALCANTI, Alberto. *Canto do Mar*, 1953.

COIMBRA, Carlos. *Cangaceiros de Lampião*, 1967.

______. *Corisco, O Diabo Loiro*, 1969.

______. *Lampião, Rei do Cangaço*, 1963.

______. *A Morte Comanda o Cangaço*, 1960.

COSTA, Rui. *Banana da Terra*, 1939.

DIÉGUES, Carlos e outros. *Cinco Vezes Favela*, 1962.

DOWNEY, Wallace. *Abacaxi Azul*, 1944.

______; BARROS, João de & RIBEIRO, Alberto. *Alô, Alô, Brasil!*, 1933.

DUARTE, Anselmo. *Vereda da Salvação*, 1966.

______ & GOMES, Dias. *O Pagador de Promessas*, 1962.

FARIAS, Edmundo. *Terra Violenta*, 1948.

FARIAS, Roberto. *Rico Ri à Toa*, 1957.

GONZAGA, Adhemar. *Alô, Alô, Carnaval!*, 1936.

GUERRA, Rui. *Os Fuzis*, 1965.

HIRSZMAN, Leon. *Maioria Absoluta*, 1964.

MACÊDO, Watson. *Este Mundo É um Pandeiro*, 1946.

MANGA, Carlos. *Matar ou Correr*, 1954.

______. *Nem Sansão e Nem Dalila*, 1954.

NETO, Trigueirinho. *Bahia de Todos os Santos*, 1960.

LAURELLI, Glauco. *O Lamparina*, 1966.

LIMA Jr., Walter. *Menino de Engenho*, 1965.

OLIVEIRA, Osvaldo de. *O Cangaceiro Sanguinário*, 1969.

______. *O Cangaceiro Sem Deus*, 1969.

PEREIRA, Gilberto & Renato Santos. *Grande Sertão*, 1965.

ROCHA, Glauber. *Barravento*, 1962.

______. *Deus e o Diabo na Terra do Sol*, 1964.

SILVA, Wilson. *Nordeste Sangrento*, 1963.

SANTOS, Nelson Pereira dos. *Vidas Secas*, 1963.

SOARES, Paulo Gil. *Memória do Cangaço*, 1965.

TEIXEIRA, Aurélio. *Entre o Amor e o Cangaço*, 1960.

VII. Cenografia

QUEIROZ, Rachel de. *A Beata Maria do Egito* (Obras Reunidas v. 5). Rio de Janeiro, José Olympio, 1989.

______. *Lampião* (Obras Reunidas v. 5). Rio de Janeiro, José Olympio, 1989.

SUASSUNA, Ariano. *Auto da Compadecida*. 21. ed. Rio de Janeiro, Agir, 1985.

______. *O Casamento Suspeitoso*. Recife, Editora Igarassu, 1961.

______. *O Castigo da Soberba*. Recife, Deca, ano II, n. 2, 1960.

______. *Farsa da Boa Preguiça*. Rio de Janeiro, José Olympio, 1974.

______. "O Homem da Vaca e o Poder da Fortuna". In: *Seleta em Prosa e Verso*, Rio de Janeiro, José Olympio, 1965.

______. *A Pena e a Lei*. Recife, Imprensa Universitária, 1965.

______. "O Rico Avarento". In: *Seleta em Prosa e Verso*. Rio de Janeiro, José Olympio, 1965.

______. *O Santo e a Porca*. Recife, Imprensa Universitária, 1964.

______. "Torturas de um Coração". In: *Seleta em Prosa e Verso*. Rio de Janeiro, José Olympio, 1965.

______. *Uma Mulher Vestida de Sol*. Recife, Imprensa Universitária, 1964.

VIII. Discografia

CAYMMI, Dorival. *Todo o Dengo da Bahia* (História da Música Popular Brasileira n. 3). Abril/RCA Victor, 1970.

GONZAGA, Luiz. *A História do Nordeste na Voz de Luiz Gonzaga*. RCA Victor, 1955.

______. *O Reino do Baião*. RCA Victor, 1957.

______. *Luiz Gonzaga Canta seus Sucessos com Zé Dantas*. RCA Victor, 1959.

______. *O Nordeste na Voz de Luiz Gonzaga*. RCA Victor, 1962.

______. *A Triste Partida*. RCA Victor, 1964.

______. *Luiz Gonzaga. Sua Sanfona e Sua Simpatia*. RCA Victor, 1966.

______. *Luiz Gonzaga*. RCA Victor, 1967.

______. *O Sanfoneiro do Povo de Deus*. RCA Victor, 1968.

______. *Luiz Gonzaga e Zé Dantas*. RCA Victor, 1968.

______. *Luiz Gonzaga e Humberto Teixeira*. RCA Victor, 1969.

______. *Os Grandes Sucessos de Luiz Gonzaga* v. 1. RCA Victor, 1982.

______. *Os Grandes Sucessos de Luiz Gonzaga* v. 2. Magazine, 1983.

IX. Depoimentos e vídeos

Depoimento de Almira Castilho (cassete). São Paulo, MIS, 7 de julho de 1983.

Depoimento de Edgar Ferreira (cassete). São Paulo, MIS, 11 de julho de 1983.

Palestra de Mário Chamie no Seminário sobre a Semana de 22 (cassete). São Paulo, MIS, maio de 1972.

Palestra de Ismail Xavier (O Cinema e a Ficção em Oswald de Andrade) no Encontro Oswald de Andrade, (fita de rolo), Campinas, Unicamp, Cedae, 4 de abril de 1990.

X. Jornais e revistas

a) Jornais

O Estado de S. Paulo, 1920-1970.

Pasquim, 1969-1972.

Diário da Noite, 1932.

Folha de S. Paulo (Suplemento *Folhetim*), 1977-1984.

O Migrante, 1978

Movimento, 1975.

Última Hora, 1964-1967.

Jornal da Tarde, 1967.

Correio da Manhã, 1967-1968.

Diário de Notícias, 1961.

b) Revistas

Região, 1948.

Revista de Antropofagia, 1928.

Revista do Brasil, 1939-1940.

Revista Anhembi, 1951-1962.

Revista Planalto, 1941.

Revista Roteiro, 1939.

Revista Brasiliense, 1956-1963.

Revista da Música Popular, 1954-1955.

Revista Nova, 1931-1932.

Problemas (Revista Mensal de Cultura), 1937-1938.

Revista Acadêmica, 1935-1938.

Spartacus, 1919.

Para Todos (Quinzenário de Cultura Brasileira), 1956-1957.

Manchete, 1968.

O Cruzeiro, 1958-1968

Visão, 1959-1966.

Bondinho, 1972.

Klaxon, 1922.

Revista Civilização Brasileira, 1968.

Diretrizes, 1938.

Literatura, 1933.

XI. Bibliotecas e arquivos

Arquivo Edgar Leuenroth. Campinas, Unicamp.

Arquivo Oswald de Andrade. Centro de Documentação Alexandre Eulálio (Cedae). Campinas, IEL, Unicamp.

Arquivo Mário de Andrade. Instituto de Estudos Brasileiros (IEB), USP, São Paulo.

Arquivo Glauber Rocha. Cinemateca Brasileira, São Paulo.

Biblioteca do Instituto de Filosofia e Ciências Humanas. Campinas, Unicamp.

Biblioteca Central (Coleções Alexandre Eulálio, Sérgio Buarque de Holanda e Obras Raras). Campinas, Unicamp.

Biblioteca do Museu de Arte Moderna (MAM). São Paulo.

Biblioteca da Pinacoteca do Estado. São Paulo.

Biblioteca da Casa Mário de Andrade. São Paulo.

Biblioteca da Cinemateca Brasileira. São Paulo.

Biblioteca do Memorial da América Latina. São Paulo.

Biblioteca do Instituto dos Estudos Brasileiros. São Paulo.

Biblioteca do Museu Lasar Segall. São Paulo.

Biblioteca do Centro de Estudos Migratórios (CEM). São Paulo.

Biblioteca da Escola de Comunicação (ECA). USP, São Paulo.

Museu de Arte Contemporânea. São Paulo.

Museu da Imagem e do Som. (MIS) São Paulo.

Museu de Artes de São Paulo (MASP) São Paulo.

Museu do Estado de Pernambuco. Recife.

Pinacoteca do Estado de Pernambuco. Recife.